KB264670

서머힐 SUMMER HILL

개정 2판 발행   2015년 4월 8일

지은이   알렉산더 수더랜드 니일
옮긴이   정영하
발행인   권윤삼
발행처   도서출판 연암사

등록번호   제10-2339호
주소   121-826 서울시 마포구 월드컵로 165-4
전화   02-3142-7594
팩스   02-3142-9784

ISBN 978-89-86938-42-1   13370

값은 뒤표지에 있습니다. 잘못된 책은 바꾸어 드립니다.

이 책의 모든 법적 권리는 도서출판 연암사에 있습니다.
저작권법에 의해 보호받는 저작물이므로
본사의 허락 없이 무단 전재, 복제, 전자출판 등을 금합니다.

이 도서의 국립중앙도서관 출판시도서목록(CIP)은 e-CIP 홈페이지
(http://www.nl.go.kr/cip.php)에서 이용하실 수 있습니다.
(CIP제어번호: CIP2003000859)

자유와 행복의 가치를 배우는 학교

서머힐

알렉산더 수더랜드 니일 지음 | 정영하 옮김

연암사

당신의 아이들은 당신 것이 아닙니다.

그들은 스스로의 삶을 갈망하는 아들이요, 딸입니다.

그들은 당신을 거쳐서 태어났을 뿐

당신으로부터 온 것은 아닙니다.

그들이 비록 당신의 품속에 있다 할지라도

당신의 소유물은 아닙니다.

당신은 그들에게 사랑은 줄 수 있으나

당신의 생각들을 주어서는 안 됩니다.

왜냐하면 그들은 그들 자신의 생각을 가지고 있기 때문입니다.

당신은 그들에게 육체의 집은 줄 수 있으나

영혼의 집을 주어서는 안 됩니다.

그들의 영혼은 당신의 손길이 닿지 않는,

꿈속에서조차도 찾아갈 수 없는

내일의 집에 살고 있기 때문입니다.

당신이 그들과 같이 되려고 애쓰는 것은 좋으나

그들을 당신과 같이 만들려고 해서는 안 됩니다.

삶이란 옛날로 거슬러 올라가지도 않고

어제에 머물러 있지도 않기 때문입니다.

당신은 당신의 아이들을 내일로 쏘아 보내는 활입니다.

사수(射手)의 손에 팽팽히 당겨진 활은 기쁨입니다.

칼릴 지브란의 《예언자》 중에서

해럴드 H. 하트 씨께

　이 책이 세상에 나와 받게 될 찬사 혹은 비판은 나뿐만이 아니라 당신도 함께 받아야 합니다. 당신은 출판인으로서가 아니라 서머힐이 옳다고 믿는, 정신적인 후원자로서 이 작업을 했기 때문입니다.

　나는 당신의 인내심에 감동했습니다. 이전에 내가 펴낸 네 권의 책을 통합해 다시 정리하고, 새로운 자료들과 연관지어 손질하는 일은 참으로 힘들고 어려운 작업이었을 것입니다.

　당신이 처음 서머힐을 방문했을 때, 우리는 당신의 주된 관심사가 당신이 직접 보고 느낀 우리 학교를 미국에 소개하는 것이라고만 생각했습니다. 그러나 당신은 우리 서머힐의 한 부분이었습니다. 당신은 모든 것을 다 보았으며, 이곳에서 행복을 느끼는 어린이들이 결코 정상이 아니라는 시선 따위는 조금도 개의치 않았습니다.

　이제 나는 당신을 서머힐의 명예 학생으로 추대하는 바입니다.

A. S. 니일

1959년 10월 3일

영국 서포크 레이스턴 서머힐

머리말

　18세기의 진보적인 사상가들에 의해 시작된 자유와 민주주의, 자결(自決) 등의 구호는 20세기 전반에 들어와 교육 분야에서 성과를 내면서 교육 발전의 기틀을 마련했다.

　가장 중요한 변화는 교육에서 권위주의의 타파였다. 어린이들은 이제 강요당하지 않고 자신들의 호기심과 자발적인 욕구에 의해 주위 환경에 대한 흥미를 일깨워 나가면서 배울 수 있게 되었고, 이는 인류 발전에서 아주 중요한 부분을 차지하는 진보적인 교육의 시작을 의미한다.

　그러나 최근 들어서는 이러한 진보적인 교육 방법의 성과가 쓸모없어 보이는 경우가 종종 있다. 그도 그럴 것이 지난 몇 년 동안 진보적인 교육에 대한 반발이 사회적으로 거세게 일어났으며 아직도 적지 않은 수의 사람들이 진보적인 교육 이론 자체가 잘못된 것으로 생각하고 배척하려 든다. 그 사람들은 교육에서 점점 더 과중한 학습을 요구하며, 심지어는 학교에서의 체벌(體罰)까지도 허용하려고 한다.

　이러한 심리의 기저에는 소련의 학교 교육이 거둔 주목할 만한 성과들이 영향을 주었음을 부인할 수 없다. 소련에서는 아직도 구태의연하고 권위적인 교육 방법이 행해지고 있다. 이 방법은 적어도 학생들의 '지식' 면에서는 성과가 지대하기 때문에 사람들은 '어린이의 자유'를 무시하고 다시 옛날의 강압적인 방법으로 되돌아갔으면 하고 바라는 것이다.

억압이 없는 교육 이념은 잘못된 것일까? 그렇지 않다면 왜 현실적으로 특별한 성과를 거두지 못하는 것일까?

나는 어린이에게 자유를 준다는 생각 자체가 잘못된 것이 아니라 자유의 개념에 대한 인식이 잘못되었기 때문이라고 생각한다. 이러한 문제들을 바르게 이해하기 위해서 우리는 먼저 자유의 본질부터 살펴볼 필요가 있다. 그러기 위해서는 '겉으로 드러나 있는 권력과 보이지 않는 권력'(E. 프롬《자유에 대한 공포》참조)을 구별하지 않으면 안 된다.

겉으로 드러나 있는 권력은 직접적으로 그리고 공공연하게 자행된다. 권력을 가진 자는 사람들에게 "당신은 이것을 해야 한다. 만약 당신이 이것을 행하지 않는다면 우리는 강제조치를 취할 것이다."라고 공공연하게 말한다.

그러나 보이지 않는 권력은 강압적인 면을 숨기려고 애쓴다. 마치 자신은 조금도 권력이 없으며 모든 것은 상대방의 동의 하에 이루어지고 있는 것처럼 행동한다. 옛날의 교사는 학생에게 "너는 이것을 해야만 한다. 따르지 않으면 벌을 주겠다."라고 말했지만, 오늘날의 교사는 "나는 네가 이것을 기꺼이 하리라고 생각한다.” 하고 말한다.

명령에 순응하지 않는 학생에 대한 오늘날의 지도는 체벌이 아니라 교육자 자신이 ‘그건 잘못된 행동이다.’라는 식의 표정을 짓거나 아니면 다른 학생들처럼 행동하지 않는 것은 ‘적응을 잘하지 못하는 것이다.’라는 생각을 심어 주는 것이다. 겉으로 드러나 있는 권력이 물리적인 강압을 동원하는 데 반해서 보이지 않는 권력은 심리적인 면을 교묘히 이용한다.

19세기에는 겉으로 드러나 있던 권력이 20세기에 와서 보이지 않는 권력으로 변하게 된 것은 새로운 산업사회로의 이행에 따른 사회적인 필요에 의해서였다. 자본의 집약은 거대 기업을 형성시켰고, 이러한 기업은 관료주의적인 조직에 의해 운영된다. 노동자와 기술자들이 일체가 되어 이 거대한 생산 조직을 아무런 마찰 없이 계속해서 움직여야만 한다. 그리하여 노동자들은 기계 속에 끼어 있는 하나의 작은 부품으로 전락하고 말았다. 이러한 생산조직 속에서는 인간이 지배를 받고 조종당한다.

이러한 현상은 인간이 자신의 자유로운 선택권을 당당히 행사한다고 생각하고 있는 소비 영역에까지 적용된다. 생필품의 소비나, 의복, 알코올, 담배 혹은 영화나 TV 프로그램에 이르기까지 어떤 종류의 소비에도 보이지 않는 강력한 조직이 작용하고 있다. 그런데 이 강력한 조직은 암시를 통해서 항상 새로운 상품에 대한 소비자 욕구를 조장하고, 기업의 이윤 추구를 위해 인간의 욕구를 조종한다. 그리하여 인간은 단순히 소비하는 자로 전락하고 인간의 유일한 소망은 더 좋은 물건을 더 많이 소비하는 것이 된다.

오늘날 우리의 경제구조는 조직의 명령에 순종하는 사람들이 대립 없이 함께 일하며 점점 더 많은 상품을 소비하는 것을 필요로 한다. 즉 기호가 획일화하고, 쉽게 동화하고, 수요를 미리 예측할 수 있는 대중들이 만들어져야 하는 것이다.

우리의 제도는 인간이 자유롭고 독립적이라고 믿지만 실제로는 남들이 바라는 모든 것을 다하는 사람들과, 사회라는 기계에 아무런 마찰 없이 조립되고 강제나, 통솔자가 없어도 통솔되고 맹목적으로 휘둘려지는 인간들을 필요로 한다. 이런 제도는 사람을 '순하게' 만드는 제도이다(E. 프롬의 《현대인과 그 장래》 참조).

권력은 사라지지 않았으며 그 세력이 소멸된 것도 아니다. 다만 겉으로 드러나 있던 권력이 설득과 암시라는 보이지 않는 권력으로 바뀌었을 뿐이다. 따라서 현대인들은 교묘한 조작에 의해서 강요되고 있음에도 불구하고 자기 자신의 동의에 의해 그렇게 된다고 착각하게 되는 것이다. 우리는 누군가의 동의를 자신의 배후나 무의식에서 얻게 되는 것이다.

이와 똑같은 수법이 진보적인 교육에도 적용되고 있다. 한 어린이가 알약 먹기를 강요당한다. 그러나 그 알약은 사탕으로 싸여 있다. 많은 부모들과 교육자들은 진정한 의미의 비권위적인 교육을, 설득과 보이지 않는 강압에 의한 교육과 혼동하고 있다. 이러한 혼동 때문에 진보적인 교육이 왜곡되어 본래의 모습을 잃어버리고 마는 것이다.

A. S. 니일의 교육 방법은 혁신적이다. 나는 그의 책이 매우 중요하다고 생각하는데, 그 이유는 교육의 참된 원리를 두려움 없이 묘사하고 있기 때문이다. 서머힐에는 숨어서 권력을 조종하는 제도가 없다.

이 책은 단순한 논문이 아니라, 40여 년에 걸친 실제 경험에 관한 보고서다. 니일은 '자유는 가능하다'라는 견해를 주장하고 있다. 이것을 바탕으로 니일이 체계를 세운 원칙들은 명확하며 애매하지 않다. 다음에서 그것들을 요약해 보기로 하자.

1) 니일은 '어린이는 선하다'고 확신한다. 그는 대부분의 어린이는 바보나 비겁자 혹은 영혼이 없는 인형이 아닌 사람으로 태어나며, 그들 모두 삶을 사랑하고 삶에 흥미를 가질 만한 전제 조건들을 충분히 구비하고 있다고 확신한다.

2) 교육의 목표, 더 정확히 말해서 삶의 목표는 기쁘게 일하고 행복해지는 데 있다. 니일이 말하는 행복이란 '삶에 흥미를 가지고 있음'과 같은 뜻이다. 바꾸어 말하면 행복하다는 것은 지식만이 아닌 전인격(全人

格)을 가지고서 삶에 응하는 것이다.

3) 교육은 지적인 능력을 발전시키는 것만으로는 충분하지 못하다. 지적인 능력과 아울러 정서적인 능력도 계발되어야 한다. 오늘날의 사회는 지성과 정서 사이의 틈이 점점 더 벌어지고 있다. 현대인들은 자신이 가슴으로 느낀 것과 눈과 귀로 보고 들은 것을 그대로 받아들이지 않고 논리적으로 파악하려고 한다. 이러한 지성과 감성의 분열은 현대인을 일종의 정신분열의 상태로 만들었는데, 이것은 현대인으로 하여금 생각이 아닌 다른 방법에 의한 경험을 거의 불가능하게 만들었다.

4) 교육은 어린이의 심리적인 욕구와 능력에 알맞은 것이라야 한다. 어린이는 애타주의자(愛他主義者)가 아니다. 어린이는 아직 어른이 사랑하는 것처럼 사랑할 수는 없다. 어린이에게 위선을 기대하는 것은 잘못이다. 애타주의는 소년기를 다 보내고 난 후에야 비로소 발전하는 것이다.

5) 학과 공부를 강요하는 것은 벌을 주는 것과 동일한 불안을 낳게 된다. 그리고 이 불안은 적개심을 불러일으킨다. 적개심은 의식적이고 공공연한 것은 아니지만 어린이의 감성과 순수성을 비뚤어지게 한다. 어린이에게 엄한 벌을 주는 것은 해로우며 정신의 건전한 발전을 저해한다.

6) 자유란 방종이 아니다. 니일이 강조하여 주장하는 이 중요한 원칙은 양쪽이 모두 상대편을 존중해야 한다는 것을 뜻한다. 교사는 학생에

게 어떤 종류의 강압도 행사해서는 안 되고, 학생 역시 교사에게 무엇이든 강요해서는 안 된다. 어린이는 어른들에게 귀찮은 짐이 아니며, 어리다는 것을 무기로 어른들을 괴롭힐 권리도 없다.

7) 이러한 원리와 적절히 조화되기 위해서는 교사에게 참된 정직성이 요구된다. 니일은 서머힐에서 일한 40여 년 동안 한번도 어린이를 속인 적이 없다고 말한다. 독자들에게는 이 말이 다소 위선적으로 들릴지 모르겠지만 이 책을 읽다 보면 그의 주장이 사실이라는 것을 확인하게 될 것이다.

8) 한 어린이가 건전한 인간으로 성장하기 위해서는 언젠가는 부모와의 원초적인 유대나 후에 사회에서 그것을 대신하게 될 것들로부터 벗어나 완전히 독립적이어야만 한다. 어린이도 독자적인 한 개인으로서 세상에 대처해 나가는 방법을 배워야만 하는 것이다. 어린이는 자신의 생존을 위해서, 타인에게 의존하지 않은 채 정신적, 정서적, 예술적으로 세상을 파악하는 독자적인 능력을 배워야만 한다. 어린이는 세계와 조화를 이루기 위하여 혼신을 다해야 하며, 예속이나 정복을 통해 자신의 안전만을 도모해서는 안 된다.

9) 다른 무엇보다도 죄의식이 어린이를 권위에 종속시킨다. 뿐만 아니라 죄의식은 독립적인 인격체로 성장하는 것을 방해한다. 이 죄의식은 반항, 후회, 복종, 또다시 반항이라고 하는 마법의 원을 그린다. 대다

수의 사람들은 양심에 의해 죄의식을 갖게 되는 것이 아니라 권위에 대한 반항이나 처벌에 대한 불안감 등에 의해 죄의식을 갖게 된다. 이때 육체적인 징계나 사랑의 상실, 또는 소외감 등의 처벌은 아무런 영향을 끼치지 못한다. 모든 죄의식은 불안감을 조장하고 이 불안감은 다시 적개심과 위선을 낳기 마련이다.

10) 서머힐에는 종교 교육이 없다. 그러나 이러한 기본적인 휴머니즘의 가치들이 아무런 역할도 하지 못한다는 것을 뜻하지는 않는다. 이것에 대해 니일은 다음과 같이 간결하고 적절하게 표현하고 있다. "신학적인 의미에서 믿는 사람들과 그렇지 않은 사람들이 서로 싸우는 것이 아니라, 인간의 자유를 믿는 사람들과 그 자유를 억압하려는 사람들이 서로 싸우는 것이다." 니일은 또 다음과 같이 말하고 있다. "언젠가는 새로운 세대가 현재 우리의 종교와 신화를 낡아 빠진 것이라고 내동댕이칠 날이 있을 것이다. 그리고 만약 새로운 종교가 나타난다면 이 종교에서는 인간이 원죄를 타고났다는 따위의 생각은 하지 않을 것이다. 이 새로운 종교는 인간을 행복하게 해 줌으로써 신을 찬미할 것이다."

니일은 오늘날의 사회에 대하여 비판적으로 대응한다. 그는 항상 오늘날의 사회에서 형성된 인간은 대중적인 인간이라고 강조한다. '우리는 광적인 사회 속에 살고 있다.' 그리고 '우리의 종교적인 행동 양식은 대부분 속임수이다.' 이런 것은 니일이 세계주의자며, 전쟁 준비는 인류가 야만시대로 역행하는 것이라는 확고하면서 타협할 수 없는 견해를 가지고 있음을 말해 주는 것이다.

니일은 어린이를 기존 질서에 적응시키기 위해서 교육하지 않는다. 그는 어린이들이 행복한 삶을 꾸릴 수 있도록 도우면서 많이 소유하지도, 또 많이 소비하지도 않는, 다시 말해 많이 있다는 것이 행복의 가치 척도가 아닌 사람들을 길러 내려고 한다.

니일은 현실주의자다. 그는 서머힐의 학생들이 우리 사회의 척도에 비추어 반드시 큰 성공을 거둘 것이라고 생각하지 않는다. 그러나 학교는 훗날 자신이 쓸모없는 인간이 되거나 거지가 된다는 따위의 생각을 없애 주는 순수한 감정을 키워 준다. 그는 교육에 있어 인간으로서의 완전한 성장과, 인간의 '시장'에서의 성공 가운데 한 가지를 선택해야만 했다. 그리고 그는 자신이 선택한 목표를 추구해 나가는 데 있어 더할 나위 없이 정직하다.

이 책은 나에게 큰 자극과 용기를 주었다. 나는 많은 독자들도 그렇게 되기를 바란다. 그렇다고 해서 내가 저자의 글 전체에 동의한다는 것은 아니다. 대부분의 독자들은 이 책을 복음서로 읽지는 않을 것이다. 이제 내가 탐탁지 않게 생각하고 있는 것들 중에서 두 가지만은 밝혀두어야 할 것 같다.

내게는 니일이 아이들에게 세계에 대한 정서적이고 예술적인 안목을 세워 주기 위해서 세계를 지적(知的)으로 이해하는 것의 의미와 순수성, 만족감 등을 과소평가하고 있다는 느낌이 든다. 또 하나는 니일에게는 프로이드의 가설이 지나칠 정도로 진리가 되고 있다는 점이다. 그도 다른 모든 프로이드 신봉자들과 마찬가지로 성(性)의 의미를 지나치게 강조하고 있는 것 같다. 그럼에도 불구하고 니일은 너무나 현실적이고, 또 어린이들 안에서 일어나는 일들을 자세하게 알고 있기 때문에 여기서 지적한 그의 생각은 어린이에 대한 현실적인 것이기보다 오히려 어린이의 몇 가지 행동들을 말한 것이라는 인상을 주고 있다.

니일은 오늘날에는 흔치 않은 용기, 즉 자기가 본 것을 믿는 용기를 가지고 있고, 이성과 사랑에 대한 굳은 신뢰로 가득 찬 현실주의자다. 그는 확고한 신념을 갖고 생명과 인격을 존중한다. 그는 실험가이며 관찰자일 뿐, 자신의 일에 이기적인 관심을 갖는 독단론자는 아니다.

그의 교육 방법에는 치료도 포함되어 있다. 그러나 그의 치료는 어떤 특별한 '문제'를 해결하는 독단적인 일, 즉 어린이들을 삶으로부터 회피하게 만드는 것이 아니라 삶을 완성해 나가는 것을 배우게 하는 과정일 뿐이다.

독자들은 이 책이 다루고 있는 문제들이 요즘 같은 사회에서는 오랫동안 지속될 수 없음을 잘 알 것이다. 그 이유는 니일처럼 확고한 신념을 가진 사람이 드물고, 용기 있는 학부모들이 적을 뿐만 아니라 자녀의 전반적인 '행복'을 더 중요하게 여기기보다 단순한 '성공'을 바라는 부모들이 더 많기 때문이다.

오늘날 미국에 서머힐과 같은 학교가 없다고 하더라도 이 책은 모든 학부모들에게 유익할 것이다. 이 책은 그들에게 자신들의 교육 방법을 분석해 보도록 자극할 것이며, 또한 교사들에게는 일말의 재고도 없는 가치를 어린이들에게 심어 주는 것이라고 간단하게 생각할 일은 절대 아니라는 확신을 줄 것이다.

니일은 부모와 자식의 관계에 상당한 비중을 두고 있다. 마음대로 하는 자유야말로 한 가정에 획기적인 변화를 가져올 수 있을 것이다. 이 책을 읽는 부모들은 자녀를 키우면서 무의식중에 얼마나 많은 강압과 폭력을 행사해 왔는지를 깨닫고 깜짝 놀라게 될 것이다. 이 책은 사랑, 동의, 자유라는 말에 새로운 의미를 부여하고 있다.

니일은 삶과 자유를 진정으로 존중하는 반면 폭력은 단호히 반대한다. 이런 방법으로 교육받은 어린이들은 서구 인본주의의 목표가 되어 온 이성, 사랑, 관용, 용기 등을 발전시켜 나갈 수 있을 것이다. 만약 이 모든 것이 서머힐에서 가능하다면 다른 곳에서도 틀림없이 가능할 것이다. 다만 사람들이 그렇게 할 각오가 되어 있다는 전제 하에서 말이다.

니일이 말하는 바와 같이 문제아란 없으며 다만 '문제 부모'와 '문제 인류'가 있을 뿐이다. 나는 니일의 저작이 돋아나는 새싹이라고 확신한

다. 인간 그 자체와 인간의 발전이 모든 노력의 핵심이 되는 그런 사회
에서는 니일의 이론은 널리 인정받게 될 것이다.

– 에릭 프롬

우리는 인간의 영혼에 관해서 그다지 잘 알지 못한다. 인간의 정신적인 능력은 아직도 신비에 싸인 채 감추어져 있다.

심리학은 프로이드 이후로 거듭 발전해 왔지만 여전히 미지의 신대륙의 해안선 중 일부분의 지도를 그리고 있는 것과 같은 새로운 학문에 불과하다. 어쩌면 50년 후의 심리학자들은 오늘날 우리의 무지를 비웃게 될지도 모른다.

나는 교육학에서 아동심리학으로 전공을 바꾼 후 모든 아이들, 즉 불을 지른 아이, 도둑질한 아이, 거짓말쟁이, 오줌싸개나 화를 잘 내는 아이 등의 문제에 대해 다루어 왔다. 그러나 어린이 교육에 관여해 오면서 스스로의 생활을 결정짓는 원동력에 대해서는 아는 바가 거의 없다는 사실을 깨닫게 되었다. 아울러 자신의 자녀들 밖에 접하지 못한 부모들은 나보다 더 아는 것이 없으리라는 확신도 가지게 되었다.

대개의 경우 다루기 힘든 어린이는 가정에서부터 잘못 다루어졌다고 생각하는 까닭에 부모들에 관한 이야기부터 하겠다.

심리학의 과제는 무엇인가? 나는 심리학이 치료의 과학이라고 말하고 싶다. 그렇다면 무엇을, 혹은 무엇에 관하여 치료하는가?

나는 내가 지닌 오렌지색과 검은색에 대한 편견을 고치고 싶지 않다. 또 담배나 한 잔의 맥주를 즐기는 따위도 고치고 싶지 않다. 어떤 교사도 어린이에게 북 치는 버릇을 고치라고 명령할 권리는 없다. 불행한 인간을 고쳐주는 것만이 심리학의 유일한 치료 대상이 되어야 할 것이다.

다루기 힘든 아이는 불행하다. 그런 아이들은 자신과 싸우고 있을 뿐만 아니라 세상과도 싸우고 있다. 이것은 다루기 힘든 어른들에게도 해당된다. 행복한 사람이 매사에 훼방꾼이 되거나 전쟁광이 되거나 인종차별주의자가 되는 일은 절대로 없다. 행복한 여자는 남편이나 자식에게 욕을 퍼붓지 않는다. 일찍이 행복한 사람이 살인을 하거나 도둑질한 경우 역시 없었다. 행복한 사람은 아랫사람을 들볶지 않는다.

범죄나 미움, 전쟁 등의 원인은 불행에 있다. 이 책은 사람들이 어떻게 하면 불행해지고, 어떻게 해서 자신들의 삶을 파괴해 가는지, 또 어린이들이 불행에 빠지지 않도록 하려면 어떻게 교육해야 하는지에 대한 방법을 제시해 보려고 노력한 것이다.

더불어 이 책은 서머힐의 역사이기도 하다. 서머힐에서는 어린이들이 자신들의 불행에서 벗어나고, 더 중요하게는 행복한 인간으로 교육되고 있음을 보여 준다.

차례

서머힐의 목표 ｜ 서머힐의 하루생활 ｜ 일반 교육에 반대되는 서머힐 교육 ｜ 서머힐의 졸업생들 ｜ 개인면담 ｜ 자치제도 ｜ 남녀공학 ｜ 노동 ｜ 놀이 ｜ 연극 ｜ 춤과 음악 ｜ 운동과 경기 ｜ 장학관의 보고서-학교 조직, 학교 건물과 교사, 장학관의 보고서에 대한 비평 ｜ 서머힐의 미래

제1장 서머힐

서머힐의 목표

런던에서 약 150km 떨어진 서포크 백작 령(領)의 레이스턴 마을에 위치하고 있는 서머힐은 1921년에 설립되었다.

먼저 서머힐의 학생들에 관한 이야기부터 시작하자면, 서머힐에는 다섯 살에 들어온 학생이 있는가 하면 열다섯 살에 들어온 학생도 있다. 학생들은 보통 열다섯 살까지 이곳에 머물게 되며, 평균 25명의 남학생과 20명의 여학생으로 구성되어 있다.

학생들은 연령에 따라 세 그룹으로 나누어지는데, 다섯 살에서 일곱 살까지, 여덟 살에서 열 살까지, 그리고 열한 살에서 열다섯 살까지로 나뉜다. 학생들은 그룹별로 기거하며 각 그룹에는 한 명씩 엄마 역할을 하는 보모가 있어 그들을 보살핀다. 중간 그룹의 학생들은 돌로 된 집에서 살며, 세 번째 그룹의 학생들은 바라크에서 산다.

독방은 가장 나이가 많은 두세 명의 학생만이 사용하고 있으며, 보통은 서너 명이 함께 방을 사용하는데 이는 여학생들도 마찬가지다. 학생들은 자신들의 방을 검열받지 않으며, 아무도 청소를 대신해 주지 않는다. 그들은 일체의 간섭을 받지 않으며, 무슨 옷을 입건 아무도 상관하지 않는다.

서머힐에 관해 소개한 신문들은 모든 학생들이 자기 마음에 드는 일은 무엇이나 할 수 있고 또 그것이 허용되고 있는 것처럼 보도했으며 그들이 예의범절도 모른다고 했다. 그래서 나는 가능한 진실된 입장에서 서머힐에 관해 서술하려고 노력하겠다. 그러나 내가 다소 편견에 빠지더라도 그것은 어쩔 수 없는 일이다.

한편 나는 서머힐의 장점뿐만 아니라 단점도 모두 이야기하려고 한다. 서머힐의 장점이란, 어린이들의 삶이 겁이나 증오에 물들지 않고 건전하고 자유롭다는 것이다.

놀고 싶어하는 아이들을 책상에 붙들어 앉힌 채, 대개는 별 소용도 없는 것들을 가르치는 학교는 옳지 않다. 자기의 자식이 항상 다소곳하게 비창조적인 채로 머물러 있어야만 한다고 생각하고, 자식의 성공의 척도를 돈으로만 따지는 그런 비창조적인 부모들에게 서머힐은 옳지 않은 곳일 수밖에 없다.

서머힐은 하나의 실험으로 시작되었으나 이제는 다른 학교의 모범이 되는 학교로 발전하였다. 왜냐하면 서머힐은 자유의 힘이 얼마나 대단한지를 실제로 입증했기 때문이다.

내가 아내와 함께 학교를 설립할 때, 우리는 학교를 어린이에게 맞추어야지 어린이들을 학교에 맞추려고 해서는 안 된다는 신념을 가지고 출발했다.

나는 그 전에 일반 학교에서 오랫동안 재직했기 때문에 일반 학교의 모순을 잘 알고 있는데, 그것은 어린이가 장차 무엇이 되어야 하고 또 어떻게 배워야 한다는 것들을 어른들의 생각에서 출발하여 가르치고 강요하기 때문에 생겨난 것이다. 이런 방법은 심리학이 발달되지 않았던 시대에나 소용이 되었을 법한 것들이다.

그리하여 우리는 어린이들이 진정한 '자기 자신이 될 수 있는' 자유를 누릴 수 있는 학교를 설립하기로 했다. 이러한 이념을 실천하기 위해서는 모든 교육과정에서 훈육, 암시적인 영향, 윤리적이고 종교적인 지도와 교과과정을 제외시켰다.

사람들은 우리가 용감하다고 말했다. 그러나 정작 우리가 그렇게 하기 위해 필요했던 것은 용기가 아니라 어린이들의 본성은 선하다는 확고한 신념이었다. 지금까지 우리는 40여 년 동안 이 일을 해 왔지만 이 신념이 흔들린 적은 한번도 없었다. 오히려 이 신념은 이제 거의 확신으로 변하고 말았다.

내가 생각하기에 어린이는 이해력을 타고나며 게다가 현실적이다. 모든 것을 그들 스스로에게 맡겨 두고 어른의 간섭을 일체 받지 않도록 하면 어린이는 자기의 능력에 알맞게 발전한다. 서머힐은 학자의 자질을 타고난 어린이가 학자가 되기를 원한다면 학자가 되도록 하고, 운전사가 되기를 원하는 어린이는 운전사가 되도록 하는 그런 학교다.

그러나 아직까지 버스 운전사가 된 학생은 한 명도 없다. 나는 체면치레로 이런 말을 하지는 않으며, 노이로제에 걸린 한 사람의 학자를 배출하는 것보다는 차라리 한 사람의 행복한 청소부를 배출하는 것이 더 낫다고 생각한다.

그렇다면 서머힐에서의 생활은 어떠한가. 학생들은 수업을 받을 수도 있고, 받지 않을 수도 있다(자신이 원한다면 일년 내내 수업을 받지 않아도 된다). 시간표는 오직 교사를 위해 있을 뿐이다.

수업 내용은 보통 어린이들의 연령에 따라 편성하지만 이따금 그들의 특별한 흥미에 따라 바뀌기도 한다. 우리에게 새로운 교수법이란 아무것도 없다.

우리는 수업 자체가 큰 역할을 하지는 않는다고 생각한다. 모든 학생에게 나눗셈을 잘 가르칠 수 있는 특별한 방법이 있나 없나는 전혀 중요하지 않다. 왜냐하면 나눗셈 자체는 그것을 배우기 원하는 학생을 제외하고는 조금도 중요하지 않기 때문이다. 나눗셈을 배우고자 하는 어린이는 어떻게 해서든 그것을 배우고야 만다. 어떤 방법으로 배우는가는 조금도 중요하지 않다.

유치원에 들어갈 나이에 서머힐에 입학한 학생들은 아무런 저항 없이 수업을 받아들인다. 그러나 다른 학교에 다니다가 서머힐로 온 학생들은 다시는 수업에 들어가지 않겠다고 맹세하는 일이 종종 있다. 그들은 놀기도 하고, 자전거를 타기도 하며, 다른 어린이의 공부를 방해하기도 한다. 몇 명은 이런 일을 수개월 동안이나 계속하기도 했다.

이에 대한 '치료 기간'은 이전에 다녔던 학교가 그들에게 심어준 미움의 크기에 비례한다. 이런 점에서 단연 기록을 세운 한 여학생이 있었는데, 그녀는 수녀원 학교에 다니다가 우리 학교로 왔으며 3년 동안 꼬박 게으름만 피웠다. 그러나 일반적으로 어린이가 수업에 참가할 마음을 갖기까지는 평균 3개월이 걸린다.

자유에 대한 우리의 생각을 잘 이해하지 못하는 사람들은 이렇게 물을지도 모른다.

"여기는 어린이들이 하루 종일 제 마음대로 놀기만 하는 도깨비 소굴이냐?" "만약 내가 이런 학교에 다녔더라면 아무것도 하지 않았을 거다." 하고 말하는 어른도 있고, 어떤 사람들은 '이 어린이들이 열심히 공부한 다른 어린이들과 경쟁해야 할 때가 오면 자신이 큰 손해를 보았다고 느끼게 될 것이다.' 하고 생각하기도 한다.

이런 경우 나는 17세 되던 해에 공장에서 일하기 위해 서머힐을 떠난 잭이 생각난다. 어느 날 공장장이 잭을 불러 물었다.

"자네는 서머힐 출신이지? 자네가 다른 학교 출신과 함께 일하는 지금, 서머힐의 교육을 어떻게 생각하는지 알고 싶네. 자네에게 다시 한번 더 기회가 주어진다면 이튼으로 가겠는가, 서머힐로 가겠는가?"

"물론 서머힐로 가지요."

잭이 대답했다.

"그렇다면 서머힐이 다른 학교보다 나은 점이 무엇인가?"

그러자 잭은 머리를 긁적이며 천천히 대답했다.

"잘 모르겠습니다. 하지만 저는 서머힐에서는 사람들이 완전한 자신감을 갖게 된다고 생각합니다."

"그래?" 공장장은 담담하게 말했다. "그것은 이미 자네가 여기에 들어올 때부터 눈치챘던 바야."

"이걸 어쩌죠? 제가 그런 인상을 준 것을 용서하십시오."

"천만에! 그 점이 바로 내 마음에 들었다네. 사람들은 대개 내 방에 들어오면 왠지 초조해하고 여기저기 두리번거리지. 그런데 자네만은 나와 대등한 사람이기라도 한 것처럼 당당하게 들어왔어. 잭, 자네는 어느 부서에서 일하고 싶은가?"

이 이야기는 교육이 성격이나 인격만큼 중요하지는 않다는 것을 말해준다. 잭은 공부하는 것을 싫어했기 때문에 대학 입학시험에는 떨어졌다. 그러나 찰스 램의 수필이나 프랑스어를 모른다고 해서 살아가는 데 불편을 느끼지는 않았다. 오늘날 그는 훌륭한 엔지니어가 되었다.

서머힐에서도 많은 것을 배운다. 물론 서머힐의 열두 살짜리 그룹은 정서법, 필기하기, 분수 계산 등에서 다른 학교의 또래 학생과 경쟁할 수 없다. 그러나 창의력이 요구되는 시험에서는 다른 학교의 학생들을 충분히 이겨낼 것이다. 서머힐에는 필기시험이 없지만 가끔씩 간단한 시험을 보기도 한다. 언젠가 나는 다음과 같은 문제를 출제했다.

1 마드리드·목요일 섬(Thursday Island)·어제·사상·민주주의·미움·내 휴대용 연장들은 어디에 있는가(유감스럽게도 이 마지막 문제에 대해서는 도움이 될 만한 해답이 없었다)?

2 다음 단어를 설명해 보시오(괄호 안의 숫자는 단어가 지닌 뜻의 개수임).

   Hand(3) : 두 명의 학생만이 세 번째의 뜻, 즉 '말(馬)의 크기를 재는 척도' 라는 뜻을 바르게 썼다.

   Brass(4) : 광물, 육군의 고급장교, 오케스트라의 금관 악기부.

3 햄릿의 독백 '사느냐 죽느냐' 를 서머힐에 알맞게 해석해 보시오.

물론 이런 문제들에 대해 심각하게 생각하지는 않지만 학생들은 이런 것을 매우 즐거워한다. 입학한 지 얼마 되지 않는 학생들은 이미 서머힐에 익숙해져 있는 학생들만큼 이런 문제들을 잘 풀지는 못한다. 이것은 그들이 덜 총명해서가 아니라 심각한 문제들만 접해왔기 때문에 이처럼 쉬운 문제에는 당황하기 때문이다.

이러한 것은 서머힐의 한 측면에 불과하며, 어느 시간이든 공부는 많이 한다. 만약 선생님이 개인 사정으로 수업을 하지 못하게 되면 대부분의 학생들은 크게 실망한다.

아홉 살난 데이빗이 백일해를 앓아 격리수용을 당하게 되었다. 그는 닭똥 같은 눈물을 흘리며 "그럼 나는 로저 선생님의 지리 수업에 빠져야만 합니까?" 하고 항의했다. 사실 데이빗은 태어나면서부터 줄곧 서머힐에 있었으며 그에게 수업시간은 필수였다. 지금 그는 런던 대학의 수학 강사로 있다.

몇 해 전 학교 총회(여기서 학교의 모든 규칙이 공표되는데, 투표권은 학생과 선생 모두 한 표씩이다)에서 잘못한 학생에게 주는 벌로 일주일 동안 수업에 참석하지 못하도록 하자는 제안이 나왔었다. 그러나 대부분의 학생들은 그러한 벌은 너무 가혹하다고 반대했다.

서머힐의 선생들은 어떤 시험이든지 간에 시험이라면 모두 싫어한다. 대학 입학의 전제조건인 고등학교 졸업시험은 우리에게는 십자가다. 우리는 시험 과목들을 가르치지 않을 수도 있지만 그러한 규칙이 있는 한 그것을 준비해야만 한다.

물론 많은 학생들은 졸업시험을 보지 않으며 대학에 진학하려는 학생들만 이 시험을 본다. 학생들은 대개 열네 살부터 시험준비를 시작해 3

년 만에 공부를 끝낸다. 그리고 그들에게는 그 시험이 그다지 어렵지 않다. 물론 이들 모두가 항상 첫 시도에 합격하는 것은 아니며, 실패한 뒤에 다시 한번 더 시도한다는 것이 더 중요하다.

어쩌면 서머힐에는 세상에서 가장 행복한 학생들만 모여 있는지도 모른다. 여기에는 빈둥거리는 학생도 없고 향수병에 걸리는 학생도 없다. 크게 다투는 일은 매우 드물지만 가끔 일어나기도 한다. 그러나 우리는 젊은이들 사이에서 있을 법한, 소위 합법적으로 치고받고 싸우는 일은 거의 본 적이 없다. 또 어린이가 우는 것도 거의 본 적이 없다.

자유로운 어린이들에게는 억눌려 있는 어린이들만큼 미움이 많이 쌓여 있지 않다. 미움은 미움을 낳고 사랑은 사랑을 낳는 법이다. 사랑 받는 어린이는 인정감(認定感)을 갖고 있는데 이것은 어느 학교에서나 중요하다. 어린이들을 벌하고 욕하면 어린이들의 편에 설 수 없게 된다. 서머힐은 어린이들이 인정을 받고 있다고 느낄 수 있는 학교이다.

이것은 우리가 인간적인 약점을 초월했다고 말하는 것이 아니다. 나는 어느 해 봄에 여러 날 동안 감자를 심은 적이 있다. 그런데 6월이 되어 여덟 포기의 감자가 뽑혀져 있는 것을 보고 한바탕 소동을 벌였다. 그러나 그 소동은 권위적인 교육자들의 그것과는 매우 달랐다. 나에게는 감자만이 문제였다. 그렇지만 권위를 내세우는 교사라면 이런 사건에서 선악(善惡)의 문제까지 제기할지도 모를 일이다. 나는 그런 짓을 한 학생에게 '도둑질을 하지 마라' 따위의 설교를 하지 않았다. 나에게는 오로지 감자만이 문제가 될 뿐이며, 그 감자를 있던 자리에 그대로 두기만 하면 충분하다고 거듭 말했다. 나는 이러한 점이 명확히 구별되기를 바랄 뿐이다.

이를 달리 표현하자면, 나는 어린이들에게 있어 권위적인 사람이 아니며, 어린이들과 같은 위치에 있는 것이다. 내가 감자 때문에 야단법석을 떨었을 때, 그것은 그들 중 누군가가 자전거 바퀴에 구멍이 났다고 흥분하는 것과 다를 바 없었을 것이다. 어린이들과 같은 위치에 있게 되면 그들과 다투어야 할 일이란 아무것도 없다.

그런데 다음과 같이 말하는 사람이 있을지도 모른다.

"잔소리 마! 모두 똑같을 수는 없어. 니일은 자기가 보다 힘세고 똑똑하다고 말해야 할 거야!"

물론 이 말에도 일리가 있다. 나는 서머힐의 주인이다. 만약에 불이 나면 어린이들은 모두 나에게 달려올 것이다. 그들은 내가 더 힘이 세고 더 많이 알고 있다는 것을 알고 있다. 그러나 내가 어린이들의 세계에서 그들을 만날 때는 이런 말을 할 필요가 없다.

다섯 살 난 빌리가 초대하지도 않았는데 내가 자기 생일 파티에 갔다고 내게 나가라고 명령했고, 나는 당장 나왔다. 빌리는 내가 자기에게 했던 것과 똑같은 행동을 내게 했던 것이다. 선생과 학생 간의 이런 관계를 설명하기란 쉽지 않다. 그러나 서머힐을 방문한 사람들에게 이런 관계가 이상적인 관계임을 설명해 주면 내 생각을 이해하게 된다. 사람들은 교사에 대한 일반적인 통념을 갖고서 이런 관계를 이해하게 된다.

화학 선생 루드는 성이 아닌 데레크라는 이름으로 모두에게 불린다. 다른 선생들 역시 해리나 울라, 팸으로 부르도록 내버려둔다. 학생들은 나를 니일이라고 부르고 가정부는 에스터라고 부른다.

서머힐에서는 모두 동등한 권리를 가진다. 아무도 그랜드 피아노 위에 올라가서는 안 된다. 나도 주인의 허락 없이는 그들의 자전거를 탈 수 없다. 학교총회에서는 여섯 살짜리의 한 표가 나의 한 표와 같다.

실제로는 어른들의 표만 계산했겠지 하고 누군가 말할지도 모른다. 여섯 살짜리가 손을 들기 전에 우리와 같은 표를 던져 주었으면 하고 바라는 것은 사실이다. 왜냐하면 내가 제안했던 것들이 너무나 많이 부결되었기 때문이다. 이런 것들이 우리가 어린이들에게 바랄 수 있는 최대의 것들이다.

서머힐의 어린이들은 선생에 대해서 불안감을 갖지 않는다. 우리 학교의 교칙 중 하나는 밤 10시 이후에는 아무도 2층 복도로 나와서는 안 된다는 것이다. 어느 날 밤 11시경에 나는 2층에서 베개싸움을 하며 떠드는 소리를 들었다. 나는 글을 써야 했기 때문에 그들이 조용히 하기를 바랐고, 항의를 하기 위해 2층으로 갔다.

내가 계단을 다 올라가기도 전에 저 쪽에서 종종걸음으로 걸어오는 발소리가 들렸다. 그런데 이상하게도 복도는 텅 비어 있었고 순간 조용해졌다. 갑자기 누군가가 볼멘소리로 "니일인데 뭐."하고 말했다. 그러더니 다시 떠들기 시작했다. 그러나 내가 "나는 지금 글을 써야하기 때문에 바쁘다."고 말하자 어린이들은 조용히 하겠다고 약속했다. 그들은 곧 복도에서 사라져 버렸다.

나는 이와 같이 어린이들이 어른들을 두려워하지 않는다는 것을 특별히 강조하고 싶다. 언젠가 9살 난 어린이가 아무런 망설임 없이 내게 와서 유리창 하나를 깨뜨렸다고 이야기했다. 그는 내가 화를 내거나 도덕적인 설교를 하리라는 걱정을 할 필요가 없었기 때문에 나에게 온 것이다. 경우에 따라서 그는 창 값을 변상해야 한다.

몇 년 전에 한번은 학생 자치회가 총사퇴한 적이 있었다. 그런데도 아무도 입후보하려고 하지 않았다. 나는 이 기회를 놓치지 않고 게시판에 다음과 같은 내용을 걸었다.

"정부가 없어졌기에 이제 내가 교장임을 선포하노라, 니일 만세!"

소문은 당장에 퍼져나갔고 바로 그 날 오후에 6살 난 비비안이 내게 와서 말했다.

"니일, 체육관의 유리창 하나를 깨뜨렸어요."

나는 윙크를 하며 말했다(얼마 후 나는 그녀의 반항이, 자신이 얘기를 하는 동안 문을 쾅 닫고 집으로 가버린 가정부에 대한 노여움이었음을 알게 되었다).

"그런 시시한 일로 날 괴롭히지 마! 이제 어떻게 할 작정이지?"

"유리창을 더 많이 깨버릴 거야."

그 아이는 흥분한 것 같았다.

"그래? 그렇다면 한번 해보렴."

얼마 안 있어 그 아이는 정말 그렇게 했고, 그동안 모두 열일곱 장의 유리창을 깨뜨렸다고 내게 와서 말했다.

그 아이는 심각하게 말을 이었다.

"나는 이 모든 것을 다 변상하겠어요."

"무엇으로?"

"내 용돈으로. 그런데 얼마나 오래 걸릴까요?"

나는 대강 계산해 보고 대답했다.

"약 10년."

그녀는 한동안 어둠 속을 응시하고 있더니 갑자기 소리를 질렀다.

"그래, 나는 이 유리창들을 보상해 줄 필요가 조금도 없어!"

"그럼 사유재산에 관한 법률로 따져볼 때 어떻게 되지? 창문들은 나의 사유재산이란 말이야."

"알아요. 그러나 이제 사유재산에 관한 규정은 없어져 버렸는걸요. 법률은 정부에 의해서 만들어지는데, 이제 그 정부가 없어져 버리지 않았나요? 그렇지만 난 유리창 값을 변상하겠어요."

그러나 비비안은 그것을 변상할 필요가 없었다. 왜냐하면 얼마 후 내가 런던에서 강연을 하면서 이 이야기를 했더니, 강연이 끝난 후 한 청년이 "그 악당이 깨뜨린 유리창 값입니다."하고 말하면서 내 손에 돈을 쥐어 주었기 때문이다. 이런 일이 있은 지 2년 후에 나는 비비안에게 자기가 깨뜨린 유리창과 그것을 변상해 준 청년에 관해서 이야기해 주었다.

어린이들은 두려움을 모를 때 낯선 사람들과도 금방 친해진다. 대부분의 영국인들이 속을 터놓지 않는 것은 근본적으로는 불안 외에 아무 것도 아니다. 그러한 까닭에 돈이 많은 사람일수록 말이 적다. 서머힐의 학생들이 낯선 방문객에게 지나치게 친절하다는 평가는 내 동료들과 나에게 큰 자랑거리다.

물론 우리를 찾는 많은 방문객들이 어린이들에게 흥미를 준다는 사실을 고백하지 않을 수 없다. 가장 환영받지 못하는 손님은 선생님인데, 특히 학생들의 글이나 그림 따위를 보려고 하는 선생님들이 그렇다. 이야기를 들려주는 방문객이 가장 환영을 받는데 가령 모험담이나 여행담 혹은 비행기 이야기 등이 그것이다. 또 서머힐에서는 복싱 선수나 테니스 선수에게 관심이 집중된다. 이와 반대로 큰소리로 이론만 떠들어대는 방문객에게 귀를 기울이는 학생은 아무도 없다.

방문객들은 하나같이 서머힐에서는 학생과 교사를 구별할 수 없다고 한다. 이런 관찰은 정확하다. 왜냐하면 어린이가 인정받는 학교에서는 선생과 학생이 언제나 한 덩어리가 되기 때문이다. 선생님에 대한 공경이란 있을 수 없다. 선생은 학생과 똑같은 식사를 하며, 선생에게도 공동체의 규칙이 똑같이 적용된다. 선생들이 우선권을 갖게 되면 어린이들이 화를 낸다.

　나는 선생님을 위한 심리학을 강의한 적이 있다. 어린이들은 이에 대해 불평을 했다. 그래서 나는 계획을 변경해서 12세 이상이라면 누구든지 심리학 강의를 들을 수 있도록 했다. 화요일 저녁마다 내 방은 열성적인 어린 청강생들로 꽉 찼으며, 이들은 가만히 듣고만 있지 않고 자유롭게 그들의 의견을 토로했다.

　어린이들은 나에게 여러 가지 문제에 대해서 대답해 달라고 요청하기도 했는데 그 중 몇 가지만 예를 들면, 열등의식 · 도둑 심리 · 깡패 심리 · 유머 심리 및 인간은 왜 도덕군자가 되어야 하는가? 또 자위행위 · 군중심리 등등이 그것이다. 이런 어린이들은 자신과 타인에 관해 보다 폭넓은 지식을 가지고서 인생을 살아간다.

　방문객들은 종종 묻는다.

　"어린이들이 나중에 가서 학교에서 음악과 수학을 가르치지 않았다고 학교를 욕하지 않을까요?"

　"우리는 어린 프레디가 베토벤을, 혹은 토미가 아인슈타인을 그들의 전공분야로 찾아내는 것을 방해하지는 않습니다."

　어린이의 생활목적은 자기 자신의 삶을 살아가는 것이다. 부모에 의해 끌려가는 삶이나, 어린이에게 가장 좋은 것을 알고 있다고 믿는 교육자들의 의견에 맞춰진 삶을 살아가는 것이 아니다. 이렇게 어른들이 끼어들고 조종하는 것은 로봇의 세대를 초래하는 결과밖에는 안 될 것이다.

우리는 어린이들을 의지 없는 사람으로 만들지 않고서는 악기 연주를 강요하거나, 그 어떤 것을 배우라고 강요할 수 없다. 우리는 어린이들을 영국 교회의 착실한 신자로 만들 수 있다. 이것은 매일 아침 여덟 시 반 전철을 타고 도시에 와서, 답답한 책상머리나 가게의 카운터를 지키며 굽신거리는 하인을 필요로 하는 사회, 즉 겁에 질려 있는 조그마한 사람들의 어깨 위에, 다시 말해서 완전히 위축된 성공회 신자들의 어깨 위에 걸머지워져 있는 사회를 위해서라면 바람직한 일일 것이다.

서머힐의 하루생활

이제 서머힐의 전형적인 하루를 묘사해 보자. 아침식사 시간은 8시 15분부터 9시까지이다. 교사와 학생들은 식사를 받아 식탁으로 간다. 침대는 수업 시작인 9시 반 이전에 정돈하면 된다.

4개월마다 새로운 시간표가 마련된다. 화학선생 데레크는 월요일에는 1반에서, 화요일에는 3반에서, 대략 이런 식으로 수업을 한다. 이와 비슷한 시간표에 따라 나는 영어와 수학을 가르치고, 모리스는 지리와 역사를 가르친다. 7세부터 9세까지의 저학년은 오전에는 한 선생님한테서 배우는 것이 원칙이다. 그러나 이들도 과학실이나 미술실에 가기도 한다.

학생들은 반드시 수업에 참석할 필요는 없다. 그러나 만약 지미가 월

요일에 영어강의를 듣고는 그 다음 주 금요일이 되어서야 다시 나타난
다면 학생들은 그가 공부를 방해한다고 정당하게 항의하고 경우에 따라
서는 출입문 앞에 앉도록 하기도 한다.

수업은 1시까지 계속되지만 어린 학생들은 12시 반에 점심식사를 한
다. 그러나 선생들과 나머지 학생들은 1시 반에야 점심을 먹는다. 장소
가 모자라기 때문에 두 그룹으로 나누어서 식사를 해야 하기 때문이다.

오후에는 모두 수업이 없는데, 이때 그들이 무엇을 하는지 나는 모른
다. 오후가 되면 정원에서 일을 하는 나는 한 명의 학생도 보지 못하는
날이 많다. 나이가 어린 학생들은 도둑과 경찰놀이를 한다. 몇몇 큰 학
생들은 기계나 라디오를 조립하기도 하고, 나머지는 제도를 하거나 그
림을 그린다. 날씨가 좋으면 운동을 하기도 한다. 많은 학생들이 공작실
에서 자전거를 수리하거나 보트를 만들거나 총을 조립하기도 한다.

오후 4시부터는 차를 마신다. 5시부터는 자유시간이다. 어린 학생들
은 책을 읽어주면 좋아한다. 중간 그룹의 학생들은 미술실에서 그림도
그리고, 판화도 만들고, 광주리를 짜거나 가죽 공예를 하기도 한다. 도
자기실에는 항상 한 그룹의 학생들이 열심히 일하고 있는데, 이 도자기
실은 학생들이 제일 좋아하는 장소인 것 같다. 나이가 많은 학생들은 5
시부터 여기서 일한다. 목공소와 철공소는 저녁마다 자리가 꽉꽉 찬다.

월요일 저녁에는 영화관에 가는데 관람료는 부모로부터 받아둔다. 여
유가 있는 학생은 영화 프로그램이 바뀔 경우 목요일 오후에 영화를 한

편 더 본다.

화요일 저녁에는 선생님들과 고학년을 위한 심리학강좌가 있다. 이때 저학년은 독서 그룹에 참가한다. 수요일 저녁에는 댄스 파티가 있다. 서머힐에는 레코드가 많이 준비되어 있기 때문에 음악은 문제가 없다. 어린이들은 모두 춤을 잘 춘다. 몇몇 방문객들은 학생들과 함께 춤출 때 열등감을 느끼기도 한다. 목요일 저녁에는 별다른 일이 없다. 이때 고학년 학생들은 레이스턴이나 알데비라의 영화관에 간다. 금요일 저녁에는 연극연습과 같은 특별한 행사가 마련되어 있다.

토요일 저녁은 일주일 중에서 가장 중요하다. 왜냐하면 학교총회가 개최되기 때문이다. 학교총회가 끝나면 대개 댄스 파티가 열리며, 겨울에는 일요일 저녁에 연극이 상연된다.

날씨가 좋으면 남자아이들이 서머힐을 몰래 빠져나가 멀리 가버리는 일도 가끔 있다. 그들은 학교에서 벗어나 어디론지 떠나서 모험을 계획하기도 한다. 이에 비해서 여학생들은 쉽게 찾아 낼 수 있다. 여학생들은 언제나 집안에 있거나 집 근처에서 놀 뿐 아주 멀리 가는 일은 절대 없다.

미술실은 그림을 그리거나 다양한 천조각을 매만지는 여학생들로 꽉 차는 일이 많다. 그러나 나는 전반적으로 남자 어린이들이 보다 더 창조적이라고 생각한다. 왜냐하면 남자 어린이들한테서는 지루하다거나 무엇을 해야 할지 모르겠다고 말하는 것을 들은 적이 없지만 소녀들한테서는 자주 이런 말을 듣기 때문이다.

내 생각으로는 학교 시설이 소녀보다는 소년에게 더 적합하게 되어 있기 때문에 이런 결과가 생긴 것 같다. 10세 이상의 소녀들이 공장에서 나무나 쇠를 가지고 할 수 있는 일이란 그다지 많지 않다. 그녀들은 기계나 라디오, 전기기구에 흥미가 없다. 그녀들은 도자기나 판화를 만들 수도 있고, 그림을 그리거나 바느질을 할 수도 있다. 그러나 많은 소녀들에게는 선택의 여지가 충분하지 못하다. 소년은 소녀와 조금도 다름없이 요리를 하기도 한다.

서머힐에서 상연되는 연극은 대본, 의상, 무대장치를 학생들 스스로 준비한다. 그들은 대부분 훌륭한 연기자들이다. 왜냐하면 그들은 아주 자연스럽게 연기를 하며 자신만을 돋보이게 하려고 애쓰지 않기 때문이다.

화학 실험실은 여학생도 남학생 못지 않게 좋아한다. 오로지 공장만이 9세 이상의 소녀들에게 아무런 매력이 없는 유일한 곳이다. 여학생들은 학교총회에도 남학생들만큼 적극적이지 못하다. 그 이유는 나도 어떻게 설명할 수가 없다.

몇 년 전까지만 하더라도 서머힐에 오는 소녀들은 나이가 약간 많았다. 그들은 대개 수도원학교와 기숙사학교에서 실패하고서 여기로 왔던 것이다. 나는 이런 여학생들을 자유 교육의 본보기라고 생각하지 않는다. 이들의 부모들은 자유가 무엇이며 얼마나 소중한지 알지 못한다. 이런 부모들은 그 딸들이 서머힐에서 결정적인 결점을 고치게 되자마자 '뭔가 배울 수 있는 다른 좋은 학교'로 보내 버린다.

그러나 지난 몇 해 동안에는 서머힐을 올바른 학교라고 생각하는 부모들의 딸을 많이 받아 들였다. 이들은 활기와 창의력과 주동력이 넘치는 귀여운 양떼들이다.

재정적인 원인으로 소녀들을 빼앗긴 일도 있었다. 예컨대 어떤 소녀의 남동생이 고급 사립학교에 진학하게 될 경우가 그러하다. 딸보다 아들을 더 우대하는 낡은 전통은 좀처럼 사라지지 않고 있다. 어린이들이 가정보다 학교에 더 관심을 쏟는다는 부모들의 질투 섞인 불안 때문에 학생들을 빼앗긴 일도 여러 번 있다.

서머힐을 유지해 나가는 것은 항상 문제가 뒤따른다. 어린이들을 공부는 시키지 않고 놀도록 내버려두는 학교에 보낼 만큼의 인내와 신뢰를 가진 부모들은 흔하지 않다. 부모들은 자식이 21세가 되면 경제적으로 자립할 수 있을지를 염려한다.

오늘날의 서머힐에는 억압 없이 키우고자 하는 부모의 자녀가 대부분이다. 즉 옛날에는 낡은 교육 방법을 고수하던 부모들이 그 방법으로는 어쩔 도리가 없음을 알고는 자녀들을 나에게로 보냈던 것이다.

이들도 처음에는 어린이들에게 자유를 주어야 한다는 생각은 조금도 없었으며 속으로는 서머힐에 있는 우리를 반미치광이로 생각했을지도 모른다. 이런 사람들을 설득하기란 매우 힘든 일이다.

전에 한 장교가 나를 찾아왔는데 그는 자신의 아홉 살짜리 아들을 서
머힐에 보낼 생각을 하고 있었다.

"이 학교는 그런 대로 마음에 듭니다. 그러나 내 아들이 여기서 자위
행위를 배울까 두렵습니다."

나는 그에게 왜 그런 걱정을 하냐고 묻자 그는 대답했다.

"자위행위가 어린애에게 해가 되기 때문입니다."

"그러나 저나 당신의 경우를 보더라도 자위행위가 아무런 해도 끼치
지 않았지 않습니까?"

그는 아주 일찍부터 자기 아들의 장래를 염려했던 것이다.

또 언젠가 어느 부유한 어머니는 한 시간 동안이나 나에게 꼬치꼬치
캐묻더니 자기 남편에게 말했다.

"나는 마르죠를 이 학교에 보내야 할지 말지 결정을 내릴 수가 없어
요."

내가 말했다.

"고민할 필요가 없습니다. 나는 이미 결정을 내렸고 부인의 딸은 받아
들이지 않겠습니다."

물론 나는 그녀에게 그 이유를 설명해 주었다.

"당신은 근본적으로 자유를 과소평가하고 있군요. 만약에 마르죠가
우리 학교에 오게 되면 당신에게 여기서 필요한 것을 설명하느라 내 시
간의 절반은 허비하게 될 것입니다. 그렇게 하더라도 나는 당신을 이해

시키지 못할 것입니다. 이런 것은 마르쬬에게 매우 나쁜 영향을 주게 될 것입니다. 왜냐하면 마르쬬는 계속해서 학교가 옳은지 부모가 옳은지를 고심하게 될 것이기 때문입니다."

가장 이상적인 부모들은 서머힐을 보고 이렇게 말한다.

"이것이야말로 어린이를 위해 가장 올바른 학교다."

학교를 창립할 당시에는 어려움이 특히 심했다. 돈이 부족했기 때문에 우리는 상류층과 중류층의 어린이들만 받았다. 기부를 많이 하는 부자를 기대하기는 어려웠다. 익명의 독지가가 수 차례 우리를 곤경에서 건져 주었다. 뒤에는 한 학부형이 후한 도움을 주었다. 그는 우리에게 주방용품과 라디오를 기증했고, 건물의 증축과 새 건물도 지어 주었다. 그는 가장 이상적인 독지가였는데 왜냐하면 그는 아무런 조건도 붙이지 않았고 아무런 보답도 바라지 않았기 때문이다. 그는 단지 이렇게 말했을 뿐이다.

"서머힐은 우리 지미를 내가 바랐던 바대로 잘 교육시켜 주었소."

그런데 유감스럽지만 가난한 부모의 어린이들을 받아들인 일은 한번도 없다. 따라서 우리의 관찰은 중·상류층 어린이에게만 한정될 수밖에 없었다. 즉 많은 돈과 비싼 옷 뒤에서 어린이들의 진실한 본성을 알아내기란 매우 어려운 일이다.

만약에 한 소녀가 자신이 성인이 되면 막대한 재산을 상속받는다는 것을 알고 있다면 그녀를 어린이의 본성을 연구하기 위한 대상으로 삼기는 어렵다. 다행히 재산이 많다는 것이 서머힐의 졸업생이나 재학생들에게 해를 끼친 일은 한번도 없었다. 그들은 모두 학교를 졸업하면 스스로 돈을 벌어야 한다는 것을 알고 있었던 것이다.

서머힐에서 청소부로 일하고 있는 소녀들은 아침에 와서 저녁때 돌아간다. 이들은 많은 일을 하며, 또 맡은 일을 매우 잘 해낸다. 이 소녀들은 감시할 때보다 자유로운 분위기 속에서 더 열심히 한다. 중류층 출신의 학생들이 침대도 스스로 정돈하지 못할 정도로 응석받이인 것과는 반대로, 이 소녀들은 가난한 집에서 태어났기 때문에 노동에 시달려야 한다는 사실에 대해 나는 부끄러움을 느끼며 감탄하기도 한다.

물론 나 스스로도 침대 정리를 싫어한다는 것을 고백해야겠다. 너무 바빠서 시간이 없다는 변명은 어린이들에게 아무런 감동도 주지 못한다.

서머힐에서는 어른들이 도덕을 설교하는 사람들이 아니라는 것을 나는 수차례 강조해 두었다. 우리도 다른 사람들과 똑같은 인간이다. 그리고 우리의 이론적인 통찰이 인간적인 약점과 충돌하는 일도 자주 있다.

일반 가정에서는 어린이가 쟁반을 깨뜨리면 부모는 그 쟁반이 어린이보다 더 소중한듯 한바탕 소동을 벌인다. 서머힐에서는 누군가가 쟁반을 한아름 깨뜨린다 하더라도 말을 하지 않는다. 깨진 것은 이미 지나간 일이다.

이와 달리 어떤 어린이가 책을 빌렸는데 비를 맞도록 내버려둔다면 내 아내는 매우 언짢아할 것이다. 왜냐하면 내 아내는 책을 매우 소중하게 여기기 때문이다. 이런 경우에도 나는 담담하다. 왜냐하면 내게 있어 책이란 그다지 중요하지 않기 때문이다. 그러나 어떤 학생이 내 끌을 망가뜨렸다고 내가 화를 내면 아내는 이상해 한다. 나와 달리 그녀에게는 연장이 별로 중요하지 않기 때문이다.

토요일의 학교총회에서는 유감스럽게도 어른과 어린이 사이에 마찰이 생기는 일이 많다. 이런 마찰은 당연한 것이다. 왜냐하면 서로 다른 연령층으로 구성된 하나의 공동체에서 구성원 각각의 관심사가 잘못된 것이 아니라면, 어린이들의 주장에 대해 어른이 무조건 희생될 수는 없기 때문이다.

어른의 입장과 어린이의 무분별 사이에는 갈등이 생기기 마련이다. 그러나 이런 갈등이 개인적인 차원에서 다루어진 적은 한번도 없으며, 학교에 활기를 불어넣어 주기 때문에 아무도 지루해하지 않는다.

어떤 소녀가 내가 갓 사다놓은 아주 비싼 페인트로 자기의 낡은 침대를 칠해 버렸을 때 아까운 생각이 들기는 했지만, 신경을 곤두세워 자신의 소유물을 감시하지는 않는다. 나는 자동차와 타자기 및 연장에 관해서는 주인으로서의 애착이 대단하나 인간에 대한 소유욕은 내세우지 않는다. 이런 짓을 하는 이는 선생이 되어서는 안 될 것이다.

서머힐에서는 물건을 다 써서 닳아 없어지게 하는 것이 매우 당연하다. 어린이들이 물건이 닳을까봐 계속해서 불안해 할 때만은 닳아 없어지도록 쓰지 못하게 한다. 그러나 정신적인 에너지를 소진하는 것은 조금도 제한하지 않는다. 왜냐하면 어린이들은 가능한 요구만 하기 때문이다.

평소 내 방문은 하루에 50번은 열린다. 한 어린이가 와서 묻는다.

"오늘 저녁에 영화관에 가요?"

"왜 나는 면담시간이 없어요?"

"펨을 봤어요?"

"애나는 어디 있죠?"

나에게 이런 것들은 아무렇지도 않다. 우리에게는 완전한 사생활이란 없고, 건물 자체도 학교로는 적합하지 않다. 아무튼 어른들의 입장에서 보면 그렇다. 왜냐하면 우리 주위에는 항상 어린이들이 서성거리기 때문에 학교가 파할 무렵이면 나와 내 아내는 기진맥진하게 된다.

서머힐의 선생들이 인내하지 못할 일이란 드물며 이들과 함께 생활한다는 것은 정말 기쁜 일이다. 이것은 학생들에 대해서 뿐만 아니라 동료 교사들 간에도 마찬가지이다. 자기 자신을 존중할 줄 아는 어린이는 증오감을 품지 않으며, 어른들로 하여금 자기의 목을 옭아매도록 하는 데서 아무런 쾌감도 맛보지 못하는 법이다.

　　서머힐의 여선생님 중의 한 분은 비판에 대해서 지나치게 예민했기 때문에 그녀가 담임을 맡은 반의 여학생들이 선생님을 놀려댔다. 하지만 다른 선생님들에게는 그럴 수가 없었는데 그들은 학생들이 놀려도 상관하지 않았기 때문이다. 우리는 자신의 위신을 중요시 여기는 사람들만을 놀릴 수 있다.

　　서머힐의 학생들도 다른 어린이들처럼 공격적인 성향을 지니는가? 사람이 살아가기 위해서는 어느 정도의 공격적인 성향은 필요하다. 어린이에게서 관찰되는 지나친 공격성은 사람들이 그들에게 심어준 미움에 대한 비정상적인 반항이다. 서머힐의 학생들 중 공격적으로 행동하는 학생들은 언제나 사랑과 이해가 부족한 가정에서 자란 학생들이었다.

　　내가 어려서 다녔던 학교에서는 매일매일 코피가 터지도록 싸우는 일이 벌어졌다. 싸움에서 나타나는 공격성은 미움에 뿌리를 두고 있다. 만약 어린이들이 미움이 없는 환경에서 자란다면 그들도 미움을 드러내지 않는 법이다.

　　프로이드가 공격적인 성격에 그러한 의미를 결부시킨 것은 공격적인 성격이 학교와 가정에서 실재한다는 사실에 근거를 둔다. 사슬에 매여진 한 마리의 개를 보고 일반적인 개의 심리를 연구할 수는 없다. 수천 세대를 내려오면서 삶에 적대되는 생각만을 해온 사람들이 만들어 낸 쇠사슬에 계속해서 인류가 얽매여 있는 한, 인간의 심리에 관한 올바른

이론을 전개시키기란 불가능하다. 서머힐의 자유 속에서는 엄격한 규칙에 억눌려 있는 다른 학교에서처럼 공격적인 성격이 강하게 나타나지는 않는다.

그러나 서머힐의 자유가 인간의 건전한 이성의 추방을 뜻하지는 않는다. 우리는 방법을 최대한 동원하여 어린이들의 안전을 보살핀다. 어린이들은 구조대원이 있을 때에만 수영할 수 있는데, 어린이 여섯 명당 한 명의 구조대원이 있다. 6세 미만의 어린이는 혼자서 길가에서 자전거를 타서는 안 된다. 이런 규정들은 학생 스스로가 총회를 통해서 통과시킨다.

그러나 나무타기를 금지하는 규정은 없다. 나무타기는 삶을 유능하게 이끌어 가는 과정에 속한다. 어린이들에게 위험이 따르는 모든 것을 금지한다면 그들은 겁쟁이로 자라게 된다. 물론 서머힐의 학생들이 지붕 위에 올라가거나 공기총 등 위험한 무기를 가지고 노는 것은 금지되어 있다.

나무로 만든 장검이 유행할 때마다 칼끝을 고무나 천으로 만든 뚜껑으로 안전하게 덮어씌우라고 요구한다. 나는 이 유행이 사라지고 나면 마음이 후련해진다. 재빠르게 주의를 하는 것과 지나치게 불안해하는 것을 구별하기란 쉽지가 않다.

나는 학생을 편애한 적이 없다. 물론 어떤 어린이들은 다른 어린이보다 귀엽다. 그러나 내가 이런 마음을 겉으로 드러낸 적은 없다. 서머힐이 성공을 거둘 수 있었던 이유 중 하나는 모든 어린이들이 동등하게 존중되고 동등하게 다루어지고 있다고 느끼는 데 있다고 생각한다. 만약 우리가 학생들에게 감정적으로 대하기 시작하면 그들은 점점 더 나빠지지 않을 수 없을 것이다. 거위를 백조로 만들거나, 페인트로 아무렇게나 칠하고 있는 어린이한테서 피카소를 발견해 내는 것보다 쉬운 일은 없을 것이다.

내가 예전에 근무했던 학교의 교무실들은 대개 음모와 미움과 시기심으로 가득 찬 조그만 지옥이었다. 이와 반대로 서머힐의 교무실은 부드럽고 다정하다. 다른 곳에서의 그 흔한 미움이 여기에는 없다. 학생들과 마찬가지로 어른들도 자유로운 분위기에서는 악의 없이 만족할 수가 있다.

새로이 서머힐에 부임한 교사들은 갓 전입한 어린이들과 마찬가지로 몸에 익숙하지 않은 자유에 대해서 반항하기도 한다. 면도도 하지 않고 늦도록 잠자리에 틀어박혀 있거나 학교의 규칙을 범하기도 한다. 그러나 다행스럽게도 어른들이 아이들보다 더 일찍 콤플렉스에서 벗어난다.

나는 2주에 한번씩 일요일 저녁에 어린 학생들을 모아놓고 모험담을 들려주곤 하는데, 이것은 수년 전부터 해오는 것이다. 나는 어린이들을 검은 대륙 아프리카나, 바다 밑 또는 구름 위로 데리고 간다. 이야기 도중 내가 죽게 되어 머긴스라는 매우 엄격한 사나이가 서머힐을 떠맡기도 한다. 머긴스는 출석을 의무화한다. 한마디 말대꾸만 해도 얻어맞는다. 나는 말했다.

"이놈들! 반항만 말고 머긴스의 명령에 복종하라!"

세 살에서 여덟 살까지의 어린이들은 화가 나서 말했다.

"그렇지 않아요. 우리는 모두 도망쳐 버렸어요. 우리는 그를 망치로 때려 죽였어요. 우리가 그따위 녀석을 내버려 둘 것 같아요?"

내가 다시 살아나고 머긴스는 내쫓김으로써 어린이들과 화해한다. 이들은 아직 어리고, 엄격한 학교를 다닌 적이 없다. 따라서 그들의 반발은 매우 자발적이고 자연스러운 것이었다. 선생이 자신의 편을 들어 주지 않는 그런 세계는 그들로서는 생각할 수 없는 일이었다. 그들의 이러한 반응은 서머힐의 힘만으로 된 것이 아니라, 우리처럼 어린이들의 편을 들어 주는 부모들에게도 그 공로가 있었던 것이다.

미국의 한 심리학자가 서머힐을 방문하여 서머힐은 사회에 적합하지 않으며 따라서 사회의 한 부분이 아닌 하나의 섬이라고 비판한 일이 있었다. 나는 이렇게 대답했다.

"만약 내가 어떤 도시에 학교를 설립하고 그 학교를 그 지방의 공동사회의 한 부분으로 만들려고 노력했더라면 어떻게 되었겠소? 과연 얼마나 많은 부모가 학생의 수업 참여의 자유에 찬성했을 것 같소? 그들의 자녀에게는 자위행위를 할 권리가 있다는 것에 대해서 나와 의견을 같이하는 부모가 얼마나 될 것 같소?"

나는 숨김없이 나의 신념들을 토로하지 않을 수 없었다.

서머힐은 실제로 하나의 섬이다. 하나의 섬이고 말고. 만약 학생의 부모들이 먼 도시나 타국에 살고 있다면 섬이 아니겠는가? 모든 학부형들이 레이스턴이나 서포크 시에 있을 수는 없기 때문에 서머힐이 레이스턴의 문화·경제 및 사회생활의 일부가 될 수는 없는 것이다.

그렇지만 나는 서머힐이 레이스턴 시와 여러 가지 관계를 맺고 있기 때문에 이 곳이 섬이 아님을 말해 두어야겠다. 더군다나 이 도시와 서머힐의 관계는 매우 다정하다. 그러나 근본적으로 우리는 이 지역의 일부분이 아니다. 나는 이 지방 신문에 서머힐 졸업생들의 성공적인 인생을 보도해 달라고 부탁할 생각은 추호도 없다.

서머힐의 학생들은 이 고장 어린이들과 어울려 운동을 하거나 장난을 치기도 한다. 그러나 우리는 사립학교의 의도와는 근본적으로 다르다. 만약 서머힐이 레이스턴 지역의 사회생활에 연관된다면 우리도 학생들에게 종교교육을 해야만 할 것이다.

나는 미국 심리학자의 비판이 지니는 의미를 그 자신도 알지 못한다고 생각한다. 아마 그는 이렇게 말했을지도 모른다.

"니일은 그저 사회를 거부하는구나. 그의 방법은 조화로운 사회에 융합될 수도 없을 뿐더러, 아동심리학과 이에 대한 사회적인 무지 사이에 생긴 거리, 삶과 그것을 부정하는 것과의 거리, 학교와 가정과의 거리를 좁히는 데에 아무런 기여도 할 수 없다."

이러한 비판에 대해 나는 사회를 개선하기 위해 적극적으로 노력하는 것이 아니라, 미움과 위협과 신비주의로부터 사회를 해방시켜야 한다는 사실을 사회에 확신시키려고 노력하고 있다고 대답하겠다. 나는 사회에 관한 내 견해를 말로 하기도 하고 글로도 쓴다. 그러나 만약 내가 사회를 개혁하려고 적극적으로 노력했다면 이 사회는 나를 위험인물로 간주하여 죽여 버렸을 것이다. 나의 목표는 사회 전체를 개혁하는 것이 아니라 소수의 어린이라도 행복하게 살아갈 수 있도록 하는 데 있다.

 일 반 교 육 에 반 대 되 는 서 머 힐 교 육

나는 삶의 목표란 행복해 지는 것, 즉 흥미를 찾아내는 것이라고 생각한다. 교육이란 삶을 위한 준비 과정이다. 우리 사회는 이 분야에 있어서 별다른 성과를 거두지 못하고 있다. 우리의 교육·정치·경제는 전쟁으로 치닫고 있다. 의학은 병을 없애지 못했으며, 종교는 고리대금업자나 강도를 이 세상에서 몰아 내지 못했다.

인도주의가 많은 지지를 받고 있음에도 불구하고 아직도 야만적인 수렵을 용인하고 있다. 사회의 발전이란 기계에 한정된 것일 뿐, 사회적인 양심은 아직도 원시상태에 머물러 있기 때문에 언제나 새로운 전쟁의 위험이 도사리고 있다.

왜 인간에게 동물보다 더 많은 질병이 있는가? 동물들도 그렇지 않는데 인간은 왜 서로 미워하고 전쟁에서 서로 죽이고 죽는가? 왜 암 발생

률은 자꾸만 증가하는가? 자살자는 왜 이렇게 많으며 성범죄는 또 왜 이
토록 증가하는가? 왜 반유대주의라는 증오가 남아 있는가? 왜 흑인들은
멸시받고 린치를 당해야만 하는가? 왜 원한과 중상모략이 끊이지 않는
가? 왜 성과 관련된 모든 것은 음탕하고 더러운 것이라고 간주되는가?
어째서 사생아가 사회의 오점인가? 이미 오래 전부터 사랑과 희망을 실
천하지 못하고 있는 종교들이 왜 아직도 존립하고 있는가? 우리는 찬양
받고 있는 문명에 대해서 수천 가지의 '왜'를 제기할 수가 있다.

나는 교사이기 때문에, 즉 어린이들과 함께 생활하는 선생이기 때문
에 이런 물음을 제기한다. 프랑스어나 그리스어에 관해서 토론해 본들
무슨 성과가 있단 말인가? 삶을 충만하게 하는 것, 즉 인간의 행복을 추
구하는 중대한 문제와 비교해 볼 때 학과란 아무런 의미도 없는 것이다.

우리의 교육 가운데 교육자의 인격이 나타날 수 있는 그런 실제적인
행위가 얼마나 되는가? 수공업 교육은 한 전문가의 감독 아래 어떤 물건
을 만들어내는 것이다. 간접적으로 지도되는 놀이방법으로 유명한 몬테
소리의 방법마저도 어린이들로 하여금 행위를 통해 배우게 하는 인위적
인 방법에 지나지 않으며, 거기에는 아무런 창조적인 것이 없다.

어린이들은 가정에서 항상 무엇인가를 배울 수 있어야 한다. 거의 모
든 가정에는 토미에게 새로 산 기관차가 어떻게 작동하는지 가르쳐 주
는 것 외에는 아무것도 하지 않는 그런 어른이 적어도 한 명은 있어야
한다. 어린이가 벽에 붙어있는 것에 관심을 보이면 그를 의자 위에 올려

줄 수 있는 어른이 항상 그 곳에 있어야 한다.

우리가 토미에게 기관차가 어떻게 작동하는지를 가르쳐 줄 때마다 그로부터 삶의 기쁨, 발견의 기쁨, 장애를 극복하는 기쁨을 빼앗아 버리는 것이다. 아니 더 나쁜 짓을 하는 것이다. 우리는 그에게 열등의식을 심어 주고 의타심을 키워 주는 것이다.

부모들이 학교 수업이 중요하지 않다는 것을 이해하기란 어렵다. 어른들과 마찬가지로 아이들도 그들이 배우고자 하는 것만 배운다. 시험과 검열, 상(賞) 등은 인격의 발전을 저해할 뿐이다. 학식을 자랑하는 자들만이 책을 통한 배움만이 교육이라고 주장할 뿐이다.

책이란 교육자료로 그다지 좋지 않다. 물론 어린이들도 읽고 쓰고 셈할 줄 알아야 한다. 그러나 그보다 도구·연극·음향·색깔·자유 등이 더 중요하다. 어린이들에게 강요되는 학교 숙제들이란 대개 어린이의 시간과 열정, 인내 등을 낭비시킬 뿐이며 이런 숙제들은 어린이를 겉늙게 한다.

나는 대학에서 강연할 때마다 지식으로 가득 찬 많은 젊은이들이 여러 가지 점에서 미숙하다는 사실에 매우 놀랐다. 그들의 지식은 한 보따리나 되므로 대변론가나 되는 것처럼 으스대고, 위대한 시인들을 들먹거릴 수 있다. 그러나 그들의 생활 태도는 유치하기 짝이 없다. 사람들은 그들에게 소위 '지식'은 전달해 주었으나 '느끼는 것'은 허용하지 않았다.

그들은 발랄하고 친절하고 온화하다. 그러나 그들에게는 무엇인가가 결여되어 있다. 즉 정신적인 요인과 생각을 감정에 예속시키는 능력이 부족한 것이다. 내가 그들에게 강연하는 것은 그들이 배우지 못했고 또 앞으로도 결코 배우지 못할 세계에 관한 이야기이다. 그들의 교과서에는 인간의 성격과 사랑, 자유와 판단 등에 관해서는 아무런 언급이 없다. 그 결과 머리와 가슴은 항상 서로 떨어져 있게 된다. 이런 교육 체제에서는 책 속의 지식이 유일한 척도이기 때문이다.

이제 우리 학교가 공부에 대해 가지고 있는 생각들을 이야기할 때가 된 것 같다. 어린이들이 수학 · 역사 · 지리 · 자연과학, 약간의 미술과 문학을 배워야 한다는 것은 당연하다. 그러나 상당수의 어린이는 이 모든 학과에 관해서 그다지 큰 관심을 가지고 있지 않다는 것도 알아야만 한다.

이런 사실은 서머힐에 새로 오는 모든 학생들한테서 나타난다. 신입생들이 서머힐에서는 그 누구도 아무것도 강요하지 않는다는 말을 듣게 되면 "만세! 이제야 그 지겨운 공부에서 해방됐다!"하고 소리를 지른다.

나는 공부를 반대하지는 않지만 노는 것이 더 중요하다고 생각한다. 학교의 숙제는 학생들의 구미에 맞도록 의식적으로 양념을 칠 수는 없다.

배우는 것은 중요하다. 그러나 모든 어린이에게 해당되는 것은 아니다. 니진스키(러시아의 남성 발레리나)는 상 페테스부르크에서 학교 시험에 낙제했다. 그리고 시험에 낙제한 그를 국립 발레단이 받아들일 수는 없었다. 그의 생각은 완전히 달랐다. 아무런 필요성도 없는데 단지 시험에 필요하다고 해서 배울 수는 없었던 것이다.

그래서 사람들은 니진스키만을 위한 특별시험을 실시하여 시험 문제에 대한 해답도 미리 가르쳐 주었다. 이런 사실은 그의 전기에 기록되어 있다. 만약 니진스키가 꼭 그 시험에 합격해야만 한다고 했더라면, 그 시험은 전 세계를 위해 얼마나 큰 손실이었겠는가!

창조적인 인간은 자기가 배우고 싶은 것은 스스로 배운다. 이것은 그들의 창의력과 천재가 요구하는 도구를 얻기 위해서인 것이다. 단순히 배우는 데에만 힘쓰는 교실 안에서 얼마나 많은 창조성이 죽어갔는지 헤아릴 수조차 없을 것이다.

나는 기하학 숙제 때문에 온 밤을 울음으로 지샌 한 소녀를 기억하고 있다. 어머니는 그녀를 대학에 보내려고 했지만 그녀의 마음은 예술 쪽으로 기울어져 있었다. 나는 그녀가 대학입학시험에 7번이나 낙방했다는 말을 듣고 기뻤다. 이제는 어머니도 딸의 소원을 들어 주리라 생각했기 때문이다.

얼마 전 코펜하겐에서 나는 3년 동안 서머힐에 있었고 영어를 완벽하게 구사할 줄 아는 열네 살짜리 소녀를 만난 일이 있다. 나는 그녀에게 말을 건넸다.

"영어는 학급에서 네가 제일 잘 하지?"

그녀는 얼굴을 찌푸리며 힘없이 말했다.

"아뇨, 그 반대예요. 왜냐하면 영문법을 모르거든요."

이러한 대답은 아마 어른들이 학교 교육을 어떻게 이해하고 있는가를 가장 적절하게 설명해 주는 예일 것이다.

억눌려서 공부한 나머지 간신히 시험에 합격한, 자신의 전공에 흥미도 없는 대학생들은 기껏해야 비창조적인 선생이나 얼치기 의사나 무능한 법관이 될 것이다.

나는 수업, 특히 수학이나 물리학 수업에 참석하지 않는 여학생에게는 독단적이고 틀에 박힌 주장을 내세우지 않는다. 이런 소녀들의 대부분은 손장난으로 많은 시간을 보내는데 커서는 대개 재단사나 디자이너가 된다. 미래의 훌륭한 디자이너에게 이차방정식이나 보일의 법칙을 강요하는 교육은 불합리하다.

칼트웰 쿡은 《놀이 방법》이라는 책에서 놀이를 통해 영어를 가르치는 방법을 보고하고 있다. 이 책은 매우 재미있을 뿐만 아니라 유익한 지식과 암시들로 가득 차 있다. 그러나 이 책이 아무리 새로운 시도라고 하더라고 공부에 큰 가치를 두는 낡은 이론들의 기초를 견고히 해 주는 것에 지나지 않는다. 쿡은 공부를 아주 중요하게 여긴 나머지, 입에 쓴 약을 놀이로써 달콤하게 하려는 것이다.

어린이에게 있어 공부를 하지 않는 시간은 낭비라는 생각은 많은 교사와 장학사들의 눈을 가리는 재앙이다. 50년 전에는 '행동을 통해서 배우라!'고 했지만 오늘날은 '놀이를 통해서 배우라!'고 부르짖고 있다. 따라서 놀이는 어떤 목적을 달성하기 위한 수단으로써 이용될 뿐이다. 그러나 이것이 무엇에 좋은지를 모르겠다.

어린이가 진흙을 가지고 노는 것에서 하천(河川)의 바닥이 침식되는 것에 관해서 공부를 시킬 좋은 기회를 포착한 선생은 어떠한 목적을 추구하는 것일까? 어떤 어린이가 벌써부터 하천의 침식작용에 흥미를 가지겠는가?

많은 교육학자들은 어린이에게 '무엇'을 주입시키기만 하면 될 뿐, 어린이가 무엇을 배우고자 하는지는 문제가 되지 않는다고 믿고 있다. 또한 가르치는 것 자체가 가장 중요하다고 생각하는 교사들이 그 외에 다른 무엇을 할 수 있단 말인가? 이것은 오늘날의 학교가 인간이라는 상품을 생산하는 공장 구실을 하는 한 계속 그럴 것이다.

나는 교사들에게 강연할 때 교재나 교과서, 수업에 관해서는 조금도 이야기할 의사가 없다는 것을 분명히 한 후 강연을 시작한다. 청중들은 한 시간 동안이나 주의력을 집중시켜 내 말을 듣는다. 감동의 박수가 그친 뒤 사회자는 질문을 해도 좋다고 말한다. 그러나 그들의 질문 중 4분의 3은 교과목이나 수업에 집중된다.

나는 우월감으로 이런 말을 하는 것이 아니다. 오히려 이런 현상은 내 마음을 슬프게 한다. 나는 감옥처럼 지어진 학교 건물과 교실의 벽이 선생들로 하여금 그들의 한계를 얼마나 좁히고 있으며, 또 얼마나 교육의 본질을 인식하지 못하도록 하는지를 제시해 보이려고 이 글을 쓰고 있을 뿐이다.

나는 우리 학교의 젊은 선생들이 어느 정도는 반역적이기를 원해 왔다. 사회의 악이 목덜미를 잡으려고 할 때에는 보다 나은 교양이나 학위 따위는 아무런 쓸모가 없다. 교육을 받은 노이로제 환자가 그렇지 못한 노이로제 환자보다 나은 점은 아무것도 없다.

자본주의든 사회주의든 또는 공산주의든 상관없이 모든 국가에는 정확하게 잘 짜여진 학교 제도들이 있다. 그러나 학교의 모든 훌륭한 실험실과 실습 공장들은 아이들의 정신적인 피해와, 부모나 선생 또는 우리 문명의 강제적인 성격 때문에 생겨나는 사회악을 이겨 나가는데 아무런 도움이 되지 않는다.

☀ 서머힐의 졸업생들

미래에 대한 부모의 지나친 불안은 어린이의 건강을 해치는 원인 중 하나이다. 이런 불안이 자식은 아버지보다 더 출세해야 한다는 소원 때문에 생긴다는 것은 매우 특기할 만한 사실이다. 이런 아버지는 그의 자식이 배우기를 원할 때에만 배운다는 것에 만족할 수 없다. 그는 아들에게 야단을 치지 않으면 건달이 될 것이라고 겁을 낸다. 그는 아이가 자신의 속도로 발전해 나가는 것을 참지 못한다.

"만약 내 아들이 열두 살이 되어도 글을 읽지 못한다면 장차 그 아이는 어떻게 살아가겠는가? 만약 열여덟 살이 되어 대학 입학시험에 실패한다면 그는 무식한 노동자밖에 더 되겠는가?"

반대로 나는 한 어린이가 조금씩 발전하든 전혀 발전하지 못하든 간에 가만히 지켜보며 인내하는 것을 배웠다. 이제 나는 만약 사람들이 어린이를 그냥 내버려두고 아무런 해도 끼치지 않으면 결국은 성공하게 된다는 것을 조금도 의심하지 않는다.

물론 사람들이 "당신은 아이가 커서 트럭 운전사가 되더라도 성공했다고 하는군요."하고 빈정거릴 수도 있다. 내게 있어서 성공의 척도는 '기쁘게 일하고 충만된 삶을 영위해 나가는 능력'이다. 이런 척도에서 보면 서머힐의 학생들은 모두 장래에 커다란 성공을 거두게 된다.

톰은 다섯 살에 서머힐에 왔다. 그는 열일곱 살로 학교를 떠날 때까지 한번도 수업에 참가한 일이 없었다. 그는 많은 시간을 실습공장에서 보냈다. 그의 부모는 아들의 장래를 걱정했다. 톰은 읽기를 배우려는 마음이 조금도 없었다. 아홉 살이던 톰이 어느 날 저녁에 침대에 누워《데이빗 커퍼필드》를 열심히 읽고 있는 것을 나는 발견했다.

"안녕, 누가 네게 읽기를 가르쳐 주었니?"

나는 궁금해서 물었다.

"나 혼자서."

몇 년 후 그는 나에게 와서 물었다.

“1/2과 2/6를 어떻게 더해요?”

나는 설명한 후 더 배우고 싶으냐고 물었다.

“아뇨, 천만에!”

이것이 그의 대답이었다.

후에 그는 영화 스튜디오에서 카메라맨으로 일했다. 그가 수습 중이었을 때, 우연히 책임자를 만나 그가 어떻게 일하느냐고 물어 보았다.

“지금까지 우리가 데리고 있던 청년들 중에서 최고입니다. 그는 걷지 않고 뛰며 스튜디오 밖을 나오지 않습니다. 뿐만 아니라 주말에도 스튜디오에 있습니다.”

잭이라는 청년도 읽기를 배우지 못했다. 그 자신이 스스로 가르쳐 달라고 요청할 때까지는 아무도 그에게 읽기를 가르칠 수가 없었다. 그는 어떤 원인에서인지 b와 p, l과 k를 구별하지 못했다. 잭은 열일곱이 되어 졸업할 때까지도 글을 읽지 못했다.

현재 그는 아주 훌륭한 기술자로 일한다. 그는 철공에 관한 이야기를 매우 좋아했다. 그는 그 동안에 읽기를 배워 주로 기술적인 문제에 관한 논문을 즐겨 읽고, 때때로 심리학 서적을 읽기도 한다.

나는 그가 일찍이 소설책을 읽었으리라고는 생각하지 않는다. 하지만 그의 영어는 문법상 아무런 결함이 없다. 또 그는 놀랄 만큼 훌륭한 일반교양을 지니고 있다. 잭의 과거에 대해서는 아무것도 모르는 한 미국인 방문객은 “그 청년 정말 멋있군!”하고 말했다.

또 다른 예로 다이아나가 있다. 그녀는 온순한 소녀로 수업에 참석은 했지만 특별히 흥미를 보이지 않았다. 그녀는 정신적인 노동을 싫어했다. 나는 오랫동안 그녀가 무엇이 될 수 있을지 생각해 보았지만 알 수가 없었다. 그녀가 열여섯 살로 서머힐을 떠났을 때 교육장은 그녀의 학교 교육이 매우 부족하다고 말했음직하다.

오늘날 다이아나는 런던에서 새로운 요리방법을 내놓아 호평을 받고 있다. 그녀는 자기의 일에 아주 열심인데 더 중요한 것은 그녀가 그 일을 함으로써 '행복하다'는 것이다.

서머힐의 한 학생이 취직하고자 했던 회사는 적어도 대학입학시험에 합격한 사람만이 지원할 수 있었다. 그래서 나는 그 회사에 '로버트는 학문적인 두뇌가 없기 때문에 대학입학시험을 치른 일이 없습니다. 그러나 그는 씩씩합니다.' 라는 편지를 보냈다. 로버트는 취직이 되었다.

열세 살의 비니프리트가 서머힐에 처음 왔을 때, 그녀는 모든 학과가 싫다고 했다. "그럼 네가 하고 싶은 것을 마음대로 해도 좋으며 또 그렇게 하도록 내버려두겠다."고 말하자 그녀는 기뻐서 날뛰었다. "네가 학교에 오기 싫으면 나오지 않아도 좋다."고 그녀에게 말했다.

이렇게 해서 그녀는 삶을 즐기기 시작했다. 그리고 몇 주 동안이기는 했지만 그녀는 실제로 삶을 즐길 수가 있었다. 그러나 얼마 지나지 않아 그녀는 노는 것에도 싫증이 나기 시작했다.

"나는 뭐든지 배우고 싶어요. 정말이지 지루해서 죽을 것 같아요."

"그렇다면 뭘 배우고 싶지?"

"모르겠어요."

"그럼 나도 모르겠는걸."

이렇게 말하고 나는 그 자리를 떠나 버렸다.

그녀가 다시 나를 찾아 와서 이런 말을 하기까지는 몇 달이 걸렸다.

"나는 대학입학시험을 치르고 싶어요. 그래서 당신의 수업에 참가하고 싶어요."

그녀는 매일 오전에 나와 다른 선생님한테서 공부를 배웠는데 무척 열심이었다. 그녀는 공부보다는 대학이라는 목표에 더 흥미가 있다고 고백했다. 비니프리트는 자기 마음대로 할 수 있도록 허용되어 있었기 때문에 자기 자신을 발견했던 것이다.

자유로운 어린이들이 수학·지리·역사 등에서도 기쁨을 찾는다는 사실은 흥미로운 일이다. 자유로운 어린이들은 여러 학과 가운데 흥미가 있는 학과만을 선택한다. 그들은 나머지 대부분의 시간을 자신들에게 기쁨을 가져다 주는 일, 즉 나무에 조각하기, 쇠로 작품 만들기, 그림 그리기, 연극하기, 공상하기 및 재즈 듣기 등으로 보낸다.

여덟 살 톰은 몇 분마다 한번씩 내 방에 와서 물었다.

"난 지금 뭘 해야 해요?"

그러나 아무도 그에게 무엇을 하라고 말해 줄 수 있는 사람은 없었다.

반년쯤 지나자 톰을 찾으려면 누구든지 톰의 방에 가기만 하면 되었다. 그는 항상 자기 방에서 커다란 종이 속에 묻혀 몇 시간이고 지도를 만드는 데 열중하고 있었던 것이다.

어느 날 비엔나 대학의 한 교수가 서머힐에 왔다. 톰은 그에게 달려가서 질문보따리를 풀어놓았다. 그 교수는 나에게 말했다.

"그 어린 친구에게 지리 시험을 내보려고 했는데, 내가 들어보지도 못한 곳도 잘 알고 있더군."

이제는 실패한 어린이들에 관한 이야기도 해야만 할 것 같다. 열다섯 살의 스웨덴 소녀 바르벨은 약 일 년 정도 서머힐에 있었다. 이 기간 동안 그녀는 아무 흥미거리도 찾아내지 못한 채 서머힐을 떠났다. 그녀가 서머힐에 왔을 때는 나이가 너무 많았던 것이다. 그녀에게는 자립심 따위는 남아있지 않았고 지루해 하기만 했다.

여러 해 동안 우리에게 잊혀지지 않는 일은 엔지니어가 되기 원하는 소년들이 대학입학시험을 치르기 위해 아무런 노력도 하지 않았던 사건이다. 그들은 졸업 후 바로 기능공 훈련소로 가버렸다.

그들은 대학에 가기 전에 우선 사회를 체험하고자 했던 것이다. 그들 중 한 명은 선원으로 세계일주를 했다. 다른 두 명은 케냐의 커피농장에서 일했다. 또 한 명은 오스트레일리아로 갔고, 나머지 한 명은 영국령 가나까지 갔다.

데리크 보이드는 자유교육이 기업정신에 어떠한 영향을 끼치는가를 보여주는 좋은 본보기이다. 그는 여덟 살로 서머힐에 와서는 열여덟 살에 대학입학시험에 합격하여 서머힐을 떠났다.

그는 의사가 되려고 했지만 그의 부모는 학자금을 댈 수가 없었다. 그래서 데리크는 사회 생활을 하기로 결심했다. 그는 런던의 부두에 가서 어떤 일이든 하려고 했으나 사람들은 일자리를 잃은 선원들이 수두룩하다고 말했고 그는 집으로 되돌아오고 말았다.

얼마 뒤 그의 동창생이 스페인에서 운전사를 구하고 있는 어떤 영국 부인에 관한 이야기를 해 주었다. 데리크는 이 기회를 놓칠세라 스페인으로 달려가서, 그 부인의 집을 손봐주고는 그녀를 자동차에 태우고 유럽 일주 여행을 하고 나서 대학공부를 시작했다.

이 부인이 학비의 일부를 부담하겠다고 나섰던 것이다. 2년 후에 그녀는 데리크에게 일 년만 학업을 중단하고 케냐에 집을 한 채 더 지어달라고 요청했다. 데리크는 그렇게 하였다. 그리고 그는 마침내 케이프시티에서 의학공부를 마쳤다.

래리는 열두 살 때 서머힐에 왔었다. 그는 열여섯 살 때 대학입학시험에 합격했다. 그 뒤에 그는 농장에서 일하기 위해 아이더로 갔다. 농장의 임금이 적었기 때문에 그는 택시 운전사 자리를 얻었다. 그 뒤 뉴질랜드에 가서 많은 일을 하다가 다시 택시 운전사를 택하였다. 그러다가 그는 브리스베인 대학에 입학했다. 얼마 전에는 이 대학의 학장이 나를 찾아와서 침이 마르도록 래리를 칭찬했다.

"다른 학생들은 모두 방학이면 집으로 가는데, 래리는 제재소에서 무식한 노동자처럼 힘차게 일하고 있다.”

래리는 지금 억섹스에서 개업을 하고 있다.

물론 몇몇 졸업생들은 기업정신을 충분히 발휘하지 못한다. 몇 가지 이유 때문에 나는 이런 경우에 대해서는 쓰지 않으려 한다.

우리 학교의 성공적인 졸업생들은 항상 질서가 잡힌 가정에서 온 아이들이다. 그래서 이 학생들은 학교와 가정 중 누가 옳으냐 따위로 고민할 필요는 조금도 없었다.

서머힐은 아직까지 천재를 배출한 일은 없다. 그러나 아직은 유명하지 않은 몇몇 창조적인 인간들과 몇몇 뛰어난 미술가들과 음악가들은 배출했을 것이다. 내가 아는 한 저술가는 한 명도 없다. 그리고 또 훌륭한 가구설계가와 많은 남녀 배우들과 아마 언젠가는 위대한 발명을 할지도 모르는 몇몇의 과학자와 수학자들도 배출했다. 항상 45명 정도인 학생 수에 비하면 비교적 많은 졸업생들이 창조적인 직업에 종사하고 있는 셈이다.

나는 자유로운 어린이들이 한 세대로써는 그다지 많은 것들을 증명해 주지는 못할 것이라고 말해 왔다. 서머힐에서도 역시 대개의 어린이들이 숙제를 못해 오면 양심의 가책을 받았다. 시험이 직업 선택의 관문이 되는 사회에서는 이런 버릇을 고쳐나갈 수가 없다.

그 밖에도 대개의 어린이들에게는 “뭐라고? 열두 살이나 되고도 책을 읽을 수 없다니!”하고 흥분하는 어머니가 있다. 어린이들은 서머힐을 제외한 모든 주위 환경이 공부는 찬성하고, 노는 것은 반대한다는 막연한 느낌을 가지고 있다.

일반적으로 자유교육은 열두 살 이하의 어린이들에게는 거의 확실하게 성공할 수 있다고들 말한다. 이와 반대로 열두 살 이상의 어린이들에게는 이들을 비자립적으로 만들었던 교육에서 벗어나 교정되기까지는 오랜 시간이 걸린다.

개인 면담

옛날의 나의 주된 임무는 강의가 아니라 개별지도를 하는 것이었다. 대개의 어린이들은 심리학적인 치료를 받을 필요가 없었다. 그러나 다른 학교에서 서머힐로 전학해 온 어린이들에게는 개별지도가 그들을 보다 빨리 자유로운 생활에 적응시키는 데 도움을 주었다. 내적으로 경직되어 있는 어린이는 이런 적응을 완전히 해낼 수가 없었다.

개별지도란 난로 가에 앉아서 자유로이 대화하는 것이었다. 이때 나는 파이프 담배를 피웠는데 어린이도 담배를 피우고 싶어하면 피울 수 있었다. 담배는 거리감을 없애는 데 큰 도움이 될 때가 많았다.

언젠가 나는 전형적인 사립학교에서 온 열네 살 난 소년과 이야기를 하였다. 그의 손가락이 니코틴으로 노랗게 되어 있는 것을 보고 담배를 그에게 내밀었다.

"감사합니다만 저는 담배를 피우지 않습니다."

그는 말을 더듬었다.

"한 개비 집어, 이 몹쓸 거짓말쟁이야!"

나는 웃으면서 말했고 그는 담배를 집었다. 나는 일석이조를 노렸던 것이다. 이 소년에게 있어 교장이란 가능한 한 속여먹어도 좋은, 음침하고 위선적이며 엄격한 관료였던 것이다. 나는 그에게 담배를 줌으로써 그가 담배를 피우는 것을 조금도 말리지 않는다는 것을 보여 주었고, '이 몹쓸 거짓말쟁이야' 라고 함으로써 나를 그와 같은 계층으로 내려놓았던 것이다.

나는 교장도 웃는 얼굴로 욕지거리를 할 수 있다는 것을 그에게 인식시키면서 그의 권위에 대한 콤플렉스를 공격해 댔다. 이때 이 소년의 얼굴을 사진으로 찍어 두었으면 할 정도였다.

이 소년은 이전의 학교에서 도둑질을 했다가 쫓겨났던 것이다. 나는 그에게 말을 건넸다.

"나는 네가 능숙한 사기꾼이라는 말을 들었는데 어떻게 하면 차비를 떼먹을 수 있니?"

"선생님, 나는 아직까지 차비를 속여먹으려고 한 적은 없습니다."

"음, 그래? 그런데 기분이 좋지 않은 모양이구나. 하여튼 꼭 한번 그렇게 해 봐! 나는 그렇게 할 수 있는 몇 가지 방법을 알고 있어."

나는 실제로 그에게 몇 가지 방법을 일러주었다. 그는 놀라서 입을 딱

벌렸다. 그가 당황한 것은 당연했다. 교장이 그에게 능숙한 사기꾼이 될 수 있는 방법을 가르쳐 주었으니 말이다. 몇 년 후에 이 소년은 나와의 첫 대화가 그의 삶에 커다란 충격을 주었다고 말했다.

그러면 어떤 어린이들이 개별지도를 받는가? 나는 이런 물음에 한 가지 예를 들어 대답해야 하겠다.

유치원 보모 루시가 나에게 와서 페기는 불만이 대단히 많고, 공중도덕이 부족하다고 말해 주었다.

"좋습니다. 그 아이에게 개별지도 시간에 한번 와달라고 말해주시오."

페기는 나의 방으로 찾아와 털썩 주저앉으며 말했다.

"나는 개별지도가 필요 없어요. 개별지도란 쓸데없는 짓이야."

"그렇고 말고, 시간낭비지. 우리도 개별지도는 하지 말자."

그 말에 동의했더니 그녀는 잠깐 동안 생각하고 말했다.

"그래도 조금만 해 주실래요?"

그러는 동안 그녀는 내 무릎 위에 올라앉았다. 나는 그녀의 아버지와 어머니, 특히 남동생에 관해서 물어보았다. 그러자 그녀는 자기의 남동생은 정말로 저능아라고 흉을 보았다.

"정말이야. 너는 엄마가 동생을 더 사랑한다고 생각하고 있지?"

"엄마는 둘 다 똑같이 사랑해요."

그녀는 재빨리 대답했다. 그리고 나서 덧붙였다.

"하여튼 엄마는 늘 그렇게 말하거든요."

어린이의 불만은 대개 다른 아이들과 다투는 데서 생긴다. 그런데 가끔 집에서 온 편지가 원인이 되는 수도 있다. 예를 들어 그 편지에 누나나 오빠가 새 인형이나 새 자전거를 샀다는 사실이 적혀 있으면 그러하다. 개별지도가 끝난 후 페기는 매우 만족해하며 나갔다.

새로 온 어린이들은 그렇게 간단하지가 않다. 열한 살 때 우리에게 온 학생에게는 부모가 갓난아기는 의사가 가져다 주는 것이라고 설명한 것이 배어 있었다. 이런 어린이를 불안과 이미 주입된 거짓말로부터 해방시키기란 힘든 일이다. 물론 이런 어린이는 자위행위에 대해 죄의식을 갖는다. 이런 어린이를 행복하게 해 주기 위해서는 우선 이 죄의식을 씻어 주어야만 한다.

어린 아이들은 대부분 규칙적인 개별지도가 필요하지 않다. 가장 이상적인 개별지도는 어린이 스스로가 그것을 청할 때 이루어진다. 나이가 많은 학생들에게 있어서는 이런 경우가 자주 있고, 좀 더 어린 학생들에게 있어서는 이런 경우가 드물다.

여섯 살의 찰리는 또래 급우들에 대해 심각한 열등감을 가지고 있었다. 그에게 언제 열등감이 가장 심하냐고 물어보았더니 자기의 고추가 다른 아이들의 것보다 작기 때문에 목욕을 할 때 그렇다고 대답했다.

그에게 그 원인을 설명해 주었다. 그는 일곱 남매의 막내로 위로 여섯 명은 모두 누나이며 그보다 훨씬 나이가 많았다. 그는 바로 위 누이와 열 살 차이가 났으며, 아버지는 돌아가셨기 때문에 자연히 여성 중심의 가정에서 성장했다. 큰 누나가 통솔권을 가지고 있었는데 찰리도 세력을 잡기 위해 스스로를 여성과 혼동하고 있었던 것이다. 찰리도 열 번쯤 개별지도를 받은 후에는 나를 찾아오지 않았다. 이젠 왜 오지 않느냐고 물었다.

"이젠 개별지도가 필요 없어요. 내 것도 베이트의 것과 크기가 똑같아요."

그는 활짝 웃었다.

그러나 간단히 의학적으로만 치료했을 경우에는 더 많은 문제들이 생긴다. 찰리는 자위행위 때문에 남자의 기능을 상실할 것이라는 말을 들어왔다. 남자로서 무능력자가 된다는 공포감이 그에게 신체적인 결과로 나타났던 것이다. 내가 찰리의 병을 고치려면 먼저 그의 죄의식을 제거해 주고 지각없는 거짓말에서 벗어나게 해 주어야 한다. 그 후 3년을 더 있다가 찰리는 서머힐을 떠났다. 그는 이제 훌륭하며 만족스럽고 건강한 청년이 되었다.

실비아의 아버지는 매우 엄했으며 그녀를 사랑해 주기는커녕 하루 종일 비판하고 나무라기만 했다. 그녀의 유일한 소망은 아버지의 사랑을 받는 것이었다. 그녀는 자기 방에서 내게 이런 말을 함으로써 아버지를 변화시킬 수는 없었다. 그녀의 문제는 그녀가 성장해서 부모 곁을 떠난 후에야 해결되었다. 나는 그녀에게 아버지를 피하려는 마음으로 결혼했다가는 나쁜 남자를 만나게 될 위험이 있다고 말해 주었다.

"어떤 나쁜 남자요?"

"마치 너의 아버지 같은 남자 말이야. 즉 너를 난폭하게 다룰 그런 남자 말이지."

실비아의 경우는 슬픈 일이었다. 그녀는 서머힐에서 아주 친절했으며, 남을 이해하고, 아무에게도 해를 끼치지 않았다. 그러나 집에서는 도저히 견딜 수가 없었던 것이다. 이런 경우에는 딸이 아니라 아버지의 정신을 분석해 보아야 할 일이다.

프로렌스도 치료할 수 없었던 경우였다. 그녀는 사생아였지만 그녀 자신은 이 사실을 모르고 있었다. 내가 경험한 바로는 모든 사생아들은 그 사실을 알고 있었다. 프로렌스도 무슨 비밀이 있다는 것은 틀림없이 느끼고 있었을 것이다. 나는 그녀의 어머니에게 딸이 품고 있는 미움과 불만은 딸에게 진실을 말해줌으로써 해소시킬 수 있을 것이라고 말해 주었다.

"니일 씨, 나는 자신이 없어요. 나는 어쩔 수가 없어요. 그리고 내가 딸에게 그런 말을 해 준다 하더라도 내 딸은 믿으려고 하지 않을 것입니다. 그리고 또 나의 어머니는 유언장에 손녀를 조금도 배려하지 않을 것입니다."

이런 경우에는 할머니가 죽으면 프로렌스가 구제될 수 있을 것이다. 어떤 중요한 사실이 감추어져 있을 때에는 아무것도 달라지지 않는다.

한 졸업생은 스무 살이 되어 서머힐에 다시 돌아와서 한참 동안 머물러 있으면서 나에게 몇 번의 개별지도를 청했다.

"자네는 여기 있을 때, 수십 번이나 개별지도를 받지 않았나?"

"그랬지요. 그렇게 많은 개별지도를 받았지만 사실은 아무런 효과도 없었어요. 그렇지만 이제는 정말로 개별지도를 받고 싶어요."

이제 나는 어린이들을 규칙적으로 치료하지 않는다. 보통의 어린이들은 어떻게 태어나는가와 자위행위에 관한 설명을 해주고, 가정의 환경이 미움과 질투를 낳게 하는 원인임을 설명해주고 나면 개별지도를 받으려 하지 않는다. 어린이의 노이로제는 감정을 풀어줌으로써 고칠 수 있다. 어린이에게 정신병리학에 관해 설명하고, 자신이 어떤 콤플렉스를 가지고 있는지 말해 주면 치료는 끝나는 것이다.

한번은 열다섯 살짜리 학생을 도와주려고 한 적이 있다. 개별지도를 하는 동안 그는 묵묵히 앉아서 묻는 것에 그저 '예', '아니오'라고만 대답했다. 나는 극단적인 방법을 써 보기로 했다. 그래서 그에게 말했다.

"이제 내가 너를 어떻게 생각하고 있는지 말해 주어야겠다. 너는 게을러빠지고, 우둔하며, 허황되고, 밉살스런 놈이다."

"그래요? 그따위 당치도 않는 생각을 하고 있었다니!"

그는 화가 나서 얼굴이 시뻘게졌다. 그 다음 순간부터 그는 자유롭게 사실대로 말할 수 있게 되었다.

열한 살 된 죠지의 경우도 있다. 그의 아버지는 글레스고 근처에서 조그만 가게를 하고 있었다. 담당 의사가 그를 나에게 보냈다. 죠지는 심한 불안에 시달리고 있었다. 그는 학교에 가기 위해 부모 곁을 떠날 때조차도 몹시 겁을 먹었다. 무척 애를 쓴 끝에 그의 아버지는 그를 서머힐에 데려올 수 있었다. 우리한테 와서도 그는 울부짖으며 아버지가 자기를 남겨두고 가지 못하도록 매달렸다. 그래서 나는 그의 아버지에게 며칠만 서머힐에 함께 있어 달라고 했다.

죠지의 병력(病歷)은 이미 의사가 보내 주었다. 의사의 소견은 옳고 매우 유용한 것 같았다. 아버지를 집으로 돌려보낼 묘안을 얻기 위해 죠지와 이야기를 나누어 보았다. 그는 훌쩍거리며 다시 집으로 돌아가고 싶다고만 했다.

"여기는 감옥이란 말이야."

그는 몹시 울어댔지만 나는 계속해서 말을 했다.

"네가 네 살이었을 때 네 동생이 병원에 갔었지! 그러나 동생이 다시 집으로 왔을 땐 이미 관 속에 있었지? (더 심하게 울어댔다) 너도 그렇게 될까봐 겁나는 거지? (더 큰 소리로 울었다) 그러나 이런 것은 원래 아무런 문제도 안 되는 거야. 죠지 네가 네 동생을 죽여 버린 거야!"

그는 심하게 반항하면서 나를 발길로 차려고 했다.

"죠지야, 사실은 네가 동생을 죽인 것이 아니야. 너는 엄마가 동생을 더 사랑한다고 생각하고 항상 네 동생이 죽어버리기를 원했지. 그런데 정말로 동생이 죽자 너는 양심의 가책을 받은 거야. 왜냐하면 네가 동생이 죽기를 바랐기 때문에 동생이 죽었다고 생각하기 때문이지. 그래서 네가 집 밖에 나가면 벌을 받아 죽게 될 것이라고 생각하는 거야.”

죠지는 울음을 그쳤다. 그 다음날 한바탕 난리를 피우기는 했지만 아버지를 돌려보냈다. 그가 향수병을 극복하기까지는 더 오랜 시간이 걸렸다. 일 년 반이 지나자 그는 혼자서 자유롭게 집에 갈 수 있게 되었다. 집에 갈 때는 런던에서 차를 갈아타야 할 뿐만 아니라 도심을 통과하지 않으면 안 되었다. 그는 혼자서 서머힐로 되돌아오기도 했다.

나는 점차로 어린이들의 콤플렉스에 대해서 그들이 자유롭게 반작용을 함으로써 진정될 수 있을 때에는 정신병리학적인 치료가 필요 없다고 확신하게 되었다. 앞서 말한 바와 같은 경우에는 물론 자유만으로 충분치가 못하다.

나도 도둑질한 학생들의 경우에는 개별지도를 통해서 여러 가지 서로 다른 성과를 얻으려고 노력했다. 그러나 대부분의 도둑들은 개별지도를 받으려고 하지 않는다. 그럼에도 불구하고 3년 동안 자유롭게 방치해 두었더니 교정되었다.

사랑과 인정과 자기를 실현하려는 자유, 이런 것들은 서머힐에서 치료를 하는 데 사용하는 수단들이다. 우리 학교의 45명 학생들 중에서 오직 극소수만이 개별지도를 받는다. 창조적인 일의 정신병리학은 이제 점점 더 중요시되고 있는 것 같다. 나는 어린이들로 하여금 좀 더 많은 오락과 댄스와 연극을 하도록 하는 것이 좋으리라고 생각하고 있다.

나는 어린이들이 정신적인 장애로 괴로움을 당할 때에만 개별지도를 했음을 다시 한번 강조하고 싶다. 불행했던 어린이는 개별지도를 받았다. 그러나 글을 읽지 못하거나 수학을 싫어한다고 해서 정신분석학적인 치료를 받은 어린이는 한 명도 없다.

모든 서머힐의 어린이들에게 나는 아버지의 상징이며, 내 아내는 어머니의 상징이다. 내 아내는 그런 역할을 잘 해내지 못한다. 왜냐하면 여학생들이 어머니를 향한 무의식적인 미움을 몽땅 아내에게 뒤집어씌우기 때문이다. 이와 반대로 내게는 그녀들의 사랑을 쏟았다. 반대로 소년들은 아내에게는 사랑을, 내게는 미움을 쏟지만 소년들은 미움을 쉽사리 드러내지 않는다. 그들은 사람보다 사물에 열중하는 능력이 뛰어나다. 화가 난 소년은 공을 냅다 차버림으로써, 화가 난 소녀는 어머니의 상징을 독살스런 말로 뒤덮어 버림으로써 화풀이를 하는 것이다.

소녀들은 사춘기 직전과 사춘기에 접어든 첫해 동안은 아주 밉살스럽게 군다. 물론 그렇게 행동하지 않는 소녀들도 있다. 이는 이전에 다녔던 학교와 어머니의 권위에 대한 생각 여하에 영향을 받는다.

나는 개별지도 시간에 어린이들의 가정에서의 행동과 학교에 대한 반항과의 관계를 지적해 주었다. 그들이 내게 퍼붓는 모든 비판을 그들의 아버지에 대한 비판이라고 해석했고, 내 아내에게 하는 비판은 어머니에 대한 비판이라고 해석했다. 주관적인 입장은 바람직하지 않기 때문에 객관적인 입장에서 분석하기 위해 노력했다.

물론 주관적인 설명이 필요한 경우도 있었다. 열세 살의 제인이 그 경우였는데 그녀는 여러 어린이들에게 내가 오라고 했다고 말하고 다녔다. 그들은 차례로 내게 와서 한결같이 말했다.

"제인이 그러는데, 선생님이 나를 찾았다면서요?"

그 뒤 제인에게 그들을 나에게 보낸 이유가 무엇인지 설명해 주었다. 그것은 그녀 자신이 나에게 오고 싶었던 것이다.

개별지도의 기술은 일률적으로 정해진 방법은 없다. 예컨대 여러 차례 "거울에 비친 네 얼굴이 마음에 드니?"하는 따위의 질문으로 시작했고 대답은 언제나 "아니오."였다.

"네 얼굴에서 가장 밉게 생겼다고 생각되는 부분은 어디냐?"라는 물음에 대한 대답은 언제나 "코예요."였다.

어른도 같은 반응을 보인다. 왜냐하면 얼굴이란 환경과 관계 지워지는한 곧 인격이기 때문이다. 우리가 어떤 사람을 생각할 때에는 그의 얼굴을 상상한다. 그리고 우리가 누군가와 이야기할 때에는 그의 얼굴을 들여다본다. 따라서 인간의 얼굴이란 내면적인 것들이 밖으로 표출된 모습이다. 어린이가 자기의 얼굴이 밉다고 말하면 그는 곧 자신의 성격을 좋아하지 않는 것이다. 나는 얼굴에서 시작해서 곧 '어린이의 자아'를 직접 묻기 시작한다.

"너는 너 자신의 무엇을 제일 싫어하니?"하는 물음에 대한 대답은 보통 신체와 관련 있는 것들이다. 즉 "발이 너무 크다" "머리카락이 너무

가늘다" "너무 뚱뚱하다" "키가 너무 작다" 하는 식이다.

나는 이런 대답에 대해서는 뚱뚱하다거나 말랐다는 것에 동의하는 일은 절대 없다. 또 나는 대화를 일정한 방향으로 이끌어가려고도 하지 않는다. 만약 어린이가 자기의 신체에 관심이 있다면, 우리는 더 이상 할 말이 없어질 때까지 그것에 대해 이야기한다. 그런 다음에야 비로소 우리는 인격에 관한 문제로 넘어갈 수 있는 것이다.

나는 개별지도 시간에 시험을 보는 일이 가끔 있는데 그 방법은 다음과 같다.

"나는 여기에 너를 시험해 보고 싶은 것들을 몇 가지 쓴다. 네 스스로 자신에 대한 평가 점수를 주는데 100점을 주어도 좋다. 그리고 나서 예컨대 너는 용기에 몇 점을 주며, 노는 것과 스포츠에는 각각 몇 점씩 주는가 하는 것들을 풀어본다."

그런 후 시험이 시작되었다.

어느 열네 살짜리 소년의 예를 들어 보자.

외모 : 별로 좋지 않음-대략 45%

정신적인 능력 : 약 60%

용기 : 25%

신의 : 나는 친구들을 배신하지 않는다-80%

음악적 소질 : 0%

손재주의 민첩성 : (불분명하게 웅얼웅얼함)

미움 : 너무 어려워 대답을 할 수 없다.

놀이와 스포츠 : 66%

공중도덕심 : 90%

우둔함 : 약 100%

어린이의 대답은 토론의 계기가 되기도 한다. 세월이 흐르는 동안 나는 '어린이의 자아'로부터 토론을 시작하는 것이 가장 좋다는 것을 알아냈다. 그렇게 하고 나서야 어린이는 자신의 가족에 관해서 거침없이 흥미를 가지고 이야기하게 된다.

아주 어린 학생들의 개별지도는 우연에 맡겨 둔다. 그래야만 그 어린이가 주도권을 넘겨받게 된다. 이런 방법으로 실시한 한 어린이의 경우를 보자.

여섯 살의 마가렛이 내게 와서 말했다.

"개별지도를 받고 싶어요."

"그렇게 하렴."

그녀는 의자에 앉으며 물었다.

"개별지도 시간이란 도대체 어떤 거예요?"

"안됐지만 개별지도 시간에는 먹을 것을 주지는 않아. 그러나 내 주머니에 사탕이 하나 있을 것 같은데, 그래 여기 있구나."

나는 사탕 한 개를 그녀에게 주었다.

"너는 왜 개별지도를 받으려고 하니?"

"에벌린이 한번 받았으니 나도 받고 싶어요."

"좋아 시작해 봐. 무슨 이야기를 하려는 거냐?"

"나는 인형이 하나 있어요. (한참 있다가) 저기 저거 어디서 생겼죠? (대답을 바라는 기색은 조금도 없었다) 당신이 살기 전에는 누가 이 집에 살았어요?"

그녀의 질문에서 그녀가 어떤 중요한 진실을 알고자 한다는 것을 짐작할 수 있었다. 그리고 나는 그녀가 갓난아기는 어디서 오는지 알고 싶어한다는 것을 눈치챘다.

그래서 나는 갑자기 물어보았다.

"갓난아이는 어디서 오는 거지?"

"난 개별지도를 받기 싫어."

마가렛은 벌떡 일어나 나가버렸다. 그러나 며칠 후 그녀는 다시 개별지도를 청했고 우리는 조금씩 발전해갔다.

여섯 살의 토미는 내가 '점잖지 않은' 이야기를 하지 않는 한 개별지도를 반대하지 않았다. 그는 세 번은 화가 나서 나가버렸다. 나는 그 이유를 알고 있었다. 나는 그가 '점잖지 않은' 일에만 흥미를 가지고 있다는 것을 알고 있었다. 토미는 자위행위를 엄격하게 금지함으로써 생긴 희생자였다.

서머힐에 있는 동안 개별지도를 한번도 받지 않은 어린이도 많다. 그들 자신이 그것을 원치 않았던 것이다. 왜냐하면 그들은 거짓말과 도덕적인 설교가 없는 정상적인 가정에서 자랐기 때문이다. 그러나 치료를 하자마자 당장 효과가 있는 것은 아니다.

대개는 일 년쯤 지나야만 겨우 치료의 효과가 나타난다. 그래서 나는 나이 많은 학생이 심리학적으로 설익은 상태에서 서머힐을 떠난다고 하더라도 비관하지 않는다.

톰은 전에 다니던 학교에서 실패했기 때문에 이곳에 오게 되었다. 나는 일 년에 걸쳐 규칙적이고 철저하게 개별지도를 해 주었다. 그러나 이런 것이 그에게는 아무런 효과도 없었다. 그가 서머힐을 떠날 때에는 사람 구실을 하지 못할 것 같은 생각이 들었다. 그리고 일 년 후에 그의 부모가 나에게 편지를 보냈는데, 톰은 의사가 되기 위해 지금 대학에 다니고 있으며 공부도 매우 열심히 한다고 했다.

빌도 나에게는 절망적인 아이로 보였다. 그는 3년 동안이나 개별지도를 받았지만 학교를 떠날 때는 아무런 목표도 없어 보였다. 그는 자신을 학대했고, 일 년이 멀다하고 일자리를 옮겨 다녔지만 마침내 그는 농부가 되기로 결심했다. 내가 들은 바에 의하면 그는 자기의 일에 만족하고 성공했다고 한다.

개별지도는 인간을 완전히 뒤바꾸는 교육이었으며, 그 목표는 공포와 도덕적인 설교에 의해 생긴 콤플렉스를 제거해 주는 데 있다.

서머힐과 같은 자유로운 학교에서는 근본적으로 개별지도가 필요 없다. 그것은 다만 인간을 변모시키는 교육과정을 촉진시킬 뿐이며, 자유롭고 활기찬 여름을 맞기 위한 일종의 춘계 대청소인 셈이었다.

자 치 제 도

서머힐은 자치권을 가진 학교이다. 공동체와 관계되는 모든 것들은 토요일에 열리는 학교총회에서 투표로 정해진다. 선생과 학생 모두 각각 한 표만 행사하며 나의 표도 어린이의 그것과 비중이 동등하다.

여러분은 웃으면서 "그래도 당신 표는 분명히 더 큰 비중을 가지겠지?"하고 말할지도 모른다. 그렇다면 실제의 일화를 소개하겠다.

어느 날 나는 학교총회에서 발언권을 얻어 열여섯 살 이하의 학생들은 담배를 피우지 못하게 하자고 제안했다. 나는 니코틴은 독이며 어린이는 본래 담배를 피우고자 하는 욕망이 없는데 단지 어른의 흉내를 내고 싶어 담배를 피우는 것에 불과하다고 주장했다. 반대 의견이 분분했다. 그러다가 표결에 부쳐졌는데 내 제안은 절대다수에 의해 부결되고 말았다.

그 뒤에 이 안건이 어떻게 발전해 갔는지 말해야겠다. 나의 제안이 부결된 뒤에 여섯 살의 한 학생이 금연은 열두 살 이하의 어린이만 해야 한다고 제안했다. 그의 제안은 가결되었다. 그 다음 주에 열두 살짜리 한 소년이 금연의 해제를 학교총회에서 요구했다. 그는 다음과 같이 말했다.

"우리는 규율이 엄한 학교에서처럼 화장실에서 몰래 담배를 피운다. 무엇을 금지하는 것은 서머힐의 원칙에 어긋나는 것이다."

이 소년의 의견은 대찬성을 얻었으며 학교총회는 금연을 폐지하고 말았다.

또 언젠가 나는 학생들이 정해진 시간에 자지 않고 떠들다가 다음날 아침에 모두 졸고 있다고 말했다. 그런 다음 규칙을 어길 때마다 용돈을 몰수하는 벌을 제안했다. 열네 살짜리 소년이 이의(異議)를 신청했다. 즉 시간이 지나도 자지 않는 어린이는 시간당 5페니씩 상금을 받아야 한다는 것이었다. 나는 몇 표밖에 얻지 못했고 이 소년은 다수 표를 얻었다.

서머힐의 자치제도에는 관료주의(官僚主義)가 없다. 학교총회의 회장은 매주 바뀌는데 다만 지난 주의 회장이 다음 주의 회장을 지명한다. 서기도 명예직이며, 숙직도 한 학생이 2~3주 이상 하는 일은 드물다.

우리의 이 작은 민주체제는 스스로 법칙을 제정하는데 이 법칙들은 매우 훌륭하다. 예컨대, 구조원 없이는 바다 수영이 금지되어 있다. 구조원은 교사 가운데 한 분이 맡는다. 또 지붕 위에 올라가는 것도 금지되어 있다. 취침시간을 지키지 않으면 자동으로 벌금이 부과된다. 방학을 언제 할 것인가는 학교총회의 표결로써 정해진다.

학교총회의 성과는 그때 그때의 회장이 약하냐 강하냐에 달려있다. 왜냐하면 45명이나 되는 활발한 어린이들로 하여금 질서를 지키게 하는 것은 쉬운 일이 아니기 때문이다. 회장은 심하게 떠드는 회원은 벌금형으로써 규제할 권한을 가진다. 약한 회장은 자주 이 권리를 사용한다.

어떤 문제를 투표에 부쳐야 할 때에는 나도 다른 사람과 마찬가지로 투표권을 행사한다. 물론 내가 무엇인가를 제안하는 일도 있다. 우리의 민주체제에 있어서는 보통 소수도 그들의 요구를 계속해서 주장함으로써 권리를 보장받을 수 있다. 이런 규칙은 어른, 아이 구분 없이 똑같이 해당된다.

그러나 학교의 운영은 자치제도의 권한 밖에 있다. 침실의 비품에 관한 권한은 아내에게 속한다. 그녀는 식단을 짜고 청구서를 보내고 돈을 받으며, 선생들을 채용하고 해임하는 권한은 나에게 있다.

학교총회에서는 법칙을 통과시키는 것만 아니라 공동체의 전반적인 문제들에 관해서도 토론한다. 3개월마다 취침시간에 관한 규정이 공표되는데 이 규정은 연령에 따라 다르다. 그리고 일반적인 행동에 관한 문제들도 학교총회에서 다뤄진다.

스포츠 위원회, 종료식 무도회 개최 위원회, 연극 위원회 등이 조직되며, 취침시간에 야경을 할 학생들이 정해진다. 그 밖에 시내에 나간 서머힐 학생들의 비행을 보고해 줄 몇몇 학생들을 임명하기도 한다.

학교총회에서 가장 큰 관심을 불러일으키는 것은 식사문제이다. 내가 식사는 꼭 한 사람의 몫만 받아가야 한다고 제의함으로써 학교총회 시간이 길어진 때가 한두 번이 아니다. 만약 어떤 어린이가 식당직원으로부터 특별대우를 받게 되면 이에 대한 항의는 대단하다.

그러나 식당 측에서 학생들이 음식을 낭비한다고 문제를 제기하면 군소리를 하지 않는다. 식사에 관한 어린이들의 생각은 자기의 욕구에만 한정되어 있는 법이다.

학교총회에서는 가능하면 학문적인 토론은 피한다. 어린이들은 매우 활동적이기 때문에 토론에는 금방 싫증을 낸다. 그들은 추상적인 것에는 흥미가 없고, 오로지 구체적인 것에만 흥미가 있다. 언젠가 나는 욕설을 금지해야 한다고 제안하면서 그 이유를 설명했다.

내가 한 부인과 장래에 서머힐에 입학할지도 모르는 그녀의 아들에게 학교 건물들을 보여주고 있었을 때 갑자기 2층에서 매우 분명한 욕설이 흘러 나왔다. 어머니는 아들의 손을 잡고 허둥지둥 그 자리를 뜨고 말았다. 나는 덧붙여 다음과 같은 문제를 제기했다.

"왜 한 어리석은 학생이 미래의 학부모 앞에서 욕을 함으로써 내 수입을 줄어들어야 하는가? 내가 문제삼는 것은 도덕적인 것이 아니라 경제적인 문제일 뿐이다. 너희들이 욕을 했기 때문에 나는 한 명의 학생을 잃었다."

열네 살의 한 남학생이 답변에 나섰다.

"니일은 바보 같은 소리를 하고 있어. 문제는 분명하지 않은가? 만약에 그녀가 아들을 입학시켰더라도 아들이 집에 돌아가서 '빌어먹을' 또는 '이 저주받을' 하고 욕하면 당장 자기 아들을 데리고 가버릴 것 아닌가."

학교총회는 이 의견을 받아들여 나의 신청을 부결시키고 말았다.

학교총회가 독재를 문제삼은 일도 가끔 있었다. 공동체는 이러한 독재에 대해서는 철통같이 항거했다. 게시판에 붙어 있는 학교정부(學校政府)의 법칙, 즉 '모든 독재자는 엄격히 규제되어야 한다'고 하는 법칙은 특별히 강조된다.

그러나 서머힐에서는 엄격한 학교에서처럼 동료 학생에 의한 비도덕적인 독재가 널리 퍼져 있지는 않다. 그 이유는 분명하다. 어른들의 억압을 받는 어린이는 미움을 키운다. 어린이가 그 미움을 어른들에게 터뜨릴 경우는 벌을 받기 때문에 자기보다 작거나 약한 동료들에게 그 앙갚음을 한다. 다시 말하거니와 서머힐에서 이런 일이 생기는 일은 매우 드물다.

학교총회에서 도난문제가 거론되는 일도 가끔 있다. 그러나 도둑질로 벌을 받는 일은 없지만 손해는 변상해야 한다. 어떤 어린이가 나에게 와서 말했다.

"존이 데이비드의 돈을 훔쳤어요. 이런 것은 심리학적인 문제입니까?

아니면 학교총회에서 토의해 볼까요?”

나는 존에게 개별지도가 필요한 심리적인 문제가 있다면 그 문제를 나에게 맡겨 두라고 한다. 만약 존이 정상적인 아이로서 별로 필요치 않은 물건을 훔쳤다면 그를 학교총회에 제소하도록 내버려둔다. 이때 그에게 부과되는 최악의 벌은 훔친 것을 모두 변상할 때까지 그에게 용돈을 주지 않는 것이다.

그럼 학교총회는 어떻게 진행되는가? 학기가 시작될 때마다(영국은 3학기제임) 총회의 회장이 선출되고 이 회장이 다시 차기 회장을 임명한다. 학교 공동체의 모든 구성원들이 총회에서 자신의 고민을 털어놓을 수 있으며, 특별한 경우에는 고소를 제기할 수 있고 또 법칙을 제안할 수 있다.

예를 들면 다음과 같다. 짐은 친구들과 함께 주말에 하이킹을 떠나려고 했으나 자기 자전거의 페달이 망가져 있는 것을 보고는 잭의 자전거에서 페달을 떼어 냈다. 그 증거 자료를 조심스럽게 검토한 뒤 학교총회는 짐이 페달을 보상해 주어야 하며, 하이킹은 떠날 수 없다고 결정했다.

회장이 이의가 있는 사람이 있느냐고 물었다. 짐이 일어나서 소리쳤다.

“이런 결정은 공정하지 못해! 나는 잭이 그 낡아빠진 고물 자전거를 타고 다닐 것이라곤 꿈에도 몰랐단 말이야. 그 자전거는 며칠 동안이나 바깥에 내팽개쳐져 있었어. 난 페달을 돌려주라는 데는 이의가 없지만 하이킹을 못할 정도의 짓은 하지 않았다고 생각해."

격렬한 토론이 계속되었다. 이때 짐은 평상시엔 매주 일정 금액을 부모로부터 받고 있었으나, 근래 6주간은 한 푼도 송금된 적이 없다는 사실이 밝혀졌다. 즉 짐은 돈을 구할 방도가 없었던 것이다. 이에 따라 학교총회는 두 번째의 판결은 번복시키기로 했다.

그렇다면 짐의 하이킹은 어떻게 되었을까? 그의 자전거에는 페달이 없으니 말이다. 학교총회는 짐의 자전거를 고쳐주기 위해 돈을 모으기로 결정했다. 친구들이 페달을 살 돈을 모아 짐에게 주자 짐은 행복하게 즐거운 여행을 떠났다.

대개의 경우 죄인들은 총회의 판결을 받아들였다. 그러나 그 판결에 복종할 수 없다고 생각할 때는 피고가 항소할 수 있다. 그러면 회장은 총회의 마지막에 이 사건을 한번 더 다룬다. 항소 사건을 다룰 때는 처음보다 더 조심스럽다. 그리고 보통은 피고인의 이의를 참작하여 판결이 너그러워진다. 어린이들은 피고가 불공평하다고 생각할 때 실제로 판결이 불공평할 가능성이 많다는 것을 알고 있다.

서머힐에서는 어떤 피고인도 권력을 행사하는 총회에 대해 반항이나 미움을 나타낸 적은 없었다. 나는 학생들이 순순히 그들의 벌을 받아들이는 것에 항상 놀란다.

어느 날 학교총회에 학칙을 어긴 네 명의 고학년 학생에 관한 고소가 제기되었다. 그들은 자신들의 옷을 팔았던 것이다. 이 법칙은 옷을 사준 부모에게 미안할 뿐더러 부모로부터 학교가 감독을 소홀히 하였다고 욕을 먹게되면 학교에도 좋지 않기 때문에 제정되었다.

이 학생들은 나흘 간이나 학교 밖 출입이 금지되고, 오후 여덟시에 취침해야만 했다. 이들은 아무런 불평 없이 이 판결을 받아들였다. 모든 학생들이 시내 영화관에 가버린 월요일 저녁에 나는 그 중 잭이 침대에 드러누워 책을 읽는 것을 보았다.

"너는 바보로구나. 다른 애들은 모두 영화관에 갔는데 너는 일어나지도 않니?"

내가 말을 걸었다.

"쓸데없는 농담 마."

그는 귀찮은 듯이 대답했다.

민주적인 제도에 대한 서머힐 학생들의 성실성은 놀랍다. 이 성실성이 겁이나 증오심 때문에 위축되는 일은 없다.

나는 오랫동안의 처벌을 끝내자마자 다음 총회의 회장으로 선출되는 학생들을 여러 번 보아 왔다.

어린이들의 정의감은 항상 나를 놀라게 한다. 그리고 어린이들의 행정적인 재능 또한 보통이 아니다. 자치회의 운영은 크나큰 교육적인 가치를 지니고 있다.

만약 어떤 아이가 주인의 허락 없이 자전거를 탔다면 30페니를 내놓아야 한다. 시내에서 욕을 하는 행위(학교 내에서는 마음대로 할 수 있다), 영화관 내에서 좋지 않은 짓을 하는 것, 지붕 위에 올라가는 것, 식당에서 음식을 던지는 것 등 학교의 규정에 벗어나는 일은 모두 벌금을 내도록 되어 있다. 서머힐의 벌은 거의 모두 벌금형이다. 즉 용돈을 못 쓰게 하거나 영화관 입장료를 빼앗는 것 등이다.

어린이들에게 재판관의 기능을 부여하는 것에 대해 자주 이의가 제기되는데, 그 이유는 너무 지나친 벌을 내린다는 것이다. 그러나 나는 그렇게 생각하지 않는다. 즉 그 반대로 어린이들은 매우 관대하다. 서머힐에서 여태까지 잔인한 판결이 내려진 적은 한번도 없었다. 아무튼 처벌은 범법 행위를 제지하는데 큰 역할을 한다.

어떤 고소가 제기되었을 때 회장이 "그것은 큰 문제가 아니야."하고 선언하기도 한다. 그러면 이 문제에 대해서는 더 이상 왈가왈부하지 않는다.

우리 학교의 비서와 두 사무직원이 허락도 없이 깅거의 자전거를 탔다가, 그 자전거를 타고 잔디밭을 열 바퀴 돌아야 한다는 판결을 받았다. 실습공장을 짓는데 쓰는 사다리를 기어올라갔던 네 명의 어린이들은 십 분 동안 사다리를 오르내려야만 했다.

학교총회는 어른들에게 조언을 청하는 일이 거의 없다. 그러나 나는 꼭 한번의 경우는 기억한다. 세 명의 여학생이 식당을 뒤져서 먹을 것을 훔쳐갔다. 학교총회는 그들에게 가진 돈을 모두 내놓으라는 판결을 내렸다. 그런데 그 날 저녁 이들은 또 식당에서 음식을 훔쳐갔다. 이번에는 그들의 영화관 입장료를 빼앗아 버렸다. 그러자 그들은 세 번째로 식당의 모든 것을 훔쳐가 버렸다.

이번에는 총회도 어찌할 바를 몰랐다. 회장이 나에게 도움을 청했다. 나는 그들에게 10페니의 상금을 주라고 제의했다.

"뭐라고요? 그러면 다른 학생들도 음식을 훔쳐갈 것입니다."

회장이 놀라며 말했다.

"괜찮아, 한번만 그렇게 해보도록 하렴."

실제로 그렇게 했더니 두 소녀는 돈을 받으려 하지 않았다. 그리고 세 명이 모두 앞으로는 절대로 식당을 약탈하지 않겠다고 다짐했다. 그리고 실제로 그렇게 하지 않았다. 적어도 두 달간은 말이다.

서머힐의 어린이들이 거만한 행동을 하는 일은 드물다. 이런 행동을 할 기미만 보여도 전체로부터 따돌림을 당한다. 잘난 체하기 좋아하는 열 살짜리 소년은 멋진 말솜씨를 무기로 남들의 이목을 자기에게 집중시키려는 버릇이 있었다. 그리고 실제로 그렇게 했다. 그러나 그는 총회에서 어서 내려가라는 고함소리만 들었을 뿐이다. 어린이들은 정직하지 못한 것은 잘 알아챈다.

나는 학교의 자치제도가 그 기능을 충분히 발휘할 수 있다는 것을 입증했다고 생각한다. 이런 자치제도가 시행되지 않는 학교는 진보적이라고 말할 수 없다. 그런 학교는 실제로는 얼치기 학교이다.

진정한 자유는 어린이 스스로가 그들의 공동생활을 이끌어갈 줄 아는 학교에만 있다. 위에 군림하는 '우두머리'를 모시고 있는 학생들은 절대 진정한 자유를 누리지 못한다. 이런 경향은 엄격한 원칙을 고수하는 우두머리보다는 호의적인 우두머리에게서 더욱 심하다. 어린이들의 정신은 엄격한 우두머리에게는 반항하지만, 소심한 우두머리(비굴한 자) 밑에서는 정신 자체가 나약해져서 도대체 그가 어떤 감정을 가졌는지 조차 알지 못한다.

그래서 자치제도는 조용히 지내고 싶어하면서 다루기 힘든 나이에 접어든 어린이들의 무분별한 반항에 투쟁해 나갈 나이 많은 학생들이 몇 명 있을 때라야 훌륭하게 운영되는 수가 있다. 나이 든 학생들이 투표를 할 때 다른 학생들에게 지는 일도 가끔 있다. 그러나 그들은 자치제도를 원하며 그 원칙을 옳다고 인정하는 사람들이다.

이와 반대로 열두 살 이하의 어린이들은 스스로 자치제를 조직하기 어려운데 그것은 그들이 아직 어려서 공동체를 이끌어나갈 능력이 없기 때문이다. 그렇지만 서머힐에서는 일곱 살이라 하여 학교총회에 참석하지 않는 일은 드물다.

봄이 오면 우리는 곤란에 빠지곤 한다. 자치정신이 강한 나이 든 학생들이 대학입학시험에 합격하여 서머힐을 떠나고 두세 명의 학생만이 남기 때문이다. 대부분의 어린이들은 문제나 일으킬 그런 나이의 아이들이다.

학교총회에서 그들의 발언은 공동정신이 투철하지만 자치제도를 조직하여 운영해 나가기엔 아직 너무 어리다. 그들은 총회에서 많은 법칙들을 통과시켰다가도 곧 잊어버리고 또 다시 들먹이고는 한다. 지금 남아있는 몇 명의 나이 많은 학생들은 우연히도 비교적 개인주의적 소질을 지니고 있다. 이들은 그룹 내에서도 독자적인 생활을 하고 있는데 이 때문에 교사들로부터 학교 규칙을 어긴다고 자주 공격을 받는다.

그래서 학교총회에서 나이 많은 학생들에 대해서 맹렬히 공격해야겠다고 느꼈다. 나는 그들이 반사회적(反社會的)이 아니라 비사회적(非社會的)이라고 말했다. 왜냐하면 그들은 취침시간이 지나도 잠을 자지 않으며, 어린 아이들이 법칙을 어겨도 상관하지 않기 때문이다.

엄격한 규칙을 세우는 것은 어른들이 편해지기 위한 단순한 수단에 지나지 않는다. 고참이 신병을 다루듯이 어린이들을 다루기란 어렵지 않다. 우리가 서머힐에서 시도한 것들이 어른들에게 조용한 생활을 보장해 주지 않는다는 것은 자명하다. 이 시도들은 어린이들의 생활이 흐트러지지 않도록 마음을 쓰는 것이다.

마지막으로 서머힐의 어린이들이 과연 행복한지 물어볼 듯하다. 만약 행복한 생활을 척도로 삼는다면 서머힐은 자치제도로써 매우 훌륭한 해결책을 찾아냈다고 할 수 있겠다.

우리가 무기의 소지를 금한 것도 하나의 타협이다. 서머힐에서는 공기총 소지가 금지되어 있다. 물론 이런 규정은 공기총을 가지고 놀고 싶어하는 몇몇의 학생들의 마음에는 들지 않을 것이다. 그렇지만 그들도 이 규정을 잘 지키고 있다. 어린이들은 어쩌다가 투표에 지더라도 어른들처럼 분노하거나 섭섭해하지는 않는 것 같다.

서머힐에는 절대로 해결할 수 없는 문제가 하나 있는데 그것은 개인과 공동체 사이의 갈등이다. 지독한 문제아가 이끄는 여학생 무리가 다른 학생들에게 물을 튀기거나 잠자는 시간을 지키지 않는 등 계속해서 질서를 문란케 하여 학생들을 괴롭히고 있을 때 선생들과 학생들이 모두 화를 냈다. 그래서 우두머리였던 제인은 학교총회에서 자유를 악용하는 행동이라는 혹독한 비난을 받았다.

우리 학교에 손님으로 왔던 한 여성 심리학자는 이 경우에 대해 이렇게 말했다.

"이런 일이 있어서는 안 됩니다. 제인은 불행하다는 표정을 지었어요. 그녀는 한번도 사랑을 받아본 일이 없어요. 그리고 이런 공개적인 비난은 그녀에게 사랑 받지 못한다는 감정을 그전보다 더 심하게 심어줄 뿐입니다. 그녀에게 필요한 것은 사랑이지 배척이 아닙니다."

나는 이렇게 대답했다.

"물론입니다. 우리도 사랑으로 그녀를 고쳐보려고 애를 썼습니다. 그녀가 공동체에 적대적인 행동을 할 때 그녀에게 일주일 동안 매일같이 상도 주어 보았습니다. 우리는 호의와 인내로 그녀를 대했습니다. 그러나 그녀는 그런 것에는 전혀 반응하지 않았습니다. 오히려 우리를 바보나 공격적인 욕망에 사로잡혀 있는 자들로 보았습니다. 결국 우리는 한 개인을 위해 공동체 전체를 희생시킬 수는 없다는 결론에 이르렀습니다.”

내게는 아직 이런 문제를 해결할 비법이 없다. 그러나 그녀가 열다섯이 되면 문제아 그룹을 이끌지 않으려 할 것이고, 공동체에 참여하게 되리라는 것을 알고 있다. 나는 많은 사람들의 관심이 그녀에게 큰 영향을 미치리라고 생각한다.

어린이는 일 년 내내 사랑 없이 오로지 비판만 받는 것을 견뎌내지는 못한다. 학교총회에서 유죄판결을 내린다고 비난한다면 우리는 ‘사소한 문제 때문에 전체 어린이들을 희생시킬 수는 없다’ 라는 할 말이 있다.

언젠가 우리는 서머힐에 오기 전에 불행하게 생활했던 여섯 살짜리 남자아이를 데리고 있었다. 그는 폭력과 파괴하려는 분노와 증오로 가득 차 있었다. 주로 네 살과 다섯 살짜리들이 그의 시달림을 받았다. 그래서 우리는 이 어린이들을 보호할 묘책을 찾아야 했다. 이 어린이의 부모의 잘못이, 부모의 사랑과 보살핌 속에서 자라온 다른 어린이들에게 해를 끼치도록 내버려두어서는 안 되었던 것이다.

나는 학생들의 생활을 불행하게 만드는 그런 어린이들을 퇴학시킨 적도 있다(몇 번 되지는 않지만). 이 글을 쓰고 있는 지금도 나는 매우 유감스럽게 생각한다. 왜냐하면 그것은 내가 실패한 경우이기 때문이다. 즉 나는 그 외의 다른 방법은 알지 못했던 것이다.

아마 독자들은 오랜 경험 속에서 자치제도에 대한 생각이 변하지는 않았느냐고 물을지도 모르겠다. 전체적인 나의 의견은 변하지 않았다. 나는 자치제도가 없는 서머힐은 상상조차 할 수 없다. 이 제도는 처음부터 학생들에게 사랑 받았으며 방문객들에게 자랑할 수 있는 '사열식 말(馬)'인 것이다. 물론 이것은 단점도 많다. 한번은 학교총회 중에 어떤 소녀가 나에게 이렇게 속삭였다.

"나는 몇몇 여학생들이 생리대를 변기에 집어넣기 때문에 변기가 막히게 된다고 얘기하고 싶었어요. 그런데 방문객이 이렇게 많으니⋯⋯."

나는 그녀에게 방문객은 조금도 의식하지 말고 그것을 제기하라고 조언했다. 그러자 그녀는 정말로 그렇게 했다.

실천적인 윤리과목의 교육적 가치는 아무리 강조해도 지나치지 않다. 서머힐의 학생들은 그들의 피가 다 닳아 없어질 때까지 자치권을 위해 투쟁할 것이다. 나는 격주로 있는 학교총회가 일주일의 학과수업보다 더 가치 있다고 생각한다.

총회는 대중 앞에서 발표력을 기를 수 있는 가장 좋은 기회이다. 대부분의 어린이들은 좋은 이야기를 하기도 하지만, 아무런 거리낌 없이 이야기를 해댄다. 나는 읽거나 쓰지도 못하는 어린이가 매우 조리 있게 이야기하는 것을 자주 들었다.

나는 서머힐에서 우리가 하고 있는 민주적인 방법이 최선의 방법이라고 생각한다. 우리의 민주주의는 국가의 민주주의보다 더 정의로울지도 모른다. 왜냐하면 어린이들은 너그러울 뿐만 아니라 이해관계가 얽힌 어떤 단체에도 속해 있지 않기 때문이다. 뿐만 아니라 우리의 민주주의는 기본원리에 훨씬 더 가깝다. 왜냐하면 선출된 의원들에 의해서 법률이 만들어지는 것이 아니라 그들의 행동을 스스로 제어할 수 있는 시민들에 의해서 직접 만들어지기 때문이다.

끝으로 자치제도는 어린이의 세계를 넓혀 주기 때문에 중요하다. 어린이들이 만든 법률은 본질적인 것만을 목표로 삼을 뿐, 형식적이고 외형적인 것은 무시해 버린다. 시내에서의 행동 규칙을 만들 때에는 학교 밖의 좀 덜 자유로운 사회질서와 절충을 한다.

도시는 쓸데없는 것에 신경을 쓰느라고 값진 에너지를 낭비하고 있다. 마치 멋진 옷을 입거나 욕하지 않는 것이 큰 일이나 되는 것처럼. 서머힐은 생활에 필요 없는 외형적인 것으로부터 해방되어 있다. 따라서 시대를 앞서가는 공동정신을 갖고 있다.

우리는 영국의 속담 'To call a spade a spade(군용 삽은 군용 삽이라고 부른다-직언한다)'에 의존하지 않는다. 오히려 군용 삽을 '빌어먹을 삽'이라고 부른다. 그러나 흙을 파는 일꾼들은 여러분에게 군용 삽이 빌어먹을 삽이라는 것을 실제로 보여줄 것이다.

남녀공학

　대부분의 학교에서는 남학생과 여학생을 구분하며, 특히 침실을 따로 정해주는 것에 많은 신경을 쓴다. 학생들은 사랑의 관계를 맺을 수 있도록 격려 받지 못한다. 서머힐에서는 사랑의 관계를 격려하지도 방해하지도 않는다.

　서머힐의 남녀학생들은 모두 자율적이다. 이성 관계는 매우 건전하기 때문에 남자나 여자 모두 이성에 관하여 삐뚤어진 견해 없이 자라고 있다. 그렇다고 서머힐의 남녀학생들이 모두 오누이처럼 다정하게 지내는 커다란 가정은 아니다. 만약 학생들이 그렇게 된다면 나는 그때부터 남녀공학을 전적으로 반대하는 사람이 될 것이다.

　진정한 남녀공학이란, 남녀학생이 서로 다른 학급에서 수업을 받거나 떨어져 있는 건물에서 기거하는 따위가 아니라 점잖지 못한 성적인 호기심이 거의 없는 것을 말한다. 서머힐은 열쇠구멍으로 훔쳐보는 학생들은 없으며 성적인 문제가 다른 학교보다 훨씬 적다.

　서머힐의 방문객들은 가끔 나에게 묻는다.

　"학생들이 서로 어울려서 자지는 않습니까?"

　"아니오."

　"어떻게 안 그렇단 말이오? 내가 그만할 때는 그런 기회를 놓친 적이 없어요."

그들은 남녀가 함께 자면 필연적으로 성의 노예가 되리라고 생각하면서 이와 같은 생각이 남녀공학을 반대하는 이유는 아니라고 말한다. 그들은 훨씬 더 이성적이고 그럴듯한 주장들을 내세운다. 즉 여자는 남자만큼 지적이지 못하기 때문에 남녀가 함께 수업을 받아서는 안 된다고 주장한다.

남녀는 함께 살아가기 때문에 학교에서도 떨어져 있을 필요가 없다. 많은 학부모와 선생들은 자기 딸이나 제자가 임신을 하지 않을까 하는 불안을 갖고 있다. 남녀공학의 많은 교장들이 실제로 이런 걱정 속에 시달리고 있다.

남학생들이나 여학생들이 사랑을 하지 못하는 경우도 자주 있다. 이것은 그들이 사랑하지 못하도록 교육을 받았기 때문이다. 성행위에 불안을 갖고 있는 사람들에게는 이것이 커다란 위로가 될지도 모른다. 그러나 정상적인 젊은이들에게는 사랑할 능력이 없다는 것은 인간적인 면에서 커다란 비극이 아닐 수 없다.

언젠가 내가 남녀공학인 명문 사립의 젊은이들에게 학교에서 연애사건이 생긴 적이 있냐고 물었더니 없다고 대답했다. 내가 깜짝 놀라는 척하자 그들은 말했다.

"남녀 사이에 우정이 싹트는 경우는 많지만 우정이 연애로 발전하는 일은 절대로 없어요."

그러나 그 학교에는 멋있는 사나이와 매력적인 아가씨가 상당히 많았다. 그래서 나는 학생들이 사랑에는 조금도 틈을 주지 않는, 이상만을 설교 당하고 있다고 짐작했다. 남학생들은 근엄한 학교에 의해 성적인 장애 상태에 있었던 것이다.

나는 진보적인 학교의 교장에게 다음과 같이 물어본 적이 있다.

"당신의 학교에는 연애사건이 있습니까?"

그는 점잖게 말했다.

"없습니다. 우리는 교육하기 힘든 어린이들은 절대 받아들이지 않습니다."

남녀공학을 반대하는 자들은 그것이 소년을 나약하게 만들고 소녀는 남성화된다고 항변할지 모른다. 그러나 그 배후에는 오로지 도덕적인 공포감, 아니 질투심에 불타는 불안이 숨겨져 있을 뿐이다. 사랑으로 가득한 성행위는 이 세상의 가장 큰 즐거움이다. 성행위가 억압당하는 이유는 바로 그것이다. 다른 모든 이유는 핑계에 불과하다.

나는 어릴 때부터 서머힐에서 자란 어린이들이 장차 성장하여 성적으로 방탕해지리라고는 조금도 걱정하지 않는다. 나는 성적인 관심을 억눌러야 할 정도의 어린이는 다룬 적이 없다.

몇 년 전 서머힐에는 사립학교에 다니던 열일곱 살의 남학생과 열다섯 살의 여학생이 거의 같은 시기에 입학하게 되었다. 이 두 학생은 서로 반해서 도저히 떼어놓을 수 없었다. 어느 날 이들이 밤늦게까지 함께 있는 것을 보고 이렇게 말해 주었다.

"나는 너희가 무슨 짓을 하는지 모른다. 도덕적으로 볼 때 난 아무렇지도 않아. 왜냐하면 도덕은 아무런 문제가 되지 않기 때문이지. 그러나 나는 경제적인 문제를 얘기하고 있어. 케이트, 만약 네가 아기를 낳게 되면 우리 학교는 망하게 될 것이 분명해. 너희들은 서머힐에 온 지 얼마 되지 않아서 학교에 대해 잘 몰라. 너희들에게 학교는 하고 싶은 것은 뭐든지 하도록 내버려두고 또 그렇게 할 수 있다는 것 외엔 별 의미가 없을 거야. 만약 너희들이 일곱 살에 여기에 왔었다면 이런 이야기를 할 필요가 없었을 거야. 왜냐하면 너희들이 그런 관계를 맺음으로써 그것이 서머힐에 어떤 결과를 가져올 것인지를 생각했을 테니까."

이렇게 말하는 것이 이 문제에 대처할 수 있는 유일한 방법이었다. 다행스럽게도 두 학생과 이런 문제에 관해서 두 번 다시 이야기할 필요가 없었다.

☀ 노동

예전에 서머힐에는 열두 살 이상의 모든 학생들과 선생들은 일주일에 두 번 이상 밭에서 일을 해야 한다는 규정이 있었다. 일을 하고 나면 그 대가로 30페니의 임금을 지불했다. 이것을 어긴 사람은 갑절의 돈을 벌금으로 내야만 했다. 몇몇 학생과 선생들은 오히려 벌금을 택했다. 다른 사람들도 일은 했지만 지겨워했다.

노동에는 유희적인 요소가 조금도 없다. 그래서 사람들이 곧 싫증을 낸다. 마침내 학교총회는 이 규정을 재검토하여 거의 만장일치로 폐지해 버렸다.

몇 해 전, 우리는 병원이 필요했고 자력으로 병원을 짓기로 결심했다. 그런데 병원은 돌과 시멘트로 지어야 하는 건물이었다. 우리 중에서 벽돌을 쌓을 줄 아는 사람은 하나도 없었다. 이것을 무시하고 우리는 일을 시작해 버렸다. 몇몇 학생들은 흙 파는 일을 돕고, 낡은 벽돌들을 뜯어내었다. 그런데 학생들은 임금을 요구했고 우리는 거절했다. 마침내 병원은 교사들과 몇몇 손님들에 의해서 건축되었다. 어린이들은 이런 일에는 금방 싫증을 낸다. 그리고 이들은 병원에는 전혀 관심이 없었다. 그 후 어린이들은 자전거 창고를 짓게 되었는데, 이때 그들은 어른의 도움 없이 자기들끼리 지어냈다.

나는 어떻게 하면 어린이들이 현실적으로 또 어른들의 의도대로 자라지 않게 될 것인가에 관하여 쓰고 있다. 어린이들의 공동정신, 즉 사회에 대한 책임감은 적어도 여덟 살은 되어야 생긴다. 어린이들의 관심은 항상 그들의 직접적인 욕구에만 쏠리기 마련이다. 그들에게 미래는 없다.

나는 여태까지 게으른 어린이를 본 적이 없다. 일반적으로 말하는 게으름이란, 사실은 흥미가 없거나 어린이의 건강이 좋지 않음을 뜻한다. 건강한 어린이는 가만히 앉아 있지 못하는 법이다. 어린이는 항상 무엇인가에 열중하려는 욕망이 있다. 나는 언젠가 게으르다고 소문난 매우 건전한 소년을 본 일이 있다. 그의 시간표에는 수학이 있었지만 수학에는 흥미가 조금도 없었기 때문에 수학을 공부할 생각이 없었다. 수학선생은 그가 게으르다고 생각했다.

한 쌍의 남녀가 댄스파티에서 한번도 쉬지 않고 춤을 추었는데, 이것은 약 40km를 걸어다닌 셈이라는 기사를 어디선가 읽은 적이 있다. 그렇지만 그들은 조금도 피로하지 않았다는 것이다. 왜냐하면 그들에게는 춤이 신나는 것이었기 때문이다. 어린이들에게 있어서도 마찬가지이다. 수업시간에는 게을러 보이는 어린이가 축구를 할 때에는 몇 km라도 달릴 수가 있는 것이다.

나는 열일곱 살의 남학생에게 감자 심기와 양파 밭의 풀 뽑기를 시키는 일에 실패한 일이 있었다. 그런데 이 소년은 모터를 만지거나 자동차를 닦거나 라디오를 조립하는 일에는 매우 열심이었다. 내가 이런 현상을 이해하기까지는 오랜 시간이 걸렸다.

어느 날 갑자기 나의 뇌리를 스치는 것이 있었다. 그때 나는 스코틀랜드에 있는 형님 집에서 정원에 구덩이를 파고 있었다. 나는 이 일이 전혀 즐겁지 않았다. 나는 당장 그 이유를 알아냈다. 즉 나는 내게 아무런 의미도 없는 정원에서 일을 하고 있었던 것이다. 이와 같이 서머힐의 학생들도 자신의 라디오나 자전거는 그에게 소중한 것들인 반면 나의 정원에서 일하는 것은 무의미한 것이었다. 나 자신만의 것에서 벗어나는 과정은 아주 서서히 진행되며, 어린이들이 자신만의 욕구에서 완전히 벗어나기란 불가능하다.

어린 아이들은 10대들과는 전혀 다른 노동관념을 가지고 있다. 3세~8세까지의 서머힐의 어린이들은 시멘트를 혼합하고 모래를 나르고 돌을 깔 때에는 마치 말처럼 일한다. 그들은 또 임금은 조금도 생각하지 않는다. 이들은 오히려 스스로를 어른과 동일시하며 그들의 노동은 실제로 실현된 백일몽과 같은 것이다.

그러나 8~9세에서 19~20세까지의 학생들은 싫증이 나는 육체노동에는 조금도 관심이 없다. 대부분의 어린이들은 여기에 해당된다. 그리고 그들은 일생 동안 육체노동에 대한 욕망을 잃어버리고 만다. 물론 예외도 있다.

우리는 "애야, 이 편지 좀 부쳐다오."하는 식으로 자주 어린이들을 부려먹는다. 어린이들은 어른들에게 이용당하는 것을 싫어한다. 정상적인 어린이들은 자기들은 아무런 일도 하지 않고 부모들의 양육을 받고 있다는 것을 어느 정도는 의식하고 있다. 그들은 이런 것이 자신들의 당연한 권리라고 생각한다. 그러나 그들은 부모가 시키는 수없이 많은 귀찮고 자질구레한 도움이나 심부름을 묵묵히 들어 준다.

나는 언젠가 학생들이 세운 미국의 어떤 학교에 관해서 읽은 적이 있다. 처음에는 이런 것이 이상적인 해결책이라고 생각했으나 사실은 아니었다. 어린이들 스스로가 학교를 지었다면 틀림없이 친절하지만 엄격한 사람이 옆에서 격려를 하여 부지런히 움직이게 했을 것이다. 만약 존경받는 사람이 없다면 그들은 절대로 학교를 짓지 않았을 것이다.

나는 건전한 사회에서는 어린이들과 18세 이하의 청소년들에게 노동을 요구해서는 안 된다고 생각한다. 그러나 수많은 소년 소녀들은 18세가 되기도 전에 이미 많은 노동을 해야만 한다. 이들에게는 이런 노동이 장난에 지나지 않을 것이고, 부모에게는 아무런 도움도 되지 못하는 놀이일지도 모른다.

중고등학생과 대학생들이 시험을 위해 마스터해야 하는 거창한 과제들을 생각하면 맥이 풀린다. 나는 전쟁 전에 부다페스트 시내의 고등학생 중 50%가 대학입학 자격시험을 치르고 난 뒤 육체적으로나 정신적으로 탈이 났다는 사실을 말하지 않을 수 없다.

우리는 서머힐의 똑똑한 졸업생들이 사회에 진출하여 그들의 목표를 달성했다는 반가운 소식을 계속 듣고 있는데, 이것은 그들이 서머힐에서 자기 중심적인 환상의 날개를 마음껏 펼 수 있었기 때문일 것이다. 이들은 성인(成人)으로서 어린 시절의 놀이에 대한 막연한 동경을 버리지 않고 삶의 현실에 대처해 나갈 수 있었던 것이다.

 놀 이

서머힐은 놀이를 가장 중요시하는 학교라고 할 수 있다. 나는 어린이

와 고양이 새끼가 왜 장난을 치며 노는지 그 이유를 알지 못한다. 이것은 에너지 때문이라고 생각되기도 한다.

내가 놀이라고 하는 것은 스포츠나 규칙이 있는 놀이가 아니라, 어린이들이 환상의 나래를 마음껏 펼칠 수 있는 아무런 구속이 없는 놀이를 말한다. 규칙이 있는 놀이는 숙련과 함께 활동 또는 경쟁 등을 전제로 삼고 있다. 그러나 일반적으로 어린이들의 놀이에는 숙련도 필요 없고 활동할 필요도 없다. 또 경쟁이 붙는 일도 드물다.

어린이들은 총싸움이나 칼싸움을 하는 '도둑과 경찰' 놀이를 좋아한다. 이런 놀이들은 영화의 시대가 시작되기 훨씬 전부터 있었다. 영화나 옛날 이야기들은 어린이의 놀이를 일정한 방향으로 유도한다. 그러나 놀이에 관한 근본적인 경향은 이미 어린이 안에 뿌리박고 있는 것이다.

서머힐에서는 여섯 살의 어린이들이 하루 종일 그들의 환상대로 놀도록 내버려둔다. 이 어린이들에게는 현실과 환상이 밀착되어 있다. 열 살짜리 사내아이가 유령으로 변장하면 다른 아이들은 기뻐서 함성을 지른다. 그들은 물론 그 유령이 토미라는 것을 알고 있다. 그는 모두가 지켜보는 앞에서 침대보를 뒤집어 썼던 것이다. 그러나 잠시 후 토미가 덤벼들면 그들은 모두 놀라서 소리를 지른다.

어린이들은 환상의 세계를 만들어 놓고 그들의 환상을 행동으로 옮긴다. 여덟 살에서 열네 살까지의 어린이들은 갱놀이를 하거나, 계속해서 사람들에게 딱총을 겨누거나, 또는 나무로 만든 비행기를 타고 구름 위로 높게 떠다닌다.

소녀들은 무기나 칼을 가지고 놀지는 않지만 모든 면에서 훨씬 개인적이다. 메리의 그룹은 넬리의 그룹과 적이 되어 서로 때리며 싸움이나 욕을 하기도 한다. 그러나 소년들은 오직 두 그룹이 장난으로 적대해 있을 뿐이다. 그래서 소녀보다는 소년을 다루기가 훨씬 쉽다.

나는 어린이들에게 있어서 사실과 환상의 경계가 어디쯤인지 아직 모른다. 아이가 조그만 장난감 접시에 상을 차려 인형에게 먹이는 놀이를 할 때 정말로 그 인형이 살아 있다고 생각하는 것일까? 목마가 어린이들에게는 살아있는 말로 생각되는 것일까? "목을 쳐라!"하고 외치며 총을 쏘아 대는 소년들은 자신의 장난감을 진짜 무기라고 생각하는 것일까?

내 생각에는 어린이들이 그들의 환상을 실제의 현실로 생각하는 것 같다. 이해심이 부족한 어른이 그들을 방해하며 그 모든 짓들이 장난에 지나지 않는다는 것을 일깨워 줄 때에야 비로소 그들은 쿵 하며 현실 속으로 떨어지게 된다. 현명한 부모는 어린이의 환상을 무시해 버리지 않을 것이다.

사내아이들은 보통 계집아이들과 잘 놀지 않는다. 그들은 갱놀이나 술래잡기를 하고, 나무 위에다 움막을 짓거나 구멍이나 구덩이를 파면서 논다.

계집아이들이 놀이를 조직하는 일은 매우 드물다. 자유로운 어린이들은 '학교놀이' 나 '의사놀이' 같은 진부한 장난은 하지 않는다. 그들은 권위 있는 사람들을 모방할 필요가 없는 것이다. 더 어린 소녀들은 인형을 가지고 놀며, 반대로 조금 더 큰 소녀들은 사람들과 어울려 지내는 것을 더 좋아한다.

우리 학교의 하키팀은 가끔 남녀혼성으로 구성된다. 그리고 트럼프 등 실내에서 하는 놀이도 남녀가 함께 하는 경우가 흔하다.

어린애들은 떠들기를 좋아하며 흙 속에서 뒹굴기를 가장 좋아한다. 그들은 뛰어서 계단을 오르내리고 마치 야수처럼 소리를 지르기도 한다. 어린이들 앞에서는 가구가 조금도 남아나지 않는다. 그들은 가구 따위에 신경을 쓸 여유가 없는 것이다. 그들이 술래잡기를 할 때에는 값비싼 꽃병이 앞에 있다고 해도 뒤집어엎고 밟아 깨버릴 것이다.

어머니들(소녀들)이 그들의 아기들(인형)과 잘 놀지 않는 일도 가끔 있다. 그들은 유모차에 폭신폭신한 귀염둥이 곰을 실어만 주면 몇 시간 동안은 모든 것이 다 잘 되리라고 생각한다. 그들은 아기를 보살피거나 토닥거려주는 것 등은 아예 잊어버리고 만다.

어른들은 '어린 시절은 노는 시절' 이라는 사실에 대해 어떤 태도를 취하고 있는가? 우리는 그것을 무시해 버린다. 왜냐하면 놀이란 우리 어른들에게는 시간을 낭비하는 것이기 때문이다. 그래서 우리는 도시에 거대한 학교를 신축하고 교재의 값이 치솟게 하면서도 어린이의 놀이를 위해서는 몇 조각의 글자를 익히는 것 외에는 아무것도 제공해 주지 못하고 있다.

현대 문명의 병폐는 어린이들을 자유롭게 놀지 못하도록 하는 데서 생긴 결과라고 해도 과언이 아닐 것이다. 모든 어린이들은 진정한 어른이 되기도 전에 이미 어른으로 길들여지고 만다.

노는 것에 대한 어른들의 생각은 그야말로 각양각색이다. 어른이 어린이의 생활 계획표를 작성해 준다. 아홉 시부터 열두 시까지 수업, 열두 시부터 한 시까지 점심, 다시 한 시부터 세 시까지 수업 등으로 말이다. 자유로운 어린이들에게 스스로 계획표를 짜라고 맡기면 그들은 아마 많은 시간을 노는 데 배정하고 수업에는 약간의 시간만 배정할 것이다.

어른이 어린이의 놀고 싶은 욕망을 억제하는 원인은 불안 때문이다. 나는 이미 수차례 매우 근심어린 질문을 받아왔다.

"내 아들이 하루 종일 놀고서야 어떻게 무엇을 배울 수 있단 말이오? 그가 어떻게 입학시험에 합격할 수 있겠소?"

거의 대부분의 사람들이 이러한 나의 대답을 받아들이지 않는다.

"당신의 아들이 마음대로 놀고 난 후 2년 동안만 집중해서 시험준비를 한다면 합격할 수 있습니다. 그러나 성장에서 가장 중요한 요소인 놀이를 완전히 없앤 학교의 어린이들이 시험에 합격하는 데는 5년이나 6년 또는 7년이 걸립니다."

나는 매번 다음과 같은 말을 덧붙인다.

"그 아이가 시험에 합격할 의지가 있다는 것을 전제하고."

그가 오히려 발레리나나 라디오 수리공이 되고자 할 수도 있는 법이다. 또 여자아이라면 디자이너나 보모가 되려는 소망을 가질 수도 있는 법이다.

어린이의 장래를 위한 어른의 걱정이 어린이의 놀 권리를 빼앗도록 잘못 인도하고 있다. 그러나 이것은 또 하나의 난점을 지니고 있다. 놀이를 거부하는 이면에는 어린이는 나쁘다는 그릇된 도덕이 도사리고 있는 것이다. 이것은 "제발 아기처럼 굴지 마!"하고 말하는 훈계에서도 분명히 드러난다. 나이 많은 사람들은 이런 훈계로써 나이 적은 사람들을 공격하기를 좋아한다.

자신의 소년 시절을 이제 더 이상 기억할 수 없고, 그 때 스스로 만족스럽게 놀지도, 상상의 날개를 마음껏 펴볼 수도 없었던 부모는 좋은 부모가 될 수 없다. 놀 능력을 상실한 어린이는 영혼이 죽은 것이며, 그가 사귀는 다른 어린이들에게는 위험이 된다.

이스라엘의 선생들이 이스라엘의 훌륭한 지역사회 센터에 관해 이야기한 적이 있다. 이스라엘에서는 학교가 지역사회의 일부이며 지역사회의 주된 과제는 노동이라는 것이었다. 한 교사는 열 살된 어린이들이 벌로 정원 일을 할 수 없게되면 마구 운다고 했다. 만약 우리 서머힐에서도 이런 일이 생긴다면 나는 이 어린이의 정신 상태가 정상인지 알아보려고 할 것이다.

이런 사실을 감안하지 않는 그들은 어린이들을 잘못 교육시키고 있는 것이다. 나는 이스라엘의 교육 방법은 경제적인 요구 때문에 어린이들의 삶을 희생시키는 것이라고 생각한다. 그런 것들이 필요한 경우가 있을지도 모른다. 그러나 나는 그런 것을 이상적인 공동생활이라고 생각하지는 않는다.

나는 마음대로 놀지 못하는 어린이들에게 얼마나 많은 해독이 미치게 되는가를 정확히 알아보려고 했다. 프로축구의 관중은 자신을 선수와 동일시하여, 선수들로 하여금 자기 대신에 축구를 하게 함으로써 그들의 좌절된 운동 욕구를 발산시키는 것이 아닐까?

서머힐의 졸업생들은 대부분 축구시합을 보러 가지 않는다. 그들은 화려한 행렬에도 흥미가 없다. 내 생각으로는 졸업생 중의 극소수만이 여왕의 축제 행렬을 뒤따를 것이다. 이런 요란한 행렬은 원래 아이들의 짓이었다. 오색찬란한 색깔, 근엄한 자태, 느린 걸음걸이 등은 이 행렬을 장난처럼 보이게 하고 거기에 참여한 사람들을 인형처럼 보이게 한다. 이것은 아마 남자들보다 여자들이 더 흥미를 갖게 되는 이유일 것이다.

사람은 나이가 들고 경험이 축적되면 화려한 것도 점차 시시하게 느끼는 것 같다. 장군·정치가·외교관들이 사열이나 리셉션 등을 볼 때에는 무척 지루해할 것이다.

자유 속에서 자라고 마음껏 놀 수 있는 어린이들은 흔해빠진 대중으로 성장하지는 않는다고 어느 정도 자신 있게 말할 수 있다. 서머힐의 졸업생들 가운데 대중 속에 끼어서 흥분해서 소리지를 사람은 오직 공산주의자의 자녀들뿐일 것이다.

연극

겨울이 되면 서머힐에서는 일요일 저녁에 연극을 공연하는데 극장은 언제나 만원이다. 어느 때는 여섯 주 동안 매번 다른 연극이 공연된 적도 있다. 이런 시기가 지나면 대개 몇 주 동안은 공연이 없다.

관객들은 지나치게 비판적이지도 않고 런던의 관객들보다 훨씬 점잖다. 야유나 휘파람, 발굴림 등은 거의 없다.

우리의 극장은 체육관을 개조한 것으로 관람석이라야 기껏 백 석 정도이며 무대는 이동식으로 평면이나 계단 형태의 조립식 궤짝으로 되어 있다. 조명등을 포함해서 조명장치는 완벽하게 갖춰져 있다. 무대장치는 없으며 회색의 무대막이 있을 뿐이다.

서머힐에서 쓰여진 희곡만을 상연하는 것이 우리의 관례이며, 선생들의 작품은 학생들의 작품이 없을 때에만 상연하는 것이 불문율이다. 의상은 배우들이 직접 만드는데 대개는 아주 훌륭하다. 대부분의 작품은 희극이나 해학이며 비극은 드물다. 그러나 비극을 공연할 때에도 반응은 좋으며 대개의 경우 훌륭하다.

여학생이 남학생보다 더 많은 작품을 쓰며, 어린 소년이 자기 작품의 연출까지도 도맡아 하는 경우도 자주 있다. 대본에는 하나 하나의 행동이 일일이 지시되어 있지는 않은데, 그렇게 할 필요도 없다. 왜냐하면 대화가 '실컷 패줘라!' 하는 따위의 단순한 문장들이기 때문이다. 이런 작품의 공연이 끝나면 무대는 시체들로 가득 차게 될지도 모른다. 어린 소년들은 융통성이 적어서 진짜로 그렇게 두들겨 패기 때문이다.

소녀들은 열네 살쯤 되면 시적인 작품을 쓰는데 이런 시도가 큰 성공을 거두는 경우가 자주 있다.

서머힐에서는 표절을 강력하게 배척한다. 언젠가 한 작품의 공연계획이 취소되고 말았다. 이것을 메우기 위해 나는 W. W. 야곱의 이야기를 모방하여 급조했고 관중들은 '남의 것을 베끼는 사람! 사기꾼!' 하고 외치며 맹렬히 반항했다.

우리 학생들은 연극에 대단한 소질이 있다. 이들은 무대 위에서 주눅 드는 일이 없다. 무대 위의 어린 학생들을 보는 것은 즐거운 일이다. 왜냐하면 그들은 자신들이 맡은 배역에 완전히 몰두하기 때문이다. 소년들보다 소녀들이 연극을 더 잘한다. 열 살 미만의 사내아이들은 자기 자신이 쓴 갱작품 이외에는 출연하지 않는 법이다.

많은 어린이들은 연극에 별 흥미가 없고 절대로 무대 위에 올라가지 않는다. 우리는 일상 생활에서 연극을 하는 어린이들은 무대 위에 서면 좋지 못한 배우가 된다는 것을 알고 있다. 이런 어린이들이 무대 위에 서면 당황하게 된다.

연극도 일종의 교육이다. 그것은 자신을 표현하고자 하는 욕구를 충족시켜 준다. 그러나 연극이 지나치게 전시적인 성격을 띠게 되면 관객들의 지지를 받지 못하게 된다.

배우는 다른 배우들과 조화를 이루어야만 한다. 어른은 절대로 무의식적으로 그렇게 하지 못한다. 어른들은 자기가 오직 하나의 배역을 할 뿐임을 잘 안다. 어린이가 '너는 누구냐?' 라는 제목의 연극에 출연하여 무대 위에 올라가서는 '나는 이 성의 유령이다' 하고 말하는 대신 '나는 피터다' 하고 실수를 저지르는 일이 가끔 있다.

아주 어린 학생들을 위해서 공연된 작품 중에 한 무리의 어린이들이 저녁 식사를 하는 장면이 있었다. 무대 위에는 정찬이 차려져 있었고, 그들은 관객을 잊은 채 식탁 위에 차려진 음식을 모두 먹어버렸다. 무대 감독은 어린이들이 연기를 하도록 하기 위해 계속해서 많은 신경을 써야만 했다.

연극에 출연한 어린이들은 자신감을 갖게 된다. 직접 출연해 본 적이 없는 몇몇 어린이들은 구경도 하지 않는데 그들은 열등감을 느끼기 때문이다. 나는 아직까지 이 문제를 해결하지 못하고 있다.

그러나 이런 어린이들은 대부분 자기를 나타낼 수 있는 다른 분야를 찾아낸다. 연극에 소질이 없는 어린이가 무대에 서길 무척 좋아할 때에는 일이 복잡해진다. 서머힐에서는 이런 어린이라 하더라도 배역을 얻지 못하는 경우는 매우 드물다.

열서너 살의 남녀학생들은 연애하는 역할은 맡지 않으려고 한다. 이와 반대로 어린 학생들은 무슨 배역이건 좋아라 하고 거뜬히 해낸다. 그런데 열다섯 살이 넘은 남학생들은 대개 희극적인 연애장면에만 출연한다. 나이가 더 많은 몇몇 학생은 심각한 연애장면도 잘 해낸다. 이런 연애장면은 직접 경험한 사람만이 잘 해낼 수 있는 것이다.

또한 아직 슬픔을 겪지 않은 어린이는 걱정을 해 본 일이 없기 때문에 슬픈 역을 썩 훌륭하게 해낼 수 있다. 나는 슬픈 역을 맡은 버지니아가 푹 쓰러져서 슬피 울부짖는 것을 본 적이 있다. 그 이유는 모든 어린이들이 상상 속에서 이미 슬픔을 체험해 보았기 때문이다. 죽음은 이미 어린이들의 환상 속에서 크게 자리잡고 있다고 하겠다.

어린이를 위한 연극은 어린이들에게 알맞아야 한다. 어린이의 환상과 아무런 관련도 없는 고전을 어린이들에게 상연시키는 것은 잘못이다. 서머힐의 어린이들이 스코트나 디킨스나 세커리를 읽는 일은 드물다. 이 어린이들은 영화의 시대에 살고 있다.

그들은 영화관에서 한 시간 십분이면 《Westward Ho》와 같은 긴 이야기를 충분히 보고 듣는다. 만약 그것을 책으로 읽는다면 하루는 족히 걸릴 것이다. 이밖에도 영화에는 지루한 묘사가 없다. 따라서 어린이들이 연극을 할 때에는 그들 자신의 세계를 공연하려고 한다.

서머힐에서는 학생들의 작품을 공연한다고는 하지만 정말로 훌륭한 희곡을 읽을 때는 감명을 받기도 한다. 겨울 내내 나는 나이 많은 학생들에게 매주 한 편의 희곡을 읽어 준 적도 있었다. 몇 달이 지나자 그들은 발레리, 입센, 스트린드 베르히, 체호프 등의 전집과 쇼우, 골즈워디의 몇몇 작품들과 《The Silver Cord》와 《The Vortex》같은 현대 작품들도 몇 편 듣게 되었다. 우리 학교의 우수한 남녀배우들은 하나같이 입센을 좋아했다.

나이가 좀 많은 학생들은 무대장치에 흥미를 가지고 독창적인 아이디어를 내놓는다. 희곡작가들의 오랜 규칙은 무대를 설정해 놓지 않고 인물이 퇴장해서는 안 된다는 것이다. 즉 어머니와 딸이 옛날의 과자에 대해 이야기하기 위해 아버지를 피했으면 할 때에는 아버지로 하여금 "정원사가 양배추를 심었는지 둘러보아야겠다."고 말하며 그 자리를 떠나게 해 준다.

우리의 극작가들은 직접적인 방법을 이용한다. 한 소녀가 나에게 "실생활에서는 방에서 나가는 이유를 굳이 말하지 않는다."고 말했다. 이말이 옳다. 그래서 서머힐의 무대에서는 이렇게 하고 있다.

서머힐의 생활 전체가 우리가 자발적인 출연이라고 일컫는 연극의 한부분이다. 이런 것을 익히기 위해서 나는 어린이들에게 다음과 같은 과제를 주어 판토마임을 하도록 한다. 즉 "외투를 입어라. 그것을 다시 벗어서 옷걸이에 걸어라. 꽃다발을 손에 쥔다. 그러고 그 꽃다발에서 엉겅퀴를 하나 찾아라. 아버지나 어머니가 죽었음을 알리는 전보를 펼쳐라. 너는 지금 역구내 식당에 있는데 서둘러서 음식을 먹는다. 너는 지금 기차를 놓칠까 불안하여 안절부절하고 있다."

우리는 대개 단순한 묘사적인 이야기를 공연한다. 예컨대 내가 하위치에서 여권을 검사하는 국경경비대원이라고 선언한다. 어린이들은 모두 상상의 여권을 손에 쥐고 나의 검사에 응하지 않으면 안 된다. 이런 것은 모두를 즐겁게 해 준다.

그리고 나는 다음에 찍을 영화의 배우를 선발하는 영화감독이나 여비서를 구하는 사장이 되기도 한다. 또 언젠가는 사무원 한 사람을 구하면서, 잘 쓰이지 않는 말인 "Amanuensis(서기)"를 찾는다고 했다. 어린이들은 이 단어를 몰랐다. 한 소녀는 이 단어가 매니큐어와 관계된 줄 알고 거기에 맞는 연기를 했다. 물론 이것은 폭소를 자아내었다.

자발적인 출연은 학교연극의 창조적인 측면이다. 우리의 연극은 창조력을 키우는 데 있어 다른 어떤 것보다 큰 역할을 하고 있다. 한 작품에 모든 어린이들이 출연할 수는 있지만 모든 어린이가 작품을 쓸 수는 없다. 어린이들은 모방을 하는 것보다 자신들의 창작품만을 상연하는 서머힐의 전통이 그들의 창조력을 훨씬 더 자극한다는 것을 어렴풋이 알고 있다.

☀ 춤과 음악

춤을 추러 갈 때에도 우리는 규칙을 지켜야만 한다. 주목할 일은 댄스

파티에 모인 개개인은 가능하면 규칙을 지키려 하지 않으나 집단으로서는 규칙을 잘 지킨다는 것이다.

나는 런던에 있는 한 댄스홀을 전통적인 영국의 상징 가운데 하나라고 생각한다. 여기서는 원래는 개인들의 창조적인 즐거움이었던 춤이 이제는 하나의 딱딱한 좌석으로 되어 버렸다. 한 쌍의 남녀는 다른 한 쌍의 남녀와 똑같은 춤을 춘다. 집단의 관습이 춤추는 이들의 독창성을 짓밟아 버리고 만다.

그러나 춤을 출 때의 기쁨은 창조의 기쁨이다. 춤에 창조성을 불어넣을 수 없다면 기계적이고 지루한 춤이 될 뿐이다. 영국인들의 춤을 보면 그들의 불안과 창조성에 대한 공포가 매우 잘 나타나 있다.

만약 우리가 춤을 출 때, 즉 즐거움을 맛볼 때 자유롭지 못하다면 어찌 인생의 심각한 문제에 대해서 자유를 기대할 수 있겠는가? 만약 우리가 독자적인 스텝을 고안해 내지 못한다면 우리는 종교, 교육, 정치 등에서도 독립적인 발전을 기대하기 어려울 것이다.

서머힐에서는 자주 댄스파티가 열린다. 연습과 안내는 여학생들이 맡는다. 이들은 자신들의 일을 잘 해낸다. 음악은 항상 재즈다. 고전음악에 맞추어 춤춘 적은 한번도 없다. 한번은 거쉰의 《파리의 아메리카인》에 맞춰 발레를 상연했다. 내가 발레의 이야기를 썼고 여학생들이 춤으로 이 이야기를 묘사했다. 런던의 무대에서도 이보다 더 좋은 춤은 보지 못했을 것이다.

댄스는 성적인 충동을 무의식적으로 발산하기에 매우 좋다. 예쁘지만 춤을 못추는 여학생은 파트너로서 별로 환영받지 못하기 때문에 나는 '무의식적' 이라는 말을 한다.

나의 거실은 매일 저녁 어린이들로 가득 찬다. 그 때 가끔 전축을 틀기도 하는데 서로 의견이 엇갈린다. 어린이들은 듀크 엘링턴이나 엘비스 프레슬리를 듣고자 하는 반면 나는 그런 음악을 싫어한다. 나는 라벨이나 스트라빈스키나 거쉰을 좋아한다. 대체로 재즈는 나에게 지나치다. 그래서 참다못해 이 방은 내 방이므로 내 마음에 드는 음악을 틀겠다고 선언해 버린다.

이렇게 하고서 내가 로젠클라비어의 삼중창이나 마이스터 싱거른의 오중창을 틀면 내 방에는 아무도 남지 않게 된다. 오직 소수의 어린이만이 고전음악이나 고전미술을 좋아할 뿐이다. 그래서 우리는 어린이들의 취미를 개선하려고 하지 않는다.

베토벤과 재즈 중 어떤 것을 좋아하는가가 그 사람의 인생이 행복하게 되거나 불행하게 되는데 영향을 끼치지 않는다. 만약 많은 학교에서 베토벤 대신 재즈음악을 가르친다면 보다 큰 교육적 성과를 거둘 수 있을 것이다.

서머힐의 학생 가운데 세 명은 재즈밴드를 결성하면서 한 가지씩의 악기를 다룰 수 있게 되었다. 두 명은 클라리넷을 샀고 나머지 한 명은 트럼펫을 샀다. 이들은 학교를 졸업하고 나서 왕립음악학교에서 음악공부를 시작했다.

지금은 세 사람 모두 오케스트라에 속해 있는데 이 오케스트라는 고전음악만을 연주한다. 나는 이들의 소질이 서머힐에서 듀크 엘링턴이나 바하나 다른 모든 작곡가들의 음악을 들을 수 있었기 때문에 발전했다고 믿고 있다.

☀ 운 동 과 경 기

대부분의 학교는 체육을 필수과목으로 정하고 경기관람조차 의무로 하고 있다. 서머힐에서는 운동과 경기가 수업과 마찬가지로 자유의사에 달려 있다.

서머힐의 창립이래 경기에 한번도 참여하지 않은 학생은 없었다. 경기에 참여하라고 요구한 사람은 없었지만 대부분의 어린이들은 운동과 경기를 좋아한다. 나이가 어린 학생들은 갱놀이나 인디언놀이, 또는 나무 위에 움막짓기를 포함하여 그 또래의 아이들이 하는 놀이는 다 한다.

그러나 규칙이 있는 경기에는 참여하지 않는다. 그들은 아직 팀을 정해 경기를 할 만큼 성숙하지 못하다. 그러므로 이들에게 그런 경기를 강요해서는 안 된다. 운동과 경기에 대한 관심은 성장해 가면서 저절로 생기게 된다.

서머힐에서는 여름에는 하키를, 겨울에는 테니스를 많이 한다. 하키

경기에서는 어린이들도 팀별 경기라는 것을 잘 알지만 복식 테니스는 종종 서툴다. 그러나 열일곱 살쯤 되면 원만한 팀웍을 이룰 수 있게 된다.

수영은 모든 학생들이 즐긴다. 사이츠웰 해안은 파도 때문에 어린이들에게 그다지 적합하지 않다. 유감스럽게도 우리의 해변에는 어린이들이 그렇게도 좋아하는 바위와 조그만 늪이 있는 넓은 모래사장이 없다.

서머힐에는 인위적인 체육이 없으며 어린이들은 놀이와 수영, 춤, 자전거 타기를 통해 육체적인 운동을 충분히 하게 된다. 그들은 집 안에서는 탁구를 하거나 장기를 두며, 트럼프놀이도 한다.

어린 학생들에게는 물장난을 하는 물통, 모래밭, 시소, 그네 등이 있다. 날씨가 좋은 날이면 모래밭은 장난꾸러기들로 가득하다. 어린 아이들은 큰애들이 모래밭에서 논다고 고자질을 한다. 우리는 큰 어린이들을 위한 모래밭도 추가로 마련해야 할 것이다. 어린이들이 흙빵을 만들고자 하는 욕구는 우리가 생각하는 것보다 훨씬 더 오래간다.

사람들은 학과성적에 따른 상이나 성적표는 비판하면서 운동의 성과에 대해서는 상을 주는 것은 서머힐의 모순이라며 비난했다. 우리가 학업성적에 따른 포상에 반대하는 이유는, 일은 그 자체만을 위해서 행해져야 하지 보상을 바라고 해서는 안 되기 때문이다.

이것은 옳다. 물론 사람들은 지리학에는 상을 주지 않으면서 왜 테니스에는 상을 주냐고 반박할 것이다. 그것은 테니스는 본질적으로 상대방을 이겨야 하는 경기이기 때문이다. 지리학은 그렇지 않다. 내가 지리학에 많은 지식을 가지고 있다면 남들이 이 분야에서 나보다 많이 혹은 적게 아는 것이 아무런 문제가 되지 않는다.

나는 서머힐의 어린이들이 운동성적에 따른 상은 받기를 원하지만 학과성적에 따른 상은 받으려고 하지 않는다는 것을 잘 알고 있다. 그렇다고 서머힐이 유능한 운동선수를 영웅으로 만들지는 않는다. 프레드가 하키팀의 주장이라고 해서 그의 표가 학교총회에서 더 큰 비중을 차지하지는 않는다.

서머힐에서는 운동이 본래의 역할을 할 뿐이다. 한 어린이가 경기에 참가하지 않는다고 해서 얕잡아보거나 열등아로 취급하지 않는다. '나도 살고 남도 살 수 있도록 내버려둬라' 라고 하는 것이 어린이가 자기 자신으로 될 수 있는 권리를 가지고 있을 때 발견되는 가장 이상적인 것이다.

나는 운동에는 별 관심이 없지만 훌륭한 운동선수의 행동에는 관심이 많다. 만약 서머힐의 선생이 "자, 이제 운동장으로 가요!"하고 윽박질렀다면 학생들은 운동을 부정적으로 생각하게 되었을 것이다. 좋은 운동선수의 행동은 스스로 운동을 원하는지, 그렇지 않은지를 파악한 뒤에야 비로소 발휘되는 것이다.

장학관의 보고서

폐하께 바치는 서머힐 학교에 대한 장학관의 보고서

시찰일시 : 1949. 6. 20~21

1. 이 보고서는 비밀문서로 학교의 직접적인 허락 없이는 공개할 수
   없다. 단 공개할 때에는 한 자도 빠뜨리지 않아야 한다.
2. 이 보고서의 판권은 H. M. 판권사무소의 소장에게 있다. 소장은
   복사하려는 사람들이 판권의 소유자가 소장이라는 것을 인정할
   때에는 복사를 거절할 수 없다.
3. 이 보고서의 작성과 문교부의 인정은 아무 상관이 없음을 밝혀
   둔다.

문교부, 런던 커어전 가 W. I.

이 학교는 전 세계에서 하나밖에 없는 교육기관으로 유명하다. 여기서는 혁신적인 교육학적 실험이 시행되고 있고, 학교장의 저서에 공개돼 유명해지고 논의 되고 있는 이론들이 실천되고 있다. 이 학교에서 검열해야 하는 과제는 어려우나 흥미로운 것이다. 어렵다는 것은 장학관들이 알고 있는 교육 방법과 이 학교의 교육 방법 사이에는 매우 큰 차이가 있기 때문이며, 흥미롭다는 것은 시찰 기회뿐만 아니라 이 학교의 교육 방법과 생활지도의 가치를 평가해 볼 수 있는 기회가 주어졌기 때문이다.

서머힐의 모든 학생들은 학교에서 살고 있다. 학비는 일 년에 120실링이다. 교사의 월급은 매우 적지만 학교장은 학교의 경비를 학생들의 납부금 수입으로 충당해야 하기 때문에 여러 가지 어려움을 안고 있다. 그러나 학부모들의 경제적인 사정 때문에 학교장은 납부금을 인상하지 못하고 있다. 더욱이 납부금은 다른 사립학교보다 적은 편이다.

그리고 교사의 수는 학생의 수에 비해서 많다. 그러면서도 학교장이 재정적인 어려움을 호소하여 장학관들은 약간 어리둥절했다. 수입과 지출을 계산하면 어떤 부분을 줄일지가 정해질 것이며, 경험이 풍부한 위원회가 이것을 연구하는 것이 바람직할 것이다. 비록 이런 몇 가지 결점에도 불구하고 학생들은 아주 훌륭하게 양육되고 있다고 할 수 있다.

학교설립의 기본 원칙들은 교장이 저술한 책을 읽은 사람들에게는 잘 알려져 있다. 이 중 몇 가지는 그 동안에 많은 인정을 받게 되었고, 이미 몇몇 원리는 다른 학교에도 영향을 끼치고 있다. 반대로 많은 부모들과 선생들의 불신을 받고 완강히 거부되는 것도 몇 가지 있다.

장학관들은 이 학교를 객관적으로 평가하려고 노력했다. 이 학교의 기본 원칙과 목표를 짧게나마 자세히 살펴보지 않고서는 이 학교에 대해서 올바르게 보고할 수 없을 것 같다.

이 학교의 기본 원리는 자유다. 그러나 자유가 방종을 뜻하지는 않는다. 이 학교에는 학생들의 안전을 위한 일련의 규정이 있는데 학생들 스스로 정한 것으로 학교장은 결재만 한다. 예컨대, 어린이들은 인명구조교육을 받은 두 명의 선생을 동반하지 않고서는 수영을 할 수 없다. 어린 학생들은 나이 많은 학생을 동반하지 않고서는 학교 건물 밖으로 나가지 못한다. 이런 제반의 규정은 엄격하게 지켜지고 있다.

그리고 규정을 위반했을 때에는 벌금을 내도록 되어 있다. 그러나 학생들은 장학관들이 알고 있는 다른 모든 학교의 학생들보다 훨씬 더 많은 자유를 누리고 있다. 이런 자유는 순수하다. 학생들은 수업에 참가할 의무가 없다. 후에 다시 언급하겠지만, 그럼에도 불구하고 대다수의 학생들은 규칙적으로 수업에 참가한다. 어떤 학생은 13년 동안이나 단 한번도 수업에 참가하지 않았다고 하지만 이 학생은 현재 정밀기계 기술자로 활약하고 있다. 이런 극단적인 예는 어린이들이 실제로 자유를 누리고 있고 그 자유의 파급이 귀찮다고 해서 당장 빼앗기는 것이 아니라는 것을 증명하기 위하여 열거해 본 것이다.

그러나 이 학교는 무정부 상태가 아니다. 학교총회가 규율을 통과시키며, 이 총회에는 모든 학생들과 선생들이 함께 참여할 수 있다. 총회의 회장은 학생이 된다. 총회는 무제한의 발언권을 주며, 규칙의 통과라는 상당히 중대한 권리도 공공연하게 가지고 있다. 한번은 총회에서 어떤 교사의 추방 문제를 토의했었는데, 밝혀진 바에 의하면 이때의 총회는 매우 훌륭한 판단을 내렸다고 한다. 그러나 이런 경우는 매우 드물다. 일반적으로 총회에서 다루는 것은 일상적인 공동생활에 관한 문제이다.

장학관들은 시찰 나온 그 날 총회에 참가했다. 그 날의 총회에서 가장 큰 문제는 총회에서 통과된 규정들이 취침시간 이후에도 지켜져야 할 것인지를 확정짓는 것과, 부엌의 무단출입방지 문제였다. 이 토론은 진지했고 개방적이며 질서 있게 진행되었고, 개인에 대한 배려는 없었다.

그리고 상당한 시간이 아무런 성과도 없이 지났으나 장학관들은 이렇게 해서 얻은 경험은 어린이들이 자기가 맡은 일은 스스로 해결하는 능력을 기르는 데에는 잃어버린 시간보다 훨씬 더 큰 가치가 있다고 말하는 학교장의 의견에 동의하고 싶었다.

부모나 선생들은 성적인 문제에 있어서 어린이들에게 완전한 자유를 부여하는 것에 찬성하지 않았다. 다른 문제에는 어느 정도 학교장의 의견에 동의하는 사람조차 이 점에 있어서는 다른 의견을 가질 것이다. 성도 거리낌없이 말해져야 하고, 성과 관련된 죄의식을 어린이들로부터 제거해 주어야만 하며, 다른 분야에서는 효력을 갖는 금기가 유독 이 분야에 있어서만은 많은 해를 끼친다는 학교장의 입장을 그들도 이해할 수 있을 것이다.

그러나 다른 남녀공학에서는 이 문제에 관해서 이 학교장이 취하고 있는 것보다 더 강력한 제재를 가할 것이다. 물론 여기에서 이런 제재조치를 취하지 않기 때문에 생긴 결과를 판단하는 것은 대단히 어려운 문제이다.

어떤 사회에서 성장한 사람일지라도 성적인 자극을 벗어나지는 못한다. 성적인 자극을 금기로 삼고 있는 곳에서도 사태는 달라지지 않는다.

도리어 그러한 금기는 자라는 청소년들을 한층 더 자극할 뿐이다. 여기에서 분명히 말할 수 있는 것은 이 학교의 학생들처럼 자연스럽고, 주저함 없이, 열린 시선으로 만나는 남녀들을 다른 데서는 볼 수 없다는 것이다. 사람들이 예상했던 사건들은 이 학교가 설립 된 후로 28년이 지났지만 아직까지 발생하지 않았다.

계속 물의를 일으켰던 몇 가지 문제에 대해서도 언급하지 않을 수 없다. 서머힐에는 종교교육이나 종교생활도 없다. 그러나 종교가 금지된 것은 아니다. 만약 총회에서 종교교육이나 미사를 받아들이기로 결정한다면 그렇게 될 것이 명백하다. 또 만약 개인이 종교생활을 원한다면, 그것은 전혀 방해받지 않을 것이다. 그러나 모든 어린이들이 정통적인 그리스도교의 교의에 얽매이지 않은 가정의 출신으로, 여태까지 그 어떤 종교적인 욕구를 표시한 어린이는 한 명도 없었다. '그리스도교적'이라는 말을 강요하지 않으면서 이 학교에는 그리스도교의 여러 원리들이 실현되고 있고 그 밖에도 모든 그리스도교인들이 찬성할만한 많은 것들이 시행되고 있다. 이 학교에서 일체의 종교교육을 하지 않음으로써 초래되는 결과가 어떤 것인지에 대한 문제는 이틀 동안의 시찰로는 판단할 수 없는 것이다.

우리는 시찰 대상들을 살펴보기 전에 이 학교의 입문적인 평가가 필요하다고 느꼈다. 왜냐하면 이 학교의 설립과 이 학교에서 벌어지고 있는 모든 것들은 실제 이 학교를 지배하고 있는 자유와의 관계 속에서 보아져야하기 때문이다.

이 학교는 네 살부터 열여섯 살까지의 학생 70명으로 구성되어 있다. 이들은 네 개의 건물 안에 분산되어 생활하는데 이 건물에 관해서는 따로 언급하겠다. 여기서는 이 학교의 특이한 수업에 관해 이야기하고자 한다. 학생들은 여러 학급으로 나누어져 있다. 학급은 어느 정도는 연령에 의해 구분되지만 대개는 학생들의 개인적 능력에 따라 나누어져 있다.

수업은 주 5일제로 오전 중에 실시한다. 수업 시간표는 일반 학교와 마찬가지로 40분을 한 시간으로 하며, 오전 중에 다섯 시간을 한다. 각 학급은 정해진 교실이 있으며, 한 교사가 규칙적으로 가르친다. 이 학교가 여느 학교와 다른 점은 학생들이 수업에 꼭 참가해야 할 의무가 없다는 것이다. 이론적으로 보면 한 명도 수업에 참석하지 않을 수 있다.

장학관들은 직접 수업을 참관해 보고 또 선생과 학생들에게 물어보면서 참가 실태를 파악해 보려고 애썼다. 그 결과 학생의 나이가 많으면 많을수록 규칙적으로 수업에 참석함을 알 수 있었다. 그 밖에도 스스로 수업에 참석하기로 결정한 학생들은 대개 규칙적으로 수업에 참석한다.

학과목과 학생들이 하는 일이 전체적으로 균형이 잡혀 있는지를 평가하기란 어렵다. 많은 학생들이 대학입학시험이 다가올수록 그 시험에 필요한 학과목에만 얽매이게 된다. 그러나 어린 학생들은 완전히 자유롭게 선택한다. 이런 방법의 성과가 전체적으로 볼 때는 좋은 것 같지는 않다.

어린이들은 매우 의욕적으로 공부하지만 실제 성과는 매우 미비하다. 장학관의 견해로는 이렇게 된 이유가 방법 그 자체에 있기보다는, 오히려 그 방법을 올바르게 적용하지 못한 것에 있는 것 같다. 예를 들면 다음과 같은 것들이다.

1. 이 학교에서 어린 학생들의 공부와 놀이를 잘 보살펴 주고, 학생들과 똑같은 행동을 할 만한 좋은 선생님이 없다.

2. 수업의 질은 대체적으로 좋았다. 그리고 어린 학생들을 위한 수업방법은 매우 유익하고 효율적이라고 평가할 수 있겠다. 상급반에서도 부분적으로는 좋은 수업이 행해지고 있다. 그러나 여덟 살에서 열 살까지의 어린이들을 자극하고 고무할 만한 자격을 갖춘 교사가 없다는 것은 분명했다. 놀랍게도 부분적으로는 아직도 구태의연하게 진행하는 수업도 있었다. 어린이들이 곤란한 문제에 부딪힐 나이에 이르면 그것에 대처해 나갈 바탕이 없음이 드러날 것이다. 이런 것이 교사들에게 큰 문제로 등장하는 일이 잦다. 보다 나이가 많은 학생들을 위한 수업은 상당히 좋고 몇 가지는 매우 훌륭했다.

3. 어린이들은 충분한 지도를 받지 못하고 있다. 그러나 열다섯 살이 된 여학생이 프랑스어와 독일어를 배워야 할 것인가, 말 것인가를 스스로 결정하게 하는 것은 옳은 일이다. 이와 반대로 스스로 세운 목표, 즉 일주일에 두 시간의 독어와 세 시간의 불어를 배우려고 하는 것에 대해 아무런 지도도 없이 내버려두는 것은 무책임하다고 하겠다. 그 학생은 자신의 목적을 달성하기 위하여 노력을 쏟았음에도 불구하고 발전은 매우 느렸다. 그 여학생에게는 이 두 과목에 훨씬 더 많은 시간을 배정해 주었어야 했을 것이다. 장학관은 이 학교가

어린이들이 시간표를 짜거나 공부를 할 때에 충고를 받을 수 있도록
일종의 개별교사제를 채택한 것은 옳은 일이라고 생각한다.

4. 어린이들에게 조용히 혼자서 생각할 장소가 제공되지 않고 있다. 교
   장 자신도 말 그대로 서머힐에서는 조용히 공부하기가 어렵다고 말
   했다. 독방을 쓰는 학생은 아무도 없다. 학교에서 조용히 공부하기
   에 알맞은 장소는 한 곳도 없다. 강요하지 않으나 17세가 넘어서까
   지 이 학교에 남아 있는 학생도 있다. 이 학교에는 유능하고 똑똑한
   학생이 몇 명 있으나 이런 학생들에게 필요한 모든 것을 제공해 주
   는지는 의문이다.

한편 어린이들이 수업을 착실히 받는 한 부분적으로나마 매우 훌륭한
성과를 낸다. 어린이들의 그림은 뛰어나다. 또 수공업적 분야의 성과도
인정할 만하다. 시찰 나온 첫 날에 도요에 불을 지폈다. 구울 준비가 된
질그릇은 매우 훌륭했다. 베 짜기에 있어서도 이미 성공의 기초가 다져져
있었다. 그러나 학교에서 수동식 베틀을 만들게 된다면 이러한 기초가 더
빨리 발전할 수 있을 것이다.

학생들은 문학활동도 하고 있다. 그들은 신문을 만들고 학교에서 공연
될 희곡을 쓴다. 시찰하는 동안에도 이런 작품들에 관한 많은 이야기를
들었다. 그러나 대개의 원고가 보존되어 있지 않았기 때문에 그 작품들의
문학적 가치는 평가할 수 없다. 얼마 전에는 학생들이 《멕베드》를 공연했
다. 무대장치와 의상은 학생들이 직접 만든다. 장학관들은 학생들이 교장
의 소망을 저버리고 이 작품을 공연하기로 결정했다는 사실을 알았는데,

이것은 매우 흥미로운 일이다. 교장은 학생들이 직접 쓴 작품이 공연되기를 바랐던 것이다.

체육은 학교의 원칙에 따라 시행된다. 체조, 운동, 경기는 절대 의무가 아니다. 어린이들은 축구와 크리켓, 테니스를 좋아한다. 축구는 전문 교사가 있기 때문에 매우 인기가 있다. 학생들은 다른 학교 축구팀과 시합을 하기도 한다. 시찰 기간 동안에 하루는 서머힐의 크리켓팀이 이웃 학교와 시합을 했다. 상대편 팀에서 제일 잘하는 선수가 병이 났기 때문에 서머힐팀도 자기들 중에서 제일 잘하는 선수를 빼기로 결정했다.

어린이들은 야외에서 많은 시간을 보낸다. 이들은 건전한 생활을 하며 항상 움직이기 때문에 표정이 매우 밝다. 이 학교에서 체계적인 체육교육을 실시하지 않기 때문에 어린이에게 어떤 결함을 생기는지의 여부는 전문가가 면밀히 살펴보아야 확실히 말할 수 있을 것이다.

2 학교 건물과 교사

이 학교는 어린이들이 놀고 운동하기에 편리한 지대에 위치하고 있다. 학교의 본관은 원래 개인 저택이었다. 이 집안에는 회의실 · 식당 · 양호실 · 미술실 · 공예실 및 여학생들의 침실이 있다. 어린 학생들의 침실과 교실은 다른 건물에 있다.

그 외 남학생들의 침실과 다른 교실은 정원의 바라크에 마련되어 있다. 몇몇 선생의 침실도 여기에 있다. 이 건물의 모든 방에는 정원으로 트인 문이 있다. 교실은 작지만 학생수가 아주 적어 이용하기에 불편이 없다. 침실 중의 하나는 남학생들과 선생님들이 양호실로 지은 집이다. 그러나 지금까지 한번도 양호실이 필요하지 않았다. 학생들의 침실은 일반적인 기준에서 보면 약간 원시적이다. 그러나 학생들의 건강상태가 아주 양호하기 때문에 어린이들의 기거는 만족스러운 것이라고 할 수 있을 것이다. 목욕탕은 충분하다.

언뜻 보기에 학교의 건물들은 아주 낡아 보인다. 그러나 이 학교 건물은 항상 별장 같은 분위기를 갖고 있다. 이런 분위기가 바로 이 학교의 기본적인 특징이기도 하다. 이 밖에도 방문객들이 많이 오더라도(시찰하는 동안 방문객이 많았다) 학생들이 아무런 방해 없이 자신의 일을 할 수 있도록 되어 있다.

교사들은 무료로 침식을 제공받는 외에 한 달에 8파운드의 급료를 받는다. 서머힐의 원리를 옳다고 인정할 뿐만 아니라 어린이들과 같은 수준에서 그들과 사귈 수 있을 만큼 원숙하고 원만한 남녀 교사를 구하는 것은, 이 학교 교장의 가장 힘든 과제 중 하나이다. 교사들은 학문적인 재능을 갖춤과 동시에 훌륭한 교육학자일 뿐만 아니라, 8파운드의 박봉에도 일할 각오가 되어 있어야만 한다.

서머힐의 교사 경력은 아무데서나 인정해 주지 않는다. 더욱이 확고한 신념은 있으나 학교운영에 대한 사욕이 없고, 학교에서 요구하는 성격적인 특성과 교직 능력을 두루 갖춘 남자나 여자는 매우 드물다. 이 학교의 교사들은 더 많은 보수를 받고 있는 다른 학교의 교사들보다 우수하다.

교사의 구성은 다음과 같다. 에든버러 대학 영문학 석사 1명, 리버풀

대학 석사 1명, 학사 1명, 캠브리지 대학 수학과 졸업시험 1등 합격자 1명, 역사과 학사 1명, 런던 대학 프랑스어 및 독일어 전임강사 1명, 그리고 교원 검정고시를 치른 4명이 있다. 미술과 수공업을 가르치는 선생은 외국에서 공부하고 그곳 시험에 합격한 사람들이다. 이들은 교사들 중에서 질적으로 가장 우수한 사람들이다.

이들도 가끔 보충교육이 필요하여 특별 강습을 받기도 하는데 강사들은 그들보다 훨씬 못하다. 그러나 만약 이 학교의 선생들이 강습회를 통해서 또는 다른 학교를 방문해서 그들이 가지고 있는 지식을 새로운 수준까지 끌어올리고 경험을 넓힌다면 이들은 매우 훌륭한 성과를 거둘 수 있을 것이다. 한편 서머힐이 원하는 유능한 교사들이 연봉 96파운드에 만족하기란 기대하기 어렵다. 따라서 이런 관점에서 과감한 조치가 필요하리라고 생각된다.

학교장은 굳은 신념을 가진 아주 성실한 사람이다. 그의 믿음과 인내는 확고하며 지배하기를 싫어하는 곧은 인격자로서 보기 드문 천성을 지니고 있다. 그를 만나는 사람은 누구나 의견이 맞지 않거나 완전히 어긋나 버렸을 때에도 그를 존경하지 않을 수 없을 것이다: 그는 유머와 인간적인 온정을 가지고 있으며 인간을 건전하게 이해할 줄 알기 때문이다. 이런 성격의 그는 좋은 교장임에 틀림없다. 좋은 본보기를 통해서 배울 수 있는 학생들은 행복한 학교장의 가정생활에도 참여한다.

학교장은 교육을 하나의 충만된 삶으로 이끌어 주는 것이라고 아주 넓게 생각하고 있다. 이런 관점에서 다음과 같은 말을 할 수 있다.

1. 어린이들은 활동적인 생활로 가득 차 있다. 어린이들에게서 지루함이나 무관심 등은 찾아볼 수가 없다. 학교는 만족과 관용으로 가득하다. 학교가 졸업생들을 보호해 주려고 노력하는 것은 학교 자체가 성과를 거두었다는 증거이다. 평균 30명 정도의 졸업생들이 연극공연이나 학기말 댄스파티에 참가한다. 졸업생 중 많은 사람들이 방학이나 휴가를 서머힐에서 보낸다. 여기서 말해 두어야 할 것은 옛날에는 '교육하기 어려운' 어린이들만이 이 학교에 다녔으나 지금은 비교적 정상적인 어린이들이 다닌다는 것이다.

2. 학생들의 태도는 매우 훌륭하다. 그들에게 전형적인 예의가 부족하다는 것은 사실이나, 어린이들은 친절하고 사심이 없고 자연스러우며, 일말의 주저함이나 두려움이 없기 때문에 모든 사람들과 쉽게 사귈 수가 있다.

3. 이 학교의 교육 방법은 어린이들에게 자극, 책임감, 성실 등을 요구하기만 하는 것이 아니라, 발전을 하기도 한다는 것을 알 수 있었다.

4. 서머힐의 학생들이 졸업 후에 정상적인 환경에 적응하지 못한다는 증거를 잡지는 못했다. 물론 아래에서 지적하는 것은 완전한 모델을 제시하는 것은 아니지만 서머힐의 학생들은 아무도 인생에 있어서 실패하도록 강요받지 않는다는 사실을 보여 준다.

서머힐의 졸업생 중에는 다음과 같은 사람들도 있다. 왕립전자공업회사의 사장, 포병대 대장, 전투 파일럿 공군 소령, 보모, 스튜어디스, 친위대 클라리넷 연주자, 왕립대학 전임강사, 오페라 극단 발레리나, 전국 규모의 일간지 단편을 쓰기도 하는 무전기사, 시장조사원 등등이다. 특히 다음과 같은 학위를 취득한 졸업생도 있다. 캠브리지 대학의 F. A.(철학부 강사)이며 경제학 명예학위(최우수자에게 줌), 왕립미술 대학의 학사, 런던 대학의 이학사, 물리학 1등 명예학위, 캠브리지 대학의 문학사 및 역사학 명예학위, 맨체스터 대학의 문학사, 현대어 1등 명예학위 등등이다.

5. 서머힐은 학교장의 교육학적 이론에 따라, 아주 철저하게 어린이의 흥미를 위주로 하며, 수업을 시험에 맞추어 지나치게 하지 않는 교육방침과 훈육이 특별히 모범적으로 시행되는 학교로 되어 가고 있다. 정신적인 교양이 성숙될 수 있는 분위기를 조성한 것이 하나의 성과라고 할 수 있다. 그러나 그 정신적인 교양이 성숙되지 않은 것이 유감스러울 뿐이다. 연령별 수업, 특히 가장 어린 학생들을 위한 수업이 개선된다면 정신적인 삶이 발전될 수 있을 것이다. 그래야만 서머힐이 특별하고 흥미로운 실험을 지탱해나갈 수 있는 진정한 기회를 갖게 될 것이다.

기본 원칙과 방법에 관련된 몇 가지 의문이 여전히 남아 있다. 이 학교를 보다 더 자세하고 오랫동안 살펴보면 아마 이 의문들 가운데 몇 가지는 해답을 얻겠지만 다른 몇 가지는 더 큰 의혹을 사게 될 것이다. 그러나 서머힐에는 매력적이고 가치 있는 교육적인 연구작업이 진행되고 있다는 것은 의심할 여지가 없다. 이 연구작업을 관찰하는 것은 모든 교육학자들에게 유익할 것이다.

장학관의 보고서에 대한 비평

두 사람의 장학관이 파견된 것은 우리에게 커다란 영광이다. 우리는 처음부터 '장학관님'이라는 호칭을 팽개치고 말았다. 이틀 간의 방문기간 동안 우리는 몇 가지 문제에 대해서 아주 철저하게 논란을 벌였다.

나는 장학관들이 프랑스어 책을 집어 들고 학생들의 실력이 어느 정도인지 테스트를 할 것 같은 기분이 들어서, 학교의 가치를 교육과 지식으로 평가하는 것은 아무런 의미가 없다고 말했다. 나는 한 장학관에게 말했다.

"여기서 당신이 시찰할 것이라고는 아무것도 없습니다. 왜냐하면 우리의 시금석은 행복, 정직, 원만함 그리고 공동의식이기 때문입니다."

그는 씩 웃으며 말했다.

"한 가지쯤은 시험해 보아도 상관없겠지요?"

두 장학관은 학교에 잘 적응했으며, 모든 일에 대해 매우 기뻐했다.

"누군가 수업을 시찰하는데 어린이들이 조금도 개의치 않는 것을 보고 자극을 받았습니다. 수년 동안 내가 교실에 들어가자마자 학급 전체가 의자에서 벌떡 일어서는 것을 보아 왔어요."

이렇게 보면 이 두 장학관이 우리 학교에 온 것은 행운일 수밖에 없다.

보고서에는 한 해의 납부금이 120파운드라고 되어 있으나, 우리는 그로부터 지난 몇 년 동안 오른 물가를 납입금에 반영하여 250파운드로 올려서 해결해 보려고 애썼다. 이 액수로 건물을 수리하고 새 기재를 확보하기에는 역부족이었다. 서머힐의 학생들은 다른 학교의 학생들보다 훨씬 더 많이 부순다는 것을 고려하지 않으면 안 된다. 서머힐의 어린이들은 장난꾸러기 시절의 욕구를 마음껏 발산시킬 수 있고, 많은 물건들이 부서지는 것은 당연한 일이다.

보고서에는 70명의 학생이 있다고 했으나 현재는 45명뿐이다. 그래서 납부금을 어느 정도 올려도 크게 도움이 되지 않는다. 우리 학교의 어린이들은 좋지 못한 수업을 받고 있다고 말하고 있다. 이런 문제점은 처음부터 있었던 것이다. 설령 훌륭한 선생이 있다고 하더라도 비정상적인 교재로는 어쩔 도리가 없다. 어린이들은 무슨 일이건 제 마음대로 해도 좋기 때문이다. 그러나 우리는 어린이들의 성적이 부진할 수밖에 없는 그런 시기를 가져보는 것에 만족하고 있다. 우리는 그 시기 동안에 노는 것이 공부하는 것보다 더 중요하다고 생각한다.

개인적으로 나는 뒤늦게 발달하는 어린이들을 좋아한다. 열네 살에 밀턴의 작품을 외웠던 아이가 스물네 살이 되어서는 주정뱅이가 되는 경우를 많이 보았다. 쉰세 살이 되었는데도 무엇이 되어야 할 지 몰라 망설이던 사람을 만났을 때 나는 반가웠다. 일곱 살 때 이미 자기가 무엇이 될 것인지 알고 있던 아이가 청년이 되어서는 풀이 죽고 보수적인 생각으로 삶에 맞서게 될 지도 모른다는 생각이 든다.

보고서에는 '정신적인 교양이 성숙될 수 있는 분위기를 조성한 것이 하나의 성과라고 할 수 있다. 그러나 그 정신적인 교양이 성숙되지 않은 것이 유감스러울 뿐이다' 라고 되어 있다. 바로 이 대목이 두 장학관이 그들의 학문적인 선입관에서 벗어나지 못한 유일한 부분이다.

우리의 체제는 실험 결과가 뒷받침해 주는 바와 같이 어린이가 훌륭한 정신적인 교양을 원하기만 하면 언제든지 성공적으로 이끌어 준다. 그러나 장학관들은 저학년의 수업의 질이 향상되면 더 많은 어린이들이 대학 입학시험을 치게 되리라고 생각했던 것 같다. 정신적인 교육에 가치를 부여할 때가 되지 않았냐고 묻고 있지만, 이 정신 교육이 그릇된 대상을 상대로 시도되는 경우가 너무 많고, 불순물로 황금을 만들어 내는 데 쓰여지는 경우가 너무나 많다. 나는 정신 교육이라는 것이 우리 학교의 많은 졸업생들, 즉 디자이너, 미용사, 발레리나, 음악가, 보모, 기능공, 기술자 그리고 많은 예술가들에게 무슨 의의를 가졌었던가 하고 자문해 본다.

그러나 이 보고서는 정당하고 정직하고 관용적이다. 내가 이 보고서를 공개하는 이유는 독자들이 나 아닌 다른 사람이 서머힐에 관해 쓴 의견을 접해 보는 것이 좋겠다고 생각했기 때문이다. 나는 교사들이 늙게 되면 국가의 연금을 받았으면 하는 것과 학부모들이 그들의 자녀가 지방 관청에서 보조비를 받을 수도 있다는 밝은 희망을 가질 수 있었으면 하는 바람이 있다.

나는 여기서 서머힐이 문교부와 충돌한 적은 한번도 없음을 분명히 밝혀둔다. 내가 무슨 질문을 하거나 방문을 했을 때도 문교부는 항상 정중하고 친절하게 대해 주었다. 나는 어린이들에게 너그럽고 문교부는 나에게 너그럽다. 나는 이것으로 만족한다.

서머힐의 미래

나는 이제 일흔다섯이며 교육문제에 관한 책들을 더는 쓸 수 없을 것 같다. 이제는 새로이 시도해 볼 만한 것이 없기 때문이다. 그러나 꼭 말해 두어야 할 것이 있다.

나는 40년 동안 어린이에 관한 이론을 저술한 것이 아니라, 그동안 함께 살았던 어린이들에 관한 경험에 근거하여 저술했다. 내가 프로이드, 호머 레인 및 다른 사람들의 영향을 받은 것은 사실이다. 그러나 시간이 흐르면서 이런 사람들의 이론이 현실의 시험에 합격하지 못했을 때는 그 이론들을 버리지 않을 수 없었다.

저술가란 흔치 않은 직업이다. 그는 마치 아나운서처럼 자기가 보지도 못한 수많은 사람들에게 소식을 전해 준다. 나는 일종의 특별한 청중을 가지고 있었다. 그러나 그들은 나를 알지 못한다.

확실히 BBC는 나에게 교육문제에 관한 라디오 강연을 부탁하지 않을 것이다. 나의 모교 에든버러를 포함한 모든 대학들이 나에게 명예박사 학위를 주는 일도 절대 없을 것이다. 만약 내가 옥스퍼드나 캠브리지 대학의 학생들에게 강연을 한다고 해도 교수나 강사들은 나타나지 않을 것이다. 나는 이런 것에 대해서 어느 정도까지는 자부심을 가지고 있으며, 만약 공공기관이 나를 인정하게 되면 그 때는 내가 늙었다고 생각하게 될 것이다.

나는 내가 인정받고자 하는 욕망을 초월했다고 주장하지는 않는다. 명예욕이란 나이가 들면 없어지기 마련이다. 나이를 먹는다는 것은 원래 우스운 일이다. 나는 수년 동안 젊은 사람들, 즉 젊은 학생, 젊은 부모, 젊은 교사들과 어울리기 위해 노력했다. 그러는 동안 나이가 진보를 방해한다는 사실을 알게 되었다. 내가 늙었기 때문에 이제 기분이 달라져 버렸다. 얼마 전 캠브리지 대학에서 3백 명의 학생들에게 강연을 할 때 내가 가장 어린 사람 같은 느낌이 들었다. 나는 학생들에게 말했다.

"왜, 늙은 사람이 여기에서 자유에 관한 이야기를 해야만 하는가?"

나는 젊음이나 늙음에 대해서 생각하고 싶지 않다. 나이가 사람의 생각에 많은 영향을 미친다고는 생각하지 않는다. 나는 아흔이지만 스무 살 같은 사람을 알고 있고, 스무 살이지만 늙은이처럼 행동하는 사람도 알고 있다. 나는 생기발랄한 것, 기뻐 날뛰는 것, 보수적인 색채와 무기력 및 무비판 등을 두고 이런 말을 하는 것이다.

내가 성숙했는지는 모르겠다. 이제는 바보들에 대해서 옛날처럼 참지 못하며 지루한 대화가 옛날보다 더 괴롭다. 그리고 사람들의 과거에 대해서도 별로 관심이 없다. 물론 지난 30년 동안에는 이런 것들을 많이 기대했었다. 또 물건에 대해서도 거의 관심이 없고 따라서 무엇을 사는 일도 드물다. 수년 전부터 옷가게의 쇼 윈도우를 들여다보는 일도 없어졌다. 예전에 내가 그렇게도 좋아하던 유스턴가의 가게마저도 이제는 매력이 없어지고 말았다.

이제 내가 어린이들의 떠드는 소리가 지금보다 더 귀에 거슬리는 시기가 오면, 나이를 먹으면 참을성이 많아진다고는 말할 수가 없을 것이다. 나는 언제나 한 어린이의 묵은 콤플렉스가 터져 나오는 것을 볼 수 있다. 나는 이 어린이도 시간이 지나면 선량한 시민이 되리라는 것을 안다.

나이는 불안을 덜어주지만 용기를 줄어들게 한다. 몇 해 전에 한 어린이가 일이 뜻대로 안 된다며 창문에서 뛰어내리겠다고 위협했을 때, 나는 쉽게 "그냥 뛰어내려!"하고 말할 수가 있었다. 지금도 내가 그렇게 말할 수 있을지 자신이 없다.

"서머힐은 당신 혼자 꾸려나가는 것이 아닙니까? 당신이 없어도 학교가 존속할 수 있겠소?"

나는 이 질문을 자주 받았다. 서머힐은 절대로 한 사람이 꾸려나가는 것이 아니다. 학교의 일과를 위해서는 나의 아내와 교사들 모두 나와 똑같이 중요하다. 어린이의 성장에 간섭하지 않고 일체의 억압을 포기하는 등의 아이디어가 서머힐을 이끌어 가는 것들이다.

서머힐은 전세계적으로 알려져 있는가? 그렇지 않다. 오직 몇몇 교육학자들만이 알고 있다. 서머힐은 스칸디나비아에는 잘 알려져 있다. 우리는 3년 동안 계속해서 노르웨이, 스웨덴 및 덴마크의 학생들을 받은 적이 있고, 때로는 한꺼번에 20명이 입학하기도 했다. 오스트레일리아, 뉴질랜드, 남아프리카, 캐나다 등에서 온 학생들도 있었다.

나의 책은 여러 나라에서 번역되었는데, 그 중에는 일본어, 헤브라이어, 힌두어 및 구차라티어 등으로 번역되기도 했다. 서머힐이 일본에는 어느 정도 영향을 미쳤다.

약 30년 전에 시모다 세이시라는 훌륭한 교육자가 우리 학교를 방문했었다. 번역판들은 잘 팔렸고 동경에서 서머힐의 교육 방법을 토론하기 위해 교사들이 회합을 했다는 말도 들었다. 1958년에는 시모다 세이시가 한 달 동안 우리 학교에 머무른 일이 있었다. 아프리카 수단의 어떤 학교장은 수단의 교사들이 서머힐에 커다란 관심이 있다고 내게 알려 주었다.

나는 이 세상이 서머힐의 교육 방법을 그렇게 오랫동안 적용하리라고는 믿지 않는다. 도대체 그들이 이 방법을 한번이라도 적용해 보는 일이 있을지 모르겠다. 사람들은 더 좋은 방법을 발견해 낼지도 모를 일이다.

자기의 이론만이 최선의 것이라고 생각하는 바보는 없을 것이다. 세상은 언제나 새롭고 더 나은 것을 연구해야만 한다. 왜냐하면 정치가 인류를 구원하지는 못하기 때문이다.

대부분의 정치적인 신문들은 항상 미움으로 가득 차 있다. 너무나 많은 사람들이 사회주의적인데, 이것은 사회주의자들이 가난한 사람들을 사랑하기 때문이 아니라 제국주의를 미워하기 때문이다. 한 가정이 수백 가지의 사회적인 미움들이 득실거리고 있는 나라의 일부분에 지나지 않는다면, 어떻게 사랑이 깃든 행복한 가정이 우리 사회에 있을 수 있겠는가?

이제 여러분들은 내가 교육을 시험이나 학급, 공부 따위의 문제가 아니라고 보는 이유를 알았을 것이다. 학교는 중요한 문제를 회피하고 있다. 그리스어, 수학, 세계사 등이 어린이와 부모를 심리적인 억압과 노이로제에서 해방시켜 주지는 못할 것이다.

서머힐 자체의 미래는 그다지 중요하지 않을지도 모르지만, 서머힐의 미래는 인류를 위해 매우 중요하다. 새로운 세대들은 자유 속에서 자라야만 한다. 자유를 선물하는 이는 사랑도 준다. 그리고 사랑만이 이 세계를 구원할 수 있는 것이다.

제2장 어린이 교육

✸ 억압된 아이들

우리는 어디서든 잘 다듬어지고, 훈련되고, 규율을 잘 지키는 억압된 어린이를 볼 수 있다. 이들은 마음에 들지도 않는 학교의 불편한 의자에 앉아 있다. 그리고 성장해서는 대부분 어떤 회사의 신통치 않은 책상이나, 공장의 작업대에 앉아 있게 된다. 이런 어린이는 다루기 쉽고, 권위에 순종하며, 비판을 두려워하고, 지나칠 정도로 정상적이다. 또한 자기에게 주어지는 것들을 아무런 의심 없이 받아들인다. 그리고 자신의 콤플렉스나 분노, 좌절감을 후에 자기 자녀들에게 쏟아 놓을 것이다.

부자유는 태어나면서부터, 아니 이미 태어나기 전부터 시작된다고 할 수 있다. 억압받아 몸이 뻣뻣하게 굳어진 어머니가 아이를 낳으면, 그

긴장이 태어난 아기에게 어떤 영향을 미칠지 누가 알겠는가?

모든 어린이들이 그들에게 알맞지 않은 환경 속에서 태어난다고 해도 과언이 아니다. 시간표에 따라 양육해야 한다고 주장하는 사람들은 결국 어린이의 쾌감을 반대하는 것이다. 이들은 어린이를 정숙하게 만들려고 한다. 왜냐하면 시간표 없이 어린이들을 그대로 내버려두면 어린이에게 젖가슴의 성적인 쾌감을 맛보려는 생각이 일어나기 때문이다.

이러한 양육을 지지하는 이론적인 근거는 대개 편리하다는 것, 즉 비이성적인 동기를 그럴 듯하게 꾸며낸 것에 지나지 않는다. 이 동기 때문에 그들은 어린이를 즐거움보다 의무를 앞세우는 그런 인간으로 훈련시키려고 하는 것이다.

이제 평범한 한 고등학생의 생활을 얘기해 보자. 그의 이름은 존 스미스이다. 그의 부모는 가끔 교회에 나간다. 그러나 존에게만은 매주 주일 학교에 가도록 정해 주었다. 그의 부모는 성적으로 매혹되어 결혼했는데 그 마을에서는 점잖은 사람들은 결혼 후에야 비로소 성생활을 누릴 수 있기 때문이다. 이런 것이 소위 '결혼했다'고 하는 것이다. 그러나 성생활에 만족하지 못하고 기질이 서로 달라 가정에 긴장이 감돌고, 부모 사이에 큰 싸움이 벌어지는 일이 자주 있다. 물론 평온하게 지내는 때도 많다.

그러나 존에게는 싸우는 것이 정상적인 것처럼 생각되었다. 왜냐하면 부모는 그에게 신경질적으로 대했기 때문이다. 그는 겁먹기 시작했고,

공연히 운다고 따귀를 얻어맞기도 했다.

그는 어려서부터 이렇게 길들여졌다. 즉 음식은 반드시 정해진 시간에만 먹을 수 있었는데, 그것은 그에게 커다란 좌절감을 안겨 주었다. 배가 고픈데도 불구하고 시계는 한 시간 후라야 음식을 준다고 말한다. 그는 꽉 끼는 옷에 싸여 있다.

이윽고 그는 손도 자유롭게 움직일 수 없다는 것을 알았다. 식사시간으로 경험한 좌절감은 그로 하여금 손가락을 빨게 했다. 그러나 주치의는 그 나쁜 버릇을 그대로 두어서는 안 된다고 말했다. 그러자 엄마는 의사의 지시에 따라 존의 팔을 붙들어 매거나 냄새가 고약한 약을 손가락에 발라 주곤 했다.

그가 기저귀를 차고 있는 동안에는 육체적인 욕구 때문에 속 썩일 일은 없었다. 그러나 마루바닥을 기어다니기 시작하자, '얌전치 못한'과 '더러운'이란 말이 온 집안에 울려 퍼졌고 철저한 청결교육이 시작되었다.

그가 고추를 만지면 사람들은 재빨리 그의 손을 빼냈다. 그래서 그는 일찍이 성기를 만지는 것을, 똥을 볼 때 생기는 구역질과 관련시켜 버렸다. 훗날 그가 사업상 여행을 가서 몇 가지 음담패설과 화장실 이야기를 듣게 되었을 때 그는 오랜 버릇대로 구역질을 하고 말았다.

그에 대한 대부분의 교육은 친척들과 이웃사람들에 의해서 행해졌다. 그의 부모는 점잖은 행동을 하게 하는 데 온 신경을 다했다. 그리고 손님이 방문할 때마다 훌륭한 가정교육을 받은 아이처럼 행동하지 않으면 안 되었다. 아줌마가 초콜릿 한 쪽을 주어도 '고맙습니다' 하고 감사를 표해야 했고, 식탁에서도 예의를 지켜야 했다. 특히 어른들이 이야기하는 도중에는 입을 열지 않는 것이 중요했다.

그가 불편한 외출복을 입는 것은 이웃사람들에 대한 예의 때문이었다. 이렇게 하여 신사 교육을 받음과 동시에 손을 맞잡고 거짓말을 하게 되는 복잡한 체계가 생겨났다. 그의 생활에는 일찍부터 거짓말이 등장했지만 평소에는 이 거짓말의 체계를 의식하지 못하고 있었다. 사람들은 그에게 욕을 하는 젊은이는 하나님이 싫어하며, 그가 기차 안에서 뛰놀면 차장이 혼내 줄 것이라고 말해 주었다.

그가 생명의 근원에 대해 의문을 가지면 사람들은 거짓말로써 대답을 회피하곤 했다. 네 살 된 여동생 앞에서 고추를 만지는 것을 본 어머니가 그를 심하게 야단친 뒤부터는 생명에 대한 거짓말이 불안과도 겹치게 되었다.

그 뒤에 계속된 매질은 존에게 성이라는 것은 더럽고 죄악이기 때문에 그것에 관해서는 생각조차 해서도 안 된다고 가르치고 말았다. 가엾은 존은 사춘기에 접어들 때까지, 즉 영화에서 한 여자가 자기는 임신 3개월 째라고 말하면 큰소리로 웃어야 할 나이가 될 때까지, 성적인 관심은 억누르고 있어야만 했던 것이다.

정신적인 면에서 존의 성장과정은 정상적이었다. 그는 학교에서 가르치는 것을 잘 알아들었고, 그래서 어리석은 선생들이 퍼부을 법한 비웃음과 벌을 피할 수가 있었다. 그는 피상적이고 그다지 쓸모 없는 지식과, 싸구려 신문과 야비한 영화와 허황된 탐정소설 따위에 실려있는 교양 정도를 갖추고 학교를 졸업했다.

존에게 '콜게이트' 라는 단어는 치약을 뜻할 뿐이었다. 베토벤과 바하는 라디오에서 엘비스 프레슬리나 빅스 브레이더벡이 연주하는 방송을 고를 때, 언제나 방해만 하는 귀찮은 사람들일 뿐이었다.

존 스미스의 돈 많은 사촌형인 레지날드 윌링턴은 사립학교에 다녔다. 그러나 그의 성장과정과 존의 성장 과정은 근본적으로 비슷했다. 그도 존과 마찬가지로 살아가는데 별로 필요치 않은 것들을 무조건 받아들이고 기존 질서에 순종하며, 존과 같은 방법으로 사랑과 기쁨을 부정했다.

존과 레지날드가 일방적으로 우습게만 묘사되었을까? 천만에, 절대 그렇지 않다. 왜냐하면 나의 설명은 아직 다 끝나지 않았기 때문이다. 나는 이 두 사람들의 좋은 인간성에 대해서는, 즉 가장 나쁜 성격은 다 잃어버린 인간성에 관해서는 말하지 않았다.

존과 레지날드는 일반적으로 도덕적이고 친절하며 어린애 같은 믿음과 미신, 신임과 희생으로 충만해 있다. 그들은 나름대로의 규칙을 만들고 인간미를 요구하는 훌륭한 국민들이다. 그들은 동물을 인도적인 방법으로 죽여야 하고, 가축은 정당하게 다뤄야 한다고 정해 놓았다. 그들은 무심히 잔인하고 비그리스도교적인 형법에 동의하고 전쟁에서의 살인을 자연적인 것이라며 동의한다.

존과 그의 사촌은 사랑과 혼인에 관한 법률이 비합리적이며 미움으로 가득 차 있다는 것에는 조금의 이의도 없다. 그들은 사랑을 할 때 남자와 여자에게 해당되는 규정이 각각 달라야 한다고 이해하고 있다. 이들의 혼인상대는 순결해야 한다. 그러나 남들이 그에게 숫총각이냐고 물으면 그들은 상을 찡그리며 "남자는 그럴 필요가 없다."고 대답한다.

이 두 사람은 가부장적인 나라의 믿음직한 지주(支柱)들로 사람들이 그 나라가 존속해 나가는 데에 꼭 쓰여지도록 만들어 놓은 것이다. 그들의 정서는 개인적이라기보다는 군중심리적이라고 할 수 있다.

그들은 학교에 다닐 때는 싫어했지만 졸업한 후에는 "나는 학교에 다닐 때 매를 맞았는데 그것은 나에게 참으로 유익한 것이었다."하고 말한다. 그러면서 그들의 자녀들을 바로 이 학교와 비슷한 학교에 입학시킨다. 심리학적으로 볼 때, 이들은 아무런 의심도 없이 아버지를 그대로 받아들이고 있는 것이다. 이렇게 해서 아버지가 권위를 갖는 전통이 다음 세대에서 또 그 다음 세대에도 이어져 나가는 것이다.

존 스미스의 초상화를 완성시키기 위해, 나는 그의 여동생 메리의 생활도 간단하게 묘사해야겠다. 그녀를 억눌렀던 환경도 오빠를 짓눌렀던 환경과 같기 때문이다. 그러나 그녀의 생활은 존이 겪지 못했던 어려움도 가지고 있었다.

가부장적인 사회에서 그녀는 남자보다 열등한 여자로 규정되었고, 이런 관념 속에서 교육을 받았다. 그녀는 오빠가 책을 읽거나 놀고 있을 때 집안 일을 거들어야만 했다. 그리고 그녀가 직장을 가지게 되자 남자보다 적은 급료를 받아야 한다는 사실을 알게 됐다.

일반적으로 메리는 남자들에 의해 형성된 사회에서 자신의 낮은 지위에 대해 반항하지는 않을 것이다. 상대적으로 남자는 형식적이기는 하지만 어느 정도까지는 이런 것을 보상하려고 노력한다.

메리는 아주 예의적이었고 정중한 대접을 받았다. 그녀가 일어서면 남자도 일어선다. 어떤 남자가 은혜를 베푸는 셈치고 자기와 결혼해 달라고 그녀에게 청혼하면, 미묘하게도 그녀는 가능한 한 예쁘게 보이는 것이 제일 중요한 일이라는 것을 알게 된다. 따라서 학교를 위해서나 책을 사기 위해서보다는 옷과 미용을 위해서 수백만 원이 넘는 돈을 지출한다.

성에 있어서는 메리도 그녀의 오빠와 마찬가지로 아는 것이 별로 없고 억압되어 있었다. 가부장적인 사회에서는 남자들이 자기의 아내는 순결하고 숫처녀이며 결백해야 한다고 규정해 놓고 있다. 메리가 순진하게 여자가 남자보다 순수하다고 믿으며 성장한 것은 그녀의 책임이 아니다. 남자들은 교묘한 방법으로 그녀의 일생 과제는 후손을 생산하는 것이고, 성적인 쾌락은 남자들에게만 주어진 특권이라고 주입시켰기 때문이다.

메리의 할머니와 어머니까지도 정당한 남자가 와서 장미공주(욕정)를 깨워주기 전까지는 전혀 성적인 욕망이 없었다고 이야기해 주었을 것이다. 메리는 이런 단계는 넘어섰으나 우리가 믿고 기대할 수 있을 만큼은 벗어나지 못했다. 그녀의 성생활은 임신공포증에 시달리고 있었다. 왜냐하면 사생아를 낳게 되면 결혼하기 어려울 것이라는 사실을 알고 있었기 때문이다.

가까운 미래의 커다란 과제들 중의 하나는 억압당한 성 에너지와, 그것과 병의 관계에 대한 연구일 것이다. 존 스미스는 아마 심장병으로 죽을 것이고 메리 스미스는 암으로 죽을 것이다. 이들은 억압받는 정서 생활과 병이 어떤 관계가 있는지 알아보려고도 하지 않은 채 죽어갈 것이다.

언젠가는 인류가 그들의 불행, 증오, 질병 등의 근본적인 원인이 삶에 적합하지 않은 하나의 특수한 사회에 있다고 말할 때가 있을 것이다. 만약 완고한 성격이 육체를 긴장시킨다면 움직이지 않으려는 성향은 중요한 생명기관 내에서 맥박을 방해할 것이다.

요약하자면, 자유롭지 못한 교육은 활동적인 생활을 영위하지 못하게 한다는 것이 나의 주장이라고 하겠다. 이러한 교육은 생활의 정서를 무시해 버린다. 그리고 이 정서는 활동적이기 때문에 발산할 기회가 없어지면, 유쾌하고 활발하지도 못한 채 미움만 남게 된다. 또 머리만 발달하게 된다. 그러나 정말로 커다란 자유가 주어지면 이해력은 저절로 싹트게 되는 것이다.

사람의 성격이 개의 성격처럼 형성될 수 있다고 하는 것은 인간에게는 비극적인 사실이다. 우리는 개보다 영리한 고양이의 성격을 형성해 낼 수는 없다. 우리는 개에게는 양심의 가책을 가르칠 수 있으나 고양이에게는 양심을 주입시킬 수가 없다. 그래서 대부분의 사람들은 순종하고 꼬리 치며 아양을 떠는 개를 더 좋아한다.

어린이의 교육은 개를 훈련시키는 것과 아주 유사하다. 매맞은 어린이는 두들겨 맞은 강아지처럼 부리기 쉽고 위선적으로 된다. 개를 우리의 목적에 맞도록 훈련시키는 것과 같이 어린이도 이와 같이 교육시킨다. 사람처럼 훈련받은 개들은 깨끗해야 하고, 너무 짖어도 안 되며, 휘파람에 순종해야 하고, 인간에게 편리한 시간에 밥을 먹어야 한다.

나는 1953년 베를린의 템펠호프 벌판에서 훈련사 히틀러가 휘파람을 불자, 순종하는 수십만의 개들이 꼬리를 치는 것을 보았다.

나는 몇 년 전에 펜실베니아 여자의과대학의 부속병원에서 출판한 《어머니가 될 사람들을 위한 지침》이라는 책에서 몇 구절만 인용해 보기로 하겠다.

'손가락을 빨지 못하게 하려면 팔을 구부리지 못하게 아이의 팔을 종이 파이프에 끼워 두면 된다.'

'신체의 비밀스런 부분들은 불안과 질병과 나쁜 습관이 형성되는 것 등을 막기 위해 고통스러울 정도로 정결하게 보존되어야 한다.'

나는 이런 잘못된 아동교육에 대해서는 단연코 의사들이 책임을 져야 한다고 생각한다. 일반적으로 의사들은 아동교육 문제에 대해서는 아무런 교육도 받지 못했다. 그럼에도 불구하고 많은 어머니들에게 의사의 말은 하나님의 목소리처럼 들린다.

어린이가 자위행위를 하면 때려야 한다고 말하는 의사에 대해, 우둔한 어머니는 그것이 의사 자신의 성적인 죄의식에서 나온 말일 뿐 어린이의 본성에 관한 의학적인 근거에서 나온 말이 아니라는 것을 깨닫지 못한다. 나는 의사들이 수유시간표를 짜주고, 손가락을 빠는 어린이에 대한 처방으로 겁을 주라고 하고, 갓난애를 데리고 노는 것과 어린이들에게 자유를 주는 것을 금지하는 것 등 때문에 의사들을 비난한다.

청결을 강요당하고 성적인 억압을 받은 어린이들이야말로 문제다. 어른들은 자기들이 조용하게 지낼 수 있도록 해 주는 행동을 어린이에게 가르치려는 것은 뻔한 이치다. 그래서 순종, 좋은 행실, 온순함 같은 것들이 의미를 가지게 된다.

얼마 전에 나는 매우 깨끗한 옷을 입고 정원에 놀러온 어린이를 보았다. 그 아이는 흙을 가지고 놀다가 옷을 조금 더럽혔다. 그러자 엄마는 정원으로 달려가 그를 호되게 때려 주고는 집안으로 끌고 들어가서 우는 아이에게 새 옷을 갈아 입혀서 다시 정원으로 내보냈다. 10분 후에 다시 옷이 더럽혀지고 말았다. 그리고 다시금 그 절차가 되풀이되었다.

나는 그 부인에게 "당신의 아들은 일생동안 당신을 미워할 것이오. 아니, 삶 자체를 미워할 것이오."하고 말을 해줄까 망설였다. 그러나 나는 아무것도 그녀를 감동시키지 못하리라는 것을 잘 알고 있었다.

나는 도시에 가면 언제나 어떤 어머니가 애가 넘어졌다고 해서 때리는 것을 보곤 한다. 기차를 타도 "빌리야, 네가 한번만 더 복도에서 뛰어다닌다면 차장이 너를 혼낼 거야."라는 어머니의 소리를 듣는다. 대부분의 어린이들은 거짓말과 금지의 분위기 속에서 교육을 받고 있다.

집에서는 아이들을 잘 다루는 어머니들도 대중들이 보는 앞에서는 어린이에게 매질을 하는데 그것은 그들이 이웃사람들을 두려워하기 때문이다. 어린이는 처음부터 위선적인 사회에 적응하도록 강요당하고 있는 것이다.

내가 영국의 한 해안도시에서 강연을 할 때, "어머니들이 어린아이를 때릴 때 아이에 대한 당신의 미움이 드러난다는 사실을 조금이라도 깨닫고 있습니까?"하고 물었더니 반발이 심했다. 부인들은 마치 야수처럼 소리를 지르며 나에게 달려들었다. 그래서 나는 오후 늦게 이 물음에 대한 나의 태도를 밝혔다.

그에 앞서 나는 "우리는 어떻게 하면 가정의 도덕적 · 종교적인 분위기를 개선할 수 있겠습니까?"하고 질문을 던졌다. 그러자 청중들은 야단법석을 떨면서 나를 내몰았다. 이 일은 하나의 충격이었다. 왜냐하면 보통은 나의 견해를 지지하는 사람들 앞에서만 강연해 왔기 때문이었다.

그러나 청중들은 아동심리학에 관해서는 들은 바가 없는 노동자와 소시민들이었다. 그리고 나는 어린이의 자유에 반대함과 동시에 자기 자신의 자유에 반대하는 그 방어태세가 얼마나 확고한가를 확실히 알 수 있었다.

우리의 사회가 병들고 불행해진 근원은 자유롭지 못한 가정에 있다고 주장한다. 강보에 싸여있을 때부터 어린이들은 반항과 미움의 힘에 의해서 무감각하게 되어 버린다. 어릴 때의 생활은 금지하는 말로만 되어 있기 때문에 어린이들은 생활을 부정하도록 훈련을 받는 셈이다.

큰 소리 내지 마라, 자위행위를 하지 마라, 거짓말 하지 마라, 도둑질을 하지 마라!

반대로 모든 부정적인 명령에 대해서 '예' 라고 대답하지 않으면 안 된다. 노인과 종교와 교사와 아버지들이 만들어 놓은 규칙을 존경하라! 아무것도 묻지 말고 순종만 하여라!

존경할 가치가 없는 사람을 존경하는 것은 미덕이 아니다. 더는 사랑하지 않는 사람과 합법적으로 인정된 죄악 속에서 살아가는 것도 미덕이 아니다.

비극은 자기의 가족을 노예로 전락시킨 그도 또한 노예요, 노예여야만 한다는 사실이다. 왜냐하면 감옥에서는 감시하는 사람도 똑같이 감금되어 있기 때문이다. 인간을 노예로 만드는 것은 미움의 결과이다. 우리는 가족을 억압함으로써 자신도 억압한다. 우리는 자기의 억압에 희생 된 자들을 처벌하기 위해 감옥을 설치하지 않으면 안 된다.

노예가 되어 버린 부인은 남편이 방어를 위한 전쟁이라고 일컫는 전쟁, 즉 애국적 전쟁, 민주주의를 수호하기 위한 전쟁, 이 전쟁을 마지막으로 모든 전쟁이 끝난다는 전쟁에 자기 아들을 내보내지 않을 수 없다.

문제아란 없는 법이다. 오직 문제부모가 있을 뿐이다. 혹은 '다만 문제를 일으키는 인류가 있을 뿐이다' 라고 하는 것이 더 나을지도 모른다. 원자탄은 생명을 미워하는 사람들의 손에 있기 때문에 커다란 재앙인 것이다. 강보 안에서 팔이 꽁꽁 묶여 있었던 사람치고 생명을 미워하지 않는 사람이 누가 있겠는가?

인류에게는 여러 가지 사회정신과 사랑이 깃들어 있다. 그리고 젖먹이때부터 병신이 되어버리지 않는 새로운 세대들은 서로 평화롭게 살아가리라고 확신한다. 만약 미움을 간직한 오늘날의 사람들이 세계를 파괴해 버리지만 않는다면 말이다.

이런 것은 평등하지 못한 투쟁이다. 왜냐하면 미워하는 자들이 교육시설과 종교와 법률과 군대와 감옥을 지배하고 있기 때문이다. 오직 몇몇 교육자만이 어린이들 안에 있는 선(善)이 자유롭게 성장하도록 돕고 있을 뿐이다. 생명에 대한 미움을 품은 사람들이 불합리한 처벌제도를 무기로 거의 모든 어린이의 틀을 잡아 나간다.

아직도 많은 수도원 학교에서는 여학생들이 목욕할 때 자신의 몸을 보지 못하도록 가려야만 한다. 부모와 선생들은 남학생들에게 아직도 자위행위는 바보로 만든다고 설명하고 있다. 얼마 전에는 한 부인이 생후 10개월쯤 된 어린애를 운다고 때리는 것을 본 적도 있다.

이런 것은 무감각해지기를 바라는 사람들과 생명을 존중하는 사람들 사이의 일종의 경쟁이다. 아무도 중립적일 수 없다. 중립은 죽음을 뜻한다. 우리는 어느 쪽이든 선택을 해야만 한다. 죽음의 편은 문제아를 배출하고 삶의 편은 건전한 어린이를 배출한다.

☀ 자유로운 어린이

자신의 의지에 따라 행동할 수 있는 어린이는 극소수이기 때문에 여기서 말하는 것들은 하나의 시도에 불과하다. 이런 어린이들을 관찰해 보면 하나의 새로운 문화의 발전을 제시해 주고 있는데, 이 문화의 성격은 여러 정당이 공약으로 내걸고 있는 새로운 사회보다도 더 급진적인 변화를 보여주고 있다.

자기의 의지대로 행동한다고 하는 것은 인간의 본성을 착하다고 보고 원죄는 없으며 있은 적도 없다는 것을 믿는 사실까지도 내포하고 있다.

완전히 자유로운 어린이를 본 사람은 아무도 없다. 모든 어린이들은 부모와 선생들과 사회에 의해서 틀이 잡혀진다. 내 딸 소에가 두 살이 되었을 때, 영국의 주간지 《픽처 포스트》가 소에의 화보를 실은 적이 있었다. 기자의 의견으로는 영국의 모든 어린이 가운데 소에가 자유로운 어린이가 될 가능성이 가장 많다는 것이었다. 그러나 꼭 그렇지만은 않다. 왜냐하면 소에는 옛날이나 지금이나 자유롭지 못한 어린이들과 함께 학교생활을 하고 있기 때문이다. 다른 어린이들은 모두 다소간의 억압을 받고 있다. 그리고 틀에 박은 듯한 성격의 형성은 불안과 미움으로 내닫게 되는데 소에는 바로 이러한 어린이들과 함께 있게 되었던 것이다.

그녀는 동물을 무서워하지 않고 자랐다. 어느 날 차를 타고 가다가 어떤 농가 앞에 차를 멈추고 "이리 와서 음매 하는 소 구경이나 좀 하렴." 하고 내가 말했을 때 소에는 갑자기 겁에 질려 물끄러미 쳐다보다가는 '아니야, 소가 아빠를 잡아먹어!' 하고 생각하는 것 같았다.

자율의 원칙에 의해 자라지 않았던 일곱 살의 어린이가 소에에게 그렇게 말했던 것이다. 소에의 불안은 오래 계속되지 않았다. 또 그 후에 들은 《숲 속에 숨어 있는 호랑이》 이야기도 소에에게 그다지 영향을 미치지 못했다.

자유로운 어린이는 억눌렸던 어린이들에게 받은 영향을 쉽게 극복하는 것 같다. 소에가 남에게 배운 불안이나 좌절감 등은 오래 지속되지 않았다. 그러나 누구도 남에게 배운 불안이 그녀의 성격에 어떤 영향을 미치는가는 미리 말할 수는 없다.

전 세계에서 온 사람들이 소에에 관해서 다음과 같은 말을 했다.

"여기엔 정말로 새로운 것이 있다. 자기의 환경과 싸우지 않고 살아가는 용감하고 원만한 어린이가 있다. 그녀가 노이로제적인 이 사회에서 가능한 범위 내에서 스스로 자유와 방종 사이의 한계를 알고 있는 자연스러운 어린이라는 것은 사실이다."

자유로운 어린이를 모든 것의 중심으로 만들어 버리는 어른들의 지나친 관심은 위험하다. 자기 자신을 자유롭게 관리해 가는 어린이의 집단 속에서는 어떤 어린이도 두드러지지 않을 것이다. 누구도 자만심을 가질 정도로 격려 받지는 않을 것이다. 또 그들이 좌절감에서 해방된 한 어린이를 보더라도 그것을 다른 어린이들에게 뽐내려는 질투심도 없을 것이다.

테드와 비교하면 소에는 여자아이이기 때문에 부드럽고 행동이 자유로웠다. 그녀를 안아보면 몸뚱이가 조그만 고양이처럼 긴장이 확 풀려 있었다. 그러나 테드의 경우는 마치 감자자루 같았다. 그는 긴장을 풀 수가 없었다. 그의 모든 반응은 방어적이고 반항적이었다. 그는 모든 삶을 적대시하는 생각을 갖고 있었다.

나는 자유로운 어린이들은 불편한 시기를 견뎌내지 못하리라고 생각한다. 이유는 정확히 알지 못하지만 부모의 억압 때문에 발전이 방해받고 있다는 느낌을 갖고 있지 않다면, 왜 성장해서 부모에게 반항하는지 그 이유를 알지 못하기 때문이다. 절반쯤 자유로운 가정에서도 서로 평등하므로 어린이가 자유를 쟁취하기 위한 반항적인 노력은 조금도 일어나지 않는다.

자기의 의지에 따라 사는 것, 이것은 정신적·육체적인 일들에 있어서 외적인 권위에 의해서가 아니라 자유롭게 발전하려는 어린이들의 권리이다. 어린이들이 배고파할 때는 먹여야 하고, 또 어린이들이 청결을 원할 때에는 스스로 깨끗이 하기도 해야 한다. 어린이는 야단이나 매를 맞아서는 안 되며, 항상 사랑받고 보호받아야 한다.

이러한 말들은 간단하고 자연스럽고 아름답다. 그러나 이런 사상에 동조하는 많은 부모들조차 이것을 잘못 받아들이고 있다는 사실은 놀라운 일이다.

열네 살의 토미가 이웃집의 피아노 건반을 나무망치로 두드린 일이 있었다. 그의 부모는 웃음을 머금은 채 그를 쳐다보았다. 그 웃음은 마치 '자기 자신으로부터 나온 자유로운 행동이 얼마나 훌륭한가?' 하는 것 같았다.

어느 부모는 생후 일 년밖에 안 된 아기를 재워주어서는 안 된다고 생각했는데 그 이유는 아기의 자연상태를 해치는 것이라고 생각했기 때문이었다. 그 아기는 깨어 있어도 되며 피곤하면 엄마가 침대로 데려다 줄 참이다. 정말로 그 아기는 점점 더 피곤해지고 기분이 나빠졌으나 자기의 욕망을 말로 표현할 수 없기 때문에 자고 싶다는 말을 하지 못한다. 마침내 그 애는 울고 지친 어머니는 그 애를 침대에 데리고 간다. 또 어느 젊은 부부는 아기 방에 있는 벽난로 앞에 보호망을 설치하는 것이 옳으냐 하는 문제로 고민을 했다.

이와 같이 어떤 사상이든 그것을 응용할 때는 인간의 건전한 이해력을 동반하지 않으면 위험하다는 것을 알 수 있다.

어리석은 사람만이 아이 방의 창문이나 벽난로를 단속하지 않을 것이다. 그럼에도 불구하고 자율의 원리에 감동한 젊은이들이 견학을 와서는 우리가 독약이 든 실험실을 잠그거나 소방용 사다리 위에서 노는 것을 금지한다고 해서 듣던 만큼의 자유가 없다고 생각한다.

자유를 지지하는 많은 사람들이 현실에 기초를 두지 않기 때문에 자유운동 전체가 비방을 받고 쇠퇴하게 되는 것이다. 얼마 전에 방문객 중의 한 사람이 내가 사무실 문을 걷어차면서 들어온 일곱 살짜리 문제아에게 호통을 친다고 불평을 했다. 그 방문객의 견해로는 그 애가 문을 부술 욕망을 충족시킬 때까지 내가 웃으며 참고 있어야만 한다는 것이었다.

나는 내 생애의 많은 시간을 문제아들의 파괴적 충동을 감수하는데 소비해 왔다. 그러나 이런 일들을 그들의 심리적인 의사로서 감수해 왔던 것이지, 그들과 같은 시민의 한 사람으로서 그랬던 것은 아니다. 만약 어떤 젊은 엄마가 자기의 아이가 자유롭다는 것을 드러내 보이기 위해서 대문에다 붉은 잉크를 칠해도 좋다고 생각한다면, 그녀는 자유의 뜻을 제대로 파악하지 못하고 있는 것이다.

나는 언젠가 친구와 함께 런던의 오페라 극장에 갔었다. 1막이 상연되고 있는 동안 우리 앞에 앉은 어린이가 큰 소리로 아버지와 이야기를 하고 있었다. 1막이 끝나자 우리는 자리를 옮겨버렸다. 그 친구가 물었다.

"만약 서머힐의 어린이들이 이런 행동을 한다면 어떻게 하겠어?"

"조용히 하라고 소리쳤겠지."

“그럴 필요는 없겠지. 서머힐의 어린이들은 그러지 않을 테니까.”

나는 그 친구의 말이 옳다고 생각했다.

어떤 부인이 일곱 살짜리 딸을 서머힐에 데리고 온 적이 있었다.

“니일 씨, 당신이 쓴 글을 모두 읽었습니다. 그리고 데이픈이 태어나기 전부터 이 애를 당신의 원리에 따라 교육하기로 결정했습니다.”

그녀가 말했다.

묵직한 신발을 신은 채 피아노 위에 서 있는 데이픈을 쳐다보았다. 그녀는 껑충 뛰어 소파에 걸터앉아서는 피아노의 스프링이 끊어질 정도로 눌러댔다.

“보세요, 얼마나 자연스럽습니까? 바로 니일의 어린이입니다.”

엄마가 말했다. 나는 덜컥 겁이 났다. 그리고 얼굴이 달아오르기 시작했다.

많은 부모들이 자유와 방종을 구별하지 못하고 있다. 규율이 엄격한 가정의 어린이는 권리가 조금도 없다. 어린이의 응석을 귀엽게 여겨서 어린이가 버릇이 없게 된 가정에서는 어린이가 모든 권리를 다 가지고 있다. 그러나 좋은 가정에서는 어린이와 부모가 동등한 권리를 가지고 있다. 그리고 이것은 학교에도 적용된다.

자유와 버릇없는 것과는 아무런 상관이 없다는 것은 항상 지적되는 것이다. 세 살짜리 어린이가 식탁에 올라가려고 하면 사람들은 간단하게 그렇게 해서는 안 된다고 말한다. 그러면 어린이는 순종해야 하고 또 이것이 옳다. 그리고 또 필요할 때에는 당신도 어린이에게 순종해야만 한다. 여하튼 나는 내가 어린이 방에 들어가 있을 때 누군가가 나가달라고 하면 두말 없이 나온다.

어린이들이 그들의 내면적인 본성에 따라 살려고 하면 어른들이 어느 정도의 희생은 감수해야 한다. 건전한 부모들은 일종의 타협 방안을 찾는다. 그러나 그렇지 못한 부모들은 폭력을 행사하거나, 어린이들에게 사회적인 모든 권리를 허락해 줌으로써 어린이의 버릇을 그르친다.

부모와 어린이는 서로 반대되는 관심의 공통분모는 찾지 못한다고 하더라도 근접할 수는 있다. 다만 진실로 타협할 자세를 갖추고 있어야만 하는 것이다. 소에는 아빠의 타자기 종이를 가지고 놀고 싶은 내적 충동을 드러내지 않는다. 반대로 나는 소에의 방과 장난감들은 그의 영역으로서 존중한다.

어린이들은 이해력이 매우 빠르고 사회의 규칙을 곧잘 받아들인다. 어린이들이 한창 놀고 있을 때 그의 부모가 "지미야, 물 좀 가져다오!"하고 소리치는 일은 너무나 흔하다.

어떤 어린이가 버릇이 나쁠 때는 대개는 잘못 다루었기 때문이다. 소에가 한 살이 조금 넘었을 때 나의 안경에 관심이 있었다. 소에는 안경을 자세히 관찰하기 위해 안경을 벗겨가곤 했다. 나는 거부하지도 화를 내지도 않았다.

소에는 곧 안경에 대한 흥미를 잃어버렸고, 안경을 벗기는 일도 없어져 버렸다. 만약 내가 못하도록 했거나 손이라도 때려 주었다면, 그녀의 흥미는 계속되었을 것이고 나를 두려워하는 마음과 반항심이 생겨났으리라는 것은 의심할 여지가 없다.

아내는 소에게 잘 부서지는 물건을 가지고 놀게 했다. 그랬더니 그녀는 그것들을 아주 조심스럽게 다루었다. 그녀는 그 물건들이 어떤 성질의 것인지를 스스로 알아냈다. 물론 억압당하지 않는 데도 한계가 있다.

우리는 생후 6개월 된 어린이에게 불이 붙은 담배가 뜨겁다는 것을 스스로 알아내라고 내버려둘 수는 없다. 그러나 우리는 이때에도 법석을 떨지 않고 그 위험성을 제거해주어야만 하는 것이다.

만약 한 어린이에게 정신적인 장애가 없다면 그는 곧 자기의 흥미거리를 찾아 낼 것이다. 그리고 어른들의 흥분된 목소리가 없어도 어린이들은 모든 종류의 재료들을 믿을 수 없을 만큼 현명하게 다룰 것이다. 부엌에서 애들이 지금 무엇을 하고 있을까를 걱정하는 엄마는 어린이들을 조금도 신뢰하지 않는다.

'애들이 뭘 하는지 가서 보고 그래서는 안 된다고 말하라!' 이런 말은 오늘날에도 많은 가정에서 들을 수 있는 말이다.

어떤 엄마가 자신이 식사준비를 하는 동안에 모든 것을 엉망진창으로 해 놓은 어린이를 어떻게 하면 좋겠느냐고 물어올 때, 나는 '아마 당신이 애를 그렇게 길렀을 것입니다.' 하고 대답할 수 있을 뿐이다.

한 부부가 내 책을 몇 권 읽고서 자녀에게 많은 악영향을 끼쳤다는 양심의 가책을 받았다. 그들은 가족회의를 열어 자녀들에게 다음과 같이 말했다.

"우리는 너희들을 잘못 키웠다. 이제부터 너희들은 하고 싶은 대로 다 해도 좋다."

나는 이들이 망가뜨린 물건값이 얼마였는지 기억할 수 없다. 그러나 그들이 두 번째 가족회의를 소집해 그때까지의 허락을 철회해 버렸다는 것은 기억하고 있다.

일반적으로 어린이의 자유에 관해서는 반론이 제기되고 있다. 산다는 것은 어렵다. 그래서 우리는 어린이가 생활을 잘 해 나갈 수 있도록 길러내지 않으면 안 되며, 그들에게 학과를 가르쳐 주어야만 한다. 만약 우리가 어린이에게 하고 싶은 대로 하도록 내버려둔다면, 그들이 언젠가 한번은 겪게 될 상관들 밑에서의 일을 어떻게 할 수 있겠는가? 그들이 어떻게 학과를 배운 다른 사람들과 경쟁할 수 있겠는가? 어떻게 그들이 스스로 학과를 공부할 수 있겠는가?

어린이의 자유를 반대하는 사람은 이유가 닿지 않고 증명될 수 없는 전제에서 출발한다. 즉 어린이는 강요를 당하지 않으면 자라지도 발전하지도 못한다고 주장한다. 그러나 이런 주장은 우리가 서머힐에서 40년 간 해온 여러 가지 경험들에 의해서 반박된다.

수백 가지의 경우가 있으나 머빈의 경우만 살펴보기로 하자. 그는 일곱 살 때부터 열일곱 살 때까지 서머힐에서 살았다. 10년 동안 그는 단 한번도 수업시간에 들어가지 않았다. 그는 7년이 지나도 글을 읽지 못했다.

그러나 머빈이 학교를 떠나 기계공이 되기로 결심했을 때는 글 읽는 것을 아주 쉽게 배웠다. 그리고 짧은 시간 동안에 자기가 필요로 하는 모든 기술적인 지식을 습득했다. 그는 스스로 노력해서 배울 수 있는 시간을 마련했던 것이다.

이제 청년이 된 머빈은 매우 박식하고 월급도 많으며 동료 중에서 지도자적인 위치에 있다. 스스로 한다는 원칙을 살펴보면, 자기 집의 대부분을 손수 지었으며 일해서 번 돈으로 아들 셋과 행복한 가정을 꾸려나가고 있다.

이와 비슷하게 공부를 하지 않던 서머힐의 남녀 학생들이 해마다 대학에 가려고 한다. 그들은 스스로 결정하여 대학입학시험을 위한 벼락치기 공부를 한다. 그들은 왜 그렇게 하는 것일까?

어릴 때부터 엄하게 교육받지 않으면 평생 좋은 습관이 생겨나지 않는다고 하는 것은 선입관에 불과하다. 우리는 이러한 전제 하에서 교육을 받았다. 그리고 그것은 아무런 의심도 없이 간단히 받아들여진다. 나는 이 전제를 인정하지 않는다.

자유는 어린이에게 꼭 필요한 것이다. 왜냐하면 어린이는 자유 안에서만 발전할 수 있기 때문이다. 나는 기숙사학교에서 전학 온 학생들을 보아 왔기에 억압의 결과를 잘 알고 있다. 그들은 정직하지 않으며, 그들의 겸손은 위선이고 예절은 아부이다. 그들은 자유에 대해서 재빨리, 그리고 귀찮은 반응을 나타낸다.

처음 1, 2주 동안은 선생님에게 문을 열어 주고 나에게도 존칭으로 말을 걸고 깨끗하게 씻기도 한다. 그들은 약간 겁에 질린 '존경하는' 눈초리를 나에게 보낸다. 그러나 몇 주일 동안 자유롭게 지낸 후에는 본성을 드러내고 만다.

그들은 파렴치하고 공손하지 못하고 세수도 하지 않으며 이전의 학교에서는 금지했던 모든 짓-욕하며 담배 피우고 물건을 때려부수는 것-을 했다. 이러는 동안에도 그들은 언제나 얼굴이나 이마에 불공손하고 정직하지 못한 표정을 지었다.

그들이 정직하게 되기까지는 6개월이 걸렸다. 그 후에는 그들이 권위있는 사람이라고 보아왔던 사람들에 대한 굴욕에서도 벗어났다. 그 뒤 다시 6개월 정도가 지나자 흥분하거나 미워하지 않으면서 생각한 것을 말하는 자연스럽고 건전한 어린이가 되었다.

만약 이들에게 아주 일찍부터 자유가 주어졌더라면 이들은 정직하지 못한 시기와 장난꾸러기의 시기를 거칠 필요가 없었을 것이다. 서머힐에서 가장 눈에 띄는 것은 학생들이 정직하다는 것이다.

사람이 생활해 나가는데 있어 정직하다는 것은 매우 중요한 것이다. 이것은 생명만큼이나 중요하다. 모든 사람들은 예컨대, 한 배우가 정직하다는 것이 얼마나 가치 있는 일인가 하는 것은 다 인정하고 있다. 또 우리는 정치가들과 법조인과 선생들과 의사들이 정직하기를 기대함에도 불구하고 우리의 어린이들은 정직한 사람으로 자라지 못하게 하는 방법으로 교육하고 있다.

어린이들이 정직한 존재로 이 세상에 태어난다는 사실은 아마 서머힐이 발견한 것들 중에서 가장 중요한 발견일 것이다. 우리는 어린이들이 어떻게 행동하는가를 알아보기 위해서 어린이들끼리만 내버려 둔 일이 있었다. 이것이 어린이들이 서로 관계를 맺을 수 있는 유일한 방법이다.

미래의 혁신적인 학교는 이런 길을 갈 것이며, 어린이들에 관한 지식에 공헌할 것이다. 그리고 더욱 중요한 것은 어린이들의 행복에 기여하려고 한다는 사실이다.

우리 인생의 목표는 '행복'이다. 인생의 모든 죄악은 행복을 제한하거나 파괴하는 데 있다. 행복하다는 것은 도움을 줄 수 있고 사랑해 줄 수 있는 것을 말한다. 불행하다는 것은 극단적으로 말하자면 반유태주의나, 소수민족 학대나 전쟁 등을 말한다.

그러나 나는 정직하다는 것이 곤란한 입장에 빠질 수도 있다는 것을 시인한다. 얼마 전에 세 살짜리 소녀가 수염이 덥수룩한 한 방문객에게 말했다.

"당신의 얼굴이 좋지 않은 것 같아."

이 방문객은 재치 있게 말했다.

“그러나 나는 네 얼굴이 좋은걸.”

그러자 꼬마 메리는 미소를 지었다.

나는 여기서 어린이들의 자유를 지지하는 논증을 더 이상 장황하게 늘어놓지 않겠다. 자유로운 어린이와 30분만 같이 있게 되면 논증으로 가득한 책을 읽는 것보다 더한 확신을 얻을 수 있기 때문이다. 본다는 것은 곧 확신을 갖게 한다.

어린이에게 자유를 준다는 것은 간단한 일이 아니다. 그것은 어린이에게 종교나 정치나 계급의식 같은 것을 가르치지 않겠다는 뜻도 된다. 부모가 사회에 대하여 불만을 토로하는 것을 옆에서 듣는 어린이가 완전히 자유로울 수는 없는 것이다.

어린이들이 인생에 대하여 우리 어른들의 생각을 그대로 받아들이지 못하도록 하는 것은 거의 불가능하다. 한 정육점 집의 아들이 아버지의 권위에 대한 불안으로 반대파가 되어서 초식주의를 설교하고 다니리라는 것은 있을 법 한 일이 아니다.

사회는 근본적으로 자유에 적대되는 것이다. 사회는 보수적이며 새로운 사상을 싫어한다. 유행은 자유를 싫어하는 이런 경향의 상징이다. 대중은 획일적인 것을 요구한다. 시내에서 내가 샌들을 신고 다니면 별난 사람 취급을 당하고, 마을에서 실크모자를 쓰고 다니면 이상한 사람으로 취급한다. 옷을 올바르게 입으려고 애쓰지 않는 사람은 불과 몇 명밖에 안 될 것이다.

영국에서는 정해진 시간 이후에 담배를 사는 것을 법률로 금하고 있다. 나는 누구도 이 법률에 찬성하지 않으리라고 생각한다. 그러나 우리는 참을성 있게 이런 어리석은 법률을 받아들이고 있다.

살인범이 교수형을 당하거나 어떤 범죄자가 감옥으로 보내지는 것 등에 대한 책임을 인정하는 사람은 오직 소수에 불과하다. 대중이 사형이나 형무소 제도 같은 야만적인 것들을 고수하는 것은 그들이 양심이 없기 때문이다.

대중은 생각할 수 없고 오직 느낄 뿐이다. 범죄자는 대중에게는 하나의 위험이다. 사람들은 이 위험을 죽이거나 감옥에 가두어서 손쉽게 자신을 보호할 수 있다. 우리의 낡은 형법은 근본적으로 불안에 근거하고 있다. 그리고 우리의 억압적인 교육제도도 이와 같이 근본적으로 불안에 뿌리를 두고 있다. 즉 새로운 세대에 대한 불안에 뿌리를 두고 있는 것이다.

마틴 콘웨이 경은 자신의 저서 《평화 시의 군중과 전쟁 시의 군중》에서 대중은 노인을 좋아한다고 지적하고 있다. 그들은 전쟁 시에는 노장을 택하고 평화 시에는 늙은 의사를 택한다. 대중은 청년을 두려워하기 때문에 노인들을 택하는 것이다.

대중의 자기보존 본능은 젊은이들을 위험으로, 즉 경우에 따라서는 기성세대를 밀어낼지도 모를 하나의 새롭고 경쟁적인 대중이 등장한다는 위험으로 여기게 된다. 그래서 가정에서도 젊은이들에게 자유를 주지 않는 것이다.

어른들은 낡은 가치관에 얽매여 있다. 아버지가 스무 살이 된 딸에게 담배를 피우지 못하게 할 논리적인 근거는 어디에도 없다. 이런 금지는 극히 감정적이며 보수적이다. 금지의 이면에는 '얘가 그 다음에는 무슨 짓을 저지를지 몰라' 하는 불안이 도사리고 있다.

대중은 도덕의 옹호자이다. 어른들은 그들이 바라는 바를 젊은이들이 해 주기를 바라기 때문에 청년들의 자유에 불안해하는 것이다.

어린이들에게 어른들의 생각과 가치를 강요하는 것은 하나의 무거운 죄이다. 한 어린이에게 자유를 주는 것은 스스로 자신의 삶을 살아가게 하는 것이다. 이렇게 표현하고 보니 매우 간단해 보인다. 우리의 바람직하지 못한 습관을 가르치고, 그렇게 형성되게 하고, 벌을 주겠다고 위협하고, 강압을 하는 것 등은 어린이들로 하여금 참된 자유란 무엇인지를 알지 못하게 할 뿐이다.

어린이들은 자유에 대해 어떤 반응을 나타내는가? 영리하든 그렇지 않든 간에 어린이들은 여태까지 한번도 경험하지 못했던 것을 얻는다. 그 징후는 어린이가 더 정직해지고 더 사랑스러워지고 공격성이 줄어드는 것으로 나타난다. 만약 어린이들이 불안이 없고 학과공부에 억눌리지 않는다면 대체로 그들은 공격적이 되지 않는다.

38년 동안 서머힐에서 코피가 터지도록 싸우는 것은 한번밖에 본 적이 없다. 서머힐에도 남들을 지배하려는 어린이는 항상 있었다. 가정에서의 나쁜 영향이 이곳의 많은 자유에도 불구하고 완전히 소멸되지 않았기 때문이었다. 생후 5개월이나 5년에 걸쳐 형성된 성격적인 특성이 자유에 의해서 달라지는 수는 있으나 그 반대로 변하는 경우란 절대 없다.

자유의 가장 큰 적은 불안이다. 성에 관해서 어린이들에게 교육을 시킨다면 그들이 방종하게 되지 않을까? 만약 연극 작품을 검열하지 않는다면 사람들이 비도덕적으로 되어 버리지는 않을까? 젊은이들이 타락하지나 않을까? 겁을 먹는 어른들은 자신이 타락해 있는 법이다.

어떤 사람이 충격을 받으면 충격을 주었던 바로 그 일에 가장 큰 관심을 갖게 마련이다. 점잔을 빼는 자는 원래 자기 자신의 발가벗겨진 영혼을 두려워하는 방탕아인 법이다.

또한 자유는 무지에 대한 승리라고 할 수 있다. 자유로운 민족은 연극 작품이나 의복을 검열할 필요가 없다. 자유로운 민족은 어떠한 것에도 충격을 받지 않기 때문에 충격적인 것에 관심을 갖지 않는다. 서머힐의 학생들에게 충격을 줄 수 있는 사람은 아무도 없다. 그 이유는 그들이 완전히 죄에 빠져 있기 때문이 아니라 충격적인 사건에 대한 관심이 사라져 버렸고, 또 그것은 그들의 화제나 위트의 대상으로 삼을 필요조차 없어져 버렸기 때문이다.

사람들은 가끔 이렇게 묻는다.

"당신의 학생들은 삶의 번민에 어떻게 적응하고 있는가?"

나는 자유로운 어린이들이 이런 번민을 경험하지 않아도 될 최초의 사람이기를 희망하고 있다. 우리는 어린이에게 개인주의자가 되는 것을 용납해 주어야만 한다. 그들의 어린애다운 관심을 어린 시절 전체를 통해서 자유롭게 추구해 나갈 수 있도록 말이다.

어린이의 개인적인 관심과 사회적인 관심이 충돌하게 되면 그들은 조용히 개인적인 관심에 우선권을 주게 마련이다. 서머힐의 이념은 해방, 즉 어린이들에게 자기의 자연스런 관심에 따라 살아가도록 허용해 주는 것이다.

학교는 어린이의 삶을 일종의 놀이로 만들어 주어야만 한다. 그러나 이것은 어린이가 항상 좋은 환경에만 있어야 한다는 뜻은 아니다. 사람들이 어린이에게 쉽사리 모든 것을 제공해 주면 어린이의 성격에 파괴적인 영향을 미치게 된다. 그러나 세상에는 이미 너무나 많은 어려움이 있기 때문에 인위적인 어려움을 덧붙여 주어서 그것과 맞서 싸우게 할 필요는 없다.

권위로써 그 어떤 것을 강요하는 것은 잘못이다. 어린이 스스로가 해야 하겠다고 확신을 갖게 될 때까지는 아무것도 강요해서는 안 된다. 인류의 불행은 비록 그것이 교황이나 국가나 교사나 혹은 부모들에 의한 것이라 하더라도, 외부로부터의 강압에 의해서 생겨나는 것이다. 이런 강압은 전체적으로 볼 때 파시즘이다.

대개의 사람들에게는 하나님이 필요하다. 만약 한 가정이 절대적인 진리와 도덕적인 행동을 요구하는 양쪽 부모에 의해서 지배된다면 이와 다를 바가 무엇이겠는가? 자유란 타인의 자유를 침해하지 않는 범위 안에서 하고 싶은 것을 할 수 있고 또 하도록 내버려두는 것을 말한다. 그 결과는 자율이다.

일반적으로 교육정책은 자유로운 생활에 반대되도록 설정되어 있다. 우리는 이것을 그 정책이 내포하고 있는 두려움을 보면 확신할 수 있다. 그러나 어린이에게 돌을 던지지 못하도록 하는 것과 라틴어를 배우라고 강요하는 것 사이에는 커다란 차이가 있다. 돌을 던지는 것은 다른 사람들에게 해를 입히지만 라틴어를 배우는 것은 본인에게만 관계된다. 한 어린이에게 공부를 강요하는 것은 법률로써 정해진 종교를 믿도록 강요하는 것과 똑같은 것이다. 이런 것은 모두 어리석은 짓이다.

나는 어릴 때 라틴어를 배웠다. 아니 사람들이 내가 배워야 할 라틴어 책을 나에게 안겨 주었다고 하는 것이 더 나은 표현일 것이다. 그 때 나의 관심은 다른 것에 쏠려 있었으므로 도저히 그것을 배울 수가 없었다.

그 후 스물한 살이 되어서야 나는 라틴어를 모르고서는 어떤 대학에도 입학할 수 없다는 것을 알았다. 일 년도 채 안 되는 기간에 나는 대학 입학시험에 합격하고도 남을 만큼의 라틴어를 배웠다. 자신의 필요에 의한 관심이 라틴어를 배우게 해 주었다.

어린이에게는 더럽혀지더라도 아무 상관없는 옷을 입을 권리가 있다. 모든 어린이들은 자유롭게 말할 권리가 있다. 나는 수년 동안 어린 소년, 소녀들이 '빌어먹을!' 이라든가 '저주받을 놈!' 이라는 등의 그들의 집에서는 금지되어 있는 말을 하는 것을 들어 왔다.

수백만 명이 성(性)을 싫어하고 불안을 갖도록 교육받고 있는 이 세계가 비교적 정상이라는 것은 놀라운 사실이다. 나는 인간에게는 자기에게 강요된 악을 극복해 낼 능력이 있다고 생각한다. 다른 영역에서와 마찬가지로 성적인 영역에도 자유를 주장하는 운동이 천천히 일어나고 있다.

내가 어렸을 때 여성들은 양말을 신고 긴 옷을 입은 채 수영을 했다. 오늘날에는 그들의 신체를 드러낸다. 세대가 바뀔수록 어린이들은 점점 더 많은 자유를 누린다. 지금도 젖먹이가 손가락을 빤다고 엄지손가락에 후추를 발라 두는 사람이 있다면 그는 제정신이 아니다. 학교에서의 체벌도 이제 몇몇 나라에만 있을 뿐이다.

자유는 그 효과가 느리게 나타난다. 어린이가 자유의 뜻을 이해하기까지는 수년이 걸릴 것이다. 다만 고질적인 낙관론자만이 조급한 성과를 기대할 뿐이다. 자유는 얌전한 어린이들한테서 그 구실을 가장 잘 한다. 자유는 먼저 정서에 영향을 미치기 때문에 모든 어린이에게 똑같이 반응한다고 말할 수 있기를 바랐지만 유감스럽게도 그렇게 말할 수가 없다.

우리는 학교의 수업에 있어서의 차이를 알고 있다. 자유롭게 살고 있는 모든 어린이들은 거의 모든 시간을 놀면서 보낸다. 그러나 일단 때가 와서 깨닫게 되면, 그들은 차분하게 눌러앉아 국가고시에 필요한 공부를 시작한다. 약 2년쯤이면 남녀를 불문하고 훈련을 받은 어린이가 8년의 재학기간에 걸쳐 배웠던 학과들을 마스터해 버린다.

인습에 젖은 선생들은 시험이란 꼼짝도 못하게 억눌러서 준비시켜야만 합격할 수 있는 것이라고 주장한다. 우리의 성과는 이런 주장이 스스로 깨달은 학생들에게는 적용되지 않는다는 것을 증명하고 있다. 자유롭게 두어도 깨달은 학생들은 많은 유혹 속에서도 공부에 열중할 수가 있는 것이다.

나는 비교적 나쁜 학생도 강압을 하면 시험에 합격한다는 것도 알고 있다. 그러나 그들이 무엇이 될 것인지 궁금할 따름이다. 만약 모든 학교가 자유롭고 수업 참석도 자유에 맡겨진다면 학생들이 스스로의 척도를 발견할 수 있으리라고 생각한다.

부엌에서 일하고 있던 엄마는 어린애가 이리저리 기어다니며 모든 것을 어질러 놓으면 화가 나서 이렇게 푸념할 것이다.

"어린이의 완전한 자유란 도대체 뭐 말라비틀어진 것이냐? 그것은 유모를 둔 엄마에게나 좋고 아름다운 것이지 나 같은 엄마에겐 그저 허황된 말장난에 불과해!"

또 다른 엄마는 이렇게 중얼거릴 것이다.

"나는 어린이의 자유에는 찬성해. 그러나 어떻게 시작하면 좋을지, 어떤 책을 읽어야 할지……."

이런 물음에 대한 대답은 그 어떤 책이나 신탁이나 권위에도 없다. 다만 인격과 어린이라는 유기체를 신봉하는 약간의 부모와 의사와 교사들이 있을 뿐이다. 그런데 이들은 어린이의 인격을 위축시키거나 신체를 긴장시키는 모든 행위를 삼가기로 결심한 사람들이다. 우리는 권위를 신봉하지 않고 인간의 본성에 관한 진리를 찾아내려고 노력하고 있다. 우리가 제공할 수 있는 것은 자유롭게 자란 어린이들을 대상으로 한 관찰뿐이다.

☀ 사랑과 인정

어린이의 행복과 안녕은 어른들이 사랑해 주고 인정해 주는 정도에 따라 달라진다. 우리는 언제나 어린이 편에 서야 한다. 이것은 곧 어린이에게 사랑을 준다는 뜻이다. 그러나 어린이를 소유하려는 사랑이나 감상적인 사랑이 되어서는 안 되며 어린이 자신이 사랑과 인정을 받고 있다는 것을 느끼도록 해 주는 사랑이어야 한다.

나는 어린이 편에 서서 아무런 보상을 요구하지 않고서도 더 많은 것을 얻는 부모들을 많이 알고 있다. 그들은 어린이가 어른의 축소판이 아니라는 것을 잘 알고 있다.

열 살된 아들이 집에 편지하기를 '사랑하는 엄마, 돈 1마르크만 보내 주세요. 엄마가 무사하기를 빌어요. 아빠한테도 안부 전해 주세요.' 라고 했다면 부모는 한바탕 웃고, '그가 자신의 마음을 털어놓는 것을 두려워 하지 않는구나' 하고 생각한다. 비뚤어진 생각을 지닌 부모들이 이런 편지를 받는다면 탄식하면서 '자신밖에 모르는 녀석, 항상 돈만 달라고 하는구나' 하고 생각할 것이다.

자녀에 대해 수용적인 태도를 가진 우리 학교의 학부모들은 자녀가 어느 정도 발전했는가를 묻는 일이 절대 없다. 그들은 확신을 가지고 있는 것이다. 이와 반대로 그릇된 생각을 가진 부모들은 참을성 없이 항상 묻는다. 그 애는 이제 글을 읽을 줄 압니까? 언제쯤이면 그 애가 정상적으로 될까요? 수업에 참석합니까?

모든 것은 어린이에 대한 믿음에 의해 좌우된다. 어떤 부모는 이런 믿음을 가지고 있지만 대개의 부모들은 그렇지 못하다. 믿음을 받지 못하는 어린이들은 그것을 재빨리 눈치챈다. 그들은 부모의 사랑이 크지 못하기 때문에 부모가 자기를 믿지 않는다고 생각한다. 우리는 어린이를 상대할 때 모든 것을 다 말해 주고 함께 이야기한다. 왜냐하면 이런 인정은 많은 억압을 제거해 주기 때문이다.

여기서 우리가 자신을 인정하지 못하면서 어떻게 어린이들을 인정해 줄 수 있는가 하는 문제가 야기된다. 만약 우리가 자신을 의식하지 못하고 있다면 자기 자신마저 받아들일 수가 없는 것이다. 사람들은 자기 자신에 대해 많이 알수록 자신을 인정할 확률이 높아진다.

나는 자신과 어린이의 본성에 관한 많은 지식들이 어린이의 노이로제를 예방하는 데 있어서 부모에게 도움이 되기를 바라고 있다. 한번 더 강조하지만 부모가 자녀들에게 시대에 뒤떨어지는 생각과 예절과 도덕을 강요하게 되면 자식들을 망치게 된다. 이런 부모들은 자녀들을 과거의 제물로 바치는 것이다. 이것은 과거에 자신이 강요당했던 것과 마찬가지이다.

나는 중요한 가치를 부여했던 것을 포기하는 것이 얼마나 어려운 일인지 잘 알고 있다. 그러나 우리는 어떤 것을 포기함으로써만이 삶의 진보와 행복을 찾을 수 있다. 부모들은 반성해야 한다. 그들은 권위와 비판으로 위장된 미움을 버려야만 한다. 그들은 공포로부터 생겨나는 편협함을 내팽개쳐야만 한다. 그들은 낡은 도덕과 서민적인 판단에서 해방되어야만 한다.

간단히 말하자면 부모는 개인이 되어야만 하는 것이다. 그들은 자신들이 어디에 서 있는가 알아야만 한다. 이것은 쉽지 않다. 한 인간이 순수하게 자기 자신만일 수는 없다. 인간은 서로 관계를 맺고 있고 남들로부터 가치를 인정받는 다른 사람들과 연결되어 있다.

부모는 자녀에게 자신이 부모로부터 물려받은 권위를 강요한다. 왜냐하면 모든 남자들은 자신 안에 자기의 아버지를 갖고 있고, 모든 여자들은 자신 안에 자기의 어머니를 갖고 있기 때문이다. 그래서 그들에게는 미움이 싹트고 자녀들은 교육시키기 힘든 아이로 되어 버린다. 이것은 어린이들에게 필요한 인정과는 반대되는 것이다.

많은 소녀들은 나에게 말했다.

"나는 엄마를 어떻게 할 수가 없어요. 엄마는 뭐든지 다 나보다 잘해

요. 나는 바느질이나 뜨개질을 할 때 실수를 하지만 엄마는 한결같이 잘
해요."

어린이들에게는 사랑과 이해가 수업보다도 더 절실하다. 그들이 타고
난 착한 본성을 유지하기 위해서는 인정과 자유가 필요하다. 진실로 강
하고 사랑에 넘치는 부모라면 어린이가 착하게 자라는데 필요한 자유를
주어야만 한다.

이 세상은 너무나 많은 미움에 시달리고 있다. 사회의 미움이 범죄자
를 만드는 것과 마찬가지로 부모의 미움은 어린이를 문제아로 만들어
버린다. 이것을 해결하는 길은 사랑이다. 그러나 아무도 사랑을 강요할
수 없다는 것이 해결을 한층 더 어렵게 한다.

'문제아 자녀'를 둔 부모는 가만히 앉아서 '과연 내 자녀를 진정으로
인정해 주었는가? 신임하고 있다는 것을 보여 주었는가? 이해하고 있다
는 것을 표시했었는가?' 하고 자문해 보아야 한다.

나는 공론을 펴고 있는 것이 아니다. 나는 문제아일지라도 서머힐에
서는 행복하고 정상적인 어린이로 변할 수 있다는 것을 알고 있다. 이런
어린이는 인정과 믿음과 이해로써 치유될 수 있는 것이다.

인정은 문제아의 경우와 마찬가지로 정상적인 어린이에게도 중요하
다. 모든 부모와 교사는 '어린이 편에 서야 한다'는 최고의 명령에 복종
해야 한다. 서머힐에서는 이 명령이 준수되기 때문에 교육이 성공하는
것이다. 우리는 한결같이 어린이의 편이다. 그리고 어린이들은 이런 것

을 무의식적으로 알게 된다.

나는 우리 모두가 천사라고는 말하지 않는다. 어른인 우리도 도저히 참지 못하는 그런 순간이 있다. 가령 로버트가 새로 페인트칠을 한 내 방문에다 흙을 던진다고 가정해 보자. 그러면 나는 정말로 그에게 욕을 했을 것이다. 왜냐하면 로버트는 오래 전부터 우리 학교에 다녔기에 내가 욕을 해도 동요하지 않기 때문이다.

그러나 만약 로버트가 미움으로 가득 찬 학교에서 갓 전학 왔고 흙을 던짐으로써 권위에 대한 투쟁을 시도하려는 것이었다면, 나는 그와 함께 흙을 던졌을 것이다. 왜냐하면 그를 구하는 것이 무엇보다 중요하기 때문이다. 나는 그가 미움을 모두 없애고 다시 사회의 건전한 구성원이 될 때까지 그의 편을 들어야만 한다.

이것은 간단한 일이 아니다. 나는 한 소년이 비싼 회전의자를 때려부술 때 그 자리에 있었지만 방관하고 있었다. 만약 내가 말렸더라면 그는 나를 엄격한 자기 아버지와 동일시 해 버렸을 것이다. 그의 아버지는 그가 어떤 도구를 만지기만 해도 혼내 주겠다고 위협했던 것이다.

우리가 어린이에게 큰 소리를 지르면 그들의 편이 되기 힘들어진다. 어린이는 그 사람이 자기편인지 아닌지를 잘 알고 있다. 감자밭이나 부서진 도구 때문에 생기는 사소한 의견 차이는 기본적인 관계를 해치지는 않는다. 우리는 권위나 검지손가락을 치켜들지 않고서도 어린이를 다룰 수 있어야 한다. 지금까지는 어린이의 생활에서 권위와 도덕이 행동의 자유를 속박하는 경찰관 구실을 다했다.

만약 어떤 꼬마가 지나가면서 '니일은 바보야' 하고 소리친다면 그것
은 사랑의 표시이고 자기의 기분이 좋다는 것을 말하는 부정적인 방법
에 지나지 않는다는 것을 알고 있다.

어린이들은 자신이 남에게 주는 사랑보다 더 큰 사랑을 받기를 원한
다. 어른들이 어린이들을 인정해 주는 것은 곧 사랑을 뜻한다. 이와 반
대로 꾸지람은 미움을 뜻한다. 우리 학생들은 나와 마찬가지로 선생님
들도 항상 그들의 편이라고 느끼고 있다.

나는 자유로운 어린이들은 정직하다는 것에 관해서 이미 말하였다.
이 정직은 인정을 받는 데 대한 보답이다. 자유로운 어린이들은 인위적
인 행동규범은 받아들이지 않고 어떤 금기에 의해서도 속박 받지 않을
것이다. 그들은 위선적인 생활을 할 필요가 없는 것이다.

권위주의적인 학교에 다니던 학생이 처음 우리 학교에 오게 되면, 그
들은 나를 '선생님'이라고 부른다. 내가 권위적인 존재가 아니라는 것을
안 뒤에야 비로소 그냥 '니일'이라고 부른다. 그들이 나의 개인적인 인
정을 받으려고 애쓰는 일은 절대 없다.

내가 스코틀랜드의 시골 학교 선생이었을 때 학생들은 모두 내 곁에
서 내가 교실을 정돈하거나 울타리를 손질할 때마다 거들곤 했다. 그들
에게는 내가 중요한 존재였기 때문에 부정직하게라도 나의 인정을 받으
려고 노력했다.

내가 정원의 잡초를 뽑을 때 남녀학생들이 나를 돕는 것을 지켜보던 방문객들의 생각과는 달리, 서머힐의 어린이들은 나의 인정을 받기 위해 애쓰지 않는다. 그들이 이런 일을 하는 이유는 나와 개인적으로는 아무런 상관도 없다. 어린이들이 풀을 뽑는 이유는 학교총회에서 열두 살 이상의 모든 어린이들은 일주일에 두 시간씩 정원에서 일해야 한다고 규칙으로 정해 두었기 때문이다. 그러나 이 규칙은 후에 폐지되고 말았다.

사람들에게는 남의 인정을 받으려는 자연적인 욕구가 있다. 범죄자들은 대부분의 사람들로부터 인정을 받으려는 욕구를 포기한 사람들이다. 즉 범죄자들은 이런 욕구를 거스르도록, 사회의 멸시를 받도록 강요당했다고 하는 것이 더 정확한 표현일 것이다. 범죄자의 대부분은 사회는 어떻게 되든 상관없이 자신만 빨리 부자가 되면 된다고 하는 지나친 이기주의자인 것이다.

감옥에 집어넣는 벌은 범죄자의 이기주의를 한층 더 강화시켜 줄 뿐이다. 감옥에 갇혀 있는 동안 그 범죄자는 고독한 사람이 되며, 자신과 자기를 벌한 지겨운 사회에 대해 원한을 품게 된다.

형벌과 감옥은 범죄자를 교화시키지 못한다. 왜냐하면 이러한 제도는 사회가 그를 미워하고 있다는 것을 증명해 주기 때문이다. 그를 미워하는 사회는 그가 타인의 인정을 받기 위한 정신태도를 갖게 될 가능성을 물거품으로 만들어 버린다. 이런 비인간적인 감옥제도는 수감된 사람들에게 아무런 심리적인 가치감각도 환기시키지 못하기 때문에 배척되어야 할 것이다.

이리하여 사회적으로 인정을 받는다는 것이 혁신적인 한 학교의 주된 과제가 되었다. 젊은이들이 감독관에게 경례를 하고 대오에 맞추어 질서 정연하게 줄을 서고 교장이 침실에 들어오면 후다닥 일어서는 한 진정한 자유를 누리고 사회적인 인정을 받을 가능성은 없다.

호머 레인은 이렇게 밝히고 있다. 한 어린이가 소년 교도소에 들어가면 그 곳 친구들의 인정을 받으려고 애쓰는데 대개 그가 살던 빈민굴의 골목에서 배운 방법을 이용한다. 즉 못된 짓을 자랑한다. 그리고 만약 그것들이 다른 어린이들도 다 하는 것이기 때문에 감명을 주지 못하게 되면 그는 자기가 곤궁에 빠졌다는 것을 알고 새 친구들을 사내답지 못하다고 거절해 버린다. 인정받고 싶은 욕구는 그로 하여금 더욱 노력하도록 점점 더 강압하게 된다. 호머 레인의 이런 분석이 없어도 그 어린이는 새로운 친구들에게 적응해 갔다. 2~3개월만에 그는 그 공동체에 완전히 어울렸다.

이제 나는 매일 저녁 5시 30분 기차로 퇴근하는 성실하고 다정한 남편에 관해 이야기하려고 한다.

"존 브라운 씨, 당신이 자녀를 사랑하고 또 당신도 자녀로부터 사랑받기를 원하고 있다는 것을 알고 있습니다. 다섯 살이 된 당신의 아들이 새벽 두 시에 이유도 없이 울면, 그 순간에는 화가 나더라도 겉으로 드러내지 않도록 노력하십시오. 분명히 이유가 있을 것입니다. 어린아이는 여자의 목소리보다 남자의 목소리를 더 무서워합니다. 그리고 당신이 큰 소리로 화를 내게 되면 그것이 어린이의 일생에 걸쳐 큰 불안을 심어주는 요인이 됩니다.

'어린아이를 같은 침대에서 재우지 말라!' 고 부모를 위한 처방전에 기록되어 있습니다. 그러나 당신은 이것을 잊어버리십시오. 아이에게 당신이 줄 수 있는 최대의 정을 베풀고 쓰다듬어 주되, 자녀를 자랑거리로 이용하지 마십시오. 칭찬이나 꾸지람을 조심하십시오. 어린이가 있는 곳에서 그를 지나치게 추켜세워서는 안 됩니다. '그래, 메리는 크게 발전했어. 지난주에는 학급에서 일등을 했어. 똑똑한 아이야' 와 같은 칭찬은 절대로 해서는 안 됩니다. 당신의 아들에게 '너, 연 참 잘 만들었구나' 하는 것은 좋습니다. 그러나 손님에게 자랑하기 위해 칭찬하는 것은 금물입니다.

어린 거위가 지나친 칭찬을 받게 되면 백조처럼 그들의 목을 핥아댑니다. 어린이는 스스로를 그릇되게 판단할 유혹을 받게 됩니다. 현실을 외면하고 자신에 관한 비현실적인 환상을 갖게 될 정도로 지나친 칭찬을 하는 것은 절대 금물입니다. 그렇다고 해서 어린이가 잘못을 저질렀을 때 꾸짖기만 해서도 안 됩니다. 학교성적이 나쁘더라도 무슨 말을 해서는 안 됩니다. 빌리가 얻어맞고 울면서 집으로 돌아오더라도 그를 겁쟁이이라고 해서는 안 됩니다.

만약 당신이 '내가 그만한 나이때에는……' 하는 말을 한다면 당신은 어리석음을 범하는 것입니다. 말이 길면 뜻은 짧은 법입니다. 자녀를 있는 그대로 받아 들여야 합니다. 그리고 자녀를 당신이 생각해 낸 틀에 집어넣으려고 해서도 안 됩니다.

가정 교육과 가정 생활에 대한 나의 신조는 사람들로 하여금 자기 자신의 생활을 해 나가도록 그냥 내버려두라는 것입니다. 이것은 어떤 상황에든 적용됩니다. 이런 생각에 의해서만 관용이 발전할 수 있습니다. 이제서야 관용이라는 단어가 생각났습니다. 관용이라는 말은 자유로운 학교에 꼭 맞는 좋은 말입니다. 우리는 어린이들을 관대하게 대접함으로써 그들을 이끌어 나갈 수 있을 것입니다."

☀ 불안

나는 사람들이 준 불안에 의해서 마음의 상처를 받은 어린이들을 치료하는데 많은 시간을 보냈다. 불안은 어린이들의 생활에 있어서 아주 치명적이다. 불안은 완전히 제거되어야 한다.

즉 어른들에 대한 불안, 처벌에 대한 불안, 꾸지람에 대한 불안, 하나님에 대한 불안 등을 모두 제거해야 하는 것이다. 불안한 분위기에서는 미움밖에 싹트지 않는다.

우리는 많은 것들, 빈곤 · 조롱 · 유령 · 범죄 · 사고 · 여론 · 질병 · 죽음 등을 두려워한다. 한 인간의 생활은 불안의 역사이기도 하다. 수많은 어른들이 어둠 속에서 걷는 것을 무서워한다. 대개의 여행객들은 여객선의 침몰이나 비행기 추락 따위를 상상해 본다. 기차를 이용하는 사람들은 그 열차의 가운데 칸에 타는 일이 잦다. '안전 제일' 이라는 두 단어 속에 인간의 주된 관심사가 표현되어 있다.

한 인간이 살아오는 동안 부상당할지도 모른다는 공포 때문에 도망을 치거나 숨었던 그런 시기가 분명히 있다. 지금은 자기 방어를 위해 겁을 낼 필요는 없을 만큼 안전해졌다. 그럼에도 불구하고 오늘날의 인류는 석기시대의 조상들보다 훨씬 더 큰 불안 속에서 살아가고 있다. 원시인들은 오직 거대한 괴물만을 겁냈다. 그러나 우리에게는 여러 가지 괴물들이 있다. 기차·선박·비행기·범죄자·자동차, 그리고 가장 큰 불안이 엄습해 오는 공포 등이 있다.

우리에게는 겁을 내야 할 이유가 있다. 이 공포가 나로 하여금 조심스럽게 길을 건너도록 해 준다. 자연에 있어서 공포는 자기를 보호하는 데에 이바지한다. 공포 때문에 토끼나 말이 위험으로부터 도망쳐 살아남는 것이다. 공포는 야생동물의 법칙에서는 하나의 중요한 요인인 것이다.

공포는 항상 이기적이다. 우리는 자신의 신체나 우리가 사랑하는 사람을 위해서 겁을 낸다. 그러나 자신을 위해서 불안해하는 일이 가장 많다. 나도 어려서 밤에 우유를 가지러 갈 때에는 겁을 냈다. 그러나 여동생이 함께 가게 되면 조금도 불안을 갖지 않았다. 불안은 이기적임에 틀림없다. 왜냐하면 모든 종류의 공포는 궁극적으로는 죽음에 대한 불안이기 때문이다.

영웅이란 자신의 공포를 적극적인 에너지로 변화시킬 줄 아는 사람이다. 영웅은 자기의 공포를 제어한다. 불안에 대한 공포가 군인들을 가장 심하게 괴롭힌다. 비겁한 자는 자기의 공포를 적극적인 행동으로 옮길 능력이 없다. 비겁은 용기보다 훨씬 더 많이 퍼져 있다.

우리는 모두 비겁한 자들이다. 몇몇 사람들은 그 비겁함을 감추는데 성공했으나 나머지 사람들은 그것을 드러내 놓고 있다. 비겁함은 항상 상대적이다. 같은 사람이라도 어떤 일에는 영웅일 수 있으나 다른 일에는 비겁자일 수 있다.

나는 처음으로 수류탄 던지기 훈련을 받던 날을 아직도 기억하고 있다. 한 친구가 목표를 잘못 겨냥한 채 수류탄을 던져 몇몇 군인들이 부상을 입게 되었다. 다행히 죽은 사람은 없었고 훈련은 중단되었다. 그러나 그 다음날 우리는 연병장으로 행군해 갔다. 처음으로 수류탄을 손에 쥐었을 때 나의 손은 떨렸다. 하사관은 잔뜩 경멸하는 눈초리로 노려보며 나를 아주 몹쓸 겁쟁이라고 했다. 나는 그가 옳다고 하지 않을 도리가 없었다.

빅토리아 훈장을 받은 하사관은 육체적인 불안은 어디에도 찾아 볼 수 없었다. 그러나 얼마 후 그는 나에게 이렇게 고백을 했다.

"니일, 나는 당신이 옆에 있을 때는 소대 훈련을 시키기가 싫어. 당신이 옆에 있으면 겁이 나."

나는 깜짝 놀라 그 이유를 물어 보았다.

"당신은 박사인데, 나는 문법도 제대로 모르니 말이야."

심리학을 연구해 보아도, 왜 어떤 어린이는 태어날 때부터 용감하고 어떤 어린이는 선천적으로 겁쟁이가 되는지 그 이유를 알 수 없다. 그러나 출생 이전의 조건들이 영향을 미치는 것 같기는 하다. 원치 않는 아이를 낳을 경우 산모는 출산을 하는 그 순간에 자기의 불안을 아직 태어나지도 않은 어린이에게 덮어씌울 수도 있을 것이다. 원치 않는 어린이는 이미 겁쟁이로 태어날지 모른다. 즉 삶을 두려워하고 모태로 되돌아가려는 성격을 타고 나는지도 모른다.

출생 이전의 영향은 우리의 능력 밖에 있다. 그러나 많은 어린이들이 겁쟁이가 아닌 상태로 성장되는 것도 확실한 사실이다. 이 비겁은 숨겨질 수가 있다.

한 유명한 정신분석학자가 나에게 어떤 젊은 청년의 경우를 이야기해 주었다. 그는 여섯 살 때 일곱 살짜리 어떤 소녀에게 은근히 성적인 관심을 표시하게 되었는데 이때 그의 아버지가 심하게 매질을 했기 때문에 겁을 먹게 되었다. 이 매질이 그로 하여금 평생 겁쟁이로 지내게 만들어 버렸다.

그는 항상 어린 시절의 그 경험을 반복해 보려는 강박관념에 사로잡혀 있었다. 그는 매질이나 그 어떤 형태의 벌을 기대하고 있었다. 그리하여 그는 오직 금단의 열매, 즉 결혼한 부인이나 약혼한 처녀에게만 매력을 느꼈다. 그리고 항상 그 여자의 남편이나 약혼자가 그를 흠씬 때려주리라는 공포 속에서 살았다.

이런 공포가 다른 모든 것들에게 옮아갔다. 그는 항상 열등감에 사로잡혀 있었고 마침내는 위협적인 불행하고 겁 많은 사람으로 되어 버렸다. 그의 겁은 사소한 일에도 나타났다. 화창한 여름날 1km만 가더라도 그는 우의와 우산을 가져갔다. 그는 삶을 부정했다.

만약 어린이에게 아이다운 성에 대한 관심 때문에 벌을 준다면, 그 아이는 틀림없이 겁쟁이가 되어버리고 말 것이다. 프로이드 신봉자들은 거세불안에 관한 이야기를 많이 한다. 분명히 이런 콤플렉스는 있다. 서머힐의 한 어린이는 자기가 고추를 만지면 고추가 잘릴 것이라는 말을 들은 적이 있었다.

나는 여자든 남자든 간에 성과 관련된 불안이 넓게 잠재해 있다고 생각한다. 이런 불안은 무서운 결과를 초래하는데 불안과 소망은 멀리 떨어져 있지 않기 때문이다. 거세될 것이라는 불안이 거세되기를 바라는 소망을 나타내기도 한다. 즉 자위행위에 대한 죄의식이나 유혹에서 벗어나기 위한 방편으로써 거세되기를 원하는 것이다.

불안에 쫓기고 있는 어린이에게는 성적인 것이 전부다. 아니, 그는 먼저 자기의 불안을 성적인 것과 관련짓는다. 왜냐하면 사람들이 그에게 성적인 것은 죄악이라고 가르쳐 주었기 때문이다.

악몽을 꾸는 어린이는 자기의 성적인 생각에 불안을 가지는 경우가 많다. 아마 악마가 와서 그를 지옥으로 데리고 갈 것이다. 그러므로 그는 벌을 받아야 마땅할 죄 많은 사람이 아니겠는가? 시커먼 사람·유령·집의 요정 따위는 모두 변장을 한 악마일 따름이다. 불안은 양심의 가책에서 생긴다. 그리고 부모는 알지도 못하는 사이에 이런 죄의식을 어린이에게 심어 주고 있다.

어린이의 주된 불안 중 하나는 그들이 부모와 한 방에서 자는 데서 생긴다. 어린이는 네 살만 되어도 그가 이해할 수 없는 일을 보고 듣게 된다. 아빠는 엄마를 학대하는 나쁜 사람으로 비친다. 어린이의 사디즘은 이러한, 어릴 때의 오해와 불안의 결과라고 할 수 있다. 소년은 자기를 아빠와 동일시하고 일찍부터 성적인 것을 고통과 연결시켜 버린다. 그는 불안에 사로잡혀 자기의 아빠가 엄마에게 했으리라고 생각되는 것을 상대방 여자에게 행하게 된다.

이제 불안과 공포를 구별해 보자. 호랑이에 대한 공포는 당연하고 건전하다. 괴팍한 운전사가 운전하는 자동차에 탔을 때 갖는 공포 역시 마찬가지이다. 만약 우리가 겁을 내지 않는다면 우리는 모두 자동차와 부딪치고 말 것이다. 그러나 만약 우리가 거미나 쥐 또는 유령 따위를 겁낸다면 그것은 자연스럽지 못하고 건전하지도 못하다.

이런 종류의 공포가 불안이며, 이것은 어떤 것에 대한 비합리적이고 과장된 불안이다. 불안감에 있어서 공포를 야기하는 대상은 비교적 해롭지 않은 것들이다. 그 대상은 그것으로부터 파생된 불안이 진짜라고 하더라도 하나의 상징일 뿐이다.

오스트레일리아에서 거미를 겁내는 것은 당연하다. 거기서는 거미가 죽음을 가져올 수 있기 때문이다. 영국이나 미국에서 거미를 겁내는 것은 정상이 아니다. 즉 불안이다. 거미는 우리의 내면 깊은 곳에서 겁을 내고 있는 무엇인가를 상징한다. 마찬가지로 한 어린이가 유령을 겁내는 것은 일종의 불안이다. 유령은 어린이가 무서워하는 그 어떤 것을 상징한다. 아마 어린이가 하나님에 대한 두려움을 배웠더라면 죽음을 상징할지도 모르고 또는 죄가 된다고 배운 자신의 성적인 충동을 상징할지도 모른다.

언젠가 나는 집게벌레에 대한 불안을 가지고 있는 한 소녀를 불렀다. 그리고 그 소녀에게 집게벌레를 그리라고 했더니 그녀는 고추(남자 성기)를 그렸다. 그리고 나서 그녀는 자기가 학교에 갈 때 온통 성기를 드러내 놓고 있었던 한 군인에 관한 이야기를 했다. 이 일이 그녀에게 불안을 품게 했던 것이다. 그녀는 이 불안을 집게벌레에다 옮겨 놓았던 것이다.

그러나 그녀는 이미 오래 전에 이 불안의 근본적인 원인에 노이로제적인 관심을 가지고 있었던 것이다. 이런 관심은 그녀가 받은 성교육의 결과였거나 성교육이 부족한 데서 생긴 결과였다. 성에 관한 풀리지 않는 수수께끼와 부모의 성행위의 비밀스러움 등이 그녀에게 비정상적인 관심을 갖게 했던 것이다.

　물론 그녀는 성기노출증환자를 만나지 않았어야 했다. 그러나 보다 나은 성교육을 받았더라면 그녀는 노이로제적인 반응이나 남성 성기에 대한 불안 없이 이런 것을 극복할 수 있었을 것이다.

　엄격한 아버지를 가진 어린이는 불안증을 나타내는 경우가 많다. 사자나 경찰관에 대한 불안증은 이와 같은 아버지의 상징이나 다른 뚜렷한 아버지의 상징과 얽혀 있다. 여기서 우리는 다시 한번 어린이의 생활에 있어서 권위의 위험성을 보았다.

　영원한 벌에 대한 생각이 어린이에게 불안을 갖게 하는 일이 제일 많다. 나는 길거리에서 어떤 엄마가 "토미야 그러지 마! 저기 경찰이 온다!"하고 말하는 것을 자주 듣는다. 이렇게 해서 어린이는 일찌감치 엄마가 거짓말을 한다는 사실을 발견하게 된다. 그러나 이것은 경찰이 정말로 그 어린이에게 악마로 되어 버린다는 사실에 비하면 덜 나쁜 것이다.

　그 어린이는 자기의 불안을 항상 자기가 잘못한 일과 관련짓는다. 그래서 자위행위를 하는 어린이는 돌팔매질을 한다고 자기를 잡아가는 경관에 대해서 비정상적인 두려움을 나타내는 수가 있다. 그의 불안은 벌을 내리는 하나님과 악마에 대한 불안인 것이다.

　공포의 대부분은 어릴 때 받은 벌에 대한 기억과 관련되어 있기도 하다. 우리 모두는 환상 속에서 살인을 한다. 만약 내가 다섯 살짜리 어린이의 소원을 짓밟아 버리면 그는 자기의 환상 속에서 나를 죽일 것이다.

　학생들이 내게 물총을 들이대고는 "손들어! 넌 이제 죽었어!"하고 소리치는 일이 종종 있다. 이런 방법으로 그들은 권위의 상징을 죽여 버리고 그들의 불안을 떨쳐버린다. 어느 날 나는 어린이들의 권총놀이가 어떤 영향을 미치는지 살펴보려고 일부러 권위를 부려본 일이 있었다. 이때 나는 여러 차례 죽임을 당했다. 환상 속에서의 살인도 불안을 낳게 한다. 그런데 니일이 정말로 죽는다면? 그것은 내 책임이야. 내가 그렇게 되기를 바랐기 때문이야.

우리 학교의 한 여학생은 수영을 할 때 다른 학생들을 물 속에 끌어넣기를 좋아했다. 후에 그녀는 물에 대한 공포증에 걸렸다. 그녀는 수영을 잘했지만 발이 닿는 데까지만 헤엄쳐 갔다. 그녀는 자기의 상상 속에서 많은 경쟁자들을 죽였기 때문에 일종의 시적(詩的)인 정의를 두려워했다. 즉 상상에 대한 벌로 빠져 죽게 될 것이라고 겁을 먹었던 것이다.

어린 알버트는 아버지가 수영하는 것을 멀리서 지켜보면서 겁에 질려 있었다. 그는 항상 아버지가 죽기를 바라고 있었기 때문에 불안했던 것이다. 그는 양심의 가책 때문에 겁을 냈다. 어린이에게 죽음은 무엇을 의미하는가? 그들에게 있어 죽음이란 무서운 사람이 간단히 사라져 버리는 것이라고 생각하면 어린이들이 환상 속에서 살인을 하는 것은 아무런 충격적인 일도 아니다.

나는 무의식적으로 부모의 죽음에 책임이 있다고 느끼는 어른들을 알고 있다. 이런 불안은 자녀에게 야단을 치지 않고 매질도 하지 않으므로써 어린이들의 증오심을 일깨우지 않으면 줄어들 수 있을 것이다. 처벌이나 엄격한 벌이 아직도 남아있는 학교들은 어린이들에게 회복시킬 수 없는 큰 해독을 끼치고 있는 것이다.

많은 사람들은 '어린이들이 아무것도 겁내지 않으면 어떻게 착한 어린이가 될 수 있겠는가?' 하고 생각한다. 그러나 지옥이나 경찰이나 처벌에 의해 생기는 선은 선이 아니며 비겁일 뿐이다. 상이나 칭찬이나 천당에 갈 희망을 갖게 하는 것은 뇌물을 주는 것과 같다.

현대의 도덕은 어린이들을 겁쟁이로 만들어 버린다. 왜냐하면 이 도덕이 어린이들로 하여금 삶을 겁내게 하기 때문이다. 훈련받은 학생이 '품행이 단정한 것'은 이런 결과로 생긴 것이다. 많은 교사들은 벌에 대한 불안을 불러일으키지 않더라도 그들의 일을 잘 처리한다. 그렇지 못한 교사들은 학생들로부터 떼어놓아야 할 무능하고 해독을 퍼뜨리는 사람들이다.

어린이가 어른을 두려워하게 되면 어른의 가치관을 그대로 받아들이게 된다. 그런데 어른들은 어떤 가치관을 가지고 있는가? 이번 주 나는 개한테 3파운드, 선반의 부속품을 사는 데 5파운드, 담배를 사는 데 6파운드를 지출한다.

나는 사회의 폐단을 비판하면서도 이 돈을 가난한 사람들에게 준다는 생각은 하지 않는다. 그래서 나는 어린이들에게 빈민굴은 무서운 곳이라는 이야기는 하지 않는다. 이런 것이 얼마나 부질없는 잔소리인지 깨닫기 전에는 나도 그런 말을 했었다.

내가 생각하는 행복한 가정은 부모가 도덕을 가르치지 않고 자녀들을 개방적이고 정직하게 대하는 가정이다. 이런 가정에는 불안이 없다. 아버지와 아들은 친구사이다. 그리고 사랑이 자랄 수 있다. 다른 가정에서는 불안 때문에 사랑이 파괴된다. 독재와 강요된 존경은 사랑을 멀리한다. 강요된 존경 속에는 항상 불안이 도사리고 있다.

서머힐에서는 부모에 대해서 불안을 품고 있는 어린이들은 선생들의 방을 방문하지만 진실로 자유로운 부모를 둔 어린이들은 절대 그러지 않는다. 불안한 어린이들은 항상 우리를 시험해 보려고 한다.

엄격한 아버지를 둔 열한 살의 소년은 하루에 스무 번이나 방문을 열어댔다. 그는 아무 말도 하지 않고 안을 들여다보고는 문을 닫았다. 나는 여러 번 그에게 "나는 아직 죽지 않았어!"하고 소리 질렀다.

그 소년은 자기의 아버지가 받아들이려고 하지 않았던 사랑을 나에게 쏟았던 것이다. 그리고 그는 자기가 새로 찾은 이상적인 아빠가 사라져 버릴까봐 불안했던 것이다. 이런 불안의 배후에는 자기와 사이가 좋지 않았던 친아버지가 사라져 버렸으면 하는 소원이 숨겨져 있는 것이다.

누군가를 두려워하고 있는 어린이들과 함께 사는 것이, 누군가를 사랑하고 있는 어린이들과 함께 사는 것보다 훨씬 수월하다. 즉 우리 어른들이 조용하게 살 수 있다. 어린이들이 누군가를 두려워 할 때에는 그 사람을 가만히 내버려둔다.

아내와 나, 서머힐의 선생님들은 어린이들의 사랑을 받고 있다. 그것은 우리가 그들을 인정해 주었기 때문이며, 그것이야말로 어린이들이 제일 바라는 것이다. 그들은 우리가 자기들을 배척하지 않는다는 것을 알기 때문에 우리 곁에 있기를 좋아한다.

우리 학교의 학생들은 번개를 두려워하지 않는다. 번개가 치고 소나기가 퍼부어도 텐트 안에서 자려고 한다. 또 어둠에 대한 불안도 없다. 여덟 살짜리 사내아이가 들판에 천막을 치고 거기서 밤새도록 혼자서 자는 일도 흔하다.

자유는 불안을 없애 준다. 나는 겁 많고 어린 소년이 겁 없고 힘센 사나이로 발전해 가는 것을 자주 보았다. 그러나 이런 것을 일반화하는 것은 잘못일 것이다. 왜냐하면 절대로 용감해지지 않는 내향적인 어린이들도 있기 때문이다.

많은 사람들이 평생 자신들의 타고난 성격에서 벗어나지 못한다. 한 어린이가 불안 없이 키워졌음에도 불구하고 겁을 낸다면, 그는 이미 불안을 가지고 태어났을 가능성도 있다. 이런 수수께끼를 푸는 것이 어려운 까닭은 출생 전의 조건에 관해서는 아무것도 모르기 때문이다. 임산부의 불안이 태아에게 어떤 영향을 미치는지에 대해서는 아무도 모른다.

한편 환경이 어린이들에게 공포감을 불러일으킨다는 것은 확실하다. 오늘날의 어린이들은 무시무시한 핵전쟁에 관한 이야기를 듣는다. 공포가 이런 것들과 얽히게 되는 것은 자연스런 현상이다.

성에 관한 불안이나 지옥에 대한 불안 없이, 폭탄과 같이 대상이 뚜렷한 공포와 얽혀진 불안만 있다면 이것은 정상이다. 이것은 불안증, 즉 모든 것에 잠재해 있는 그런 불안은 아니다. 건강하고 자유로운 어린이들은 미래에 대해 불안해하지 않는다. 그들은 미래를 기쁘게 바라본다. 훗날 그들의 자녀들도 마찬가지로 내일에 대한 병적인 공포를 갖지 않고 살아갈 것이다.

빌헬름 라이히는 사람은 갑작스럽게 공포를 갖게 되면 숨을 멈추는데, 겁을 내는 어린이는 일생 동안 거침없이 숨을 쉬지는 못한다고 했다. 사람들은 거침없이 숨쉬는 것을 보고 올바른 교육을 받은 어린이를 구별하는데, 어린이는 숨을 쉴 때 인생에 대해 두려워하지 않는다는 것을 나타낸다.

자녀들을 미움과 불신 때문에 생긴 공포에서 해방시키고자 하는 아버지에게 다음과 같은 충고를 해야겠다.

"당신은 절대 집안의 주인이나 감독관이 되려고 하지 마십시오. 또 부인이 '아빠가 오실 때까지 기다려!' 하고 말할 때 넌지시 암시하는 그런 괴물이 되려고도 하지 마십시오. 부인에게도 그런 말을 하지 못하도록 하십시오. 이 순간 어린이들이 느끼는 엄마에 대한 미움이 나중에는 당신에게로 향하게 됩니다.

당신이 높은 곳에 서려고 하지 마십시오! 만약 당신의 아들이 당신에게 '오줌 싸 본 적이 있느냐? 자위행위를 한 적이 있느냐?' 고 묻는다면 솔직하게 대답해 주십시오. 용감하고 정직하게 말입니다. 만약 당신이 집에서 왕처럼 행세한다면 어린이들은 당신을 존경할 것입니다. 그러나 그 이상으로 두려워 할 것입니다. 만약 당신이 그들과 같은 위치에 서서 학창시절에는 겁쟁이였다는 것을 말해 준다면 그들의 존경을 받을 것입니다. 사랑과 이해를 담은, 겁에서 벗어난 진정한 존경 말입니다.

아무런 콤플렉스도 없는 어린이를 길러내는 일이 부모에게는 그다지 어려운 일이 아닙니다. 어린이에게 불안을 심어주거나 죄책감을 갖게 해서는 안 됩니다. 사람은 불안한 감정을 전혀 느끼지 않을 수는 없습니다. 문을 두들기게 되면 어린이는 놀랍니다. 그러나 당신은 어린이에게 처벌에 대한 공포나 화가 난 하나님에 대한 공포와 같은 강요되는 불건전한 공포는 없애 줄 수 있는 것입니다."

☀ 열 등 감

무엇이 어린이들에게 열등감을 느끼게 하는가? 어린이는 자신은 할 수 없거나 해서는 안 되는 일을 어른들이 하는 것을 본다.

고추는 열등감에 커다란 영향을 미친다. 사내아이들은 자기의 고추가 작다고 부끄러워하는 일이 많고 소녀들은 가지고 있지도 않다고 부끄러워한다. 나는 힘의 상징으로서의 고추가 중요한 의의를 차지하는 것은 도덕교육을 에워싸고 있는 비밀과 금기의 결과라고 생각한다. 고추에 관한 억압된 생각은 환상을 통해 발산된다.

엄마와 유모의 과잉 감시로 말미암아 비밀에 쌓인 물건은 과장된 뜻을 갖게 된다. 우리는 고추의 놀랄 만한 힘에 관한 이야기를 들을 때 이 비밀에 쌓인 물건을 보게 된다. 그리고 알라딘은 자기의 램프를 문지른다(자위행위). 그러면 이 세상의 모든 기쁨이 그에게 온다. 이와 똑같은 방법으로 어린이들은 배설물에 위대한 뜻을 부여하는 환상을 그리게 된다.

백일몽은 항상 이기적이다. 백일몽이란 꿈을 꾸는 당사자는 영웅이 되고 세상은 그대로 있는 꿈이다. 어른들이 한 잔의 술이나 한 편의 소설이나 혹은 한 편의 영화를 통해서 맛보게 되는 그런 세계를 어린이들은 자기의 백일몽 속에서 맛본다. 이런 환상은 현실에 대한 일종의 공포다. 백일몽에서 이루어지는 소망에는 한계가 없다. 이 환상 속에는 정신병이 존재하고 있다.

그러나 정상적인 어린이들도 백일몽을 꾸는 일이 흔하다. 환상의 세계는 꿈의 세계보다 훨씬 매력적이다. 우리는 자는 동안 악몽을 꿀 수도 있지만 백일몽에 관해서는 어느 정도 조종할 수가 있다. 우리는 기쁨을 가져다 주는 것만 상상한다.

내가 독일의 한 학교에서 근무할 때 내 반에는 열 살짜리 유태인 소녀가 있었는데 그녀는 불안이 많았다. 그녀는 개학 첫날 커다란 가방 가득히 책을 가지고 와서는 책상에 앉아 낡은 방법으로 지루한 나눗셈을 하기 시작했다. 즉 $4,564,270,867 \div 4,379$ 같은 나눗셈들을 했던 것이다. 3일을 계속해서 이런 계산만 했다. 나는 그녀에게 그것이 즐겁냐고 물었다. 그녀는 수줍어하면서 "예"하고 대답했다.

나흘째도 그녀가 따분한 나눗셈을 계속해서 하고 있는 것을 보고 나는 "정말 그렇게 즐거우냐?"고 다시 물었다. 그녀는 눈물을 흘렸다. 나는 천천히 그녀의 책을 구석으로 밀어 놓았다.

"우리는 자유로운 학교에 있어. 네가 하고 싶은 것을 해도 좋아."

이렇게 말했더니 그녀는 금새 좋아하며 하루 종일 휘파람을 불며 돌아다녔다. 공부는 하지 않고 휘파람만 불고 다녔던 것이다.

수개월 후 내가 스키를 타고 숲 속을 지나가고 있는데 어떤 소리가 들려왔다. 그리고 유태인 소녀 슬로비아를 보았다. 그녀는 스키를 풀어놓은 채 큰 소리로 웃으며 눈 속을 뛰어다니고 있었다. 그녀는 여러 연극 배우들의 배역을 혼자서 몽땅 해치우고 있음이 분명했다. 그녀는 나를 보지 못했다.

다음날 그녀에게 숲 속에서 했던 말을 다 들었다고 했더니 그녀는 미친 듯이 교실을 박차고 뛰어나갔다. 오후가 되자 내 방 주위를 맴돌던 그녀는 방에 들어와서 말했다.

"내가 숲 속에서 한 짓을 설명하는 것은 어렵습니다. 그러나 이젠 다 말할 수 있을 것 같아요."

그것은 하나의 아름다운 이야기였다. 그녀는 수년 동안 자기가 그린발 트라고 이름 붙인 꿈의 마을에 살고 있었다. 그녀는 나에게 자신이 그린

마을의 설계도를 보여 주었다. 더욱이 그녀는 그 마을 안에 있는 집들의 설계도까지 보여 주었다. 그녀는 그 마을에 여러 유형의 인간들을 살게 했다. 내가 숲 속에서 들었던 말은 한스와 헬무트 사이의 대화였다.

내가 그녀의 진의를 찾아내는 데는 수 주일이 걸렸다. 슬로비아는 외동딸이었고 친구들은 많지 않았다. 그래서 그녀는 친구가 가득한 마을을 하나 지었던 것이다. 그녀가 헬무트가 보호림을 지나가다가 산지기에게 붙들려 얻어맞았다고 설명했을 때 이런 환상적인 구성을 해결할 열쇠를 얻게 되었다.

뒤에 그녀는 보호림이 지금 자라는 그녀의 음모와 같은 모양이었다고 말했다. 그리고 나서 그녀는 자기를 성적으로 어루만졌던 한 남자에 관한 진짜 이야기를 해 주었다. 이때 나는 헬무트가 그녀의 금지된 보호림을 지나간 그 사나이로 둔갑했다는 것을 알아냈다. 또한 헬무트는 그녀가 자위행위를 할 때 그녀의 손이었던 것이다.

나는 이 환상을 제거하기로 결심했다. 그리고 그녀에게 환상의 근본적인 원인을 설명해 주었다. 그녀는 이틀 동안 고개를 푹 숙이고 돌아다녔다.

"어제 밤에 그린발트에 돌아가려고 했어요. 그러나 돌아갈 수가 없었어요. 당신이 내가 제일 좋아하는 것을 파괴했기 때문이에요."

그녀는 말하고 울어 버렸다. 얼마 뒤 어떤 선생이 나에게 말했다.

"슬로비아가 변했어요. 그 애는 하루 종일 노래를 부르고 또 예뻐졌어요.”

　그것은 옳은 말이었다. 그녀는 예뻐지고 또 모든 것에 관심을 갖게 되었다. 그녀는 수업을 자청하기까지 했고 공부도 잘했다. 그녀는 그림을 그리기 시작했고 몇 장의 멋진 스케치도 하게 되었다. 간단히 말해서 그녀는 현실에 적응하기 시작한 것이었다. 고독과 무서운 성적인 체험이 그녀로 하여금 아무런 위험이나 나쁜 사람이 없는 새로운 세계를 환상에서나마 찾아내도록 했던 것이다. 그런데 헬무트는 그녀의 즐거운 백일몽에까지 끼어 들었던 것이다.

　다른 한 소녀는 위대한 여배우가 되기를 꿈꾸었다. 그녀는 15막의 연극에 출연했다. 짐이라는 성질이 급한 남학생은 자기의 배설물에 관한 환상을 나에게 설명해 준 일이 있었다. 그는 성적인 것을 힘으로 이용했다. 다른 아홉 살짜리 소년은 기차에 관한 기나긴 백일몽에 몰두해 있었다. 그는 항상 기관사였고, 왕과 여왕(그의 부모)은 승객이었다.

　찰리는 자기가 한 중대의 비행기와 거대한 활주로를 갖는 꿈을 꾸었다. 짐은 자기에게 한 명이 탈 수 있는 진짜 휘발유 엔진이 달린 롤스로이스를 선물하는 돈 많은 삼촌이 있다고 자랑하였다. 그는 이 자동차는 운전면허도 필요 없다고 했다.

　그러던 어느 날 나는 한 무리의 소년들이 짐의 말을 듣고 6km쯤 떨어진 역으로 몰려가는 것을 보았다. 그는 아이들에게 삼촌이 자동차를 역으로 보냈으며, 너희들 모두 그 차를 타고 돌아올 수 있다고 말했던 것이다. 나는 이 아이들이 험한 길을 6km나 걸어 가서는 그 자동차가 오직 짐의 환상 속에만 있을 뿐이라는 것을 알게 되면 크게 실망하리라고 생각하고 가지 못하도록 했다. 모두 점심을 굶게 된다고 경고했더니, 불안해진 짐이 소리쳤다.

"나는 점심을 굶기 싫어!"

이때 이들의 가정부가 거기에 가는 대신 영화관에 가자고 제의했다. 그들은 재빨리 레인코트를 벗어 던졌다. 짐은 큰 짐을 덜게 되었다. 삼촌이 선물한 자동차는 환상 속에만 있었기 때문이다.

짐의 백일몽은 성적인 것과는 아무런 상관도 없다. 서머힐에 온 이래 그는 계속 이런 방법으로 다른 소년들을 감동시키고 있었던 것이다. 한 패의 소년들이 하루 종일 라임의 부둣가에 서서 배가 들어오는 것을 지켜보고 있었다. 짐이 그들에게 두 척의 대형선박을 가지고 있는 다른 삼촌이 있다고 자랑했으므로 어린이들은 짐을 설득하여 그 삼촌에게 모터보트 한 척을 보내달라는 편지를 쓰게 했었다.

이제 그들은 그 보트를 부두에 끌고 들어올 기선을 기다리던 중이었다. 이런 식으로 짐은 자기가 잘난 것처럼 생각하고 있었다. 그는 남이 학비를 대주는 가난한 학생이었다. 그러나 그는 백일몽 속에서 자기의 열등감을 보상하려고 했던 것이다.

환상이 사라지면 삶이 지루해진다. 모든 창조적인 행위는 환상 속에서 준비된다. 크리스토퍼 브렌은 성 바오로 대성당의 주춧돌을 놓기도 전에 이미 환상 속에서 완성했던 것이다.

간직할 만한 가치가 있는 꿈은 현실로 바뀔 수 있다. 그렇지 못하고 환상으로의 도피일 뿐인 꿈은 가능한 한 제거되어야 한다. 이런 백일몽에 어린이가 오랫동안 집착하게 되면 발달이 저해된다. 모든 학교에서 바보라고 일컫는 어린이들은 무엇보다도 백일몽 속에서 살고 있는 어린이들이다. 한 소년이 자기의 삼촌이 보내 줄 롤스로이스를 기다리고 있다면 어찌 수학에 관심을 가질 수 있겠는가?

나는 읽기와 쓰기 때문에 학부모들과 의견 대립을 겪은 적이 여러 번 있다. 어떤 엄마가 '내 아들은 자립할 정도는 되어야 합니다. 그에게 강제로라도 읽기를 가르쳐 주셔야 합니다.' 라는 편지를 보내왔다. 내 회답은 다음과 같았다. '당신의 아들은 일종의 환상 세계에 살고 있습니다. 내가 이 환상의 세계를 제거해 주려면 일 년은 족히 걸릴 것입니다. 내가 지금 이 애에게 읽기를 강요한다면 그것은 그에 대한 일종의 범죄일 것입니다. 그의 관심이 이 환상의 세계를 떠나지 않는 한 이 애는 사람에 대해 조금도 관심을 갖지 않을 것입니다.'

나는 이 소년을 내 방에 불러와서 근엄한 목소리로 '너를 미치게 하는 삼촌과 자동차에 관한 망상은 머리에서 깨끗이 지워버려! 내일부터 너는 읽기를 배우는 거야. 그렇지 않으면 혼날 줄 알아!' 고 꾸짖을 수도 있다. 그러나 그렇게 한다면 그것은 일종의 범죄이다.

환상과 대체될 것이 아무것도 없는 상황에서 어린이의 환상을 제거하는 것은 잘못이다. 그보다 어린이가 자기의 환상을 털어놓도록 격려해 주는 것이 가장 좋다. 그러는 중에 어린이는 천천히 그것에 대한 관심을 잃게 될 것이다. 백일몽이 수년간 계속되었다는 특별한 경우에는 강제로 제거해 버려도 괜찮을 것이다.

나는 백일몽을 대신할 것이 있어야만 한다고 말했다. 건전한 삶을 위해서는 어린이든 어른이든 자신이 우월감을 가질 수 있는 어떤 분야가 적어도 하나는 있어야 한다. 학급에서 우월감을 갖게 하는 두 가지 방법이 있다. 첫째는 반에서 일등을 하는 것이요, 둘째는 학급에서 제일 약한 애를 노예로 삼는 것이다. 뒤의 방법이 더 매혹적이다. 외향적인 어린이는 이런 방법으로 쉽사리 우월감을 갖게 된다.

우월감을 가지려고 환상 속으로 도망치는 어린이는 내향적인 어린이다. 그는 현실 세계에서는 우월감을 갖지 못한다. 그는 싸움도, 운동도, 노래도, 춤도, 배우 역할도 못한다. 그러나 환상 속에서만은 세계 헤비급 권투 챔피언일 수도 있다. 자기 만족은 모든 사람들에게 생명만큼이나 중요하고 필요한 것이다.

☀ 파 괴 행 위

어른들은 어린이들이 물건을 소중하게 생각지 않는다는 사실을 이해하지 못한다. 어린이들은 비싼 물건을 의식적으로 부수는 것이 아니라 무의식적으로 부순다.

언젠가 나는 정상적이고 행복한 소녀가 시뻘건 부지깽이로 선생님 방에 있는 페치카에 구멍을 뚫는 것을 보았다.

그녀는 "애야"하는 소리에 정말로 놀란 것 같았다.

"아무 생각 없이 그렇게 했어요."

그녀는 사실대로 말했다. 이런 일은 무의식적으로 하는 상징적인 행동이다.

어른들은 값진 물건을 소유하려고 애쓰지만 어린이들은 그렇지 않다. 그래서 어린이와 어른 사이에는 물질적인 것에 대한 대립이 생기게 마련이다. 서머힐의 어린이들은 취침 5분전에도 불을 지핀다. 그들은 거리낌없이 석탄을 듬뿍듬뿍 갖다 넣는다.

왜냐하면 석탄이란 어린이에게는 그저 시꺼먼 부스러기에 지나지 않기 때문이다. 그러나 나에게는 일 년에 3백 파운드나 되는 예산을 뜻한다. 어린이들은 전등을 그냥 켜 놓는데 그들에게는 전등과 전기요금 사이에 아무런 관련이 없기 때문이다.

사실 그들에게는 가구가 없는 거나 다름없다. 그래서 서머힐에서는 고물 자동차나 고물 버스를 산다. 한두 달이 지나면 이것들은 모두 망가져 버린다. 식사시간에 음식을 더 먹으려고 기다리는 동안에 숟가락을 못쓰게 휘어 버리는 일도 흔하다.

이런 일은 보통 무의식적으로 일어나며, 기껏해야 반쯤 의식하고 있을 뿐이다. 어린이들이 함부로 하거나 부수는 것은 학교의 재산만이 아니며, 그들의 새 자전거라도 3주쯤 지나 새 것이라는 매력이 없어지면 그냥 빗속에 처박아 둔다.

아홉에서 열 살 정도 된 어린이들의 파괴 충동은 나쁘거나 반사회적인 뜻이 있기보다는 물건을 개인의 재산으로 인식하지 못하기 때문인 것이다. 그들이 환상의 세계로 여행을 하게 되면 침대보와 이불로 해적선을 만든다. 이때 침대보는 더럽혀지고 이불은 찢어진다. 그러나 새까만 깃발이 올라가고 대포를 쏘아 대는데 침대보가 더럽혀지는 것을 아랑곳이나 하겠는가?

어린이들에게 자유를 주려는 사람은 진정한 부자여야 할 것이다. 왜냐하면 어린이들의 걱정 없는 낙천적인 천성이 경제적인 여건에 제약을 받는 것은 바람직하지 못하기 때문이다.

훈련을 강조하는 자가 강제로라도 소유물을 소중히 하도록 훈련해야 한다고 주장해도 그 의견을 받아들일 수가 없다. 왜냐하면 이런 강압은 어린이들이 자유롭게 노는 것을 방해하기 때문이다.

나는 어린이들이 자발적으로 가치에 대한 감각을 가져야 한다고 생각한다. 어린이들은 사춘기 이전의 무관심한 시기를 넘기면 재산을 소중히 여기게 된다. 어린이들이 아무런 강요 없이 무관심을 극복하면 절대로 이윤 추구에 눈이 멀거나 착취자가 되지는 않을 것이다.

여학생은 남학생만큼 파괴적인 행동을 하지 않는다. 그들의 환상은 해적선이나 강도질 같은 것을 요구하지 않기 때문이다. 그러나 공평하게 말하자면 여자아이들의 응접실은 너저분한데 이것이 남학생들과의 싸움으로 생긴 것이라는 그녀들의 설명은 믿을 것이 못 된다.

어린이들은 어른과 다른 가치개념을 가지고 있다. 만약 어떤 학교가 고전적인 그림과 아름다운 가구로써 어린이들을 감격시키려고 한다면 그것은 잘못이다.

어린이들은 원시인이다. 그들이 문화에 대한 욕구를 갖지 않는 한 그들의 환경은 가능한 원시적이고 속박이 없어야 한다.

몇 년 전 현재의 학교로 이사했을 때 남자애들이 아름다운 참나무 문에 칼을 던지는 것을 보고 나는 괴로웠다. 그래서 우리는 당장 낡은 기차 두 칸을 사다가 방갈로로 개조해 주었다. 그리고 여기서 우리의 야만인들은 마음껏 칼 던지기를 했다.

그럼에도 불구하고 그 기차는 33년이 지난 오늘날에도 꼴이 그다지 험하지가 않다. 이 방갈로에는 열두 살에서 열여섯 살까지의 사내애들이 살고 있다. 이들 중 대부분은 살기가 편하다든지 실내장식이 좋다는 것을 알만한 시기에 이르렀다.

대개 사내애들은 그들의 방을 매우 깨끗하게 정돈한다. 그러나 몇몇은 지저분하다. 그런데 이런 어린이들은 대개 엄격한 기숙사학교에서 전학온 지가 얼마 안 되는 사내애들이다.

자유로운 학교에서 가장 골치가 아픈 것은 실습공장이다. 원래 이 공장은 어린이를 위해 항상 개방되어 있었다. 그러나 그 결과 모든 도구가 없어지고 망가졌다. 어떤 어린이는 날카로운 끌을 드라이버로 쓰다가 망가뜨려서는 팽개쳐 놓기도 했다. 또 어떤 어린이는 자전거를 고치기 위해 철사집게를 쓰고는 길바닥에 내버려두었다.

나는 작업장의 문을 잠가 버리기로 결심했다. 그러나 나의 양심이 그 것은 이기적이고 반사회적이라는 생각이 들게 했다. 마침내 나는 작업장의 벽을 헐어버렸다. 6개월 후에는 성한 도구라고는 하나도 없었다. 한 사내애가 철사꺽쇠를 모두 자기 오토바이에 써버렸다. 또 다른 아이는 돌고 있는 선반을 다른 곳에 옮겨 놓으려 하기도 했다. 도구들은 모두 못쓰게 되고 말았다.

나는 학교총회에서 공장의 문을 다시 잠가야겠다고 제의했다. 이 제의는 수락되었다. 그러나 내가 방문객들을 안내할 때 공장의 문을 잠가 두어야 한다는 것이 부끄러웠다. 뭐라고요? 자유라면서 문을 잠가 두다니? 이것은 정말 나쁜 인상을 주었다. 그래서 나는 학교 안에다 항상 개방된 특별한 공장을 차리기로 결정했다. 나는 거기에 필요한 모든 도구들을 갖춰 놓았다. 작업대·바이스톱·끌·대패·망치·집게 등등을 다 갖춰 두었다.

약 4개월 후에 여러 방문객들을 안내하면서 학교를 둘러보았다. 내가 나의 공장을 열어 보이자 어떤 사람이 말했다.

"그런데 이런 것은 자유롭지 못한 것 같아요, 그렇지 않아요?"

"어린이들은 하루 종일 개방된 다른 공장을 가지고 있어요. 이리 오십시오. 보여 드리지요."

나는 빠르게 대답했다. 그 공장에는 작업대 이외에는 아무것도 없었다. 나는 5헥타쯤 되는 우리 학교 구내의 구석 어디에서도 공장의 도구들을 본 적이 없었다.

공장문제가 선생들의 골치를 아프게 했다. 나에게는 도구가 매우 중요한 것이었기 때문에 내가 가장 심한 고통을 겪었다. 나는 이 문제가 도구를 공동으로 사용하는 데 원인이 있다는 결론에 이르렀다. 나는 혼자서 이렇게 중얼거렸다. '그래. 이제 우리는 소유의 기본원칙을 도입해야겠다. 정말로 흥미가 있는 어린이는 자기 자신의 도구상자를 가져야 한다. 그렇게 되면 모든 문제가 다 해결되는 거야.'

이 생각을 다음 학교총회에 제안했더니 박수갈채를 받으며 통과되었다. 방학이 지나자 몇몇 나이 든 학생들은 집에서 도구상자를 가지고 왔다. 그들은 자기들의 도구를 매우 잘 보관했는데, 이 도구들을 다른 무엇보다도 훨씬 더 잘 다루었다.

그럼에도 불구하고 이젠 서머힐에서도 문을 잠그는 것이 예사로 되어 버렸다. 그래서 나는 학교총회에서 나의 태도를 밝혀 두었다. 나는 다음과 같이 말했다.

"나는 문을 잠그는 것이 싫어. 오늘 오전에도 방문객이 있었는데 이때 공장·실험실·도자기 공장·극장 등을 자물쇠로 열어 주지 않으면 안 되었어. 나는 모든 곳을 언제나 개방할 것을 제의한다."

모두들 반대했고, 한 어린이가 말했다.

"실험실은 잠가야 해요. 거기에는 독약이 있으니까요. 그리고 도자기 공장도 잠가야 해요. 왜냐하면 바로 그 앞방이 실험실이니까요."

"공장 문을 열어 두어서는 안돼요. 지난번에 도구가 어떻게 되었는가를 생각해 봐요."

마침내 투표를 했고 내 의견에 찬성한 손은 둘밖에 없었다. 즉 내 손과 일곱 살 난 소녀의 손뿐이었다. 그리고 이 소녀도 일곱 살만 되면 혼자서 영화관에 갈 수 있도록 하자는 지나간 안건을 표결하는 줄 알고 찬성표를 던졌음을 알게 되었다. 어린이들은 자기 자신의 경험을 통해서 사유재산은 존중되어야 한다는 것을 배웠던 것이다.

어른들이 어린이의 안전보다 물건에 더 큰 신경을 쓰는 일이 있다는 것은 슬픈 일이다. 어떤 사람에게는 피아노나 연장, 옷 등이 그 사람의 일부가 되어 버렸다. 소유물에 대한 이런 애착이 어린이에 대한 사랑보다 훨씬 더 클 때가 가끔 있다. 만지면 안 돼! 라고 하는 말은 사물이 어린이보다 더 중요하다는 뜻이다. 어린이는 자기의 소원이 어른들의 이기적인 소원과 충돌하게 될 때 괴로워한다.

나는 가끔 백만장자의 아들이 우리 학교의 학생으로 입학했으면 하고 상상해 보았다. 나는 환상 속에서 그에게 아버지가 비용을 댄다는 조건 하에 가능한 모든 실험들을 다 하도록 해 준다. 왜냐하면 노이로제 성향이 있는 어린이에게 자유를 주는 데는 그만한 비용이 들기 때문이다. 건전한 어린이는 텔레비전 케이스에 계속해서 못질을 할 욕구는 없다.

내가 강연을 할 때마다 되풀이되었던 한 질문이 생각난다. 한 소년이 콘서트용 그랜드 피아노에 못질을 하기 시작하면 당신은 어떻게 하시겠습니까? 나는 누가 이런 질문을 할 것인가를 미리 알아내는 전문가가 되어 버렸다. 대개는 맨 앞줄에 앉아서 가끔 부정적으로 머리를 흔드는 부인들이다.

이런 물음에 대한 가장 현명한 대답은 다음과 같다.

"어린이에 대한 당신의 생각이 옳다면, 당신이 그 애를 어떻게 하든 아무런 상관이 없습니다. 당신이 그에게 죄책감을 불어넣어 주지 않는다면 어린애를 피아노에 접근하지 못하도록 해도 상관이 없습니다. 도덕적 주장과 판단에 의해서 그것을 선과 악의 문제로 삼지 않고, 당신의 개인적인 권리를 행사하는 한 당신은 아무런 해도 끼치지 않습니다. 불량한, 나쁜, 또는 더러운이라는 따위의 말을 사용하는 것은 해를 끼치는 것입니다."

망치를 가지고 있던 그 소년의 이야기로 되돌아가 보면, 그에게는 피아노 대신 못질을 할 수 있는 나무판자가 있어야 했을 것이다. 모든 어린이들은 자기 자신을 표현할 수 있는 도구를 가질 권리가 있다. 그리고 이 도구는 그의 사적인 물건들이다. 그러나 어린이들은 이런 것들의 가치를 돈으로 계산하지 않는다는 것을 잊어서는 안 된다.

문제아들의 계속적인 파괴충동은 정상적인 어린이들의 파괴적인 행동과는 아주 다르다. 정상적인 어린이의 파괴 행동은 보통 미움이나 불안 때문에 생기는 것이 아니라 창조적인 환상에서 오는 행동이고 나쁘다고 생각되지 않는다.

진정한 파괴충동이란 행동에 미움을 수반한다. 그것은 상징적인 살인 행위이다. 이런 것은 문제아들에게만 국한된 것이 아니라 전쟁 중의 군인에게도 나타난다. 이것은 어쩔 수가 없다. 왜냐하면 소위 그들의 직업이 파괴를 하는 것이기 때문이다.

창조는 삶이요, 파괴는 죽음이다. 파괴적인 문제아는 삶에 적대하는 아이이다. 불안해하는 어린이들이 파괴적 행동을 하는 데는 여러 가지 원인이 있다. 어떤 어린이는 자기의 형제들이 자기보다 더 많은 사랑을 받고 있다는 생각 때문에 형제들을 질투할 수 있다. 어떤 어린이는 자기를 구속하는 권위에 반항할 수도 있다. 또 단순한 호기심 때문에 어떤 물건의 내부에 들어 있는 것을 보려고 하기도 한다.

우리는 부서진 물건을 문제삼을 것이 아니라, 그 파괴 속에 나타난 미움, 즉 상황에 따라서는 그 어린이를 사디스트로 만들지도 모르는 미움을 문제삼아야 하는 것이다.

요람에서 무덤에 이르기까지 미움만 번성하는 이 세상의 병이 가장 심각한 문제이다. 물론 이 세상에는 많은 사랑이 있다. 만약 세상에 사랑이 없었다면 우리는 인류에게 어떠한 기대도 할 수 없을 것이다. 모든

부모들과 교육자들은 진정 자기 자신으로부터 이 사랑을 파생시키고자
노력하지 않으면 안 될 것이다.

거짓말

거짓말을 하는 어린이는 부모에 대해서 불안해하거나 부모를 모방하
고 있는 것이다. 거짓말을 하는 부모는 거짓말을 하는 어린이를 갖기 마
련이다. 당신의 자녀가 정직하기를 바란다면 절대로 그들에게 거짓말을
해서는 안 된다. 이런 것은 도덕적으로 하는 말이 아니다. 왜냐하면 우
리는 가끔 거짓말을 하기 때문이다.

우리는 상대방의 기분을 고려하여 거짓말을 할 때가 가끔 있다. 물론
남들이 우리를 이기적이라고 하거나 교만하다고 할 때에는 자신까지도
속인다. '엄마는 머리가 아프니 좀 조용히 하렴.' 대신에 '야단법석일랑
떨지마!' 하고 소리지르는 편이 훨씬 정직하다. 그러나 우리는 어린이들
이 겁내지 않을 때는 벌로써 위협하지 않고 그렇게 말해야만 하는 것이
다.

부모들은 위엄을 지키기 위해 거짓말을 하는 일이 종종 있다. '아빠!
아빠는 한꺼번에 여섯 명쯤 당해낼 수 있지, 그렇지?' '아니야! 나는 배
가 나오고 근육이 빈약해져서 이젠 꼬마난쟁이 하나도 감당하지 못 할
거야.' 하고 대답하기 위해서는 약간의 용기가 필요하다.

얼마나 많은 아버지들이 자녀에게 자기도 천둥과 경찰이 무섭다고 고백하는가? 어느 누구도 자기가 학교에 다닐 때 별명이 '사냥개'였다는 것을 자녀들에게 가르쳐 줄 만큼 성장하지 못했다.

가정에서 거짓말을 하는 데는 두 가지의 동기가 있다. 즉 어린이가 좋은 교육을 받아야 한다는 것과, 어린이가 부모의 완전성에 감화를 받아야 한다는 것이다.

얼마나 많은 아버지와 선생들이 '술에 취해본 적이 있어요? 옛날에 도망쳐 본 경험이 있어요?' 하는 질문에 정직하게 대답해 주는가? 어린이의 이런 궁금증과 불안이 부모들을 겉보기에만 성인으로 미화시켜 버린다.

나는 어렸을 때 아버지가 무서운 개를 피하느라 담을 넘는 것을 보고 도저히 용납할 수가 없었다. 어린이들은 그들의 환상 속에서 어른들을 영웅이나 기사로 만들어 버리고, 우리는 그들의 상상에 걸맞게 되려고 노력한다. 그러나 언젠가는 가면이 벗겨지고 어린이는 자기의 부모와 선생들이 거짓말쟁이고 사기꾼이라는 것을 알게 된다.

어린이의 생활에는 언젠가 한번은 부모를 구식이라고 비난하고 거부하게 될 때가 올 것이다. 이 시기가 지나면 부모들이 실제로는 어떤가 하는 것을 알게 된다.

어린이가 거부한다는 것은 환상 속에서 소망에 가득 차 있는 부모를 간단하게 거부해 버린다는 것이다. 성인처럼 생각되던 부모와 현실의 나약한 부모와의 차이는 너무나 크다. 그러다가 어린이는 아무런 착각도 하지 않고 도리어 부모를 동정하고 이해하게 된다. 그런데 부모들이 자녀에게 처음부터 진실만을 말해 주었더라면 오해는 조금도 없었을 것이다.

어린이들에게 진실을 말하기 어려운 이유는 우리 모두가 자신에게조차 진실을 말하지 않기 때문이다. 우리는 자신을 기만하고, 이웃들도 기만한다.

모든 자서전은 다 거짓이다. 우리는 실현될 수 없는 도덕적인 규범에 따라 살도록 강요받았기 때문에 거짓말을 하는 것이다. 더구나 아주 어릴 때에 벌써 사람들은 우리가 훗날 숨겨야할 이유들을 다 만들어 놓는다.

어린이를 속이는 어른은 어린이를 진정으로 이해하지 못하고 있는 것이다. 이렇게 해서 우리의 모든 교육제도는 거짓말을 하고 있는 것이다. 우리의 학교들은 순종과 근면이 도덕이요, 역사와 프랑스어가 교육이라는 거짓말을 계속해서 하고 있다.

우리 학교의 학생들 중에는 고질적이거나 습관적인 거짓말쟁이는 하나도 없다. 그러나 이들도 처음에는 거짓말을 한다. 왜냐하면 진실을 말하는 것이 두렵기 때문이다. 그러다가 서머힐이 경찰관이 없는 학교라는 것을 알게 되면 거짓말을 할 이유가 사라져 버린다. 이런 불안이 없어질수록 거짓말을 하려는 강박관념은 점점 더 줄어든다.

거짓말이 서머힐에서 완전히 자취를 감췄다고는 말할 수 없다. 거짓말이 완전히 사라질 것이라고 믿는 것은 지나친 희망일 것이다.

자유도 어린이들의 환상적인 거짓말을 완전히 없애버릴 수가 없다. 부모들이 한 마리의 모기를 코끼리로 만들어 버리는 일은 너무나 흔하다. 짐이 내게 와서 자기의 삼촌이 자기에게 진짜 롤스로이스를 선물했다고 말했을 때 이렇게 대답했다.

"알아, 그 차가 현관 앞에 서 있는 것을 봤어. 정말 멋지던데!"

"그런 말 말아요. 나는 그저 농담으로 말했을 뿐인데요."

이런 것은 독선적이고 비논리적일는지 모른다. 그러나 나는 거짓말을 하는 것과 정직하지 못한 것을 구별한다. 사람은 정직하면서도 거짓말쟁이일 수가 있다. 우리는 중대한 일에는 정직하고 하찮은 일에는 정직하지 않을 수도 있다는 말이다.

남에게 상처를 주지 않으려고 거짓말을 하는 일도 가끔 있다. 만약 다음과 같은 편지를 쓰도록 강요한다면 진실은 악이 되어 버리고 말것이다. '대단히 존경하는 선생님, 당신의 편지는 너무나 지루해서 도저히 다 읽을 수가 없었습니다.' 또는 내가 호평 받기를 원하는 한 음악가에게 '연주를 해주셔서 대단히 감사합니다. 그러나 당신은 불명예스럽게도 연습곡을 연주하셨지요?' 라고 해도 마찬가지이다.

어른들이 거짓말을 할 때에는 대개의 경우 애타주의가 그 동기이다. 이와 반대로 어린이에게 있어서는 거짓말이 항상 개인에게만 한정되어 있고 경우에 따라 그 조건이 다르다. 어른이 어린이에게 항상 진실만 말하고 진실이 아닌 것은 한 마디도 해서는 안 된다고 요구하기 때문에 어린이들이 일생 동안 거짓말쟁이가 되어 버린다는 것은 분명한 사실이다.

나는 언제나 진실만을 말하는 것은 매우 어렵다는 것을 인정한다. 그러나 일단 어린이에게 거짓말을 하지 않겠다고 결심을 하면 예상했던 것보다 쉽게 그렇게 할 수 있다. 오직 생명이 위험할 때만은 거짓말을 해도 좋다. 예컨대 한 어린이가 심하게 앓고 있을 때는 그의 어머니가 죽었다는 말을 해서는 안 된다.

우리의 관습 중의 대부분은 생활화된 거짓말이다. 우리는 조금도 존경하지 않는 부인 앞에서도 모자를 벗는다.

거짓말을 하는 것은 아무런 가치도 없다. 거짓말로 살아가는 것은 매우 큰 불행이다. 생활 속에 거짓말이 일상화된 부모들은 정말로 위험하다. 어떤 아버지가 그의 열 살짜리 도벽이 심한 아들에 관해서 '나는 자녀에게 꼭 한가지, 즉 언제나 진실만을 말할 것을 요구하고 있었습니다.' 하고 말했다.

이 남자는 자기 아내를 미워했고 따라서 부인의 미움을 받고 있었다. 물론 이런 마음이 '여보' 니 '당신' 이니 하는 가면에 가려져 있기는 했지만, 서로 굉장히 미워하고 있는 것은 사실이었다. 그 아들은 집안 분위기가 예사롭지 않다는 것을 희미하게나마 느끼고 있었다.

가정이 공공연한 거짓말로 꾸려져 가고 있는데 그 아들이 습관적인 거짓말쟁이 이외의 다른 무엇이 될 수 있겠는가? 그의 도벽은 자기의 가정에는 없었던 사랑을 발견하려는 열정적인 노력이었던 것이다.

어린이들은 정말로 부모를 따라 거짓말을 한다. 부부가 서로 사랑하지 않는 가정에서는 어린이들이 정직할 수가 없다. 이런 불행한 부부가 가장하는 겉치레에 어린이는 속아넘어가지 않는다. 어린이는 자기의 소원을 이룰 수 있는 환상의 세계 속으로 도망칠 수밖에 없을 것이다. 어린이는 알지 못하는 것을 느낌으로써 알게 된다.

교회는 인간이 원죄를 가지고 태어났으며 구원을 받아야 한다는 등의 거짓말을 영원히 전하고 있다. 법률은 인류가 형벌이라는 미움을 통해서 개선될 수 있다는 거짓말을 요구하고 있다. 의사와 제약업자는 우리의 건강이 무기적인 약품들에 의존한다는 거짓말로 명맥을 이어가고 있다.

거짓말로 구성된 사회 속에서 부모가 정직하기란 어렵다. 그들은 자녀에게 '자위행위를 하면 미치는 거야!' 하고 위협하며, 그런 거짓말들이 아이에게 얼마나 많은 해를 끼치는지 깨닫지 못한다.

부모는 절대로 거짓말을 해서는 안 되고 또 거짓말을 하려고 해서도 안 된다고 생각한다. 거짓말을 하지 않는 가정도 많이 있다. 이런 가정에서는 어린이들의 마음이 툭 트이고 눈초리가 빛나게 된다. 부모는 모든 물음을, 즉 아기는 어떻게 태어나는가 하는 물음에서부터 엄마의 나이에 대한 물음에 이르기까지 모두 사실대로 대답해 준다.

나는 38년 동안 학생들에게 의식적으로 거짓말을 한 일은 없다. 또 그렇게 해 봤으면 하고 원한 적도 없다. 그런데 한번은 커다란 거짓말을 했다. 나는 한 소녀의 불행한 성장기를 알고 있었는데 그녀가 1파운드를 훔쳐서 그 돈으로 아이스크림과 담배를 샀고, 도난 사건을 다루던 위원회의 세 남학생들이 그것을 목격했다. 그래서 그들은 그녀를 심문했다. 그녀는 말했다.

"나는 그 돈을 니일한테서 얻었어."

세 소년은 그녀를 데리고 와서 물었다.

"리즈에게 돈을 주었어요?"

나는 모든 것을 미리 짐작하고 조용히 말했다.

"물론이지, 왜 그걸 묻니?"

내가 그녀를 잡히게 내버려둔다면 그녀가 다시는 나를 신임하지 않으리라는 것을 잘 알고 있었다.

돈을 훔치는 형태로 나타난 그녀의 사랑에 대한 상징적인 행위는 그녀에 대한 새로운 적대 관계를 불러일으킬 뻔했다. 나는 언제나 그녀 편이라는 것을 보여주지 않으면 안 되었다.

나는 정직하고 자유로운 가정에서는 이런 일이 절대로 일어나지 않으리라는 것을 알고 있다. 나의 거짓말은 치료 목적을 지니고 있었다. 그러나 그 이외의 어떤 상황 속에서도 나는 거짓말을 하지 않는다.

어린이들이 자유로우면 거짓말을 많이 하지 않는다. 나를 찾아왔던 우리 마을의 경찰은 어떤 남학생이 내 사무실에 들어와서 "이봐, 니일.

내가 대강당의 창문을 한 장 깨뜨렸어."하고 말하는 것을 듣곤 깜짝 놀랐다. 어린이들은 대개 자기를 방어하기 위해 거짓말을 한다. 거짓말은 공포로 가득 찬 가정에서 그 세력을 발휘한다. 공포가 없어져 버리면 거짓말도 사라져 버릴 것이다.

그러나 공포가 원인이 되지 않는 거짓말도 있는데 환상적인 거짓말이 그것이다. '엄마, 난 어미소만한 개를 봤어!' 이런 외침은 놓쳐 버린 물고기에 대한 낚시꾼의 거짓말과 같다. 이런 거짓말은 거짓말을 한 사람의 개인 감정을 높여 준다. 우리는 남들과 놀이를 같이 할 때, 이런 거짓말에 가장 민감한 반응을 나타낸다.

빌리가 나에게 자기 아빠가 롤스로이스를 가지고 있다고 말하면, "나도 알아. 멋진 차지, 그렇지? 나도 그런 차를 운전할 수 있어."하고 대답한다. 태어날 때부터 자유롭게 성장한 어린이들도 이런 낭만적인 거짓말을 할지 모른다. 그런 어린이들은 그들의 열등감을 거짓말로써 보상받으려 하지는 않을 것이다.

사생아는 엄마가 자기를 낳을 때 결혼하지 않았다는 사실을 모른다. 그러나 자기가 다른 애들과 다르다는 것을 느낀다. 물론 그가 사실을 알고 남이야 적자이건 사생아이건 상관도 않는 그런 사람들과 어울려 살아가게 되면 이런 것을 느끼지 못할 것이다.

느낌이 아는 것보다 더 큰 영향을 미치는데 이것을 모르는 부모는 거짓말과 금지를 함으로써 어린이들에게 많은 해악을 끼치는 것이다. 그것은 어린이의 이해력보다 정신에 더 심각한 영향을 끼친다. 그래서 노이로제는 항상 정신에 의해서 유발되며 이해력에 의해서 유발되는 일은 절대로 없다.

양자를 둔 부모는 그에게 자기들이 친부모가 아니라는 것을 미리 말해 주어야 한다. 전처의 아들에게 자기가 생모라고 말해 온 계모는 대개의 경우 이것 때문에 곤란한 경우를 당하게 된다. 나는 어느 정도 성장한 후에 이런 사실을 알게된 사람들은 늙어서까지 커다란 상처를 안고 살아가는 것을 본 적이 있다. 젊은이에게 장난삼아 비밀을 말해 주는 그런 주책없는 사람들이 어디고 있는 법이다.

당신이 친자건 양자건 간에 어린이에게 거짓말을 하지 않으려고 한다면 몰지각한 사람들과 아이들을 접촉시켜서는 안 된다. 거짓말을 하지 않기 위한 유일한 방법은 절대적인 진실이다. 만약 아빠가 교도소에 수감되어 있다면 아들은 그것을 알고 있어야 한다. 엄마가 '호스티스'였더라도 그것을 딸에게 말해 주어야 한다.

부모가 성적인 물음에 진실을 말해 줄 수 있다면 다른 문제에 대해서도 진실을 말하게 될 것이다. 얌전치 못한 어린이에게 벌을 주는 경찰관에 대한 거짓말, 담배를 피우면 성장하지 못한다는 거짓말, 월경인데도 머리가 아프다고 하는 등등, 이런 거짓말들은 수백만 가정에 있는 거짓말이다.

자유롭게 자라난 어린이는 고의적으로 거짓말을 하지 않는다. 왜냐하면 그럴 필요가 없기 때문이다. 또 벌을 받지 않기 위해 거짓말을 하지는 않는다. 그러나 그들도 꾸며낸 이야기는 할 것이다.

불안에서 생기는 거짓말은 어떻게 될 것인가? 나는 아무것도 숨길 필요가 없는 새로운 세대가 성장하고 있는 것을 보고 있다. 그들은 모든 일에 있어서 개방적이고 정직할 것이다. 그들의 사전에는 '거짓말' 이라는 단어가 없어질지도 모른다. 거짓말을 하는 것은 비겁함이며 무지에서 생기는 것이다.

 ## 책 임

대다수의 가정에서 부모들은 자녀를 아이로 취급하기 때문에 그들의 '자아' 는 억압당한다.

"애, 옷을 하나 더 입어! 비가 올 것 같다."

"철길에 너무 바싹 붙어 걷지 마라!"

"세수했니?"

한번은 어떤 엄마가 딸을 데리고 우리 학교에 왔었는데, 자기 딸이 그다지 깨끗하지 못하다고 했다. 그녀는 딸에게 하루에도 몇 번씩 세수를 하라고 강요했던 것이다.

첫날부터 그 소녀는 매일 아침 샤워를 하고 적어도 일주일에 두 번은 더운물에 목욕을 했다. 그녀의 손과 얼굴은 항상 깨끗했다. 그녀가 집에서 깨끗하지 못했던 것은(아마 엄마의 상상 속에서만 그랬겠지만) 사람들이 그녀를 아기로 취급한 결과였다.

우리는 어린이들이 책임을 다하도록 그냥 내버려두어야 한다. 몬테소리 방법으로 키워진 어린이들은 뜨거운 국그릇을 들고 다닌다. 우리 학교의 일곱 살짜리 남학생은 끌, 도끼, 톱, 칼 등을 가지고 공작을 하지만 그 애는 나보다도 손을 벤 일이 드물었다.

책임이 의무와 혼동되어서는 곤란하다. 의무감은 대체로 나이가 들면서 발달되어야 할 것이다. 이 의무라는 단어는 좋지 않은 연상을 불러일으킨다. 나는 의무감이 강한 부인들이란 늙은 부모에 대한 효도를 강요당했기 때문에 자신들의 생활과 사랑을 망쳐버린 여자들이라고 생각하고 있다. 나는 오래 전부터 서로 사랑하지 않으면서 의무감 때문에 비참하게 살아가는 부부들을 알고 있다.

기숙사나 여름 휴양지의 많은 어린이들은 집에 편지 쓰는 것을 아주 귀찮은 의무로 생각하고 있다. 특히 일요일 오후에 써야 할 때에는 더 귀찮아한다.

그러나 책임은 늙은이가 질 일이라고 하는 것은 궤변이다. 이런 궤변은 우리가 정치가라고 일컫지만 실은 정력학자(精力學者)라고 표현하는 것이 더 나을법한 허약한 노인들의 손에 젊은이의 생활을 맡기게 한다. 가족 구성원 각자는 자기보다 어린 다른 구성원의 보호자요, 지도자라는 데에는 아무런 이의가 없다.

부모들은 여섯 살짜리 아들이 아직은 다음과 같은 문장을 이해할 만큼 이성적이고 논리적인 존재가 아니라는 것을 잘 모르고 있을 뿐이다. 즉 "너는 토미보다 나이가 많아. 네 나이쯤이면 토미가 혼자 길거리를 뛰어다녀서는 안 된다는 것쯤은 알고 있어야 해!"

건전한 이해가 무엇보다 중요하기 때문에 우리는 어린이에게 적당하지 않은 책임을 지우거나 감당할 수 없는 결단을 내리라고 해서는 안 된다.

서머힐에서는 다섯 살짜리 어린이에게 소방시설이 필요한지 않은지를 묻지 않고, 여섯 살짜리 어린이가 열이 날 때 밖에 나가도 되는가 안 되는가를 결정하도록 내버려두지 않는다. 지쳐서 축 늘어져 있는 어린이에게 자러가겠는가 아닌가를 묻지도 않는다. 또한 아픈 어린이에게 약을 줄 때도 그의 동의를 구하지 않는다.

어느 정도 필수적인 권위에 순종하는 것이, 어린이가 그의 연령에 합당한 만큼의 책임을 져야 한다는 생각에 모순되는 것은 아니다. 어린이에게 어느 정도의 책임을 지워야 하는가는 부모들이 결정할 문제이다. 부모들은 우선 자신들을 시험해 보아야 한다.

예컨대 자녀에게 스스로 옷을 고르지 못하게 하는 부모는 자녀가 사회적인 신분에 맞지 않는 옷을 선택하리라는 걱정을 하는 것이다.

자녀들의 책이나 영화 관람, 친구 등을 간섭하는 부모는 자신의 생각들을 자녀에게 강요하려고 한다. 이들은 자녀에게 좋은 것은 자신들이 가장 잘 알고 있다며 자신들의 행동을 합리화한다. 그러나 그들의 마음 속 깊은 곳에 있는 동기는 권위를 휘두르는 데 있을 것이다.

대체적으로 부모는 자녀가 감당할 수 있을 정도의 책임을 지워야 하겠지만, 이때 어린이의 신체적인 안전도 고려해야만 한다. 그래야만 어린이는 자신감을 발전시켜 나갈 수 있는 것이다.

순종과 훈련

왜 어린이는 순종해야만 하는가? 이에 대한 나의 대답은 어른들의 권력에 대한 소망을 만족시켜 주기 위해서이다. 그 밖에 또 무슨 이유가 있겠는가?

당신들은 다음과 같이 말할 것이다. '그래, 어린이가 순종하지 않거나 신발을 신지 않으면 발이 물에 젖게 돼. 또 어린이가 부모의 말을 잘 듣지 않으면 지옥에 떨어지게 될 거야.' 물론 어린이는 삶과 죽음이 문제될 때에는 순종해야 한다. 그런데 이런 경우 복종을 하지 않아 벌을 받는 어린이는 그다지 많지 않다. 대개 어린이는 어른들의 팔에 안겨 '귀여운 것! 아무 일도 없어서 정말 다행이야' 하는 말로 위로를 받는다. 어린이가 벌을 받게 되는 원인은 보통 사소한 일들이다.

순종할 필요가 없는 가정은 불가능한 것이 아니다. 내가 한 어린이에게 '책을 가지고 영어시간에 출석하라!' 고 해도 가기 싫으면 거절해 버릴 수 있다. 그 애가 순종하지 않는 것은 아무도 방해하거나 해치지 않겠다는 자신의 소망을 표현한 것에 지나지 않는다. 그래도 내가 '정원 가운데에 새로 잔디를 심어 놓았으니 아무도 밟고 다녀서는 안 돼!' 하고 말하면, 모든 어린이들이 '내 허락 없이는 내 공을 가지고 놀아서는 안 돼!' 하는 덕의 명령을 듣는 것과 똑같이 내 말을 받아들인다.

순종한다는 것은 주고받는 것의 문제이다. 학교총회에서 통과된 규칙이 지켜지지 않는 일이 가끔 생긴다. 이것에 대해서는 어린이들 자신이 어떤 조치를 취할 수가 있다. 그러나 전체적으로 보면 아무도 권위를 휘두르지 않고 또 아무도 순종하지 않아도 서머힐은 잘 유지되어 간다.

모든 사람은 남의 자유를 해치지 않는 한 자기가 하고 싶은 일은 무엇이건 할 수 있는 자유를 가지고 있다. 그리고 이것이 모든 집단 속에서 실현되어야 할 목표이다.

스스로 결정을 내린다는 원칙이 지켜지고 있는 가정에는 아무런 권위도 없다. 즉 '내가 그렇게 말했으니 그렇게 따르도록 해!' 하고 소리치는 목소리가 없다. 그러나 근본적으로는 권위가 존재하고 있다. 이런 종류의 권위를 우리는 어른들이 아이들을 보호해 주는 것, 돌봐 주는 것, 책임져 주는 것 등이라고 말할 수 있다.

이런 권위로 순종을 요구하는 일이 자주 있다. 또 이런 권위에 순종해야 하는 때도 있다. 그래서 나는 딸에게 '이런 너저분하고 더러운 것은 안방에 가져와서는 안 돼!' 하고 말할 수 있다. 이것은 그녀가 나에게 '아빠, 나가! 아빠가 지금 내 방에 있는 거 싫어!' 하고 말하는 것과 조금도 다를 바가 없으며, 아빠가 아무런 변명 없이 순종해 달라는 소망인 것이다.

어린이들에게 먹을 만큼만 덜어서 먹으라고 하는 부모들은 아이들에게 벌을 주는 일이 많다. 즉 눈이 위보다 클 경우가 종종 있기 때문이다. 어린이에게 자기의 밥그릇을 깨끗이 비우라고 강요하는 것은 잘못이다. 현명한 부모는 어린이의 마음을 이해하며, 동기를 파악하고, 화를 내거나 다른 속셈 없이도 어린이의 한계를 잘 알 수 있다.

어떤 어머니는 딸에게 순종하길 원한다고 편지를 보내 왔다. 그러나 나는 그 소녀에게 자기 자신에게 순종하는 것을 가르쳤다. 엄마는 딸이 순종하지 않는다고 생각했으나 나는 그녀가 항상 유순하다는 것을 알고 있었다. 5분 전에 그녀는 나와 싸우려고 방에 왔었다. 나는 '나가! 지금 글을 쓰고 있는 중이야!' 하고 말했다. 그녀는 한 마디도 하지 않고 나가 버렸다.

순종한다는 것은 다른 사람에게 공손하게 함을 의미한다. 어른들은 어린이에게 순종하라고 요구할 어떤 권리도 없다. 순종이란 마음속에서 우러나는 것이어야지 외부의 강압에 의한 것이어서는 안 된다.

훈련은 목적에 도달하기 위한 하나의 수단이다. 군인들의 훈련은 전투에 능숙하도록 해 준다. 이런 훈련을 하는 나라에서는 인간의 생명을 중히 여기지 않는다.

그러나 다른 훈련도 있다. 오케스트라에서는 모든 연주자가 지휘자에게 순종하는데, 이는 단원들 모두가 하나의 훌륭한 연주를 원하기 때문이다. 군대의 기동력은 긴장하고 있는 졸병들과는 아무런 상관이 없다. 모든 군대는 공포 때문에 단결하며 군인들은 순종하지 않으면 벌을 받는다는 것을 알고 있다.

학교에서의 훈련은 오케스트라의 훈련과 같아야 함에도 불구하고 군대의 훈련과 같은 경우가 너무나 많다. 이것은 가정에서도 마찬가지이다. 행복한 가정은 하나의 오케스트라와 같고 거기에는 하나가 된 마음이 깃들어 있다. 불행한 가정은 미움과 엄격한 훈련이 있는 군대와 같다.

오케스트라의 훈련을 쌓은 가정에서 군대식 훈련을 시키는 학교로 아이들을 보내는 것은 모순된 것이다. 집에서는 한번도 맞아본 적이 없는 어린이들이 선생들에게 맞는다. 예리하고 현명한 방문객들이 오늘날에도 많은 초등학교에서 어린이들이 계산을 하거나 글씨를 틀리게 쓰면 벌을 받는다는 것을 목격하게 되면, 이 나라의 부모들은 모자라는 자들이라고 말하게 될 것이다.

만약 부모들이 교사의 체벌에 항의를 하거나 법원에 고소를 제기하게 되면 대부분의 사람들은 벌을 주는 선생 편을 든다. 부모들은 원하기만 하면 이 체벌을 당장에라도 없앨 수 있다. 그러나 그들은 체벌제도를 없애지 않는다. 그들의 자녀는 체벌 때문에 훈련을 받게 된다. 그리고 어린이들의 미움은 이상하게도 월급을 받고 부모를 대신해 곤란한 일들을 해 주는 선생에게로 집중된다.

부모들에게는 이런 제도가 알맞다. 왜냐하면 부모들은 스스로 생활하고 사랑해 본 경험이 없기 때문이다. 또한 부모들은 집단훈련의 노예이기도 해서 자유라는 것을 상상도 하지 못한다.

한 가정에는 일정한 훈련이 반드시 있어야 한다는 것은 옳은 말이다. 그러나 구성원 각각의 개인적인 권리는 보호되어야 한다. 예컨대 나는 딸이 내 타자기를 가지고 노는 것을 허용하지 않는다. 그러나 행복한 가정에서는 이런 훈련이 저절로 잘 되어간다. 삶이란 하나의 유쾌한 주고받음이다. 부모와 자녀는 친구이며 함께 생활해 나간다.

불행한 가정에서는 훈련이 미움의 무기로 사용되고 순종이 덕으로 된다. 자녀는 부모가 소유하고 있는 재산이다. 그래서 부모는 그들의 재산을 소중히 다루지 않으면 안 된다. 읽기와 쓰기를 배워야 된다고 걱정을 했던 빌리의 부모는 그들이 많이 배우지 못했기 때문에 인생을 망쳤다고 생각하고 있음을 알고 있다.

자신에 대해 만족하지 못하는 부모들은 엄격한 훈련을 해야 한다고 믿는다. 농담하기 좋아하는 쾌활한 사교가도 자기 아들이 똥 이야기를 하면 엄하게 꾸짖는다. 또 정직하지 못한 어머니가 거짓말을 한다며 자녀를 때린다.

입에 파이프를 문 아버지가 아들이 담배를 피웠다고 때리는 것을 본 일이 있다. 어떤 남자는 자기의 열두 살 난 아들을 때리며 "욕하는 것을 가르쳐주마, 이 나쁜 자식!"이라고 소리를 질렀다. 내가 그에게 자신이 욕을 했다고 깨우쳐 주자 그는 태연하게 "그건 전혀 다른 거요. 이 애는 아직 어린애란 말이오!"라고 말했다.

가정에서의 엄격한 훈련은 항상 자신에 대한 미움의 투영이다. 이런 어른은 평생 완벽해지려고 노력했지만 허사였다. 이제 그는 자녀들로부터 그 완전성을 보상받으려고 하는 것이다. 그 밖에도 그는 자기가 놓쳐버린 사랑과 두려워서 놓쳐 버린 쾌락 등을 자녀들에게서 찾으려고 한다. 이러한 것들은 마귀, 즉 가장 감미로운 노래를 알고 삶의 기쁨과 성을 사랑하는 사나이를 만들어낸 것이다.

완전해지려는 욕망은 악을 이긴다. 이 욕망이 신비주의와 비합리주의, 종교와 금욕주의를 낳게 했다. 체벌로 육체에 고통을 가하는 것, 성적인 금욕과 무능도 완전해지려는 욕망에 그 근원이 있다.

우리는 엄격한 가정훈련을 넓은 뜻의 거세(去勢), 즉 삶 자체를 거세를 목표로 삼고 있다고 해도 좋을 것이다. 순종하는 어린이는 자유로운 인간이 될 수 없다. 자위행위를 한다고 벌을 받는 어린이는 완전한 성적인 쾌감을 맛볼 수 있는 능력을 기를 수 없다.

부모들은 자신이 이루지 못했던 꿈들을 자녀가 이루길 바란다. 그런데 거기에는 또 다른 문제가 발생한다. 억압받고 자란 부모들은 자녀가 성취해 주기를 바람과 동시에 자녀가 그들보다 더 많은 것을 갖지 않기를 바란다.

또한 자신이 없는 부모들은 자녀의 삶을 금지시킨다. 그들은 항상 미래에 대해 지나친 불안을 갖고 있으며, 훈련만이 자녀를 구원한다고 생각한다. 이처럼 자신감이 없는 그들은 선과 진리를 강요하는 외적인 신을 필요로 한다. 그래서 훈련이란 종교의 한 분파인 것이다.

서머힐이 일반 학교와 다른 점은 어린이를 신뢰한다는 것이다. 우리는 토미가 의사가 되기를 원한다면 시험에 합격하기 위해 자발적으로 공부해야 한다는 것을 알고 있다. 권위적인 학교에서는 토미가 처벌이나 억압에 의해 공부를 강요당하지 않고서는 절대로 의사가 될 수 없다고 단언한다.

대부분의 학교가 가정보다 단순하다는 것을 시인한다. 만약 서머힐에서 일곱 살짜리 어린이가 다른 어린이들의 기분을 상하게 하면 그는 공동체의 미움을 받게 된다. 따라서 누구나 사회적으로 인정받기를 원하기 때문에 어린이는 스스로 얌전하게 행동하는 것이며, 훈련은 필요치 않다.

여러 가지 정신적인 요소와 다양한 상황이 펼쳐지는 가정에서는 이런 것이 그렇게 간단하지 않다. 저녁식사를 준비하면서 어린애를 걱정하는 엄마는 반항적인 아이에 대한 사회적인 불신 때문에 어떻게 할 도리가 없다. 마찬가지로 아빠가 막 일구어 놓은 꽃밭이 엉망이 되어 있어도 어떻게 할 도리가 없는 것이다. 어린이가 처음부터 자유 속에서 자란다면 일상적인 일에서는 훈련을 할 필요가 없는 것이다.

몇 년 전에 나는 마이네에 있는 친구 빌헬름 라이히를 찾아갔다. 그 때 그의 아들 피터는 세 살이었다. 집 근처에는 깊은 바다가 있었고 피터의 부모는 그에게 물가에 가서는 안 된다고 신신당부했다. 훌륭한 가정교육을 받고 부모를 신뢰하는 피터는 부모의 말을 잘 들었다. 부모도 걱정할 필요가 없다는 것을 알고 있었다.

공포와 권위로 자녀를 훈련시킨 부모가 이 해안에 살았더라면 그들은 신경쇠약증에 걸렸을 것이다. 속는 것이 버릇이 된 아이는 엄마가 물은 위험한 것이라고 말해도 믿지 않을 것이다.

강요로 훈련받은 어린이는 부모를 화나게 함으로써 권위에 대한 미움을 드러낸다. 어린이의 나쁜 행동은 그를 잘못 교육시켰다는 가장 확실한 증거이다. 정상적인 어린이들은 사랑의 분위기 속에서는 부모의 지식을 받아들인다. 그러나 이와 반대로 미움 속에서 자란 어린이들은 그것을 받아들이지 않거나 부정적으로 받아들이며, 파괴적이고 뻔뻔하고 부정직하게 된다.

어린이들은 정직하다. 사랑에는 사랑으로 보답하고 미움에는 미움으로 보답한다. 어린이들은 주위 환경에 쉽게 적응한다. 인간의 본성이 토끼나 사자의 본성보다 더 나쁘지는 않다. 유순한 개도 사슬에 묶어 두면 사나워 진다.

어린이도 강요에 의해 훈련받게 되면 착하던 아이가 정직하지 않게 되고 남을 미워하는 사람으로 변한다. 많은 사람들이 나쁜 어린이는 나쁜 짓만 하려고 한다고 확신하는 것은 슬픈 일이다. 이런 사람들은 하나님이나 체벌에 의해 어린이가 착해진다고 믿고 있다. 그럼에도 불구하고 어린이가 거역한다면 어른들은 어린이가 반항심 때문에 해를 입고 있다고 몹시 걱정할 것이다.

낡은 학교정신은 훈련이 뜻하는 바를 여러 가지 방법으로 상징화한다. 얼마 전에 한 남학교 교장은 어떤 학생들이 학교에 다니느냐는 나의 물음에 이렇게 대답했다.

"이념도 이상도 없는 애들이오. 모두 전쟁에 나가 대포밥이 될 것 같소. 그들은 무엇이 문제이고 무엇을 위한 싸움인지는 조금도 생각해 보지 않기 때문이오."

약 40년 간 나는 한번도 어린이를 때린 일이 없다. 물론 젊었을 때에는 체벌에 찬성하지 않았지만 매를 든 적은 있었다. 지금은 절대로 어린이를 때리지 않는데 그것은 체벌의 위험성과 그 밑바탕에 깔려있는 미움을 깨달았기 때문이다.

서머힐의 어린이들은 모두 동등한 권리를 가지고 있다. 또한 어린이는 어른과 다르다는 것을 인정하면서도 어른의 개성과 인격을 존중하는 것과 마찬가지로 어린이의 개성과 인격도 존중한다. 계속해서 어린이의 잘못을 지적하면 어린이는 열등감을 갖게 되고 우리는 결국 어린이의 천성을 손상시키는 것이 된다.

그릇된 훈련을 받은 어린이의 생활은 거짓말의 연속이다. 그들은 절대로 참된 자기가 되려고 하지 않고 관습에 길들여진 노예가 된다. 그들은 아무런 의심 없이 외출복을 입는다. 그들을 '얌전하도록' 강요하는 것은 꾸지람에 대한 불안이다.

친구들이 주는 벌은 아무런 공포도 주지 않지만 어른들이 주는 벌은 자동적으로 공포를 주게 된다. 왜냐하면 어른들은 크고 힘이 세며 위협적이기 때문이다. 여기서 중요한 것은 어린이들은 겁을 먹은 부모를 상징한다는 것이다.

나는 38년 전부터 지금까지 버릇없고 뻔뻔스럽고 미움으로 가득 찬 어린이들이 서머힐의 품안에 들어오는 것을 보았다. 이들은 시간이 흐르면서 서서히 행복하고 협조적이며 친절하게 변해 갔다.

인류의 미래는 부모의 손에 달려 있다. 만약 부모가 자녀의 생명력을 독재적인 권위로 짓밟아 버린다면 지구는 영원히 범죄와 전쟁과 불행이 들끓는 곳이 될 것이다. 만약 그들이 부모를 그대로 답습한다면 '사랑'을 잃게 될 것이다. 어느 누구도 자기가 두려워하는 것을 사랑할 수는 없는 노릇이다.

노이로제는 부모의 엄격한 훈련에서 생겨난다. 그런 훈련은 사랑의 결과가 아니다. 어린이들이 미움과 처벌과 억압 속에 있는 한 인류는 행복해지지 못할 것이다. 이에 대한 유일한 대안은 사랑이다.

부모의 억압 없이 사랑이 넘치는 가정은 어린 시절의 모든 어려움을 제거해 줄 것이다. 세상의 모든 부모들이 이런 사실을 깨닫는다면! 부모

들이 자녀에게 사랑과 인정으로 가득 찬 분위기를 만들어 준다면, 비열
함과 미움과 파괴하려는 분노는 절대 나타나지 않을 것이다.

☀ 상과 벌

어린이에게 상을 주는 것은 벌보다 덜 위험하지만, 매우 정교한 방법
으로 어린이의 순수성을 파괴할 것이다. 상은 피상적이고 부정적이다.

물질적인 보상만을 바라고 작품활동을 하는 예술가는 없다. 그는 무
엇보다도 창조적 기쁨이라는 보수를 원한다. 남을 이기려는 욕망은 버
려야만 한다.

상은 질투심을 유발시키기 때문에 어린이들에게 심리적으로 나쁜 영
향을 미친다. 형이 동생을 미워하는 것은 ‘동생이 너보다 낮다’는 엄마
의 말 때문에 생긴 결과이다. 형에게는 이런 말이 엄마가 동생에게 주는
일종의 보수로 생각된다.

사물에 대한 어린이의 자연적인 관심을 살펴보면 우리는 상과 벌의
위험성을 알 수 있다. 상과 벌은 어린이의 관심을 특정한 방향으로 강요
하는 결과를 낳는다. 어린이는 폭넓게 관심을 가져야 한다. 주의를 하라
고 강요할 수는 있다. 왜냐하면 주의한다는 것은 의식적인 과정이기 때
문이다.

칠판의 스케치를 주의 깊게 관찰하면서 동시에 해적선에 대한 관심을

가질 수 있다. 우리는 주의하도록 강요할 수는 있지만 관심을 강요할 수는 없다. 그러나 우리는 벌과 상을 줌으로써 관심을 강요하려고 한다.

나는 넓은 정원을 가지고 있다. 많은 학생들이 잡초 뽑는 일을 도와준다. 나는 명령할 수도 있으나 10살 이하의 어린이들은 그 일이 필요한 이유를 알지 못하기 때문에 조금의 관심도 없다.

언젠가 나는 한 무리의 소녀들에게 물었다.

"누가 잡초 뽑는 것을 좀 도와 주겠니?"

그러나 모두 거절했다. 그 이유를 물어보자 그들은 대답했다.

"싫어요! 잡초도 자랄 수 있도록 내버려두세요. 지금은 시간이 없어요. 글자 넣기 퀴즈를 풀어야 해요! 일이 싫어요!"

나도 잡초 뽑기가 싫증난다. 나도 글자 넣기 퀴즈를 좋아한다. 하물며 이 개구쟁이들에게는 말할 필요조차 없다. 완두콩이 싹트는 것을 보고 기뻐하는 것은 나다. 채소를 많이 수확하면 돈을 절약하게 된다. 솔직히 그 정원은 나의 개인적인 이해에 관계되는 것이다.

어린이 스스로가 흥미를 갖지 않을 때에는 흥미를 강요할 수가 없다. 가능한 방법은 시간당 많은 보수를 주고 그들을 구슬리는 것이다. 그렇게 되면 그들과 나는 정원에 대해 같은 흥미를 가질 수 있게 된다.

흥미란 근본적으로 볼 때 항상 이기적이다. 열네 살의 모드는 정원 일을 싫어했지만 자주 정원 일을 도왔다. 그녀는 내 곁에 있고 싶어서 잡초를 뽑았던 것이다. 이 일은 그 순간에는 그녀 자신의 이해와 관계가 있다. 또 정원 일을 싫어하던 데리크가 자발적으로 나를 도와주겠다고 말했을 때, 나는 직감적으로 그가 탐내던 잭나이프를 한번 빌려달라고 부탁하리라는 것을 알았다. 그가 일을 해 준 것은 오로지 칼에 대한 이해관계 때문이었던 것이다.

만약 메리가 읽기나 셈을 배운다면 그것은 스스로 흥미를 느껴서 배우는 것이어야 하며, 좋은 성적을 받아 자전거를 선물 받는다든지 엄마를 기쁘게 하기 위해 배워서는 안 된다.

어떤 엄마가 아들에게 손가락을 빨지 않으면 라디오를 사주겠다고 약속했다. 어린이는 이 멋있는 보상 앞에서 얼마나 갈등하겠는가? 손가락 빠는 것은 어린이의 통제를 벗어난 무의식적인 행동이다. 그는 선물의 유혹 때문에 의식적으로 그 습관을 없애려고 애쓸지도 모른다. 그러나 그런 선물 따위로는 아무런 성과도 거두지 못할 것이고 아이의 죄책감과 곤란만 점점 더 늘어나게 될 것이다.

부모들은 미끼를 던지듯이 '네가 읽을 수 있게 되면 아빠가 스쿠터를 사 주마' 하는 따위를 제안할 때 나타나는 미래에 대한 부모들의 공포는 위험하다. 탐욕적인 이익 사회는 이런 어린이들을 기꺼이 받아들일 것이다. 그러나 번쩍번쩍 빛나는 자전거보다 문맹자로 남아 있기를 원하는 어린이가 보다 더 많이 배웠다고 말할 수 있다.

또 다른 회유책은 어린이에게 부담을 주는 것으로 '네가 공부를 못하면 엄마는 불행할 거야' 하는 따위의 말이다. 이런 회유책들은 어린이의 순수한 흥미를 외면하고 있다.

어른 대신 어린이에게 일을 시키는 것은 옳지 않다. 만약 그렇게 한다면 그들의 능력에 따라 삯을 치러 주어야만 한다. 내가 무너진 담장을 고치기로 했다고 해서 벽돌을 날라다 줄 어린이는 아무도 없다. 그러나 내가 벽돌 한 리어커에 3펜스를 준다면 몇몇 남학생들은 기꺼이 나를 도와줄지도 모른다.

나는 어린이가 가사를 돌본 대가로 일주일치의 용돈을 받는 것은 좋아하지 않는다. 부모는 아무런 일을 하지 않아도 어린이에게 용돈을 주어야 한다.

벌이 공정하게 내려지는 일은 절대로 없다. 왜냐하면 아무도 정의롭지 못하기 때문이다. 법관이 넝마주의보다 정의롭지 못하며 편견에 사로잡히는 경우도 있다. 보수적이고 군대식인 법관은 '군대를 타도하라!'고 외치다 잡혀온 반군국주의자에게 공평할 수 없다.

어린이가 성적인 금기를 어겼다고 해서 가혹하게 다루는 선생은 의식적이건 무의식적이건 스스로가 성적인 죄악감을 품고 있는 것이다. 무의식적으로 동성애적 경향을 지닌 법관은 분명히 동성애에 대해서 특별히 엄격한 판결을 내릴 것이다.

우리는 자신의 감추어진 욕망을 잘 모르고서는 정의로울 수 없다. 이런 것들이 어린이로 하여금 정의롭지 못하게 한다. 어른들은 절대로 자신의 콤플렉스를 초월해서 어린이에게 교육을 시킬 수가 없다. 만약 우리 자신이 억압적인 불안 때문에 좌절되었다면 우리의 어린이들을 자유롭게 기를 수가 없다. 우리는 우리의 콤플렉스를 계속해서 어린이에게 전해주고 있다.

만약 우리가 자신을 이해하고 있다면 우리를 화나게 하는 어린이에게 벌을 줄 수는 없을 것이다. 옛날에는 나도 장학관이 방문하면 어쩌나하는 걱정을 하거나 동료들과 사이가 좋지 않을 때에는 항상 그 화풀이를 어린이들에게 쏟았다.

나는 경험을 통해서 벌이 필요 없다는 것을 알고 있다. 이제 나는 어린이를 벌하는 일이 절대로 없으며, 그렇게 하려고 마음먹는 일조차 없다.

얼마 전에 나는 반사회적인 행동을 하는 새로 온 학생에게 이렇게 말한 적이 있다.

"너는 얻어맞으려고 못된 짓만 골라 하는구나. 너는 여태까지 얻어맞기만 했어. 그러나 이제는 시간 낭비야. 네가 아무리 벌을 받고 싶어해도 나는 절대로 너를 벌하지 않을 거야."

그는 파괴적인 성질을 포기하고 말았다. 더 이상 미움을 불러일으킬 필요가 없었던 것이다.

벌이란 항상 미움에서 생기는 행동이다. 교사나 부모가 어린이를 벌할 때 거기에는 미움이 있다. 그리고 아이는 그것을 알고 있다. 어린이가 훗날 부모나 선생에게 사랑을 보답한다고 하더라도 그것은 순수한 사랑이 아니며 후회스럽고 의무적인 사랑일 것이다.

사실 그 어린이는 죄책감을 갖지 않기 위해 감추어야만 하는 미움을 느끼고 있는 것이다. 그는 자신이 받은 체벌을 환상 속으로 끌어들인다. 그래서 아버지가 교통사고로 죽어 버렸으면 좋겠다고 상상한다. 이런 상상 속의 소원은 죄책감을 낳게 된다. 아버지가 죽었으면 좋겠다고? 난 아주 나쁜 놈이구나! 이런 후회가 어린이로 하여금 아빠의 무릎에 살짝 기어오르게 할 것이다. 그러나 그의 마음속에는 이미 미움이 있고 그 미움은 계속 존재하는 것이다.

악몽처럼 되풀이되는 벌은 더더욱 나쁘다. 매질은 미움을 드러내며 매질이 거듭될 때마다 어린이의 가슴속에는 미움이 점점 더 쌓이게 된다. 어린이가 더 심하고 강렬한 미움을 드러내면 다시 얻어맞게 된다. 그리고 이 매질은 어린이의 마음속에 너무나 심한 미움을 준다.

그 결과 어린이는 나쁜 짓만 일삼는 미움덩어리가 된다. 이런 어린이는 투덜대고 파괴적이며 벌에 대한 면역이 생겼기 때문에 부모의 감정적인 반발을 불러일으키기 위해 나쁜 짓만 하게 된다. 어린이는 사랑을 받지 못할 때는 미움이라도 받으려고 하기 때문이다. 실컷 얻어맞은 뒤에는 후회를 하게 마련이다. 그러나 다음 날 아침 또 다시 나쁜 짓을 하게 된다.

내가 이제까지 관찰한 바에 의하면 자유롭게 성장한 어린이에게는 벌이 조금도 필요 없었다. 그리고 이런 미움의 요소들을 되풀이 하지 않았다. 그들은 벌을 받지 않으며 따라서 못된 짓을 할 필요가 없다. 그들은 거짓말을 하거나 물건을 부술 필요도 없고, 깨끗하지 못하다고 꾸중을 들은 적도 없다. 또 권위에 대해서 반항하거나 부모를 겁 낼 필요도 없다. 물론 이들도 기분이 좋지 않을 때가 있으나 오래 지속되지 않고 노이로제가 되는 일도 없다.

무엇이 벌이고 아닌가를 분명하게 결정짓는 것은 쉬운 일이 아니다. 어느 날 한 소년이 내 톱 중에서 가장 좋은 것을 빌려갔다. 다음날 나는 빗속에 팽개쳐 있는 톱을 발견했다. 나는 그에게 앞으로는 절대 톱을 빌릴 생각은 말라고 했다.

이것은 벌이 아니다. 왜냐하면 벌이란 항상 도덕적인 생각과 연관되어 있기 때문이다. 톱이 빗속에 버려진 것은 톱에게는 좋지 못하지만 비도덕적인 것은 아니었다. 오히려 어린이는 도구를 빌려 쓴 뒤 되돌려 주어야 한다는 것을 배웠을 것이다.

만약 우리가 어린이에게 남의 것은 아무렇게나 다루어도 좋다는 생각을 갖게 한다면 그것은 그에게 악영향을 끼친다. 그 어린이는 예의가 없어질 것이며, 예의 없는 어린이는 좋은 이웃일 수 없는 것이다.

얼마 전에 한 소년이 우리 학교로 전학을 왔는데, 그는 이전 학교에서 물건을 때려부수고 사람들을 다 죽이겠다고 위협하면서 폭력을 행사했다. 그는 나에게도 똑같은 짓을 하려고 했다. 나는 그가 자신의 분노가 폭발하면 남을 못살게 굴고, 그렇게 함으로써 남의 관심을 끌려고 한다는 결론을 얻었다.

어느 날 내가 어린이들이 놀고 있는 방에 들어갔을 때 모든 어린이들이 한쪽 구석에 몰려 있고 다른 쪽 구석에는 그 조그만 폭군이 손에 망치를 들고 서 있는 것을 보았다. 그는 자기에게 다가오는 자는 누구든지 후려치겠다고 위협했다.

"그만둬! 우린 네가 조금도 무섭지 않아!"

그러자 그는 망치를 팽개치고 나에게 달려들어 발로 차며 물었다.

"네가 나를 물고 때릴 때마다 나도 그렇게 할거야!"

또 실제로 그렇게 했다. 그는 이 싸움을 당장 포기하고 방에서 뛰쳐나가 버렸다.

이런 것은 벌이 아니라 꼭 필요한 하나의 수업이다. 그는 자기만족을 위해 남을 해쳐서는 안 된다는 것을 배워야 했다.

대부분의 가정에서는 순종을 하지 않는다고 벌을 주며 학교에서도 불순종과 예의 없는 행동은 나쁜 범죄처럼 생각한다. 나도 젊었을 때에는 어린이들을 때렸다. 이런 버릇은 영국의 거의 모든 교사들이 가지고 있었다. 그런데 나를 가장 화나게 하는 것은 위신이 손상당할 때였다. 집에서는 아버지가 우상인 것처럼 학교에서는 내가 우상이었다. 복종하지 않는다고 처벌할 때는 자신을 전능한 자와 동일시한다. 즉 다른 우상은 믿지 말라는 것이다.

그 후 내가 독일과 오스트리아에서 재직했을 때 선생들이 영국은 체벌이 있냐고 물을 때마다 부끄러웠다. 독일에서는 어린이를 때리는 교사를 추방할 수 있으며, 대개의 경우에는 처벌을 받았다. 학교에서 매질을 하는 것은 영국인들의 큰 수치이다.

영국의 대도시에 사는 의사가 나에게 이런 말을 한 적이 있다.

"이 곳의 어떤 학교장은 학생들을 마구 때리는 무뢰한입니다. 그 교장 때문에 신경쇠약에 걸린 어린이들이 내게 많이 와요. 그러나 난들 어떡합니까? 그는 여론이나 법률도 마음대로 해석해요."

얼마 전 신문에 다음과 같은 기사가 실렸다. 어떤 법관이 잘못을 저지른 형제에게 '그들이 종종 죽지 않을 정도로 맞았더라면 법정에 서지 않아도 됐을 것이다.' 라고 했다는 것이다. 그러나 조사된 바에 의하면 그 두 형제는 거의 매일 저녁 아버지한테 얻어맞았다는 것이다.

솔로몬은 잠언에서 다른 좋은 방법이 있음에도 불구하고 매로 다스려야 한다는 이론 때문에 해를 끼친 경우가 더 많다고 지적했다. 자기를 비판할 줄 아는 사람은 어린이를 때리거나 때리겠다는 생각을 가질 수는 없을 것이다.

거듭 말하거니와 매질이 도덕과 연관될 때에는 어린이에게 불안만을 안겨줄 뿐이다. 만약 어떤 불량아가 내 모자에 진흙덩이를 던질 때 내가 뛰어가 따귀를 때려 준다면 그 아이는 나의 행동을 자연스런 일이라고 생각할 것이다. 그의 영혼은 조금도 다치지 않을 것이다.

그러나 내가 그의 학교로 찾아가서 불량한 짓을 한 학생을 처벌해 달라고 요구한다면 벌에 대한 공포는 그 어린이를 해치게 될 것이다. 이런 모든 것은 도덕과 처벌이라는 하나의 사건으로 되어 버린다. 즉 어린이는 범죄를 저질렀다는 생각을 갖게 될 것이다.

우리는 다음과 같은 광경을 상상할 수 있다. 내가 더러운 모자를 쓰고 멍하니 서 있다. 학교장은 책상에 앉아서 경멸의 눈초리로 그 아이를 쳐다보고 있다. 그는 고개를 푹 숙이고 있다. 그 애를 고발한 사람의 위엄은 그를 위협한다. 내가 거리에서 그를 잡으려고 뒤쫓는 동안에는 그와 내가 똑같았다. 내 모자가 아래로 떨어졌을 때 나는 아무런 체면도 없었다. 이 소년은 살아가는 데 꼭 필요한 한 가지의 교훈을 얻었다. 즉 내가 남을 때리면 남도 나를 때린다는 교훈이다.

화를 내기 쉬운 성질과 벌은 아무런 상관이 없다. 벌은 마치 재판 절차처럼 냉혹하다. 벌은 소위 학생을 바른 길로 인도하기 위해서 내려진다. 벌을 통해 인간은 신과 동일시되고, 도덕적으로는 법관이 된다.

많은 학부모들은 하나님이 상도 주고 벌도 주기 때문에 우리도 자녀에게 상과 벌을 주어야 한다는 원리에 따라 살아간다. 그들은 공정하기 위해 모든 정성을 다하고 자녀를 때릴 때에는 너희를 위해서라고 말한다. 때리는 내가 맞는 너보다 더 아프다고 하는 주장은 자기 기만보다는 덜한 거짓말이다.

우리는 종교와 도덕을 매혹적인 제도라고 생각한다는 사실을 알아야 한다. 벌은 양심의 가책을 없애주며, '나는 내 죄의 대가를 치뤘어!' 하고 사람들은 편안해 한다.

내가 강연을 한 후의 토론회에서 다음과 같이 말하는 사람들이 종종 있었다.

"아버지가 나를 때린 것은 조금도 유감스럽게 생각하지 않는다. 만약 내가 얻어맞지 않았더라면 오늘날의 나는 없었을 것이다."

나는 '그렇다면 지금의 당신은 무엇이오?' 하고 대담하게 물어본 적은 한번도 없었다.

만약 벌이 언제나 심리적인 상처를 주는 것은 아니라고 한다면 이것은 잘못된 생각이다. 어려서 받은 벌이 나중에 성장한 후에 어떤 결과를 가져올지 아무도 모른다. '지나친 노출증' 때문에 감옥에 갇혀 있는 많은 노출증환자들은 어릴 때의 성적인 습관 때문에 벌을 받는 희생자들이다.

만약 벌이 효과가 있다면 그 효과에 대한 논증도 할 수 있어야 한다. 옛날의 군인들처럼 공포로 위협할 수 있다는 것은 사실이다. 만약 부모가 공포 때문에 정신적으로 완전히 파괴된 자녀를 만족해한다면 그들에게는 벌이 큰 효과가 있는 것이다.

벌을 받은 어린이가 정신적으로 얼마나 많은 피해를 받았으며, 얼마나 많은 사람이 평생 기가 꺾인 채 살아가며, 또 얼마나 많은 어린이들이 반항적이고 반사회적인가 하는 것은 아무도 알 수 없다.

내가 교편을 잡아온 50년 동안 부모들이 '나는 아들을 때렸소. 그랬더니 그가 착한 사람이 되었소.' 하고 말하는 것을 들은 적이 없다. 반대로 '나는 아들을 때렸소. 그리고 알아듣도록 타일러 주었소. 나는 온갖 정성으로 그를 도왔소만 그는 점점 더 삐뚤어져 갔소.' 하는 말은 자주 들어왔다.

벌을 받는 어린이는 점점 더 나빠진다. 이전보다 더 지독하게 된다. 벌을 받으며 자란 어린이는 커서 벌을 주는 부모가 되기 마련이고, 이 미움의 순환은 여러 세대에 걸쳐 계속되는 것이다.

나는 종종 '다른 면에서는 자녀에게 최선을 다하는 부모들이 왜 잔인한 학교를 선택하는가?' 하고 의문을 품어 보았다. 그렇게 하는 것은 아이들을 위한 좋은 교육이 중요하다고 생각했기 때문이다. 그러나 이들은 선생들이 벌로써 학생들의 흥미를 강요하지만, 이렇게 해서 생긴 흥미는 벌에 대한 관심일 뿐, 칠판 위의 숫자에 대한 관심은 아니라는 것을 꿰뚫어보지 못하고 있다.

대부분의 성실한 어린이와 대학생들은 뒤에 가서 중용을 되찾게 된다. 그들의 수업에 대한 흥미는 부모들의 강압 때문이었고, 교과 과정 자체에는 별다른 흥미가 없었던 것이다.

선생들과 그들이 주는 벌에 대한 공포는 부모와 자녀간의 관계에 커다란 영향을 미친다. 모든 어른들은 어린이들에게는 상징적인 아버지요 어머니다. 선생이 어린이를 벌 줄 때마다 어린이의 마음속에는 선생이 상징하는 어른들, 즉 부모에 대한 공포와 미움이 자라게 된다. 이것은 정말 충격적인 사실이다. 어린이들은 이것을 의식하지 못하겠지만 나는 여섯 살짜리 소년이 이렇게 말하는 것을 들은 적이 있다.

"지난번 교장선생은 나를 자주 때렸어요. 부모가 왜 나를 그런 학교에 보냈는지 이해할 수가 없었어요. 부모는 그 교장이 잔인하다는 것을 알면서도 그냥 내버려뒀어요."

벌로써 하는 잔소리는 매질보다 더 위험하다. 이런 잔소리는 극히 위협적이다.

"그래, 넌 네가 한 행동이 나쁘다는 것을 몰랐단 말이냐?"

어린이는 고개를 끄덕인다.

"잘못했다고 빌어!"

사기꾼이나 위선자를 만드는 데 그런 잔소리보다 훌륭한 것이 없다. 어린이를 앞에 두고 그의 방황하는 마음을 위해서 기도하는 것은 더더욱 나쁘다. 이런 짓은 정말 용서할 수가 없다. 왜냐하면 이런 짓은 어린이에게 깊은 죄책감을 심어주기 때문이다.

어린이를 들볶는 것도 매우 나쁘다. 이것은 체벌을 가하는 것과 똑같은 해를 끼치게 된다. 나는 어머니가 하루 종일 딸을 들볶아대는 말을 자주 들어왔다. '애야, 햇볕에 나가지 마라!…… 애야, 난간에 다가서지 마라!…… 오늘은 수영을 해서는 안 돼! 물이 너무 차가워서 수영을 하면 죽을 수도 있어!' 들볶아대는 것은 사랑의 표시가 아니라 오히려 무의식적인 미움을 불러일으키는 어머니의 걱정을 나타낼 뿐이다.

체벌에 찬성하는 사람들은 사기꾼의 일생을 묘사한 프랑스 영화를 보아야만 할 것이다. 이 사기꾼은 어렸을 때 나쁜 짓을 해서 일요일에는 저녁식사를 금지 당했었다. 그런데 우연히 그 날의 저녁식사에 독버섯이 들어 있었고 그의 전 가족이 죽었다. 이 소년은 가족들의 관이 실려 나가는 것을 바라보며 자기가 받았던 벌에 대한 보상을 할 수 없게 되었다고 중얼거린다. 이것은 벌을 주는 많은 부모에게 충격이 될 도덕을 내포한 비도덕적인 이야기다.

청결교육

서머힐의 방문객들은 한 가지 특별한 인상을 받는다. 우리가 화장실 문제에 관해서 많은 이야기를 하기 때문이다. 이런 일은 꼭 필요하다고 나는 생각한다. 모든 어린이들은 배설물에 대해서 큰 관심을 가지고 있다.

신체의 분비물에 관한 어린이들의 관심에 많은 논란이 일자, 나는 딸을 주의 깊게 관찰함으로써 그것에 관해 알아보고자 했다. 그녀는 자기의 배설물을 가지고 장난을 하지는 않는다. 그러나 세 살 때 청결교육을 단단히 받았던 어떤 소녀한테서 멀리 떨어진 한쪽 구석에서 용변을 보는 버릇을 배우게 되었다.

이것은 부담스러운 일이었으나 못하도록 막을 수도 없었다. 왜냐하면 조금만 간섭을 해도 심리적인 장애를 일으키게 될 수도 있기 때문이었다. 다행히도 소에는 다른 소녀의 일방적인 행동에 곧 싫증을 냈고, 이 분뇨장난도 끝나고 말았다.

우리는 어린이들이 대변이나 그 냄새에 구역질을 하지 않는다는 것을 잘 알고 있다. 어른들이 야단을 침으로써 비로소 아이들은 양심의 가책을 받게 된다.

나는 열한 살에 서머힐에 온 한 소녀를 기억하고 있다. 그녀는 오직 화장실에만 관심이 있었다. 그녀는 열쇠구멍으로 들여다보는 것을 기쁨으로 알았다. 나는 당장 그녀에게 지리학 대신 화장실학을 가르쳤다. 그렇게 함으로써 그녀를 만족하게 해 주었다. 약 10일 후 나는 한번 더 화장실에 대한 나의 의견을 말했다.

"이제 그 이야기는 듣고 싶지 않아요! 화장실에 관한 이야긴 싫증이 나도록 들었어요!"

그녀는 불쾌하게 말했다.

한 남학생은 수업시간에 집중하지 못했다. 그는 대변과 그 모양에 대해서 지나칠 정도의 관심을 가지고 있었기 때문이다. 나는 그가 대변에 관한 흥미가 식어 버리면 수학공부에 열중하리라는 것을 알고 있었다. 그리고 그렇게 되었다.

교사란 쉬운 직업이다. 교사는 어린이의 흥미가 무엇에 있는가를 찾아내고 그 흥미를 충족할 수 있도록 도와주기만 하면 되기 때문이다. 언제나 억압과 묵살은 이 흥미를 지하로 숨어들게 할 뿐이다.

"그러나 그런 방법은 어린이들을 더러운 생각으로 인도하지는 않을까요?"

어떤 점잖은 부인이 물었다.

"아니오. 당신이 더러운 것이라고 하신 것에 계속적으로 흥미를 갖게 하는 것은 당신의 책임입니다. 사람이란 흥미가 충족되어야만 새로운 것에 흥미를 느끼는 법이지요."

"화장실 문제에 관해서 이야기할 때 당신은 정말로 어린이들에게 흥미를 북돋워 줍니까?"

"그럼요. 어린이들이 그런 것에 흥미를 가졌다는 것을 알았을 때는 말입니다. 몇몇 노이로제에 걸린 어린이들에게는 이런 이야기를 일주일 내내 합니다."

우리는 몇 년 전 노이로제에 걸린 아이를 보았다. 자기 아들이 하루 종일 바지에다 똥오줌을 싼다며 아이를 우리에게 보낸 것이다. 이 아이의 어머니는 처음에는 야단쳤지만 별 효과가 없자 실의에 빠져 똥을 먹으라고 윽박질렀다.

여러분은 우리가 먼저 해결해야만 하는 문제들을 상상할 수 있으리라. 그 소년에게는 남동생이 있었는데, 모든 문제는 동생이 태어나면서 시작되었다는 것이 밝혀졌다. 이유는 분명했다. 그 소년은 '동생이 엄마의 사랑을 빼앗아 갔다. 이제 나도 동생이 기저귀를 더럽히는 것만큼 바지를 더럽혀야 엄마가 다시 나를 사랑해 주겠지.' 라고 생각했던 것이다.

나는 소년에게 그 행위의 근본적인 이유를 깨우쳐 주기 위해 개별지도를 했으나, 이런 치료가 단시일에 효과를 거두는 일은 드물다. 이 소년은 1년이 넘도록 하루에 세 번씩 바지를 더럽혔지만 그를 꾸짖거나 욕하는 사람은 아무도 없었다.

우리 학교의 보모 코크힐 여사는 한 마디의 불평도 없이 그의 바지를 빨았다. 물론 그녀도 내가 소년이 바지를 더럽혔을 때 칭찬을 하자 불평을 했다. 그러나 칭찬이란 그 아이의 행동을 이해하고 있다는 것을 보여 주는 것이었다.

이러는 동안 그는 미움에 가득 찬 조그만 악마였다. 이것은 결코 이상한 것이 아니다. 그는 문제를 안고 있었고 갈등에 시달리고 있었기 때문이다. 그러나 그 문제를 치료하자 그는 완전히 깨끗해졌고 그 후로도 3년 동안 우리 학교에 머물러 있었다.

그는 마침내 사랑스런 소년이 되었다. 어머니는 다른 학교에 보내고자 그를 서머힐에서 데려가 버렸다. 그가 다른 학교에 간 지 1년 만에 우리를 찾아온 일이 있었는데 완전히 달라져 있었다. 부정직하고 불안해하는 불행한 소년이 되어 있었다. 그는 자기를 서머힐에서 데려 간 어머니를 절대로 용서하지 않을 것이라고 말했고, 또 정말로 용서하지 않을 것 같았다.

다행스럽게도 서머힐 역사상 줄곧 바지에 대소변을 싼 아이는 이 소년 한 명뿐이었다. 대개의 경우 사랑을 일찍 중단해 버린 어머니에 대한 미움의 반작용이 이런 문제들을 낳게 되는 것이다.

우리는 어린이에게 자기의 신체기능에 대한 고정적이고 억압적인 흥미를 일깨워주지 않고서도 몸을 깨끗이 하도록 교육할 수 있다. 새끼 고양이나 송아지는 자기의 배설물에 대해 아무런 콤플렉스도 없다. 어린이의 콤플렉스는 그가 받는 교육의 결과이다.

어머니가 얌전치 못하다고 하거나 더럽다고 하거나 그런데, 그런데...... 하는 따위의 말들을 하면 선과 악의 구분이 생기게 된다. 이때 문 제되는 것은 도덕적인 것들이다. 사실은 신체에 관한 것들만 문제되고 있는데도 말이다.

따라서 똥에 흥미를 가진 어린이에게 똥을 더럽다고 하는 것은 잘못이다. 그에게 찰흙을 주어 똥에 대한 그의 흥미를 충분히 발산시키도록 해 주는 것이 가장 올바른 길이다. 이런 방법으로 어린이는 아무런 억압도 받지 않고 자기의 흥미를 누를 수 있는 것이다.

언젠가 나는 신문에서 어린이들은 진흙과자를 만들 권리가 있다고 지적한 일이 있다. 교육학자요, 몬테소리 방법의 유명한 대표자가 내게 편지를 보내어 자기의 경험으로는 어린이들에게 더 좋은 어떤 것을 주기만 하면(내가 강조하는 바이다) 어린이들은 진흙과자 따위는 만들려고 하지 않는다고 반박했다.

그러나 흥미가 일단 진흙과자에 고정되어 있을 동안에는 그것보다 더 좋은 것은 아무것도 없다. 하지만 우리는 문제아에게 그가 무슨 짓을 하고 있는가를 말해서는 안 된다. 그가 똥에 대한 근원적인 흥미를 떨쳐 버리지 못하면 가능한 오랫동안 진흙과자를 만들려고 하기 때문이다.

나는 똥에 대한 백일몽에 빠져 있던 여덟 살의 짐을 기억하고 있다. 나는 짐에게 진흙과자를 만들도록 해 주었다. 그와 동시에 나는 계속해서 그가 흥미를 느끼고 있는 것이 무엇인지 되풀이해서 말해 주었다. 이런 방법은 그의 치료과정을 촉진시켰다.

나는 직접 '네가 그런 짓을 하는 것은 다른 어떤 것에 대한 보상이다'고 말하지는 않았다. 나는 오직 그에게 두 가지가 비슷한 것이라는 것만 상기시켜 주었다. 그것은 효과가 있었다. 우리는 다섯 살짜리에게는 이런 말을 할 필요가 없다. 그의 환상은 과자를 만드는 동안 곧 사라져 버리기 때문이다.

어린이들에게 똥은 아주 중요한 연구 대상이다. 이런 흥미를 억압하는 것은 위험하고 어리석은 짓이다. 한편 우리는 똥에 대해 지나친 의미를 부여해서도 안 된다. 그저 그런 것으로서 어린이는 자기의 생산품에 대해서 자랑스럽게 뽐낸다. 어떻게 보면 그것은 감탄할 만한 것이기도 하다. 어린이가 똥을 싸게 되면 그것을 그냥 정상적인 일인 것처럼 대해 주어야 한다.

배설은 어린이만 아니라 많은 어른들에게도 하나의 창조적인 활동이다. 어른들도 한바탕 대량으로 배설을 하고 나면 기분이 홀가분해지고 자랑스런 생각이 들 때가 가끔 있다. 많은 양은 큰 가치를 상징한다. 금고를 털고 난 뒤 양탄자 위에 똥을 누고 가는 범죄자는 그럼으로써 주인을 더 괴롭히는 것이 아니다. 오히려 훔친 물건 대신에 어떤 값진 것을 남겨두는 것으로써 자기의 죄의식을 상징적으로 나타내는 것이다.

동물은 생리적인 기능에 대해서 의식하지 못한다. 똥을 자동적으로 흙 속에 묻어 버리는 개나 고양이에게는 그것이 본능적인 행동이며 자신의 먹이를 깨끗하게 보존하기 위해 꼭 필요한 일이기도 하다. 똥에 대한 인간의 도덕적인 태도는 자연스럽지 못한 영양 섭취 방법과 관련이 있는 것 같다.

말과 염소와 토끼의 똥은 깨끗하고 전혀 메스껍지 않다. 유독 인간의 배설물은 구역질이 나는데 그것은 인간의 음식물이 인공적으로 만들어진, 비위를 거슬리는 잡동사니이기 때문이다. 나는 가끔 인간의 똥도 동물의 똥처럼 쉽게 만질 수 있는 것이었다면 어린이들이 정서적으로 자유롭게 자랄 수 있는 기회가 더 컸으리라고 생각한다.

똥에 대한 어린이들의 구역질은 어린이가 부정적이고 미움을 품게 하는 데 큰 역할을 했음에 틀림없다. 배설기관과 성기관이 붙어있기 때문에 어린이들은 두 가지 모두 더러운 것이라고 생각한다. 그래서 똥과 성적인 것에 대한 거부가 억지로 심어지게 된 것이다.

어머니가 아기의 기저귀를 씻을 때에는 구역질을 느끼지 않을지 모른다. 그러나 3년 후 양탄자 위에 있는 똥을 치울 때는 화를 낼 것이다. 모든 어린이는 똥에 관련되는 문제에 대해 조심해야 하고, 어머니는 화가 어린이에게 커다란 영향을 미친다는 것을 기억해야만 한다. 어린이는 어머니의 화내는 인상을 간직하고 있다가 그것을 자신의 성격으로 나타내기 때문이다.

식사

전체주의는 어린이의 방에서 기원되었으며 아직도 여전히 어린이의 방에서 시작되고 있다. 어린이의 본성을 제일 먼저 침해하는 것은 억압이다. 이 첫 침해는 수유에서 시작된다. 즉 갓난아기에게 정해진 시간에만 젖을 주고 그 외 시간에는 젖을 주지 않는 것으로 억압이 시작되는 것이다.

이것에 대한 이유는 일정한 시간표에 따른 수유가 어른들의 일상생활을 덜 방해하기 때문이다. 그러나 진짜 동기는 다른 데 있다. 새로 태어난 생명과 그의 자연적인 욕구에 대한 미움이야말로 진짜 동기인 것이다. 이것은 많은 가정에서 배고픈 젖먹이들이 아무리 울어도 무관심하게 넘기는 것을 보면 알 수 있다.

자기결정은 태어나자마자 젖을 빨 때부터 시작된다. 모든 젖먹이들은 원할 때 젖을 먹을 권리가 있다. 어머니가 집에서 출산을 하면 아기의 욕구를 쉽게 만족시킬 수 있다. 그러나 병원에서는 아기가 태어나자마자 신생아실로 데려가 버린다. 그리고 첫날은 엄마가 아이에게 젖이나 우유를 먹이는 것을 허락하지 않는다. 이런 행위가 젖먹이에게 얼마나 크고 오래 지속될 해를 끼치는가는 아무도 모른다.

이제는 많은 병원에서 신생아를 엄마 곁에 있도록 하며 퇴원하기 전까지 계속해서 엄마의 보살핌을 받을 수 있게 되었다. 만약 이런 것을 확인하지 않고 병원을 예약할 경우에는 그곳의 방침에 따라야만 하는데, 갓 태어난 아기의 의사를 존중하는 어머니라면 신생아를 분리시켜 두는 병원에 가서는 안 된다. 아기를 그런 잔인한 제도에 맡기기보다는 차라리 집에서 해산하는 편이 훨씬 낫다.

정해진 시간표에 따라 수유하는 것은 최근 들어 맹렬한 공격을 받고 있기 때문에 이 제도를 포기하는 의사가 많아졌다. 이것이 바람직하지 못하다는 것은 분명하다. 만약 4시에 배가 고파서 우는 아기에게 수유 시간이 아니라고 해서 젖을 먹이지 않으면, 그 아기는 어리석고 잔인하고 생명에 적대되는 훈련을 받게 되는 것이다.

이런 훈련은 어린이의 육체 및 정신적인 발육에 많은 해를 끼친다. 아기들은 먹고 싶을 때 먹어야 한다. 아이는 처음에는 자주 먹으려고 하는데, 그것은 한꺼번에 많은 양의 젖을 먹을 수 없기 때문이다.

어린이의 모든 교육에 있어서 결정적인 근본원칙은 젖먹이를 지치도록 울려서는 안 된다는 것이다. 어린이의 욕구는 언제나 충족되어야 한다.

시간표에 따른 교육이 성과를 거두려면 어머니가 어린이보다도 먼저 그의 상태를 파악하고 있어야 한다. 그러나 그렇게 되면 그녀는 기계적인 어린이, 즉 훈련된 어린이를 길러내게 되는 것이다. 물론 이런 어린이는 어른들에게 곤란한 문제를 제기하는 일은 드물지만, 독자적이고 자연적인 발달은 희생을 당할 것이다.

어린이에게 스스로 결정할 수 있는 권리를 준다면 어머니는 매일, 아니 매초마다 새로운 것을 발견하게 될 것이다. 왜냐하면 엄마는 항상 어린이보다 한 걸음 뒤에서 그를 계속해서 관찰함으로써 배우게 되기 때문이다.

젖먹이가 배불리 먹었는데도 얼마 후 울게 되면, 젊은 엄마는 당장 의사의 충고나 지식을 동원하여 이 문제를 생각한다. 어디 아픈 것은 아닐까? 경기가 아닐까? 관심을 가져달라는 것일까? 등등.

엄마는 마음에서 우러나는 사랑을 가지고 반응해야 하며, 책을 통해 배운 서툰 지식으로 반응해서는 안 된다.

모든 어린이들은 혼자 내버려두면 나름대로 시간표를 만들어 간다. 어린이는 스스로 결정할 수 있는 능력을 가졌기 때문이다. 젖을 먹을 때만 그런 것이 아니라 보통의 음식을 먹을 때도 마찬가지이다.

유아기의 후기까지도 손가락을 빠는 것은, 가끔 소년기까지 지속되기도 하는데, 이는 시간표에 따라 젖을 먹인 가장 뚜렷한 결과이다. 어린이가 손가락을 빠는 것은 먹을 것에 대한 욕구와 빨 때의 감각적인 쾌감이라는 두 가지 이유 때문이다. 어린이는 먹을 것을 얻게 되면 입의 쾌감이 증가하게 되고 허기가 채워지기도 전에 이미 만족을 느끼게 된다. 아직 시간이 안 되었다고 해서 어린이가 울면서 기다려야 할 때는 배고 픔과 감각적인 불쾌감이 쌓이게 된다.

나는 병원에서 출산한 엄마가 의사의 지시에 따라 수유시간이 지났다 며 먹고 있는 젖을 빼 버리는 것을 본 적이 있다. 나는 문제아를 만들기 위해서는 이보다 더 효과적인 방법은 없다고 생각한다.

무지한 의사와 부모가 젖먹이의 자연적인 충동과 행동에 억지로 간섭 하는 것은 거의 있을 수 없는 일이다. 이들은 교육에 대한 잘못된 생각 때문에 어린이의 기쁨과 자기 발전을 저해하고 있다. 이것은 인류에게 공통적인 신체적, 정신적인 병의 최초의 원흉들이다. 그 뒤에는 학교와 교회가 기쁨과 자유를 반대하는 역할을 이어 받는다.

어떤 어머니는 자유롭게 자란 자기의 아들에 관해서 이렇게 쓰고 있 다. 그 애가 고형식을 먹기 시작했을 때, 우리는 그가 먹고자 하는 것을 스스로 선택하도록 내버려두었다. 그가 어떤 야채를 물리치면 다른 야 채를 주거나 후식으로 그 야채를 주었다. 그랬더니 그는 전에는 싫어하 던 그 야채를 자주 후식으로 먹었다. 때로는 아무것도 먹지 않으려고 했 다. 이것은 배가 고프지 않다는 증거였다. 그러고 나면 다음 식사 때에 는 특히 잘 먹었다.

아이에게 필요한 것을 아이보다 더 잘 안다고 생각하는 엄마들이 가 끔 있다. 그러나 절대 그렇지 않다. 간단한 실험을 해 보자. 어머니가 아이스크림 · 사탕 · 통밀빵 · 토마토 · 샐러드 및 여러 음식들을 식탁 위에 놓고 어린이로 하여금 마음대로 선택하게 한다. 이렇게 하면 보통의 어린이는 한 주 정도만 지나면 매우 훌륭한 다이어트 식품들만 골라서 잡게 된다. 이것은 미국에서 시행된 권위 있는 실험의 결과다.

서머힐에서는 누구나 그 날의 식단 중에서 자유롭게 음식을 선택 할 수 있다. 항상 세 가지 중에서 선택하도록 되어 있다. 따라서 서머힐에는 다른 학교에서처럼 먹다 남은 음식 찌꺼기가 많지 않다. 물론 이것이 음식을 선택하게 하는 동기는 아니다. 우리는 어린이들을 바르게 교육시키고자 할 뿐, 음식물을 절약하려는 목적은 아니다.

어린이들이 균형 있는 식사를 하면 그들이 용돈으로 사탕을 사먹더라도 해가 되지 않는다. 어린이들이 사탕을 좋아하는 것은 그들의 신체가 당분을 요구하기 때문이다. 따라서 그들은 당분을 많이 섭취해야 한다.

어린이들이 베이컨이나 계란을 싫어하는데도 불구하고 억지로 먹이려고 하는 것은 비합리적이고 잔인한 일이다. 소에는 언제나 자기가 먹고 싶은 것을 골라 먹는다. 그녀가 감기에 걸리면 누가 시키지 않아도 항상 과일과 과일즙만 먹었다.

나는 일찍이 소에만큼 먹는 것에 관심이 없는 어린이를 본 적이 없다. 초콜릿은 손도 대지 않은 채 며칠이고 책상 위에 놓여 있었고, 점심이나 저녁때 나오는 훌륭한 요리에도 관심이 없었다. 아침을 먹다가 누가 놀러가자고 부르면 음식을 팽개쳐 두고 나가선 다시 돌아오지 않았다. 그러나 그녀는 건강했고 우리가 그것을 걱정한 일은 한번도 없었다.

대개의 부모들은 자신이 좋아하는 음식을 자주 만든다. 그들이 채식주의자면 육식을 좋아하는 사람에게도 야채와 과일을 준다. 그러나 채식주의자의 자녀가 육식을 매우 좋아하는 것을 자주 보았다.

다이어트에 관해서는 잘 알지 못하지만 어린이가 고기를 먹건 안 먹건 아무런 상관이 없다고 생각한다. 음식이 균형만 잡혀있다면 건강할 수 있는 것이다. 나는 서머힐의 어린이들이 설사를 했다는 말을 들은 적이 없다. 그러나 체하는 일은 가끔 있다. 우리에게는 항상 신선한 야채와 샐러드가 많다.

갓 전학 온 어린이들은 잘 먹지 않는다. 그러나 시간이 지나면 대개의 어린이들은 이 음식에 익숙해지고 잘 먹게 된다. 여하튼 서머힐의 어린이들은 주방일을 전혀 모르고 있고, 또 그래야만 하는 것이다.

어릴 때에는 식사가 즐거운 것이기 때문에 식사 예절로 어린이를 괴롭혀서는 안 된다. 특별히 '잘' 교육받은 어린이들이 서머힐에서는 가장 나쁜 식사 예절을 지니고 있다는 것은 슬픈 일이다. 어린이에게 강요를 많이 할수록, 또 가정교육이 엄격할수록, 그가 일단 혼자 있게 되면 행동이 더 나빠진다.

우리는 어린이가 한 젊은이로서 자연스럽고 좋은 행동을 스스로 깨닫게 될 때까지 어린이로 하여금 억압으로부터 풀려날 수 있도록 해 주는 것 이외에는 별다른 간섭을 하지 말아야 한다.

영양 섭취는 어린이의 생활에 있어서 가장 중요하며 성문제보다도 더 중요하다. 위장은 이기주의적이고 어릴 때도 이기주의적이다. 열 살짜리 소년에게는 한 접시의 고기가, 늙은 추장의 부인에 대한 생각보다 더 큰 의미를 지닌다. 서머힐에서처럼 어린이에게 이기주의를 충분히 맛볼 수 있는 자유를 주게 되면 이 이기주의는 점차 애타주의로, 즉 남을 사랑하는 사람으로 발전하게 된다.

건강과 수면

서머힐의 38년의 역사 동안 병에 시달린 어린이는 별로 없었다. 그 이유는 아마 우리가 생명의 편을 들었기 때문일 것이다. 우리는 신체를 보호한다. 우리 학교에는 음식에 대한 행복이 있다. 방문객들은 누구나 어린이들이 건강해 보인다고 말한다. 나는 우리 학교의 어린이들은 행복하기 때문에 소녀들은 예쁘고, 소년들은 건강해 보인다고 생각한다.

싱싱한 야채는 신장병에 특효가 있다. 온갖 종류의 채소는 억압으로 생긴 정신병을 낫게 하는 데 매우 좋다. 그러나 균형 잡힌 식사를 하더라도 도덕적인 설교로 자녀들에게 나쁜 영향을 줄 수도 있다. 반대로 노이로제에 걸리지 않은 사람은 자녀에게 아무런 해도 끼치지 않는다. 내가 경험한 바로는 자유롭지 못하게 자란 어린이들은 자유롭게 자란 어린이들보다 육체적으로 건강하지 못하다.

더욱이 우리 학교의 학생들은 부모는 크지 않은데, 180cm 이상 자라기도 한다. 이것은 우연일 것이다. 그러나 자유로운 어린이들이 신체적으로도 잘 성장하는 것 같다. 여하튼 나는 자위행위를 금하지 않으면 소년들이 더 빨리 성장함을 알아냈다.

이제 잠에 대해 이야기 해 보자. 어린이는 잠을 충분히 자야한다는 의사의 요구가 어느 정도 신빙성이 있는지를 알고 싶다. 어린아이에게는 그것이 적용된다. 만약 일곱 살짜리 어린이에게 밤늦게까지 자지 않아도 좋다고 허락해 주면 그는 건강을 해치게 될 것이다. 왜냐하면 그 아이는 아침 늦게까지 잘 수 없기 때문이다. 많은 어린이들은 무엇인가 부족한 듯해서 일찍 자지 않으려고 한다.

자유로운 학교에서는 취침 시간이 문제 거리다. 어린 학생들이 아니라 나이 많은 학생들이 곤란해한다. 젊은이들은 늦게까지 깨어 있기를 좋아한다. 나는 이것을 이해할 수 있다. 왜냐하면 나도 잠자는 것을 싫어하기 때문이다.

대개의 어른들은 직업이 이런 문제를 해결해 준다. 아침 여덟 시에 출근해야 하는 사람들은 새벽까지 깨어있을 수가 없다.

행복한 생활이나 좋은 식사 등도 부족한 잠을 보상할 수 있다. 서머힐의 학생들은 일요일에 밀린 잠을 보충한다. 어느 때는 점심식사도 거르고 잠을 잔다.

이제 노동과 건강의 관계를 살펴보기로 하자. 내가 하는 일의 대부분은 두 가지의 동기가 있다. 나는 감자밭을 돌보는데 물론 그 시간에 신문칼럼을 쓰고 밭일은 일꾼에게 맡기면 수입이 더 낫다는 것도 안다. 그러나 나는 건강하게 살고 싶기 때문에 밭을 일구는데 이것이 신문 원고료보다 더 중요한 한 가지의 동기이다.

자동차 대리점을 하는 친구는 나더러 기술의 시대에 밭을 간다며 미쳤다고 한 적도 있다. 그러나 나는 그에게 오늘날은 아무도 걷기 싫어하고 땅을 파지 않기 때문에, 기계들이 인간의 건강을 망쳐 버릴 것이라고 말해 주었다. 그 친구도 나와 마찬가지로 건강을 염려하는 나이에 접어든지 이미 오래다.

반대로 어린이는 건강을 조금도 의식하지 않고 살아간다. 어떤 소년도 건강해지기 위해서 일을 하지는 않는다. 다만 한 가지 동기, 즉 순간적인 흥미로 일을 한다. 서머힐의 건강은 자유와 좋은 식사, 신선한 공기가 주는 결과이다.

☀ 청결과 의복

일반적으로 여학생이 남학생보다 청결하려고 노력한다. 서머힐의 남학생들은 열다섯 살이 넘어야 외모에 신경을 쓴다. 그러나 여학생들은 남학생들만큼 방을 잘 정돈하지 않는다. 열다섯 살 이하의 소녀들도 마찬가지다. 소녀들은 인형 옷을 만들거나 연극 의상을 재단하고 남은 쓰레기를 모두 방바닥에 어지럽혀 둔다.

서머힐에는 세수를 싫어하는 소녀는 거의 없다. 언젠가 아홉 살의 밀드레드가 우리 학교에 왔었는데 그녀의 할머니는 청결에 대해 콤플렉스를 가지고 있었기 때문에 하루에도 열 번씩이나 그녀를 씻겼다. 어느 날 밀드레드의 보모가 나에게 와서 말했다.

"밀드레드는 일주일 동안이나 세수를 하지 않았어요. 목욕도 하지 않으려고 해서 냄새가 날 지경이에요. 어떻게 하면 좋을까요?"

"내게 보내시오."

얼마지 않아 그녀가 나에게 왔는데 손과 얼굴이 아주 더러웠다.

"조심해! 그러면 못써!"

나는 엄하게 나무랐다.

"그렇지만 나는 세수하기 싫어요."

"누가 너더러 세수하라고 했니? 거울 좀 들여다봐! 너는 네 얼굴을 어떻게 생각하니?"

"조금도 깨끗하지 않아, 그렇지요?"

그녀는 빙그레 웃었다.

"너무 깨끗해. 나는 얼굴이 깨끗한 여학생은 좋아하지 않아. 자, 이제 나가!"

잠시 후 그녀는 석탄창고에 가서 새까맣게 칠하고는 으스대며 돌아왔다.

"됐어요?"

나는 심각하게 그녀의 얼굴을 살피고는 말했다.

"아니, 아직 안됐어. 여기 이쪽에 아직도 흰 곳이 남아 있어."

그 날 저녁 밀드레드는 목욕을 했다. 그러나 나는 그 원인을 찾아내지 못했다.

또 한번은 일곱 살된 소년이 유명한 기숙사학교에서 우리 학교로 전학 왔다. 그는 일주일 후에 역에서 석탄을 싣는 일꾼들과 사귀게 되어 그들을 도와주기 시작했다. 식사 때가 되어 돌아오면 그의 얼굴과 손은 새까맣게 되어 있었다. 그렇다고 간섭을 하는 사람은 아무도 없었다.

그가 집이나 전에 다니던 학교에서 배운 청결교육에서 벗어나는데는 2, 3주나 걸렸다. 그가 석탄삽을 내동댕이치고 난 후부터는 다시 깨끗한 소년이 되었다. 그러나 이번에는 사정이 완전히 달랐다. 그는 강요에 의해 깨끗해 진 것이 아니며, 스스로 더러워지려고 하는 콤플렉스에서 벗어난 것이다.

빌리가 진흙으로 과자를 만들 때 그의 어머니는 이웃이 빌리의 더러운 옷을 보고 흉을 볼까 두려웠다. 이처럼 남의 눈이라는 사회적 요청이 장난이나 공작의 기쁨에 대한 개인적 요청에 우선되어서는 안 된다.

부모는 자주 청결에 대하여 지나친 의미를 부여한다. 청결이란 이미 사라진 일곱 가지 덕목 중 하나이다. 자신이 청결하다고 자랑하는 남자는 대개 인생에 있어서 이류적인 것을 존중하는 2급 인생이다. 정상적인 인간이 매우 비정상적인 이해력을 가지고 있는 경우도 가끔 있다.

나는 '여러분의 공원이니 깨끗이 합시다' 라는 팻말이 붙어 있는 공원만큼이나 종이가 어지럽게 흩어져있는 책상을 가진 사람으로서, 공정하게 이런 말을 하고 있다.

내 가정에서는 의복문제가 가장 곤란하다. 소에는 우리가 허락만 한다면 하루 종일 발가벗은 채 뛰어다닐 것이다. 자유롭게 자란 어린이의 부모도 그들의 두 살 난 딸이 추워지자 자발적으로 집에 돌아와서 따뜻한 옷을 입혀달라고 했다고 보고하고 있다. 우리 집에는 그런 일이 없다. 소에가 코와 볼이 시퍼렇게 언 채 덜덜 떨고 있기에, 우리는 옷을 껴입히려고 온갖 노력을 다했으나 그녀는 끝내 거절했다.

용감한 부모들은 '이 아이는 자신의 몸을 스스로 잘 보호할 거야. 그녀가 추워서 떨어도 내버려 둬! 그러면 되는 거야.' 하고 말할지도 모른다. 그러나 우리는 폐렴의 위험까지 무릅쓸 만큼 용감하지 못했다. 그래서 소에가 알맞은 옷을 입고 다니도록 배려해 주었다.

아주 어린 자녀의 옷은 부모가 결정해 주어야만 한다. 그러나 어린이들이 자라면 그들 스스로 옷을 선택할 수 있도록 해야 한다. 수백만 명의 딸들이 극성스런 엄마가 옷을 골라 주려고 고집하는 것에 시달리고 있다. 일반적으로 남자아이들의 의복 문제는 간단하다. 가능하다면 부모는 자녀에게 일정 금액의 옷값을 주어야만 하며, 그 돈으로 자녀가 영화를 보건 군것질을 하건 그것은 어린이가 알아서 할 일이다.

친구들과 차이가 많이 나는 옷을 입히는 것은 결코 좋지 않다. 다 큰 소년에게 같은 반 친구들이 모두 긴 바지를 입고 있는데, 그만 반바지를 입게 하는 것은 잔인하다.

소녀들은 머리 모양이 길건 짧건 땋건 간에 마음대로 할 수 있어야 한다. 루즈를 칠하고 싶어하면 왜 안 된다는 말인가? 나는 개인적으로 그런 것을 좋아하지 않지만 만약 내 딸이 원한다면 못하도록 막지는 않을 것이다.

어린아이들은 옷에 별 관심이 없다. 그러나 부모가 옷에 관한 노이로제에 걸려 있으면 어린이도 곧 콤플렉스를 갖게 되어, 바지가 찢어질까 봐 나무에 올라가는 것도 두려워한다.

정상적인 어린이들은 그들의 옷을 아무데나 내동댕이친다. 그들은 벗어놓은 겉옷을 어디에 두었는지 잊어버리기도 한다. 여름철 저녁에 학교를 한 바퀴 둘러보면 언제나 한 보따리의 신발과 스웨터를 주울 수 있다.

기숙사학교에 다니지 않는 어린이들은 남의 이목을 무시하고 자기를 주장하지 않으면 안 된다. 우리는 '외출복' 이라는 불편한 옷을 입고 만족해야 하는 수천 명의 어린이들을 생각해 보아야 한다. 그들은 깃을 반듯이 세운 하얀 옷을 입고 힘없이 걸어다니며 공을 차거나 정원을 타 넘는 것을 두려워한다. 다행히도 이제 이런 바보스런 짓은 사라져가고 있다.

서머힐에서는 학생이든 선생이든 더운 날에는 상의를 벗고 점심식사를 한다. 아무도 이렇게 하는 것을 싫어하지 않는다. 중요하지 않은 것은 적당히 해도 상관없다.

부모들의 콤플렉스는 무엇보다도 의복문제에서 드러나기 마련이다. 서머힐에 언젠가 한번 아주 질이 나쁜 꼬마 도둑이 있었는데, 선생님이 4년 동안이나 힘들게 인내함으로써 그의 버릇을 고칠 수 있었다. 그 아이는 열일곱 살에 학교를 졸업했다. 그러나 그의 어머니는 '빌이 잘 도착했습니다. 그런데 양말 두 켤레가 모자라니 그것을 돌려보내 주시기 바랍니다.' 라는 편지를 보내왔다.

서머힐에서 자녀를 돌보는 가정부에게 질투를 하는 부모들이 가끔 있다. 나는 어머니들이 학교에 와서는 당장 어린이들의 옷장에 가서 이맛살을 찌푸리고 투덜대며 가정부를 못마땅하게 여기는 것을 본 적이 많다. 이런 엄마는 대개 그들의 자녀에 대해 매우 불안해한다. 왜냐하면 옷에 관한 불안은 항상 학습과 다른 문제들 때문에 생긴 불안의 다른 모습이기 때문이다.

장난감

만약 내게 조금이라도 장사를 할 생각이 있었더라면 나는 장난감가게를 차렸을 것이다. 모든 어린이들의 방은 부서지거나 버려진 장난감들로 가득하다. 좀 넉넉한 집안의 자녀들은 지나치게 많은 장난감을 가지고 있다. 장난감에 몇 페니씩 지불하는 것은 정말 낭비다.

언젠가 소에는 졸업생한테서 걷고 말도 하는 아주 훌륭한 인형을 선물 받았다. 그것은 매우 값비쌌다. 동시에 소에는 다른 학생한테서도 조그맣고 값싼 토끼인형을 하나 얻었다. 그런데 소에는 그 비싼 인형은 반 시간 정도만 가지고 놀았고, 토끼인형은 오랫동안 가지고 놀았다. 더욱이 토끼는 잠잘 때도 안고 잤다.

소에는 여러 장난감 중에서도 오줌 싸는 인형인 베스티 웨스티를 가장 좋아했다. 이 인형은 그녀가 한 살 반이 되었을 때 내가 사준 것이다. 그녀는 오줌 싸는 장치에는 조금도 흥미를 갖지 않았으나, 그 인형이 청교도적인 사기꾼이었고 등에서 '삐삐' 하는 소리가 났기 때문에 좋아했던 것 같다.

몇 해 전 나는 나이가 많은 학생들에게 설문조사를 했다. '언제 남동생이나 여동생에게 화를 내는가?' 대답은 거의 '내 장난감을 망가뜨렸을 때'였다.

어린이에게 장난감의 작동법을 가르쳐 주는 것은 절대로 안 된다. 어린이가 어떤 문제를 스스로 풀 수 없다고 해서 무조건 도와주어서는 안 된다는 것이다.

자유롭게 자란 어린이들은 그들의 장난감을 오랫동안 만족해하며 가지고 놀 것이다. 그들은 자유롭지 못한 어린이들이 하는 것처럼 장난감을 때려부수거나 내동댕이치지 않는다.

비교적 조용한 주택에서 사는 어린이들은 사용하지 않는 취사도구를 가지고 놀아도 상관없다. 그들이 냄비뚜껑을 두들기면 안 될 이유는 없다. 어린이들은 가게에서 파는 장난감보다도 이런 것을 훨씬 더 좋아한다. 시중의 장난감들은 어린이에게 수면제가 될 수도 있다.

많은 부모들이 지나치게 많은 장난감을 사주려고 한다. 어린이가 순간적인 충동으로 장난감에 손짓만 해도 당장 그것을 사 준다. 그 결과 어린이의 방은 한번도 가지고 놀지 않은 장난감들로 가득 차게 마련이다.

창조적인 장난감을 파는 가게는 너무나 적다. 쇠나 나무를 쌓아올리는 장난감은 많지만 창조적인 것은 정말 드물다. 쌓는 장난감들은 낱말 끼워 맞추기나 산수문제와 같다. 이것들은 이미 누군가가 다 짜 맞추어 놓았기 때문에 그 해답이 완전히 독창적일 수 없다.

나 자신도 창조적인 장난감을 발명할 수 없다는 것을 고백한다. 또 그런 것을 제안할 능력도 없다. 그러나 나는 전 세계가 오늘날의 장난감 제작자들보다 더 어린이의 마음에 다가갈 수 있는 장난감 마술사를 기대하고 있다고 확신한다.

☀ 떠드는 소리

어린이는 본능적으로 떠들기 좋아한다. 부모들은 이것을 받아들여야만 하고, 만족스러워 해야 한다. 한 어린이가 건강하게 성장하려면 맘대로 쿵쿵거리며 놀 수 있어야만 하는 것이다.

나는 40년 동안이나 어린이들의 시끄러운 소리를 들으며 살아왔다. 보통 때는 이런 시끄러운 소리를 의식하지 못하며 이 현상은 대장간에서와 같다. 우리는 계속되는 망치 소리에 마침내는 익숙해져 버리고 만다.

길가에 사는 사람은 계속되는 소음을 의식하지 못하는 때가 자주 있다. 그러나 망치와 경적소리는 어느 정도 한결같은 소리를 내지만, 어린이들이 떠드는 소리는 강하고 항상 다른 소리다. 이런 소리는 남의 신경을 건드린다. 본관건물에서 오랫동안 50여 명의 어린이들이 떠드는 소리를 들어오다가 몇 해 전에 별채로 이사했을 때, 비로소 나는 저녁의 평화를 누리게 되어 기뻤다는 것을 고백해야 하겠다.

서머힐의 식당은 매우 시끄럽다. 어린이들은 식사하면서 동물처럼 떠든다. 우리는 떠드는 소리에 대한 콤플렉스가 없는 아이만 골라서 함께 식사한다. 나와 아내는 미리 식사를 한다. 왜냐하면 우리는 식사를 끝내고 나서 약 2시간에 걸쳐 어린이들에게 음식을 나누어주어야 하므로, 약간의 휴식이 필요하기 때문이다.

선생들은 지나친 소음을 좋아하지 않는다. 그러나 나이가 많은 학생들에게는 어린 학생들의 떠드는 소리가 아무렇지 않은 것 같다. 어떤 나이 많은 학생이 학교총회에서 어린 학생들의 떠드는 소리에 대해 말을 꺼내자 어린 학생들은 소리를 지르며 항의했는데 그것은 옳은 것이었다. 왜냐하면 나이 많은 학생들도 그들과 마찬가지로 떠들기 때문이다.

어린이들에게 시끄럽게 떠드는 것을 억압하면 신체에 대한 관심을 억압할 때만큼 억눌리지는 않을 것이다. 떠드는 것은 더러운 것이 아니다. '이제 좀 조용해!' 하는 아버지의 고함은 참다못해 자기의 마음속에서 터져 나오는 표현이다. 그러나 '아니, 그건 더러워!' 하는 엄마의 소리는 도덕적인 분노를 드러낸 것이다.

서머힐의 어린이들은 하루 종일 논다. 특히 대낮에는 더하다. 그들이 놀 때는 쿵쾅거린다. 대부분의 학교에서는 노는 것이나 쿵쾅거리는 것이 모두 억압받는다. 스코틀랜드의 어느 대학에 다니는 우리 학교 졸업생은 다음과 같이 말했다.

"대학생들은 강의 시간에 아주 신경에 거슬리는 지독한 소란을 피운다. 그런데 우리는 이런 시기를 서머힐에서는 이미 열 살 때 지나버린 것이다."

나는 조지 더글라스의 소설 《초록색 문이 있는 집》에서 에든버러 대학생들이 변변치 못한 선생의 강의를 중단시키고 화나게 하기 위해, 존 브라운 관(館)의 마루바닥을 발로 구르는 장면을 기억한다. 장난과 떠드는 소리는 밀접한 연관이 있다. 그리고 이 두 가지는 일곱 살에서 열네 살까지의 어린이들에게 가장 잘 어울리는 것들이다.

☀ 바람직한 행동

바람직한 행동이란 타인을 생각한다는 것, 아니 타인을 의식한다는 것을 말한다. 인간은 집단의식을 가지고 있어야 하며, 남의 입장을 이해할 수 있어야 한다. 착한 행동은 남에게 해를 입히지 않는다. 이것은 사람들이 정말로 좋은 취미를 가졌다는 뜻이기도 하다. 좋은 행동은 가르친다고 되는 것이 아니다. 좋은 행동은 무의식에 속하는 것이기 때문이다.

그러나 형식적인 겸손은 가르칠 수 있다. 왜냐하면 겸손은 의식적인 행위에 속하기 때문이다. 겸손이란 착한 행동의 겉치레에 불과하다. 예절은 연주회 동안에 소곤거리는 것을 허용해 준다. 그러나 예절은 우리에게 저녁식사를 위해 옷을 갈아입고, 부인이 식탁에 나타나면 일어서야 하고, 식탁을 떠날 때는 '죄송합니다' 하고 말할 것 등을 요구한다. 이런 것들은 외형적이며 별 의미가 없다.

나쁜 행동은 언제나 심리적인 장애 때문에 생긴다. 비방과 재잘거리는 것은 주체적인 결함을 뜻한다. 이런 것들은 자신에 대한 미움의 표현이며, 욕하는 것은 자신이 불행하다는 것을 드러낸다. 어린이들은 행복한 환경에 있게 되면 자연히 미움의 욕망에서 벗어나게 된다. 즉 사랑스럽고 친절해진다는 뜻이다.

나이프로 완두콩을 먹는 어린이가 베토벤의 교향곡을 듣는 동안에 소곤거리며 다른 사람들을 방해하리라고는 말할 수 없다. 브라운 여사 앞에서 모자를 벗지 않는 어린이들만이, 브라운 여사가 술을 마신다는 소문을 퍼뜨리는 것도 아니다.

언젠가 내가 강연하던 중 한 노인이 일어서서 요즘 젊은이들의 예절에 관해서 불평을 늘어놓은 적이 있다. 그는 화가 나서 말했다.

"지난 일요일 공원을 산책하고 있는데, 지나가던 꼬마 중 한 명이 '이봐 영감!' 이라고 했소."

"그게 어떻습니까? 만약 그 애가 '여보세요, 나으리' 라고 했더라면 마음에 들었겠소? 당신은 단순히 모욕을 당했고 위신이 손상당한 것입니다. 당신은 어린이들이 순종하기를 원했지 좋은 행동을 하기를 원했던 것은 아닙니다."

이런 말은 다수의 어른들에게 해당되는 것으로 허영심에 지나지 않는다. 사람들은 봉건시대의 신하를 다루듯 어린이들을 다룬다. 이런 것은 이기주의로, 어린이의 이기주의보다 훨씬 더 부당한 것이다. 어린이는 이기주의적이어야 한다. 그러나 어른들은 그들의 이기주의를 사물에만 한정시켜야 하며, 인간에게로 향해서는 안 되는 것이다.

나는 어린이들은 서로의 잘못을 고쳐 준다고 확언할 수 있다. 서머힐의 한 학생이 식사시간에 몹시 소리를 내자 다른 학생들이 그를 놀려댔다. 반대로 한 어린이가 나이프로 햄버거를 먹자 좋은 생각이라고 말하며, 왜 나이프로 먹으면 안 되느냐고 자문했다. 나이프는 입을 벨 염려가 있다는 대답은 나이프가 너무나 무디기 때문에 받아들여지지 않았다.

어린이들은 예절을 하나하나 의심해 봐도 괜찮다. 만약 누군가가 완두콩을 나이프로 먹고자 한다면 그것은 개인적인 문제이다. 그러나 사회적 행동이라고 일컬어지는 제도는 이와 다르다. 만약 한 어린이가 더러운 장화를 신고 거실에 들어온다면 우리는 그에게 화를 낼 것이다. 왜냐하면 그 방은 어른들의 것이기 때문이다. 그리고 어른들은 그곳에 들어올 수 있는 사람과 들어와서는 안 될 사람은 누구라는 것을 말해 줄 권리가 있다.

한 학생이 단골 정육점 주인에게 나쁜 짓을 했을 때, 나는 학교총회에서 정육점 주인이 나를 찾아와 난리를 쳤다는 것을 말했다. 그러나 나는 그가 그 아이의 뺨을 한 대 때려 주었더라면 좋았을 것이라고 생각했다.

사람들이 예절이라고 부르는 것은 대개 가르칠 가치가 없는 것들이다. 그런 것은 최선의 경우라고 해도 낡은 습관의 찌꺼기에 불과하며, 남자가 숙녀 앞에서 모자를 벗는 것은 별 의미도 없는 관습이다. 내가 어렸을 때, 목사부인 앞에서는 모자를 벗었지만 어머니나 누나 앞에서는 모자를 벗지 않았다. 그들 앞에서는 아부할 필요가 없다는 것을 알고 있었다. 이런 때에는 관습도 별로 해로운 것이 아니다. 어린이는 자라면서 그런 관습에 익숙해질 것이다. 그러나 열 살까지는 어린이들이 겉치레를 멀리해야만 할 것이다.

예의범절은 가르칠 수 있는 것이 아니다. 만약 일곱 살짜리 어린이가 손으로 밥을 먹으려고 한다면 그렇게 하도록 내버려두어야 한다. 그가 누구의 마음에 들도록 행동할 필요는 조금도 없다. 어린이에게 부정직한 행동을 강요함으로써 그의 발달을 저해하는 것보다는 차라리 친척이나 이웃사람들을 멀리하는 것이 나을 것이다.

좋은 행동은 저절로 하게 된다. 서머힐의 졸업생들은 매우 훌륭한 행동을 한다. 이들 중 많은 학생들이 열두 살이 되도록 접시를 핥았지만, 누구도 '고맙습니다'라고 말하도록 강요해서는 안 된다. 또 그렇게 하도록 윽박질러서는 절대 안 된다.

대부분의 사람들은 정상적이고 권위적으로 교육을 받다가 서머힐에 온 어린이들의 좋은 행동이란 것이 얼마나 겉치레였던가를 알게 되면 깜짝 놀랄 것이다. 그들은 아주 훌륭한 예절을 배워서 온다. 그러나 그들이 서머힐에는 아첨할 곳이라고는 없다는 것을 알게 되자마자 그런 예절을 무시해 버린다.

그들은 차츰 말씨, 행동, 행위 등에서 정직하지 못했던 것들을 없애나간다. 소위 명문 기숙사학교에서 전학 온 학생들이 그들의 부정직이나 야비한 행동을 버리는 데 가장 많은 시간을 필요로 한다. 자유로운 어린이는 절대로 파렴치하지 않다.

학생들에게 선생님을 존경하라고 요구하는 것은 그들에게 부정직하게 되라고 요구하는 것과 같다. 사람이 누군가를 존경할 때에는 완전히 무의식적으로 그렇게 하는 것이다. 우리 학교의 학생들은 마음만 먹으면 언제라도 나를 어리석은 노새라고 부를 수 있다.

학생들이 나를 존경하는 것은 내가 교장이거나 함석으로 만들어진 우상이어서가 아니라, 내가 그들의 젊은 인생을 존중하기 때문이다. 학생들과 나는 서로 인정해 주기 때문에 서로 존경한다.

어느 걱정 많은 어머니가 나에게 이런 질문을 했다.

"내 아들을 이 학교에 보내게 되면 방학 때 집에 와서 야만인처럼 행동하게 되지 않을까요?"

"물론입니다. 만약 당신이 그 애를 야만인으로 길러 놓았다면 말입니다."

억압된 교육을 받은 어린이가 우리 학교에 다니다가 집에 돌아가면 적어도 첫 해는 야만인처럼 행동하는 것은 사실이다. 그가 좋은 예절을 몸에 익히고 있었더라도 당장 야만인으로 되돌아가고 만다. 이는 인위적인 행동방식은 어린이의 마음속이 아닌 겉으로만 나타나는 것임을 증명해 주고 있다.

형식적인 예절은 자유로운 생활에서는 가장 먼저 제거해야 하는 위선이다. 우리 학교에 처음 온 어린이들은 대개 예의바르다. 그들은 솔직하지 못한 행동을 하는 것이다. 그러다가 시간이 지나면 서머힐의 어린이들은 정말로 좋은 행동을 몸에 익히게 된다. 왜냐하면 우리는 절대로 예절을 요구하지 않으며 '고맙습니다' 나 '미안합니다' 등도 요구하지 않기 때문이다. 우리 학교를 방문하는 사람들은 항상 말한다.

"어린이들의 행동이 대단히 훌륭합니다."

여덟 살부터 열아홉이 될 때까지 우리 학교에 다닌 피터는 남아프리카로 갔다. 그의 아내는 '이 곳의 모든 사람들이 피터의 좋은 행동에 매혹되었다' 라는 편지를 보내왔다. 그러나 피터가 서머힐에 있는 동안 어떤 예절을 지니고 있었는지 조금도 알 수 없다.

서머힐은 계급이 없는 사회다. 아버지의 재산이나 지위는 중요하지 않다. 중요한 것은 각 개인의 사람됨됨이다. 그리고 가장 소중한 것은 사회에 적응하는 힘, 즉 그 사회의 바람직한 구성원이 되는 것이다.

우리 학교의 좋은 예절은 자치의 결과이다. 모든 사람들이 어떤 문제건 상대방의 입장에서 생각해 보도록 강요당한다고 생각한다. 서머힐의 어린이가 말더듬이나 지체부자유자를 놀리는 것은 상상조차 할 수 없다. '미안합니다' '고맙습니다' 따위를 연발하는 젊은이는 실제로는 남을 잘 돌봐주지 않는다.

좋은 행동이란 정직에 관련된 문제이다. 서머힐을 졸업하고 공장에 취직한 잭은, 볼트와 너트를 내주는 사람이 언제나 화가 나 있는 것처럼 보였다. 그 사람에 관해 깊이 생각해 본 잭은 다음과 같은 결론을 내렸다. 일꾼들은 그에게 가서 소리 지른다.

"이봐, 빌! 볼트와 너트 한쌍만 줘!"

그런데 빌은 깔끔한 정장을 차려입고 있다. 이것은 일꾼들보다도 훨씬 좋은 옷이었다. 결국 빌은 자기가 마땅히 받아야 한다고 생각하는 존경을 받지 못하고 있었기 때문에 화가 나 있는 것이었다. 그래서 잭은 볼트와 너트가 필요하면 빌에게 가서 말했다.

"실례합니다, 브라운 씨! 볼트와 너트를 좀 주시겠습니까?"

잭은 나에게 이렇게 말했다.

"그런 것은 수치가 아닙니다. 그것은 일종의 응용심리학으로 그 사람이 불쌍하게 보였거든요."

"그 뒤엔 어떻게 되었나?"

"공장에서 그가 친절하게 대해주는 사람은 나밖에 없어요."

나는 이런 것이 청년들이 사회생활을 통해서 배우게 되는 행동양식의 훌륭한 본보기라고 생각한다. 나는 우리 학교의 어린 학생들이 나쁜 짓을 하는 것을 본 적이 없다. 물론 앞으로도 그럴 것이라고 생각한다. 또 나는 어린이들이 방문객과의 대화에 끼어 드는 것을 본 적도 없다. 어린이들이 노크를 하는 일은 절대로 없다. 그러나 손님이 있을 때에는 그냥 조용히 되돌아갔다가 나중에 사과를 하곤 한다.

근래 우리 학교에 온 한 사람은 어린이들의 행동을 매우 칭찬했다. 그는 나에게 이렇게 말했다.

"나는 지난 3년 동안 차를 몰고 여기에 왔었지만 어린이들이 차를 긁거나 기어오르는 일이라곤 한번도 없었습니다. 더구나 여기는 어린이들이 하루 종일 유리창을 깨뜨린다는 학교인데도 말입니다."

서머힐의 어린이들이 방문객들에게 얼마나 친절한가는 이미 말한 적이 있다. 이러한 친절은 좋은 행동이라고 할 수 있을 것이다. 내가 들은 바로는 어떤 방문객도, 그가 아무리 우리 학교를 반대한다고 하더라도, 적어도 6개월 이상 서머힐에서 생활한 학생의 버릇이 나쁘다고 비난한 적은 없었기 때문이다.

우리 학교에서 연극을 공연할 때면 관중들의 태도는 매우 훌륭하다. 연기를 잘 못하거나 작품이 나쁘더라도 어느 정도의 갈채는 받는다. 대부분의 학생들은 배우나 작가는 최선을 다했으며, 그들을 비웃거나 경멸해서는 안 된다고 생각한다.

많은 부모들에게는 예의바른 행동이 가장 큰 관심거리다. 훌륭한 가정에서 태어난 열 살 된 소년이 서머힐로 전학 온 적이 있었다. 방에 들어올 때는 반드시 노크를 하고, 방을 나갈 때는 항상 조용히 문을 닫았다. 나는 생각했다.

'이런 버릇은 일주일밖에 지속되지 않을 거다.'

그러나 그 판단은 오류였다. 그것은 이틀밖에 지속되지 않았다.

나도 어린이들에게 "문 좀 닫아!"하고 소리치기도 한다. 그러나 그것은 좋은 행동을 가르치기 위해서가 아니라 문을 닫기가 귀찮아서 어린이에게 시킨 것이다. 어린이들은 아버지가 교수건 노동자건 좋은 행동에는 조금의 관심도 없다.

사회의 발전은 세상을 거짓과 겉치레로부터 해방시켜야 가능하다. 우리는 어린이들에게 자유를 주어야 한다. 그것은 어린이들이 현재의 전통적인 사회보다 한 걸음 더 앞질러 나갈 수 있도록 하기 위해서이다.

우리가 어린이들을 불안과 미움에서 해방시켜줄 때만이 비로소 진실로 좋은 행동을 하는 새로운 사회를 이룩할 수 있을 것이다.

☼ 돈

많은 어린이들에게 있어서 돈은 사랑의 상징이다. 빌 아저씨는 2백 페니를 주었고, 마가렛 아줌마는 천 페니를 주었으므로 마가렛 아줌마가 빌 아저씨보다 나를 더 사랑한다는 식이다.

부모도 무의식중에 이런 생각을 가지고 있어서 아이들에게 지나치게 많은 돈을 주어서 버릇을 그르치는 일이 자주 있다. 대체적으로 사랑을 받지 못하는 어린이가 많은 용돈을 받는 경우가 자주 있다.

누구도 돈에 의하지 않고는 가치를 정하기가 어렵다. 우리는 도처에서 이렇게 하도록 강요당하고 있다. 극장에도 상석과 하석이 있다. 별장에서 방학을 보내는 어린이가 있는가 하면 도시의 공원에서 방학을 보내는 어린이도 있다. 그러나 돈으로 가치를 정한다는 생각은 우리 모두에게 위험하다.

어떤 어머니는 "나는 이 세상의 황금을 다 준다 해도 내 자녀와 바꾸지 않겠다."는 농담을 한다. 그리고 나서 채 5분도 못 되어, 아이가 5페니짜리 컵을 깼다고 마구 때린다. 금전적인 가치가 가정교육의 대부분을 차지하고 있다.

"손대지 마. 그건 비싼 거란 말이야."

돈이 어린이보다 더 중요할 때가 자주 있다. 그런데 이것은 어린이에게만 해당되며 어른들에게는 그렇지 않다. 내가 접시를 깨뜨렸을 때 어머니는 나를 때렸지만, 아버지가 그랬을 때는 하나의 불행한 우연에 지나지 않는다.

부모는 돈 때문에 자녀들에게 겁을 주는 일이 많다. 나는 어린이들이 겁에 질려 우는 것을 자주 보았다.

"나는 시계를 고장냈어. 엄마가 뭐라고 할까? 엄마에게 이런 말을 하기가 무서워."

이와 반대로 가정에 대한 미움을 일부러 물건을 때려수는 것으로 드러내는 어린이도 있다.

"이것에 대한 보상은 우리 부모가 치를 거야. 그들은 나를 사랑하지 않아. 그들이 니일한테서 청구서를 받으면 화를 내겠지?"

우리 학교의 몇몇 학부모들은 지나치게 많은 생활비를 송금하고, 또 몇몇은 너무 적게 보낸다. 이것은 내가 해결할 수 없는 문제이다. 학생들은 매월 나이 당 2페니씩 받게 되어 있다. 그러나 많은 학생들은 그 밖에도 따로 우편으로 보내오는 돈을 받지만 일부 학생들은 조금만 보내오거나 전혀 보내오지 않는다.

어떤 학생들은 일주일에 30실링을 받지만, 어떤 학생들은 2실링밖에 받지 못하는 것은 공평하지 않기 때문에 나는 학교총회에서 모든 학생들의 돈을 함께 관리하자고 여러 번 제의했다. 많은 용돈을 받는 어린이들은 소수였음에도 불구하고 나의 제의는 항상 부결되었다. 일주일에 1실링을 받는 학생들이 돈 많은 학생들의 수입을 제한하자는 제의에 끝까지 반대했다.

어린이에게는 많은 돈을 주기보다는 차라리 적은 돈을 주는 것이 낫다. 열한 살짜리 아들에게 40실링을 주는 부모는 현명하지 못하다. 왜냐하면 거액의 돈은 어떤 정해진 물건, 즉 램프나 자전거 등을 사는 데 쓰여질 것이기 때문이다.

지나치게 많은 돈은 어린이들의 가치개념을 혼돈 시킨다. 이런 어린이는 고장나서 다시는 거들떠보지도 않게 될 멋진 자전거라든가 라디오 또는 비창조적인 값비싼 장난감을 사고야 말 것이다.

지나치게 많은 용돈은 어린이의 환상을 빼앗아 버린다. 어린이에게 값비싼 보트를 사주면 나무토막으로 스스로 보트를 만들 때의 창조적인 기쁨을 빼앗아 버리게 된다. 소녀들은 조각천으로 손수 만든 인형을, 눈도 감기고 소리도 나는 값비싼 인형보다 더 좋아한다.

나는 어린 아이들은 돈을 소중히 여기지 않는다고 확신한다. 우리 학교의 다섯 살짜리는 동전을 잘 간수하지 않는다. 따라서 어린이들에게 저축을 가르치는 것은 잘못이다. 저금통은 어린이들에게 너무나 많은 것을 요구한다. 어린이들에게는 오늘만이 중요한데도 저금통은 '내일을 생각하라!'고 한다. 일곱 살짜리 어린이에게는 1만 5천 페니가 들어 있는 저금통이 조금도 중요하지 않다. 특히 부모가 언젠가는 이 돈을 찾아서 아무런 쓸모도 없는 물건을 사 주리라고 생각할 때는 더더욱 그렇다.

 ## 유 머

보통의 학교와 교양잡지에는 유머가 너무나 적다. 나는 유머의 위험성에 대해서도 알고 있다. 어떤 이는 신중하게 다루기 보다 그냥 웃어넘기는 것이 쉽기 때문에 인생에 있어서 심각한 문제들도 유머로써 얼버무리려고 한다.

그러나 어린이들에게는 유머 그 자체가 목적이다. 그들에게는 유머와 농담이 재미있는 것이고 친분을 나타내는 것이기도 하다. 엄격한 선생들은 이것을 알기 때문에 그의 학급에서 유머를 몰아내 버린다.

도대체 엄격한 교사가 유머 감각을 가질 수 있을지 의심스럽다. 그러나 나는 일상적인 것에도 항상 유머를 이용한다. 어린이들과의 농담도 즐긴다. 한편 심각해야 할 때에는 아주 심각하다.

어린이들과 친해지기 위해서는 그들의 생각과 기분을 잘 이해할 수 있어야 한다. 따라서 우리는 어린이다운 유머 감각을 가지고 있어야 한다. 어린이와 농담을 주고받음으로써 우리는 어린이들에게 그들이 사랑을 받고 있다는 신뢰를 불러일으켜 준다. 그러나 이 때 어린이의 기분을 해치거나 비판을 해서는 안 된다.

어린이들의 유머 감각이 발전하는 과정을 살펴보는 것은 재미있다. 우리는 유머 대신 농담을 해야 할지도 모른다. 왜냐하면 유머보다 농담에 대한 감각이 먼저 발전하기 때문이다.

데이빗 바턴은 서머힐에서 태어난 것이나 다름없다. 그가 세 살 때 내가 물었다.

"나는 여기에 처음 온 손님인데 니일 좀 찾아줄래? 어디에 있지?"

데이빗은 나를 업신여기듯 쳐다보면서 말했다.

"이 바보야, 이게 너 아냐?"

그가 일곱 살이던 어느 날 나는 그와 함께 정원에 있었다. 그 때 내가 엄숙하게 말했다.

"데이빗 바턴에게 가서 내가 좀 보잔다고 해라! 아마 그는 저 위의 작은 집에 있을 거야."

그는 히죽 웃더니 대답하고는 작은 집으로 갔다가 5분 후에 돌아왔다. 그리고는 웃으며 말했다.

"그가 안 온다고 하던데."

"왜 오기 싫다던?"

"그는 지금 가축들에게 먹이를 주고 있다고 했어."

데이빗은 일곱 살 때 이런 농담을 할 정도로 자랐다. 그러나 내가 아홉 살짜리 에이몬드에게 대문을 훔친 벌로 그의 용돈을 몰수한다고 하자 그는 울었다. 나는 내가 실수를 했다는 것을 깨달았고 그로부터 2년이 지나서야 비로소 그는 나의 농담을 이해하게 되었다.

나는 방문객들을 안내할 때 조그만 집 안에 있는 어린이들을 '돼지'라고 소개한다. 그러면 그들은 꿀꿀거린다. 언젠가 내가 여느 때와 마찬가지로 이들을 돼지라고 소개했을 때, 여덟 살짜리 소녀가 나를 쳐다보며 말했다.

"이제 그런 농담은 그만둘 때가 되었잖아!"

그 때 나는 정신이 아찔했다. 그녀가 옳았던 것이다.

여자아이도 남자아이 못지 않게 유머 감각을 가지고 있다. 그러나 그녀들은 유머를 무기로 사용하는 일은 드물다. 반대로 소년들은 유머로써 자신을 잘 방어한다.

데이브는 반사회적인 어떤 행동으로 법정에서 재판을 받은 적이 있었다. 그가 아주 재미있게 자신을 변호했기 때문에 재판관들의 환심을 사서 가벼운 처벌만 받게 되었다. 자기가 너무나 부당한 대접을 받고 있다고 생각하는 소녀는 절대로 이렇게 할 수가 없다. 아주 개방적인 가정에서 자란 딸들도 우리 사회가 여자들에게 덮어씌우는 일반적인 열등감에 시달리고 있다.

아무 때나 어린이를 유머로 다루어서 그의 위신을 손상시켜서는 안 된다. 정말로 어린이가 불평할 이유가 있을 때에는 그것을 심각하게 받아 주어야 한다. 만약 열이 40도나 되는 어린이와 우스갯소리를 한다면 그것은 잘못이다. 그러다가 그 애가 다시 좋아졌을 때는 자기가 의사라거나 장의사라고 해도 괜찮을 것이다. 그는 이런 것이 농담이라는 것을 알 것이다.

어린이들은 유머가 유쾌하고 웃음을 자아내기 때문에 좋아할 것이다. 위트로 해 보는 말이라도 조롱은 피해야 한다. 서머힐이 커다란 성과를 거두게 된 것은 바로 이런 농담에 대한 감각 덕택인 것이다.

제3장 성교육

성에 대한 태도

　신체의 기능과 성생활에 대하여 병적일 만큼 관심을 갖지 않은 학생을 데리고 있었던 적은 없다. 갓난아기가 정말로 어디서 오는가 하는 질문을 부모에게 하는 자녀들은 종교적 광신자의 자녀들이 종교생활에 신비스런 무엇이 있는 것처럼 생각하는 것과 마찬가지로, 성생활에 비밀스런 것이 있다고 생각한다.

　어린이들에게 성생활에 대하여 새로운 태도를 갖게 하는 것은 부모나 선생들에게 매우 어려운 과제다.

　어른들은 성적인 문제에 있어서 자유로웠던 시절이 한번도 없었기 때문에, 의식적으로 자유로워지려고 노력하며 더 나아가서 아동성교육협

회의 회원이 되기도 한다. 그러나 나는 이미 어렸을 때 받은 여러 영향들이 무의식에 여전히 남아 있지 않을까 두렵다. 즉 성생활을 그릇된 행위로 보는 사람으로 남아 있게 되지나 않을까 두려운 것이다.

성생활에 대한 나의 태도는 유년기에 나를 엄하게 가르친 스코틀랜드 캘빈주의의 소산이라고 믿고 있다. 이제 우리 어른들을 구원할 수 있는 것은 아무것도 없다. 만약 우리 어른들이 과거에 강요당했던 성생활에 대한 견해를 어린이들에게 다시 강요하지만 않는다면, 우리의 자손들만이라도 구원받을 수 있을 것이다.

어린이들은 어려서부터 성적인 죄악이 가장 나쁜 것이라고 배운다. 성도덕을 위반하면 아주 엄한 벌을 받게 된다. '모든 것을 성에 비추어 이해하려고 한다'고 해서 프로이드를 비난하는 사람들에게 성적인 농담을 했더니 그들도 귀 기울여 듣고는 재미있어 했다.

군대에 다녀온 사람들은 군대에서 외설을 즐긴다는 것을 잘 안다. 많은 사람들이 주간지의 이혼과 성범죄에 관한 신빙성 없는 기사들을 즐겨 읽는다. 그리고 대부분의 남자들이 술집에서 들은 외설을 부인에게 들려준다.

그런데 우리가 외설을 즐기는 것은 오로지 건전하지 못한 성교육의 결과이다. 시시한 것에 흥미를 갖는 것은 억압을 받아온 결과이다. 만약 어른들이 어린이들의 성에 관한 관심을 나쁘다고 본다면 그것은 허세에 지나지 않는다.

어른은 자신의 죄의식을 어린이에게 심어줄 뿐이다. 부모는 자녀들의 성에 관련된 잘못을 매우 엄하게 벌하는데, 이유는 그들 자신이 이런 잘 못에 대해서 건전하지 못한 커다란 흥미를 갖고 있기 때문이다.

육체를 십자가에 매다는 희생이 왜 그렇게 존경받을 일인가? 종교인들은 육체가 인간을 타락시키고 유혹에 빠지게 한다고 생각하며 육체는 속된 것이라고 치부한다. 육체에 대한 이러한 미움이 출산 문제를 교실 구석에서 은밀히 속삭이는 화제가 되게 하고, 생명의 적나라한 사실을 비밀스런 대화를 통해 숨기게 한다.

프로이드는 성이야말로 인간 행동에 있어서 가장 근본적인 힘이라고 했다. 훌륭한 관찰자들은 이러한 견해에 동의하지 않을 수 없을 것이다. 그러나 도덕 교육에 있어서는 성생활이 지나치게 강조된다. 만약 어린 이가 처음으로 자기의 성기를 만지는데 엄마가 그것을 못하게 하면, 그러한 금기가 성을 이 세상에서 가장 매혹적이고 비밀스러운 것으로 만들어 버리고 만다.

성적인 금기가 어린이를 억누를 때 이것은 근본적인 악이다. 여기서 '성'이라는 것은 성기만이 아니다. 만약 엄마가 자신의 육체의 한 부분을 더럽고 음란한 것이라고 생각하거나, 어린애가 자기의 몸에서 기쁨을 느끼지 못하도록 금지한다면 그 아이는 엄마의 품에서도 불행을 느끼게 될 것이다.

성은 삶에 대한 모든 부정적인 태도의 근본적인 원인이다. 성적인 죄의식이 없는 어린이들은 어떤 것이건 간에 종교나 신비로운 것을 요구하는 일이 절대로 없다. 성을 큰 죄라고 여기기 때문에, 성적인 공포와 성적인 부끄러움에서 어느 정도 벗어난 어린이들은 용서와 은총을 빌 수 있는 하나님을 필요로 하지 않는다. 이런 어린이들은 죄가 있다고 생각하지 않을 것이다.

내가 여섯 살 때 나와 여동생은 서로의 성기를 발견하게 되었다. 그리고 우리는 성기를 가지고 놀았다. 어머니가 이 사실을 알게 되자 우리를 몹시 꾸짖고는 나를 오랫동안 어두침침한 곳에 가두어 버렸다. 그리고 나는 무릎을 꿇고서 하나님께 용서를 빌어야만 했다.

내가 이때의 충격에서 벗어나는 데는 수십 년이 걸렸다. 그러나 정말 내가 이것을 극복했는지 아직도 의심스럽다.

얼마나 많은 어른들이 이런 체험을 했을까? 그리고 얼마나 많은 어린이들이 이런 위협 때문에 자연스러운 사랑을 미움과 파괴적인 것으로 변질시켰을까? 사람들은 어린이에게 성기를 만지는 것은 나쁘고 죄가 되며, 육체의 자연스러운 욕구를 더러운 것이라고 말한다.

성적인 억압에 시달리고 있는 어린이들의 위는 모두 문제가 있다. 그들이 어떻게 숨을 쉬는지 보기만 하면 된다. 그 다음에는 새끼 고양이가 얼마나 편안하게 숨을 쉬는가 보아야 한다. 어떤 동물도 딱딱한 배를 가지고 있지 않고, 또 똥이나 성 때문에 불안해하지도 않는다.

빌헬름 라이히는 그의 유명한 저서 《성격분석》에서 도덕군자적인 교육은 사고 과정에만 나쁜 영향을 미치는 것이 아니라 신체 구조에도 악영향을 미친다고 지적하고 있다. 즉 이런 교육은 문자 그대로 자세를 긴장되게 하고 근육도 수축시킨다는 것이다.

나도 그의 의견에 동의한다. 내가 여러 해 동안 서머힐에서 어린이들과 함께 생활한 결과, 어린이들의 근육조직은 불안으로 긴장되지 않을 때는 아주 신나게 걷고 달리며 노는 것을 보았다.

어떻게 하면 어린이들을 성적인 억압에서 해방시킬 수 있을까? 우선 어린이들은 그들의 전신을 자유롭게 만질 수 있어야 한다. 나와 친분이 있는 한 심리학자는 자신의 네 살짜리 아들에게 이렇게 말했다.

"얘야! 남들이 보는 앞에서는 고추를 만지면서 놀면 안 돼. 왜냐하면 남들은 그것을 나쁘다고 생각한단다. 그러니 집 안에서나 정원에서만 고추를 만져야 돼!"

그는 이 문제를 나와 의논했다. 그리고 우리는 성을 죄악시하는 사람들로부터 어린이를 보호해 주는 것은 불가능하다고 확신하게 되었다. 우리를 위로해 주는 유일한 방법은, 자녀가 부모의 주의를 잘 받아들이고 부모가 정직하게 살아간다면, 타인들이 교양인인 체하는 것을 거부하게 될 것이라는 사실뿐이었다.

그러나 다섯 살 난 아이가 수영복을 입지 않고 수영을 할 수 없다는 사실만으로도 성에 대한 일종의 불신을 불러일으키기에는 충분하며, 설령 그것이 아주 사소한 것이더라도 그 결과는 마찬가지일 것이다.

이제는 많은 어린이들이 자위행위를 금지당하지 않는다. 부모들은 이런 충동이 자연스러운 것임을 깨달았고, 이런 충동을 억압하는 일이 매우 위험하다는 것도 알게 되었다. 정말로 바람직한 일이다.

그러나 이런 부모들도 다음 단계에 가서는 겁을 집어먹는다. 그들의 어린 아들이 다른 소년들과 성적인 장난을 하는 것은 내버려두지만 여자아이와 그런 행동을 하면 당장 예민한 반응을 보인다. 만약 어머니가 나와 여동생의 장난에 끼어들지 않았다면, 우리는 성에 대한 건전한 태도를 가지고 성장할 수 있었을 것이다.

이성간의 성관계를 방해받은 어린 시절의 경험이, 얼마나 많은 사람들에게 어른이 되어서 성적인 불능과 불감증을 갖게 했는지 우리는 알지 못한다. 동성애는 어린 시절의 동성간의 성적 유희만 용인한 것에 그 원인이 있지 않을까 하고 나는 생각한다.

어린 시절에 이성간의 성적인 유희를 인정해 주는 것은 성인이 된 뒤에 건전하고 균형 잡힌 성생활을 할 수 있도록 하는 바람직한 방법일 것이다. 만약 어린이들이 성에 관하여 도덕적인 교육을 받지 않는다면 이들은 건전한 젊은이로 성장할 것이며 따라서 지나치게 성에 집착하지도 않을 것이다.

나는 젊은이들의 성생활을 반대할 명분을 모른다. 종교적, 도덕적, 권위적, 외설 간행물, 이웃 사랑에서 오는 반대 등의 밑바탕에는 억압된 욕망이나 생명에 대한 증오가 깔려 있다. 이 반대들 중에 어느 하나도 다음과 같은 물음에 해답을 주지 못한다. 즉 젊은이들이 그의 연장자들이 허락하지 않는 한 성적인 충동을 발산해서는 안 된다면 왜 자연은 인간에게 그토록 강한 성적인 본능을 주었단 말인가? 그러면서도 성인들은 포르노 영화를 보거나, 여자들이 남자들에게 커다란 영향력을 행사할 수 있도록 해 주는 화장품과 장식품을 생산하고, 사디즘적인 그림과 이야기로 인해 불티나게 팔리는 잡지들을 발행하고 있다.

나는 오늘날의 젊은이들이 성적 욕망을 발산시키기란 거의 불가능하다는 것을 잘 알고 있다. 그러나 성적 욕망의 발산이야말로 건전한 내일로 나아가는 올바른 길인 것 같다. 나는 이런 생각을 글로 쓸 수는 있으나, 만약 서머힐의 젊은 학생들을 혼숙하도록 내버려둔다면, 교육부는 서머힐을 폐교시키고 말 것이다. 나는 사회가 성을 억압하는 것은 위험하다는 것을 깨닫게 되는 먼 앞날을 생각하고 있다.

나는 서머힐의 모든 학생들이 노이로제에 걸리지 않으리라고 기대하지는 않는다. 현대 사회 속에서 누가 콤플렉스를 벗어날 수 있단 말인가? 그러나 다가올 세대는 성적인 금기로부터 해방되어 생명이 사랑을 받는 세계가 실현되기를 바라고 있다.

피임약의 발명은 마침내 하나의 새로운 성도덕을 낳았다. 오늘날의 성도덕의 강한 요인 중의 하나는 새로운 성도덕에 대한 공포이다. 이런 자유를 쟁취하기 위해서는 사랑에 확신을 가져야만 한다.

오늘날의 젊은이들은 사랑을 경험할 기회가 흔치 않다. 부모들은 그들의 자녀가 이른바 '죄악'에 빠져 살아가도록 내버려두지 않는다. 그래서 젊은 연인들은 어두운 숲 속이나 공원, 또는 자동차 속으로 숨어든다. 따라서 현대의 젊은이들은 그들이 모든 면에서 억압받는다고 생각한다. 환경은 젊은이들에게 아름답고 기쁨을 주는 요소들을 나쁘고 죄스러운 것, 즉 수줍은 웃음과 더럽고 욕정스러운 것으로 변하도록 강요한다.

성에 대한 이러한 금기와 불안은 공원에서 어린 소녀를 강간하고 목 졸라 죽이거나, 유태인과 흑인을 고문하는 성도착증을 낳게 한다. 성적 금기는 성을 가족에게 얽어매게 한다. 자위행위를 금지하는 것은 어린이의 관심을 부모에게 향하도록 억압하는 것이다. 자식이 성기를 만졌다고 해서 어머니가 자식의 손을 때리면 그때마다 자식의 성적 충동과 어머니 사이에 어떤 연관이 생기게 마련이다. 그리고 어머니에 대한 이런 비밀스런 태도가 욕망과 미움으로, 즉 사랑과 미움으로 변하게 되는 것이다. 자유롭지 못한 가정은 억압의 온상이다. 그리고 이 억압들은 어른들의 권위를 확고하게 하는 데 기여한다. 물론 수많은 노이로제라는 값을 치루어야 하겠지만.

만약 이웃집의 남자나 여자에 대한 성적인 욕망이 담을 넘게 된다면 그 집의 권위는 위협을 받게 될 것이며, 또 부모에게 구속되어 있는 정도가 느슨해져서 어린이는 자기 마음대로 가정에서 살려고 하지 않을 것이다. 약간 불합리한 듯하나 이런 얽매임은 권위적인 국가에 있어서는 꼭 필요한 지주인 것이다. 이것은 마치 매춘이 점잖은 처녀들을 보호해 주는 것과 같은 이치이다. 성적인 억압을 철폐해 버린다면 당국은 젊은이들을 간섭할 일이 없어져 버리고 말 것이다.

부모들은 자신의 부모들과 똑같이 자녀들을 다룬다. 즉 자식들을 단정하고 순결하게 기른다. 그런데 그들은 편리하게도 자신들이 어린 시절 남몰래 했던 성적 유희와 외설스러운 이야기들은, 그들이 커다란 죄의식 때문에 억누르고 있어야만 했던 부모에 대한 반항심과 함께 까마득히 잊어버리고 있다. 이들은 자신들이 전에 경험했던 불행스러운 밤들에 대한 죄의식을 그대로 자녀들에게 옮겨주고 있다는 것을 의식하지 못하고 있는 것이다.

인간의 극심한 노이로제는 성기를 만지지 못하게 하는 금지와 더불어 시작된다. 성적 불능·불감증·불안 등은 보통 손을 때리거나 거칠게 잡아 빼거나 묶어두는 짓 따위에서 생긴 결과이다.

자기의 성기를 마음대로 만질 수 있는 어린이는 성에 대해 정직하고 행복한 생각을 가지고서 성장할 수 있다. 어린아이들의 성적 유희는 자연스럽고 건전한 것이다. 따라서 얼굴을 찌푸리며 쳐다보아서도 안 된다. 성적 유희는 오히려 어린이를 건전하게 성장하게 하고, 어른이 되어서도 건전하게 생활할 수 있도록 해 주는 서곡으로서 권장할 만한 것이다.

만약 부모들이 아무도 안 보는 한쪽 구석에서 행해지는 자녀들의 성적 유희를 모른다고 한다면, 그것은 눈 가리고 아웅하는 식에 지나지 않는다. 이와 같이 비밀스럽고 숨어서 하는 장난이 죄책감을 불러일으키는 것이다.

이것은 나중에 자라서도 영향을 미치는데, 이들이 부모가 되면 자녀에게 성적 유희를 금지하는 데서 드러나게 된다. 유일하게 합리적인 방법은 모든 사람들이 보는 앞에서도 성적 유희를 할 수 있도록 허용해 주는 것이다. 만약 성적 유희를 정상적인 것으로 인정한다면 성범죄는 현저히 줄어들 것이다. 모든 성범죄와 탈선은 어린 시절의 성행위를 인정하지 않는 결과라는 것을 도덕적인 부모들은 알 수가 없거나 알려고 하지 않는다.

유명한 인류학자 말리노브스키는 다음과 같이 보고했다. 트로브리안더 사람에게는 선교사들에 의해 남녀의 숙소가 분리되기 전에는 동성애가 없었으며, 강간사건도, 성범죄도 없었다고 한다. 그 이유는 어려서부터 성적인 장애를 전혀 받지 않고 자랐기 때문이다.

오늘날 부모들에게 우리의 자식들도 우리처럼 되기를 바라는지 묻고 싶다. 이 물음에 '예' 하고 답한다면, 우리의 사회가 강간, 성적인 살인, 불행한 흑인 및 노이로제에 걸린 어린이들로 득실대는 현 상태로 계속 유지되더라도 괜찮다는 말인가? 첫 번째 물음에 찬성한다면, 두 번째의 물음에도 찬성할 수밖에 없다. 이것들은 핵전쟁에 의한 인류 멸망의 서곡이다. 왜냐하면 이 대답들은 계속되는 미움과 전쟁에서 그것들이 폭발하는 것을 전제로 하기 때문이다.

나도 도덕적인 부모들에게 묻는다.

"당신들은 원자탄이 떨어질 때에도 자녀들의 성적 유희를 계속해서 걱정하겠습니까? 방사선이 생명을 앗아가도 딸의 처녀성이 중요합니까? 당신들의 아들들이 죽기 위해 징집되어 가는데도 그들의 즐거움을 모두 억압하려는 편협한 신앙에 얽매여 있겠습니까? 그렇게 하면 당신들이 모독적인 방법으로 기도하는 하나님이 당신과 자녀들의 목숨을 구해준다고 생각하십니까? 여러분 가운데 많은 사람들은 이 세상의 삶은 오직 시작일 뿐이며, 내세는 미움도 전쟁도 성도 없을 것이라고 생각할 것입니다. 그렇게 생각하신다면 당장 이 책을 덮으십시오. 왜냐하면 우리는 서로 아무런 관계도 없기 때문입니다."

나는 영원한 생명이란 하나의 꿈에 불과하다고 생각한다. 인간은 사실상 기술의 발명을 제외하고는 거의 모든 분야에서 실패를 거듭해 왔기 때문이다. 나는 천국을 지상에서 보고자 할 뿐, 천상에서 보고자 하지는 않는다. 그리고 감탄할 만한 것은 대부분의 사람들도 나와 똑같이 원하고 있다는 점이다. 그러나 그들에게는 이런 것을 성취하려는 의지가 없으며, 어릴 때의 성적인 금지 때문에 비뚤어진 의지만을 갖고 있을 뿐이다.

부모에게는 우유부단한 중립이 허용되지 않으므로 결단을 내려야만 한다. 죄의식 속에 행해지는 비밀스러운 성행위와 개방적이고 건전한 성행위 중 하나를 선택해야만 한다. 만약 부모가 일상의 도덕규범을 따르기로 결심했다면 성도착 사회의 불행에 대해서 비난해서는 안 된다.

왜냐하면 이런 불행은 도덕규범의 결과이기 때문이다.

그들은 또한 전쟁을 미워해서도 안 된다. 왜냐하면 그들이 자녀에게 쏟는 자신에 대한 미움이 전쟁에서 폭발하기 때문이다. 인류는 정서적으로 불건전하며, 죄책감과 불안 때문에 병들어 있다. 이런 죄책감과 불안감은 이미 어린 시절에 깨닫게 되어 있다. 정서적인 전염병은 우리 사회의 도처에 퍼져 있다.

소에가 여섯 살 때 내게 와서 이렇게 말한 적이 있다.

"빌리의 고추가 아이들 중에서 제일 커. 그런데 X아줌마(어떤 방문객)는 고추라는 말을 하면 정숙하지 못하다고 했어."

나는 당장 그렇지 않다고 말하면서 속으로 그 여자를 욕했는데, 어린이에 대한 그녀의 생각이 편협되고 어리석었기 때문이다. 나는 정치나 예절에 관한 문제는 어느 정도 용납하지만, 만약 누군가 어린이를 건드리거나 특히 성적인 죄책감을 심어줄 때는 강력히 항의한다.

사람들의 성에 대한 호기심, 버라이어티쇼에서의 날카로운 웃음소리, 공중 화장실의 외설스러운 낙서 등은 자위행위가 억압당하고 성적 유희를 남몰래 하던 어린 시절의 죄책감에서 생긴 것들이다.

어느 가정이든 어른 몰래 하는 어린이들의 성적 유희가 있기 마련이다. 그리고 이 비밀스러운 장난의 죄책감 때문에 형제 자매에 대한 고정관념들이 행복한 결혼을 방해한다. 만약 대여섯 살밖에 안 된 남매 간에 행해지는 성적 유희를 자연스러운 것으로 인정해 준다면, 이들은 가정

밖에서도 성행위의 상대를 자연스럽게 맞을 수 있을 것이다.

성에 대한 극단적인 미움의 형태가 사디즘이다. 만족스러운 성생활을 하는 사람은 타인이나 동물을 고문하거나 감옥에 보낼 수 없을 것이다. 성적으로 만족하는 여자는 미혼모를 욕하지 않을 것이다.

물론 나는 이러한 비난을 받을지도 모른다.

"이 사람의 머리 속에는 성행위밖에 없어. 성이 인생의 전부는 아니야. 우정·노동·근심도 있어. 왜 하필이면 성이야?"

이에 대한 대답은 다음과 같다. 성행위는 인생에 있어서 가장 큰 즐거움을 준다. 성행위와 사랑의 결합은 최고의 황홀경이며 최고의 경지다. 그럼에도 불구하고 겉으로는 성을 미워한다. 그렇지 않다면 어느 어머니도 자위행위를 금지하지 않을 것이요, 어느 아버지도 혼외정사를 금지하지 않을 것이며, 버라이어티쇼의 음담패설은 없어질 것이다. 그리고 아무도 애정 영화나 소설을 보느라 시간을 낭비하지 않고 스스로 사랑을 할 것이다.

거의 모든 영화는 사랑에 관한 것이다. 이것은 성이 인생에서 가장 중요하다는 증거이다. 이런 영화에 대한 관심은 거의 노이로제적이다. 이것은 죄책감 때문에 성적으로 실망한 사람들의 관심사이다. 이들은 사랑을 낭만적이고 아름답게 묘사한 영화를 보면서 만족한다. 성적 장애를 받은 사람들은 그들의 성적인 관심을 어떤 대용물에 발산시키고 만다. 만족스러운 애정 생활을 하는 사람들은 일주일에 두 번씩이나 영화

관에 앉아서 현실적인 삶의 모방에 지나지 않는 저속한 장면들을 바라
보고 있지는 않을 것이다.

이런 것은 통속소설에도 적용된다. 이 소설들은 대부분 성이나 범죄
를 결합시켜 놓는다. 《바람과 함께 사라지다》는 미국의 남북전쟁과 노예
의 비극을 다루었기 때문이 아니라, 무료하고 자아가 강한 처녀와 그녀
의 연애사건이 중심이었기 때문에 큰 인기를 얻었던 것이다.

패션 잡지·화장법·미인대회·외설 잡지·에로틱한 이야기 등은 인
생에서 성이 가장 중요하다는 것을 분명히 보여준다. 반면 우리는 소
설·영화·미인대회와 같은 성의 대용물만 허용되고 있다는 것을 알아
야 한다.

D. H. 로렌스는 포르노 영화의 추잡함에 대해서 이렇게 말한다.

"포르노는 마을의 처녀들을 두려워하는 청년들을 불러모아 헐리우드
의 배우들에게 성적인 흥분을 전가시키고 집에 가서는 자위행위를 하게
한다."

물론 로렌스는 자위행위가 단순히 나쁜 것이라고만 말하려 한 것은
아니다. 오히려 그는 자위행위에 동반되는 환상적인 상상 속에서만 나
타나는 성행위를 불건전한 것이라고 생각했다. 성에 대해 건전한 생각
을 가진 청년이라면 틀림없이 이웃에서 짝을 찾을 것이다.

우리는 패션계·화장품 생산업자·교회·극장과 영화관·베스트셀
러 작가 및 스타킹 생산자들만 생각해 보더라도 성을 억압하는 것으로

돈벌이를 삼는 사람들이 누구인가 알게 된다.

　성적으로 자유로운 사회에서는 아름다운 옷이 사라질 것이라고 말하는 사람은 어리석다. 아름다운 옷이 없어지지 않을 것이라는 사실은 분명하다. 모든 여자는 사랑하는 남자에게 특별히 잘 보이려고 하며, 남자도 데이트를 할 때에는 건장하게 보이고자 한다.

　자유로운 사회에서 사라질 것이라고는 위선뿐이다. 진열장의 여자 속옷을 슬그머니 훔쳐보는, 성적으로 장애를 받은 남자도 없어질 것이다. 성적인 관심이 억압당하는 것은 얼마나 비참한가? 가장 큰 기쁨을 죄의식을 가진 채 누려서는 안 될 것이다. 인간의 생활 전체가 억눌리고 좁아지며, 억압은 인생을 불행과 미움으로 가득 차게 한다.

　성을 미워하는 자는 인생을 싫어한다. 성을 미워하는 자는 이웃을 사랑할 수가 없다. 이들의 성생활은 무능하거나 불감증을 동반하게 되며, 최고의 순간에도 불완전할 것이다. 그래서 출산 경험이 있는 여자들은 '성교란 불필요한 시간 낭비일 뿐이다.' 하고 단정해 버린다. 성이 만족되지 못하면 그 충동은 불안과 미움으로 변해 버린다. 그 이유는 사람들이 완전히 제거해 버리기에는 충동이 너무나 강하기 때문이다.

　성행위를 본능적이라고 생각하는 어른은 많지 않다. 전문가의 주장에 따르면 약 70%의 사람들이 성적인 무능이나 불감증에 시달리고 있다. 많은 남성들에게 있어서 성교는 일종의 묵인된 강간이며, 여성들에게는 남자가 하는 대로 내버려두는 귀찮은 행사일 뿐이다.

결혼을 하고도 오르가즘을 경험하지 못하는 여성들이 수만 명에 이른다. 학식이 높은 남성마저도 여성이 오르가즘을 느낄 수 있다는 것을 모른다. 이러한 제도 하에서는 천부의 능력이 그저 최소한 성과만 거둘 뿐, 성행위는 점잖지 못한 것으로 된다. 매질을 당하거나 여자를 채찍으로 후려치는 성도착증 환자는 오로지 잘못된 성교육의 피해자일 뿐이다. 즉 이들은 사랑을 미움의 형식으로 주고받는다.

서머힐의 졸업생들은 모두 나의 책이나 말을 통해 내가 한 사람 한 사람의 충만된 성생활을 위해 애쓰고 있다는 것을 알고 있다. 내가 강연을 한 뒤에 청중들이 서머힐에는 피임도구나 피임약이 제공되느냐고 물으면 아니라고 대답한다. 그러면 왜 주지 않느냐는 질문을 자주 받는다. 이런 질문들은 우리의 마음속에 있는 복잡한 문제들이다.

서머힐에 피임도구나 약이 제공되지 않고 있기 때문에 나는 양심의 가책을 받고 있다. 이 해결책은 어렵고 난감하다. 한편 내가 학생들에게 성년 여부에 관계없이 이런 기구나 약을 준다면 서머힐은 폐쇄되고 말 것이다. 우리도 법률을 지나치게 앞질러 갈 수는 없다.

어린이들을 자유롭게 교육시키는 것을 비판하는 자들은 '당신은 왜 꼬마들에게 성교를 구경시키지 않느냐?'고 따지기도 한다. 성교를 보여주는 것이 어린이들에게 심한 정신적인 쇼크를 준다는 대답은 거짓이다. 말리노브스키에 따르면 트로브리안더족들의 어린이들은 부모가 성교하는 장면을 볼 뿐 아니라, 출생이나 죽음도 당연한 것으로 지켜본다.

나는 자유롭게 성장한 어린이가 성교를 보게 되면 정서적으로 나쁜 영향을 받게 되리라는 것을 믿지 않는다. 앞에서 제기된 물음에 대해 유일하게 정직한 대답은 우리의 사회에 있어서는 사랑이 공개적인 것이 아니라는 것이다.

나는 많은 부모들이 성에 관해서 종교적이거나 다른 여러 가지 부정적인 견해를 가지고 있다는 사실을 기억하고 있다. 이런 곳에서는 어쩔 수가 없다. 이런 사람들의 생각을 우리의 생각대로 바꿀 수는 없다. 또한 우리는 만약 그들이 어린아이의 자유(성적인 것이든 다른 것이든)를 침해할 때에는 그들과 투쟁도 해야 한다.

기타 다른 부모들에게는 이렇게 말하고 싶다. 만약 열여섯 살 난 딸이 독자적인 생활을 하려고 한다면 당신은 초조해 하기 시작한다. 딸은 밤늦게 집으로 돌아올 것이다. 그러나 어떠한 경우에도 딸에게 어디에 있었느냐고 물어서는 안 된다. 만약 그녀가 자유롭게 성장하지 못했다면 당신이나 내가 부모를 속였던 것처럼 그녀도 당신을 속일 것이다.

만약 내 딸이 열여섯 살이 되어 무감각한 사내를 사랑하게 된다면 나는 크게 걱정할 것이다. 이런 경우 나 자신도 어쩔 도리가 없다는 것을 잘 안다. 나는 다만 어떤 것도 하지 않고 냉정해질 수 있기를 바랄 수밖에 없을 것이다. 내 딸은 자유롭게 성장했기 때문에 바람직하지 않은 남성에게 반하리라고는 생각하지 않는다. 그러나 어찌 장담할 수 있겠는가?

나는 자녀가 잘못된 교제를 하는 것은 부모의 권위에 대한 반항이라고 확신한다. '부모는 나를 신임하지 않아. 하지만 상관없어. 내 마음대로 하는 거야. 부모님 마음에 들지 않으면 그만이지 뭐.'

부모는 딸이 유혹당할까 불안해한다. 그러나 일반적으로 처녀들은 유혹당하지 않는 법이다. 그들도 서로 유혹하는 상대일 뿐이다. 만약 당신의 딸이 당신의 부하가 아니라 친구라면, 사춘기는 어려운 시기가 아니다. 당신은 누구도 남의 인생을 대신 살아주지 못한다는 것과, 감정문제와 같은 중요한 문제에서는 우리의 경험을 남에게 전할 수 없다는 사실을 직시해야만 한다.

그러나 가장 중요한 문제는 성에 대한 가정에서의 태도이다. 만약 이런 태도가 건전하다면 당신은 딸에게 독방과 열쇠를 맡겨도 좋을 것이다. 만약 그렇지 않다면 당신의 딸은 잘못된 방법으로 성을 추구할 것이며, 그 때는 당신도 어쩔 도리가 없을 것이다.

이런 말은 아들에게도 해당된다. 당신은 아들에 대해서는 크게 근심하지 않을 것이다. 왜냐하면 아들은 임신을 하지 않기 때문이다. 그러나 그가 성에 대해 잘못된 태도를 가지고 있다면 그는 섣불리 인생을 망쳐버릴지도 모른다.

행복한 결혼 생활은 흔치 않다. 우리가 어린 시절을 회상해 보면 행복한 결혼 생활이 존재한다는 것은 기적이다. 어린아이의 방에서는 더러운 성이 부부의 침실에서는 깨끗한 것이 될 수는 없다.

성관계가 정상적이지 못하면 혼인 전체가 실패한 것이다. 성에 대한 미움 속에서 성장한 불행한 부부는 서로를 증오한다. 그들의 자녀 역시 훗날 결혼 생활에 성공할 수 없다. 왜냐하면 어린이들에게도 자신들의 생활을 포근하게 감싸주는 가정의 따뜻함이 없기 때문이다. 부모의 성적 장애는 무의식적으로 자녀들에게로 옮아간다. 가장 다루기 힘든 어린이들은 대개 이런 부모의 자녀들이다.

성교육

어린이가 묻는 것에 대해서 부모가 꾸밈없이 대답해 준다면, 어린 시절 자체가 곧 성교육기가 된다. 사이비적 과학 방법은 좋지 않다. 나는 그런 방법으로 성교육을 받은 청년을 안다. 그는 꽃가루라는 말만 들어도 얼굴을 붉힌다. 물론 성에 있어서 사실을 아는 것은 중요하지만 이런 교육에 있어서는 정서적인 내용이 보다 더 중요하다. 의사들은 성의 해부학에 관해서는 모든 것을 알고 있지만 남방군도의 사람들만큼 만족스러운 성생활을 하지는 못한다. 아마 그들의 반도 못 따라갈 것이다.

어린이는 아빠가 고추를 엄마의 그 곳에 넣는다는 설명에는 관심이 없고, 아빠가 왜 그런 행동을 하는가에 더 큰 호기심을 가지고 있다. 성적 유희를 마음대로 누렸던 어린이는 이런 의문을 가지지 않는다.

성교육은 자유롭게 자란 어린이에게는 불필요하다. 어린이의 자연스러운 호기심이 잘 준비된 답을 통해 공개적이고 자연스럽게 충족되면, 성이 교육을 필요로 한다는 생각이 들지 않게 된다. 우리는 어린이들에게 소화 기관이나 배설 기관에 관해서는 교육을 하지 않는다. 성적인 활동이 저지당하고 비밀스러운 것으로 되어 버렸기 때문에 성교육이라는 개념이 존재하고 있는 것이다.

교과 과정에 성교육을 포함시키게 되면, 이것을 도덕적으로 꾸며 도리어 성적 장애를 유발할 위험이 있다. 또 성교육의 내용을 다루면서 금지된 한계선을 넘지나 않을까 불안해하는 겁쟁이 교사에게는 해부학과 심리학에 관한 형식적인 수업 시간이 고통스러울 것이다.

대부분의 학교에서는 성행위와 출생에 관한 진실을 모두 설명해 주었다가는 해고당할 우려가 있다. 자모회는 이런 것을 용납하지 않을 것이다. 나는 여선생이 드러내 놓고 '더럽고 불경스럽고 난잡한 것을 가르쳐서' 자기 아들을 망쳤다며 화가 난 엄마가 여교사에게 무서운 협박을 하는 것을 여러 번 보았다.

자유로운 어린이에게 그가 요구하는 성에 관한 모든 지식을 알려 주려면 그런 것을 바르게 설명해 줄 수 있어야 한다. 어린이는 왜 모든 숫말이 종마가 아니며, 모든 숫양이 씨받이 양이 아닌가를 알고자 한다. 이런 물음에 대한 대답은 네 살짜리 어린이가 이해하기에는 너무 어렵다. 거세에 관하여 간단하게 설명하기란 쉽지 않다. 이럴 때 부모는 어린이들에게 거짓말을 하거나 동문서답 해서도 안 된다는 것을 염두에 두고서 최선을 다해 해결하지 않으면 안 된다.

다섯 살된 아들이 아버지의 호주머니에서 콘돔을 발견하고 그것이 무엇이냐고 물었다. 이 아들은 아무렇지도 않게 분명하고도 간단하게 설명해 주는 아버지의 대답에 완전히 만족했다.

질문이 너무 어려워 더 자란 후에야 알 수 있다고 말해 주어야 하는 경우도 많은데, 이런 것은 당연한 일이다. 우리는 어떤 물음에 대해서는 그렇게 대답해야 한다. 예컨대 어린이가 기계는 어떻게 작동하느냐, 누가 하나님을 창조했느냐? 이런 질문을 한다면 지금의 나이로는 이해할 수 없다고 말해 주어도 좋을 것이다.

어린이에게는 지나치게 많은 것을 이야기해 주는 것보다(어리석은 부모들은 이렇게 한다) 대답을 미루는 것이 훨씬 안전하다. 스위스 태생의 열다섯 살짜리 여학생은 이렇게 말했다.

"열세 살된 이름가르트는 의사가 아기를 낳는다고 생각해요. 나는 옛날부터 아기가 어디서 오는지를 다 알고 있어요. 엄마가 모두 이야기해 주었고 다른 것들도 이야기해 주었어요."

내가 더 아는 것이 뭐냐고 물었더니 그녀는 동성애와 변태성욕에 관한 것들을 이야기했다. 이것이 바로 어린이를 바보스럽게 다룬 예이다. 어머니는 묻는 것에 대해서만 답해 주어야 한다. 그 어머니는 무식해서 딸이 이해할 수 없는 것들까지 말해 주었던 것이다. 그러나 이런 현명하지 못한 어머니도 출생의 비밀에 관한 질문에 고의적인 거짓말을 하는 부모보다는 훨씬 낫다고 생각한다.

언젠가는 어린이도 거짓말이라는 것을 알게 된다. 보통은 함께 어울리는 친구들이 안 좋은 방법으로 반쯤 가르쳐 준다. 그러면 그 아이는 어머니가 거짓말을 한 이유를 알았다고 믿게 된다. '엄마가 어떻게 그런 것을 나에게 솔직하게 이야기해 줄 수 있었겠는가?' 하고.

오늘날 출생에 관한 사회적인 통념은 더럽고 추한 것으로 되어 있다. 그래서 임신부는 옷으로 임신상태를 감추려고 하며, 이는 소위 도덕에 따른 것이다.

자식에게 아기에 관해서는 진실을 이야기하면서도 성에 관해서는 거짓말을 하는 어머니들이 있다. 그들은 어린이들에게 성교가 감미로운 것이라고 말하기를 꺼린다.

아내와 나는 소에의 성교육 문제로 고민한 적은 없다. 모든 것이 간단하고 분명하고 매혹적이었다. 예컨대 소에가 미혼의 여성 방문객에게 자신은 아빠가 엄마를 임신시켰기 때문에 세상에 태어났다고 설명하고, 호기심에 찬 눈초리로 "당신은 누가 임신시켰어요?" 하고 물어본 난처한 순간에도 모든 것이 제대로 되어갔던 것이다.

자유로운 어린이는 성에 관해 무척 빨리 알게 된다고 나는 확신한다. 소에가 방문객에게 그런 이야기를 한 것이 세 살 반 때의 일이다. 그녀는 다섯 살 때 우리가 몇몇 사람들에게는 해서는 안 될 말을 이미 희미하게나마 알아들었다. 나는 이러한 민감성을 소에처럼 나면서부터 자유롭게 성장하지 못한 다른 어린이들한테서도 본 적이 있다.

프로이드가 어린이들에게도 성욕이 있다는 사실을 확실하게 발견한 이후, 아동 성욕에 관한 연구가 불충분하게나마 시작되었다. 젖먹이의 성욕에 관해서는 많은 책들이 쓰여졌으나, 내가 아는 바로는 자유로운 어린이에 관해서는 한 권도 쓰여지지 않았다.

나의 딸은 자기의 성에 대하여 별다른 관심도 나타내지 않았고, 또 부모의 성이나 친구들의 성에 대해서도 별다른 관심을 나타내지 않았다. 소에는 목욕실에서나 화장실에서 우리의 벗은 모습을 항상 보았다. 내가 만족하고 있지만, 어린이가 어른의 성기를 보거나 그 성기가 본능적인 작용을 하는 것을 보게 되면 본능적이고 무의식적인 수치심을 타고나기 때문에 당황한다고 하는, 많은 심리학자들이 주장하고 있는 이론을 반증했다. 이 이론은 자위행위와 관련해서 타고난 죄의식이 있다고 하는 이론과 마찬가지로 허망한 것이었다.

자유로운 어린이의 부모들은 성교육에 있어서 위험하고 어리석은 실수는 피할 것이다. 이 실수란 성을 나쁜 짓이나 죄악과 연결시키는 것이다. 그러나 다른 측면, 즉 이상주의적인 측면에서 위험이 생기지나 않을까 하는 것에는 자신이 없다. 자유 교육이 대두되기 전에는, 많은 부모들이 자녀에게 성을 두려움과 경탄과 일종의 신비적·종교적인 경건함을 가지고 다루어야 할 거룩하고 정신적인 것으로 보아야 한다고 가르쳤다. 현대의 부모들은 이러한 견해에 반대한다. 그러나 이와 비슷한 시도, 즉 성을 새로운 신으로 떠받들지도 모른다. 뭐라 단언하기는 어렵고, 어쩌면 이런 것이 지나친 가정일지 모른다.

나는 성에 일종의 거룩함이 부여되고 성에 관해 말할 때는 목소리가 신중해진다는 것은 확언할 수 있다. 이런 태도가 외설물을 두려워하게 한다. '오! 하나님, 내가 성에 대해 경건하게 말하지 않으면 남들은 내가 성을 농담거리로 여기는 줄로 압니다.'

나는 신중하고 젊은 부모들이 신체의 한 부분에 관해서 정중하게 말했던 옛날의 군인들과 똑같다는 것을 알았을 때 놀랐다. 성에 관한 이야기는 옛날에도 저속한 농담이었으나 이제는 입에 올리지도 못할 정도로 성스러운 것이 되어 버렸다. 이런 생각들이 성에 대한 새로운 공포와 억압을 낳게 되었음은 틀림없다. 사람이 건전한 성생활을 영위하기 위해서는 성이 구름 위에 올라가서는 안 된다.

만약 우리가 어린이들에게 성이란 거룩한 것이라고 말해 준다면, 이것은 죄인은 지옥에 떨어진다는 낡은 이야기를 뒤집어 놓은 것에 불과하다. 만약 사람이 먹는 것, 마시는 것, 웃는 것 등을 거룩한 것이라고 한다면 성도 거룩한 것이라고 보아야 할 것이다. 우리는 모든 것을 거룩하다고 할 수 있다. 어린이도 거룩하다. 따분한 수업 때문에 시들어 버려서는 안 될 그런 존재로서 거룩한 것이다.

성에 대한 종교적인 미움이 서서히 사라지는 반면, 새로운 적이 등장하고 있다. 우리는 어린이에게 도표를 그려 보이고, 벌과 꽃가루 이야기를 해주는 열성적인 성교육자들을 알고 있다. 그들은 정말 '보세요. 성이란 과학이며 아무런 놀랄 거리도 없어요, 그렇지요?' 하고 말한다. 우리는 지나치게 성을 떠받들거나 지나치게 거부하는 경향이 있다. 만약 우리가 어린이의 성적 유희를 묵인해 준다면 그는 도덕적인 인간으로 성장할 것이다. 단 도덕가나 선생으로가 아니라.

바람둥이는 성에 있어서 사랑의 요소는 물리치는 반면 쾌락만을 추구하는 자이다. 자위행위·바람둥이·동성연애 따위는 모두 반사회적이기 때문에 비생산적이다.

새로운 도덕적인 인간은 성행위에 있어서 두 가지가 결합되어야 한다는 것, 즉 정신적인 사랑을 수반한 성행위라야 최고의 쾌락을 맛볼 수 있다는 것을 알게 될 것이다.

자위행위

대부분의 어린이는 자위를 한다. 그러나 사람들은 자위행위가 나쁜 짓이고 성장을 방해하며 모든 나쁜 것을 유발한다고 말한다. 만약 현명한 어머니가 아들이 처음으로 하반신을 내려다볼 때, 못 본 체하고 내버려둔다면 그는 자위행위에 대한 욕구가 훨씬 덜할 것이다. 금지는 어린이의 흥미를 고정시켜 버린다.

어린이에게는 입이 성기보다 훨씬 더 민감한 성감대이다. 만약 어머니가 입에 대해서도 성기와 마찬가지의 도덕적인 생각을 갖는다면, 손가락을 빠는 것이나 키스도 양심의 가책을 갖게 할 것이다.

자위행위는 행복해지려는 욕구를 만족시켜 준다. 왜냐하면 자위행위는 긴장을 최고의 정점으로 끌어올리기 때문이다. 그러나 그 행위가 끝나고 나면 곧 도덕으로 길들여진 양심이 '이 죄인아!' 하고 소리지른다. 나는 한 어린이가 죄의식으로부터 벗어난 후에 자위행위에 대한 관심도 줄어드는 것을 본 적이 있다.

많은 부모들은 자녀의 자위행위에 대해 범죄자 취급을 하려 한다. 나는 자위행위를 억압하는 것은 바람직하지 못한 행동의 원인이 된다고 생각한다.

열한 살 때 서머힐에 온 한 소년은 심한 방화증을 앓고 있었다. 그는 아버지와 선생에게 매를 맞기도 했다. 더 나쁜 것은 그가 지옥불과 노한 하나님에 관한 편협된 종교를 배운 것이었다. 그는 서머힐에 오자마자 곧 휘발유를 가져다가 페인트와 송진이 든 통에다 붓고 불을 붙였다. 두 사무원의 필사적인 노력으로 불은 간신히 꺼졌다.

나는 그를 방으로 데려와서 물었다.

"불이 무엇이지?"

"타는 거요."

"넌 지금 어떤 불을 생각하고 있니?"

"지옥 불!"

"그러면 병은?"

"끝에 구멍이 뚫린 길다란 것."

"끝에 구멍이 뚫린 그 길다란 물건에 대해서 더 설명해 보렴!"

"내 고추는 끝에 구멍이 뚫려 있어요."

"너 고추 만진 적 있니?"

"전에는 만졌지만 이젠 안 만져요."

"왜?"

"옛날 선생님이 그건 세상에서 가장 나쁜 죄라고 했기 때문이죠."

나는 그의 방화 충동이 자위행위의 보상으로 나타난 행동이라고 결론 지었다. 나는 이 소년에게 그 선생의 말은 진실이 아니며, 코나 귀와 마찬가지로 고추 역시 만져도 괜찮다고 말해 주었다. 이렇게 하여 그 아이는 불에 대한 관심을 잃어 버렸다.

어린 시절의 자위행위가 자유로웠다면, 어린이는 성장하면서 적당한 시기에 아주 자연스럽게 이성간의 성행위로 넘어갈 것이다.

부부 모두 무의식중에 성을 증오하고 있기 때문에 많은 결혼 생활이 불행해진다. 그리고 이 증오는 잠재의식 속의 자신에 대한 미움에서 비롯된다. 자신에 대한 미움은 어린 시절의 자위행위에 대한 금지에서 받은 충격으로 생긴 것이다.

자위행위에 관한 문제는 교육에 있어서 매우 중요하다. 자위행위의 문제가 해결되지 않고서는 어떠한 공부도 모두 무의미하다. 여기서 해결이란 자위행위에 지나치게 집착하지 않고 유쾌하고 행복하고 활동적인 어린이로 되는 것을 뜻한다. 자위행위를 억압하면 자주 앓고, 자신을 미워하고, 남을 미워하는 가련하고 불쌍한 어린이가 된다. 서머힐의 어린이들이 행복한 것은 성적인 금기에서 유발되는 공포와 자신을 미워하는 것 등에서 풀려난 데에 그 원인이 있다.

프로이드의 성욕이론에 따르면 자위행위란 어린이들에게는 극히 자연스러운 행위로 시작된다. 자위행위를 하나의 콤플렉스로 만들어 버리는 것은 오직 부모의 금지이다. 금지가 엄하면 엄할수록 죄의식은 깊어지고, 자위행위를 하려는 강박관념 또한 커진다.

억압 없이 성장한 어린이는 아무런 죄책감 없이 학교에 입학한다. 서머힐에는 자위행위에 특별한 관심을 가진 유치원 출신 어린이는 많지 않다. 이들에게는 성이 비밀스러운 것이 아니므로 서머힐에 오자마자 출생의 신비를 알게 된다. 이런 나이의 어린이들은 아무런 감정의 동요 없이 그것을 받아들인다. 그래서 서머힐에서는 15~16세 된 남학생들이 아무 죄의식 없이 성에 대한 이야기를 할 수 있다.

부모들은 전지전능하신 하나님의 목소리로 어린이들에게 이야기를 한다. 어머니가 성에 관해서 말하는 것은 하나님의 말씀이다. 즉 어린이들은 어머니의 말을 모두 진리로 받아들인다. 어떤 어머니가 자기 아들에게 자위행위를 하면 바보가 된다고 말했다. 그 아들은 어머니의 말을 받아들여 공부를 조금도 할 수 없게 되었다. 그 어머니는 자신이 쓸데없는 거짓말을 했다며 아들을 설득하자 비로소 정상적인 아이로 되었다.

어떤 엄마는 아들에게 자위행위를 하면 모든 사람들이 그를 미워하게 될 것이라고 말했다. 이 소년은 어머니의 말대로 되어 버렸다. 그는 학교에서 가장 미움받는 개구쟁이가 되어 버렸다. 그는 어머니의 말을 증명이라도 하듯이 도둑질을 하고 침을 뱉고 물건을 부수었다. 이 경우는 어머니가 지난날의 실수를 되돌리기에는 이미 늦어 있었고, 그는 사회를 미워하면서 살아야만 했다.

어릴 때 부모가 심어준 인상은 성장한 후의 강한 인상보다 어린이에게 미치는 영향이 크다고 생각한다. 나는 불행을 치유하려고 할 때 항상 부모를 움직이려고 노력한다. 내가 자위행위를 이야기해도 다섯 살에 들었던 부모의 목소리는 절대적인 까닭에 고쳐지기가 어렵다.

젖먹이가 자기의 고추를 만지며 놀기 시작하면 부모는 어려운 시련에 부딪치게 된다. 이때 부모는 이런 행위를 정상적이며 건전한 것으로 받아들여야 한다. 억압하는 것은 위험하다. 어린이의 관심을 다른 데로 돌리려는 시도 또한 해서는 안 된다.

나는 자유롭게 자란 한 소녀를 기억하고 있는데 그녀는 훌륭한 유치원에 다녔지만 불행해 보였다. 그녀는 성기를 만지며 노는 것을 '포옹'이라고 불렀다. 그녀의 어머니가 왜 유치원에 가기 싫어하냐고 물었더니 다음과 같이 말했다.

"내가 포옹을 하려고 하면 아이들은 이것 좀 봐! 이리 와 봐 하면서 놀려대. 그래서 유치원에서는 도저히 포옹을 할 수가 없단 말이야.”

어린이들이 성기를 만지며 노는 것을 심각하게 받아들이는 부모들은 어려서 받은 교육의 영향을 극복하지 못했기 때문이다. 부모들도 이론상으로는 이런 행위를 건전하고 정당한 것이라고 말할지도 모른다. 그러나 그와 동시에 그들의 목소리나 눈빛은 이런 행위를 받아들이지 않는다는 것을 드러낸다.

부모들은 젖먹이가 성기를 만지는 것은 용인할지도 모른다. 그러나 메리 아줌마가 방문하면, 어린이가 이것에 적대적인 사람 앞에서 그 놀이를 시작하지 않을까 불안해한다. 이런 경우 “메리 아줌마는 당신들의 억압된 자아 속에 감춰져 있는 성에 대한 적대적인 요소를 드러내고 있다”고 말할 수 있을 것이다. 그러나 이것만으로는 부모와 어린이 누구에게도 도움이 되지 못한다.

어린이가 성기를 만지면서 놀면 조숙해지지나 않을까 걱정하는 부모들이 의외로 많다. 이런 것은 일종의 합리화에 지나지 않으며, 성기를 만지며 노는 것이 아이들을 조숙하게 만들지는 않는다. 설령 어린이가 조숙하다고 해도 그것은 성기를 만지면서 놀았기 때문만은 아니다. 만약 젖먹이에게 성기를 만지며 노는 것을 금지한다면 그것은 분명히 성에 비정상적인 관심을 가진 청년으로 만들어 버릴 것이다.

철이 든 어린이에게 남들이 보는 앞에서 고추를 만지며 놀아서는 안된다고 말하는 것은 좋지 않은 일일 것이다. 이런 충고는 그에게 비겁하고 떳떳하지 못하게 들릴 것이다. 더욱이 이런 일에 대한 방해는 더욱 위험하다. 왜냐하면 낯선 어른들이 혐오스러운 말투로 자신의 행동을 꾸짖게 되면, 그 아이는 사랑하는 부모가 이성적으로 말해준다고 하더라도 심한 상처를 입기 때문이다. 어린이가 벌과 금기가 없는 완전한 자유를 누리게 되면, 성기를 만지며 노는 것보다도 훨씬 더 재미있는 것이 있다는 것을 알게 된다.

나는 자유로운 어린이들이 성적 유희를 어떻게 하는지 모른다. 성을 나쁜 것으로 교육받은 청년들은 성적 유희를 사디즘과 연결시킨다. 또한 이렇게 교육을 받은 소녀들은 이 사디즘을 감수하는 것 같다. 자유로운 어린이들은 비교적 공격적인 미움이 적기 때문에 아마 서로 매우 사랑스럽게 행동할 것이다.

우리가 자신을 미워하는 첫째 원인은 어린 시절에 그 근원이 있다. 이것의 대부분은 자위행위 때문에 생긴 죄책감에서 비롯된 것이다. 문제아를 행복한 아이로 키우기 위해 우리가 할 수 있는 최선의 일은 이 죄의식을 제거해 주는 것이다.

나체

한 가정의 부인이 다른 남자의 육체를 보는 것은 시체를 염할 때뿐이다. 내가 잘 아는 한 농부의 부인이 음부노출증 사건의 증인으로 법정에

섰었다. 그녀가 큰 충격을 받았기 때문에 나는 말했다.

"이봐요. 당신도 자식이 일곱이나 되지 않소."

그녀는 엄숙하게 말했다.

"나는 결혼 생활 동안 한번도 남편이 벌거벗은 것을 본 일이 없어요."

절대로 나체를 적대시해서는 안 된다. 어린아이는 처음부터 부모의 벗은 모습을 보아야 한다. 그리고 아이가 어느 정도 자라면, 사람들은 발가벗은 어린이를 보는 것을 좋아하지 않기 때문에 이런 사람들 앞에서는 옷을 입어야 한다고 말해 주어야 한다.

소에가 발가벗은 채 바다에서 수영을 한다고 욕을 한 부인이 있었다. 소에는 그 때 한 살이었다. 어릴 때의 이런 경험이 사회의 삶에 적대하는 태도를 키워 준다. 우리는 바닷가에서 옷을 벗을 때 소위 신체의 비밀스런 곳을 드러내지 않으려고 애쓰는 것이 얼마나 귀찮은지 알고 있다. 어린이를 자유롭게 키우는 부모들은 서너 살짜리 아이에게 남들이 보는 데서는 수영복을 입어야 하는 이유를 설명해 주는 것이 얼마나 어려운지 알고 있다.

성기 노출이 법적으로 금지되어 있다는 사실만으로도 어린이에게 신체에 대한 그릇된 생각을 심어 주게 된다. 발가벗고 있는 것을 부끄러워하는 어린이의 호기심을 달래주기 위해 나 자신이 벗고 다니다가 용기를 내어 여교사 중 한 분을 발가벗고 다니도록 했다. 그러나 어린이들에게 억지로 발가벗고 다니라고 강요해서는 안 된다. 그들은 옷을 입고 사는 사회 속에 살고 있는 것이다. 그리고 나체주의는 아직 허용되지 않고 있다.

몇 해 전 우리는 레이스턴에 갔었다. 거기에는 오리가 노는 연못이 있어 아침에 간단히 수영을 했다. 몇몇 교사들과 나이 많은 학생들이 함께 갔다. 그런데 다른 학교의 학생들이 한 무리 몰려왔다. 그러자 우리 학교의 여학생들은 수영복을 입기 시작했고, 나는 그들에게 왜 수영복을 입느냐고 물어보았다.

"저 학생들 때문에요. 우리는 나체를 자연스럽게 생각하지만 저 아이들은 곁눈질 하거나 빤히 쳐다 봐요. 그런 건 질색이거든요."

그 때부터 저녁 때 바다에서 수영할 때만 나체로 수영했다.

사람들은 서머힐에서 자유롭게 자란 어린이들은 여름에 발가벗은 채로 돌아다닐 것이라고 생각할지 모르지만 그렇지는 않다. 아홉 살 미만의 소녀들은 더운 날에는 발가벗고 지낸다. 그러나 사내아이들은 벗는 일이 드물다. 사내아이들이 고추를 자랑스럽게 생각하는 반면 계집아이들은 고추가 없는 것을 부끄럽게 생각한다는 프로이드의 주장과는 거리가 있는 듯하다.

서머힐의 남학생들은 자기과시욕이 없다. 나이 많은 학생들은 옷을 벗는 일이 거의 없다. 남자들만 여름에는 반바지만 입고 상의는 입지 않는 정도이다. 여학생들은 수영복을 입는다. 혼자 목욕을 하는 사람은 아무도 없다. 오직 처음 온 아이들만 목욕실 문을 걸어 잠근다. 소녀들이

벗은 채로 일광욕하는 일은 많다. 그러나 그것을 훔쳐보는 사내애들은
아무도 없다.

언젠가 영어 선생님이 하키장에 구덩이를 파고 있었다. 이때 아홉 살
부터 열다섯 살까지의 학생들이 일을 돕고 있었다. 날씨가 몹시 덥고 해
서 선생님이 옷을 홀렁 벗어 버렸다. 한 선생님은 발가벗고 테니스를 친
일도 있었다. 학교총회에서 그 교사에 대해 이렇게 결정을 내렸다. 즉
방문객들이나 장사꾼들이 왔을 때에는 그가 팬티 정도는 입어야 한다는
것이었다. 이러한 것들은 나체에 대한 서머힐의 태도를 명백하게 증명
해 준다.

☀ 외 설

많은 어린이들이 외설을 좋아하는데, 여기에는 공개적인 경우와 숨어
서 하는 경우가 있다. 젖먹이 때나 어린 시절에 성적인 금기 없이 자란
어린이들은 외설을 좋아하지 않는다. 나는 서머힐의 어린이들은 어른이
되더라도 성에 관해 억압받으며 자란 어린이들보다 외설에 빠지는 일이
적으리라고 믿는다. 한 졸업생이 여름휴가에 나를 찾아와서 이렇게 이
야기했다.

"한 가지 점에서 서머힐이 뒤지고 있어요. 난 또래의 녀석들이 너무
싱거워요. 그들은 내가 이미 오래 전에 졸업한 것들에 대해 이야기를 해

요."

"성에 관한 이야기 말이냐?"

"그래요. 나도 그런 이야기가 재미있을 땐 매우 좋아해요. 그러나 그들의 이야기는 모두 거칠고 유머가 없어요. 성뿐만 아니라 심리학이나 정치학도 마찬가지예요. 우습게도 나보다 열 살 위의 사람들과 사귀어야겠다고 생각하고 있어요."

음담패설을 하기에는 아직 어린 전학 온 학생이 외설을 늘어놓은 적이 있었다. 그랬더니 다른 아이들이 입을 막았다. 그 이유는 그가 음담패설을 해서가 아니라 재미있는 이야기를 방해했기 때문이었다.

금지된 장난에 관해서 이야기할 만한 시기는 이미 지난 세 명의 여학생이 있었다. 그 뒤에 한 소녀가 전학을 와서 그들과 한 방을 쓰게 되었다. 어느 날 새로 온 소녀는 나를 찾아와 같은 방 친구들이 재미가 없다고 호소했다.

"저녁 잠자리에 들어가 섹스 이야기를 하면, 나에게 입을 닥치라고 해요. 이들은 그런 이야기는 별로 재미가 없나 봐요."

그것은 사실이었다. 물론 세 소녀들도 섹스에 관해서는 흥미를 느끼고 있었으나 섹스의 비밀스러운 측면에 관해서는 흥미가 없었던 것이다. 그들은 섹스를 더러운 것으로 생각한 그녀의 양심의 가책을 덜어 주었다. 전에는 성에 관한 시시한 이야기를 만들다가 서머힐에 온 그 소녀에게는 이 세 여학생들이 도덕적으로 보였다. 그리고 사실 그들은 도덕적이었다. 왜냐하면 그들의 도덕은 잘못된 선악의 개념이 아니라 올바른 지식에 기초를 두고 있었기 때문이다.

자유로운 성교육을 받은 어린이들은 소위 속물근성이 덜하다. 얼마 전에 나는 런던의 팔라디움 극장에서 버라이어티 배우의 연극을 보았는데, 이 배우는 공연 중에 허용된 한계를 엄격히 지키고 있었다. 그리고 그는 서머힐의 학생들은 웃지도 않을 서툰 방법으로 관객들을 웃기고 있었다. 이 배우가 여자의 속옷에 관한 이야기를 하자, 부인들은 함성을 질렀다. 서머힐의 학생들은 이런 이야기는 조금도 우습지 않다고 생각할 것이다.

나는 이전에 유치원 어린이들을 위한 연극을 한 편 썼었다. 그것은 상당히 저속한 것이었다. 나무꾼의 아들이 백 파운드짜리 수표를 주워 흥분하여 전 가족에게 보여 주고 마지막엔 소에게도 보여 준다. 이 어리석은 동물이 그 돈을 삼켜 버린다. 온 가족이 소가 수표를 토하게 하려고 온갖 짓을 다 한다. 그러나 모든 노력이 허사로 되어 버렸다. 그러던 중 소년에게 좋은 생각이 떠오른다. 가족은 그 소를 시장에 끌고 가서 구경을 시키되, 1실링을 받고 입장시킨 후 2분간 소 옆에 있도록 한다. 그리고 그동안 소가 수표를 토하면 그 손님이 수표를 갖게 된다는 줄거리였다.

런던의 극장에서는 이 연극으로 많은 사람들의 웃음을 자아냈지만 우리 학교의 어린이들에게는 별다를 것이 없는 일상적인 것이었다.

6~9세의 배우들은 이 연극이 조금도 우습지 않다고 했다. 함께 연극을 했던 여덟 살짜리 소녀는 내가 이 연극에서 말을 제대로 사용하지 못했다며 어리석다고까지 했다. 물론 그녀는 남들이 적당하지 못한 말이라고 할 그런 말들을 지적해 냈던 것이다.

서머힐의 어린이들은 몰래 엿보려고 하지 않는다. 우리 학생들은 영화에서 화장실이나 분만 장면이 나와도 킥킥대거나 죄의식을 갖지 않는다. 화장실 벽에 낙서를 하는 일은 가끔 있다. 어린이들에게는 화장실이 집 안에서 가장 흥미로운 공간이다. 화장실은 많은 문필가와 예술가들에게 영감을 주는 장소인 것 같다. 이런 일은 특이한 것이 아니다. 목욕탕도 잘 생각해보면 창조적인 장소인 것 같다.

여자들의 정서가 남자들의 정서보다 깨끗하다는 말은 틀린 것이다. 그렇지만 남자들의 클럽이나 바에는 여자들의 클럽보다 외설이 훨씬 심하다. 음란한 이야기가 인기를 끄는 이유는 행동으로 표현하지 못하는 것을 말로써 표현하기 때문이다.

성적인 억압을 받지 않은 사회에는 말로 표현되지 못할 것들이 없다. 서머힐에서는 모든 것들이 다 말해지는데 이것에 충격을 받는 사람은 아무도 없다. 충격을 받는다는 것은 이야기되는 대상에 대해서 추잡한 관심을 가지고 있음을 의미한다.

화난 어조로 '어린아이에게서 순결을 빼앗는 것은 범죄다' 하고 외치는 사람은 자신의 머리만 모래에 숨기는 타조와 같이 어리석다. 어린이들은 절대 순결하지만은 않다. 물론 무지한 경우는 자주 있지만.

억압을 당하는 어린이들도 정말로 완전히 무지한 것은 아니다. 그들도 다른 어린이들과 접촉함으로써 불쌍한 어린이들이 한쪽 구석에서 퍼뜨리고 있는 지겨운 '지식'을 받아들인다. 아주 일찍이 서머힐에 온 어린이들에게는 은밀한 구석이 없다. 하지만 이러한 어린이들도 성문제에 대해서는 관심을 가지고 있다. 그러나 이들의 관심은 불건전하지 않고 삶에 대해서 순수한 태도를 가지고 있다.

동성연애

얼마 전에 어떤 동성연애자는 동성연애가 법적으로 허용되고 있는 나라를 가르쳐 달라는 편지를 보내왔다. 나는 모른다고 회신했는데, 그 뒤 폴란드와 덴마크에서는 동성연애가 법적으로 허용된다는 말을 들었다. 나는 감시망을 벗어나 동성연애를 할 수 있는 나라는 상상조차 할 수 없다.

서머힐에는 동성연애가 없다. 그러나 발육과정에서 나타나는 무의식적인 동성애는 있다. 우리 학교의 9~10세 소년들은 소녀를 어떻게 대해야 할지 모른다. 그들은 여자아이들을 무시한다. 또한 저희들끼리 그룹을 형성하고 이성에는 관심이 없다. 그들은 오히려 인디언 놀이나 카우보이 놀이에 더 흥미가 있다. 이 또래의 소녀들도 마찬가지다. 사춘기가 시작되어도 그들은 사내들을 쫓아다니지 않는다.

소녀들의 무의식적인 동성애는 소년들의 동성애보다 오래 지속되는 것 같다. 소녀들은 소년들의 관심을 끌려고 노력한다. 그러나 계속해서 자기의 그룹에 머물러 있다. 이 또래의 소녀들은 자기들의 권리를 강력히 주장한다. 그들은 사내아이들이 자기들보다 힘이 세고 거친 것에 대해 화를 낸다. 이런 나이에는 거친 것을 싫어한다.

일반적으로 15~16세까지는 남녀가 서로 관심을 갖지 않는다. 그들은 짝을 찾으려는 자연스러운 경향을 보이지 않는다. 이들의 이성에 대한 관심은 공경의 형태를 취한다.

서머힐의 어린이들은 자위행위에 의한 콤플렉스가 없기 때문에 무의식적인 동성애 기간도 매우 건전하다. 몇 해 전에 전학 온 소년이 동성애를 시도한 적이 있었다. 그는 성공하지 못했다. 그는 학교 전체가 자기의 시도를 알고 있다는 것을 알고는 깜짝 놀랐다.

동성애와 자위행위 사이에는 어떤 관련성이 있다. 소년들은 다른 소년들과 더불어 자위행위를 한다. 그러면서 책임을 상대방과 나누어 가지기 때문에 자신의 부담감을 덜게 된다. 그러나 자위행위를 죄악이라고 여기지 않는다면 책임을 나눠 가질 필요도 없는 것이다.

나는 과거의 어떤 억압이 동성애를 유발하는지 모른다. 어쨌건 간에 동성애의 근원은 아주 어린 시절에 있는 것만은 확실하다. 서머힐은 이제 다섯 살 이하의 어린이들은 받아들이지 않는다. 그래서 지금은 갓난

아이일 때 잘못 다뤄진 어린이를 대하는 일이 자주 있다. 그럼에도 불구하고 38년에 걸쳐 서머힐에는 동성연애자가 한 명도 없었다. 그 이유는 자유는 어린이를 건전하게 키워주기 때문이다.

☀ 난혼제 · 사생아 · 낙태

난혼제는 노이로제적이며, 이상적인 상대를 발견하리라는 기대 속에서 계속해서 상대를 바꾸는 행위이다. 그러나 이상적인 상대는 결코 나타나지 않는다. 왜냐하면 이런 탈선은 돈 쥬앙이나 그 상대 여성의 무지하고 노이로제적인 태도에 원인이 있기 때문이다. 자유 연애란 나쁘게 말하면 하나의 노이로제적인 성욕을 뜻한다. 성적인 장애의 직접적인 결과인 난혼은 항상 불행하고 해롭다. 자유로운 사람들 사이에는 자유 연애가 없을 것이다.

억압된 성욕은 육체와 관련이 있는 모든 대상들, 즉 장갑이나 손수건 등에 집착하게 한다. 자유 연애는 난혼이다. 왜냐하면 난혼에서는 애정이나 온정, 진정한 애착 없이 오로지 쾌락만이 추구되기 때문이다.

어떤 젊은 부인이 난혼을 실컷 한 후 나를 찾아와서 말했다.

"빌한테서 처음으로 오르가즘을 느꼈습니다."

그녀에게 왜 그것이 처음이었느냐고 물어보았다.

"그를 사랑했기 때문입니다. 다른 남자들은 사랑하지 않았습니다."

열셋 이상의 나이로 서머힐에 온 어린이들은 난혼의 성향을 지니고 있다. 그런데 그렇게 하고 싶어할 뿐이지 실제로 하겠다는 성향은 적다. 난혼의 원인은 어린 시절의 생활에 그 원인이 있다. 이런 것이 건전치 못한 것이기 때문에 우리는 꼭 알고 있어야 한다. 이런 태도는 점차 바뀌어가는데, 충족될 때도 있지만 결코 행복할 수는 없다.

사랑에 있어서 진정한 자유는 난혼으로 발전하지 않는다. 사랑은 영원하지 않을지도 모른다. 그러나 건전한 사람에게는 사랑이 지속되는 한 그 사랑은 순수하고 충직하고 행복하다.

사생아는 앞날이 캄캄할 때가 자주 있다. 많은 엄마들은 사생아에게 아버지가 전쟁에서 죽었거나 병으로 죽었다고 말하는데 이것은 전적으로 잘못이다. 이런 아이는 다른 아이가 아버지와 함께 있는 것을 보면 불공평하다고 느끼게 된다. 한편으로는 사회적인 편견을 감당해 내지 못한다.

서머힐에도 두세 명의 사생아가 있었는데 그런 것에는 조금도 마음을 쓰지 않는 것 같았다. 자유로운 환경에서는 그들도 일반 아이들과 마찬가지로 행복하게 성장할 수 있다.

서머힐 밖의 세상에서는 사생아들이 엄마를 욕하는 일이 많고, 엄마에게 못된 짓을 하기도 한다. 반대로 그들은 엄마를 우상화하고 언젠가는 엄마가 다른 남자와 결혼하지나 않을까 하고 겁을 먹기도 한다.

아주 모순된 세계가 있다. 낙태가 법으로 금지되고 사생아는 천대를 받는다. 오늘날 많은 여인들이 사생아에 대한 사회적인 비난에 대해 더 이상 신경쓰지 않는 것은 기쁜 일이다. 그들은 이제 떳떳하게 사랑으로 생긴 아이를 낳고, 자랑스럽게 여기며, 아기를 위해 일하고 잘 교육시키고 행복하게 기른다. 내가 본 바로는 이들의 아이들도 원만하고 정직한 인간임에 틀림없다.

공립학교의 여선생이 사생아를 낳는다면 당장 해고될 것이다. 나는 목사 부인이 가정부가 임신을 했다고 무작정 쫓아냈다는 말을 여러 번 들었다.

낙태문제는 인류에게 있어서 가장 위선적인 행위 중 하나다. 자기의 딸이 사생아를 임신했다면 낙태시키지 않을 법관이나 목사, 의사 등 사회 지도층은 없을 것이다. 런던에는 여성이 피임도구나 약품을 얻을 수 있는 무료진료소가 있다. 하지만 결혼반지를 낀 여자만 그런 것들을 받을 수 있으며, 결혼반지를 빌리는 것은 죄가 되지 않는다.

이 모든 것이 공중 화장실의 외설스러운 낙서들을 생각나게 한다. 이러한 불건전한 도덕이 우리 사회를 단적으로 보여준다. 이것이 결국에는 우리의 불행이 되었고, 또 희망도 빼앗아 버린 것이다.

제 4 장 종교와 도덕

 **종 교**

얼마 전에 한 방문객이 나에게 이런 질문을 했다.

"학생들에게 왜 그리스도의 생애를 가르쳐 주지 않습니까? 그래야만 학생들이 예수님이 살아온 길을 따르려고 하지 않겠습니까?"

나는 살아가면서 삶을 배우는 것이지, 다른 사람이 살아온 이야기를 듣고서 삶을 배우는 것은 아니라고 대답했다. 말보다 행동이 더 중요하다는 것은 말할 필요도 없다. 많은 사람들은 서머힐이 어린이들에게 사랑을 주기 때문에 종교적인 장소라고 했다. 이 말이 사실일지도 모른다.

오늘날 흔히 쓰이는 '종교적' 이라는 형용사, 즉 자연스러운 생활에 반대되는 '종교적' 이라는 형용사를 반대한다. 종교가 내가 기억하는 종교적인 것, 낡은 옷을 입은 사람들이 찬송가를 소리 높이 부르며 용서를 비는 것들과 동일시되어서는 안 될 것이다.

개인적으로 어떤 신을 믿든 간에 신앙을 가지는 것을 반대하지 않는다. 그러나 그들의 신이 인간의 행복을 좌우할 만큼 전능하다고 생각하지는 않는다. 종교를 가진 사람과 그렇지 않은 사람 사이에는 싸움이 없지만, 인간의 자유를 믿는 사람과 억압해 달라고 기도하는 사람들 사이에는 싸움이 벌어진다.

언젠가는 새로운 종교가 나타날 것이다. 많은 사람들이 '뭐? 새로운 종교라고?' 하며 놀랄 것이다. 그리스도교 신자들은 격분해서 '그럼 그리스도교가 영원한 종교가 아니란 말이야?' 하고 따질 것이다.

종교란 민족처럼 영원할 수는 없다. 어떤 종교든 발생기와 부흥기와 쇠퇴기가 있다. 많은 종교가 나타났다가 사라진다. 신에 대한 인간의 상상은 문화에 따라 변하게 마련이다. 하나님은 목동의 나라에서는 양치기였고 전쟁의 시대에는 전쟁의 신이었다가 상업이 번창해지면 정의의 하나님이 되어 공평함과 자비심을 저울질했다. 기술이 눈부시게 발전한 뒤로 하나님은 H. G. 웰즈의 《위대한 부재자(不在者)》로 되었다. 원자폭탄을 만들어 내는 시대에는 창조적인 하나님이 필요 없기 때문이다.

언젠가는 새로운 세대가 낡아빠진 이 시대의 종교와 신화를 거부할 날이 올 것이다. 새로운 종교는 원죄를 없애버릴 것이다. 이 새로운 종교는 일요일 아침에 하나님이 자신의 만족을 위해 요청한 듯한 찬송가를 부르는 것보다 차라리 수영을 하는 것이 거룩하다고 할지 모른다. 우리가 기도나 교회에 나가는 시간의 10%만이라도 이웃사랑과 봉사에 쓰여진다면…….

나는 매일 신문을 통해 오늘날의 종교가 죽어가고 있다는 것을 전해 듣는다. 우리는 사람을 감옥에 가두고, 뜻이 다른 사람들의 의견을 억압하고, 가난한 사람들을 멸시하고 전쟁준비를 한다. 교회는 조직으로서도 약하다. 교회는 전쟁을 억제할 힘도 없다. 교회는 우리의 야만적인 헌법을 시정하기 위해 아무런 노력을 하지 않는다. 설령 노력을 한다고 해도 별 소용이 없을 만큼 미미하다. 교회는 착취자들에게 항거하는 일도 없다.

우리는 하나님과 돈을 한꺼번에 섬길 수가 없다. 바꾸어 말하면 우리는 일요일엔 교회에 가고 월요일엔 총칼을 들고 싸울 수는 없는 것이다. 나는 전쟁에서도 하나님이 자기들과 함께 있다고 주장하는 교회의 관습은 그야말로 하나님을 모독하는 것이라고 생각한다. 하나님은 사랑과 동시에 전쟁의 수호신일 수는 없다.

전통적인 종교는 많은 사람들의 개인적인 문제를 해결하는 구실밖에 하지 않는다. 카톨릭 신자가 죄를 짓고 고해성사를 하면 신부는 그 죄가 용서되었다고 한다.

종교를 믿는 사람은 자신의 번거로운 일을 하나님에게 떠맡긴다. 그는 축복이 약속되어 있다고 믿는다. 그래서 인격적인 가치와 개인의 행동에서 사도신경으로 강조하는 요점이 옮겨진다. '나를 믿으라. 그러면 너희는 구원받으리라!' 이 말은 실제로는 '고백하라. 그러면 너의 정신적인 문제는 해결된다' 는 뜻이다. 사람들은 천국의 입장권을 보장받는다.

종교란 근본적으로 삶을 두려워하는 것이며, 일종의 도피에 불과하다. 종교에서는 현세의 삶이 내세의 충만된 생명을 위한 준비 과정으로만 생각한다. 신비주의와 종교는 이 세상의 삶은 하나의 실패작이며 종교를 믿지 않는 사람은 구원을 받을 수 없다고 한다. 그러나 자유로운 어린이들은 인생을 실패작이라고 생각하지 않는다. 왜냐하면 아무도 그들에게 삶을 부정하라고 가르치지 않았기 때문이다.

종교와 신비주의는 비현실적인 생각과 행동을 요구한다. 텔레비전과 제트기를 가진 우리가 아프리카 숲 속의 토인들보다 실생활에서는 훨씬 더 동떨어져 있다는 것은 말할 나위도 없다. 그들의 종교는 공포를 이기기 위한 산물이다. 그러나 그들은 사랑을 즐기며, 동성연애도 하지 않고, 장애도 받지 않는다. 그들의 생활은 원시적이다. 그러나 중요한 것은 삶을 긍정한다는 것이다.

우리도 원시인들처럼 종교에 매달리는데 그것은 불안하기 때문이다. 그러나 원시인과는 반대로 우리는 거세당했다. 우리는 어린이들을 영원히 거세해 놓고 그들의 정신을 휘어잡은 후에야 비로소 그들에게 종교를 가르칠 수 있다.

나는 어린이를 종교 교육 때문에 망친 경우를 자주 보았다. 부모들은 자녀들에게 이 세상에 태어난 것은 축복 받을 일이며 나쁜 것이 절대 아니라고 말해 주어야 한다. 또한 이 세상은 더욱 좋아질 수 있으며 그렇게 되어야만 한다는 것과, 이 세상의 삶을 위하여 노력해야지 허구적인 삶을 추구하면 안 된다는 것을 말해 주어야 한다.

어떤 어린이도 종교적인 신비주의에 빠져서는 안 된다. 신비주의는 현실을 도피하게 하는 위험성을 갖고 있다. 우리 모두는 가끔 현실에서 도피하고 싶어한다. 그렇지 않다면 소설도 읽지 않을 것이고 극장에도 가지 않을 것이며, 술도 마시지 않을 것이다. 그러나 사람들은 현실로부터 완전히 도피하는 것이 아니라 다시 제자리로 돌아온다.

신비주의자는 삶을 끝까지 도피하려고 하며, 자기의 성욕(Libido)을 전부 신지학(神智學)이나 강신술(降神術)이나 카톨릭교나 시오니즘(Zionism) 등에 쏟는다.

어떤 어린이도 나면서부터 신비주의자는 아니다. 서머힐의 어린이들은 불안에 의한 장애가 없을 경우, 현실 감각이 더욱 두터워진다.

나는 유럽풍의 즉흥연극을 할 때, "나는 천당문을 수호하는 성 베드로다. 그리고 너희들은 들어오려고 애쓰는 사람이다. 시작해 보렴!"하고 말했다. 어린이들은 천당에 들어오기 위한 이유를 둘러댔다. 한 소녀는 정중히 걸어와 들여보내 달라고 애원했다. 그러나 그 날의 스타는 두 손을 호주머니에 찌른 채 휘파람을 불면서 내 앞을 지나가 버린 열네 살짜리 소년이었다.

"어이, 넌 여기에 들어갈 수 없어!"

내가 소리 질렀다. 그는 홱 돌아서서 비웃듯 쳐다보고는 말했다.

"넌 여기에 처음 온 모양이군, 그렇지?"

"그게 무슨 소리냐?"

"넌 내가 누군지 모른단 말이지?"

"도대체 네가 누군데?"

"내가 바로 하나님이야."

소년은 휘파람을 불며 유유히 천당으로 들어가 버렸다.

어린이들은 진지하게 기도하지 않는다. 그저 건성으로 할 뿐이다. "기도드릴 때 무슨 생각을 하니?"하고 많은 어린이들에게 물어보았더니 한결같이 "내내 딴 생각만 해요."하고 대답했다. 그들이 딴 생각을 하는 것은 당연하다. 그들에게 기도란 아무런 가치도 없기 때문이다. 어린이들은 다만 기도하라는 강요에 따를 뿐이다.

식사 때 기도하는 수많은 사람들 중에서 99.9명 정도는 그저 기계적으로 중얼댈 뿐이다. 이것은 마치 사람들의 앞을 지나치면서 '실례합니다' 하고 말하는 것과 같다. 왜 우리는 기계적인 기도와 예절을 젊은 세대에게 물려주어야 하는가? 이것은 정직하지 못하며 판단능력이 없는 어린이에게 종교를 강요하는 것 역시 마찬가지이다. 어린이는 충분히 성장한 후 자신의 판단에 의해 종교를 선택해야 할 것이다.

신비주의보다 더 위험한 것은 어린이에게 미움을 심어주는 것이다. 만약 어떤 것들은 죄가 된다고 어린이에게 가르치면, 삶에 대한 사랑이 미움으로 변할 것이다. 어린이들이 자유롭게 성장하면 다른 사람을 죄인이라고 생각하는 일은 절대 없을 것이다.

서머힐에서는 도둑질 때문에 학생재판에 회부되거나, 벌을 받지는 않는다. 그 어린이는 자신의 빚만 갚으면 되는 것이다. 어린이들은 무의식 중에 도둑질이 병이 아님을 깨닫는다. 그들은 지극히 현실적이며, 벌을 주는 하나님이나 그들을 유혹하는 악마를 꾸며댈 만큼 어리석지 않다. 노예 근성을 가진 사람은 자신의 모습에 따라 하나님을 만들어 낸다. 그러나 열의와 용기로써 인생에 맞서나가는 자유로운 어린이들은 하나님을 만들어 내지 않는다.

어린이들이 정신적으로 건전하기를 바란다면 그들에게 잘못된 가치관을 심어주어서는 안 된다. 많은 사람들은 자신들도 그리스도교 신학에 회의를 품고 있으면서도 아무런 망설임 없이 그 믿음을 자녀들에게 강요한다. 지옥불을 그대로 믿는 어머니는 얼마나 될까? 하프 소리가 은은한 황금의 천국을 믿는 어머니가 몇 명이나 되겠는가? 그런데도 어머니들은 자신도 믿지 않는 낡고 원시적인 이야기들로 자녀들의 영혼에 해를 끼치고 있는 것이다.

인간은 자기가 알지 못하는 것과는 대결하지 못하기 때문에, 아니 대결할 수조차 없기 때문에 종교가 번성하고 있는 것이다. 종교는 알지도 못하는 것으로부터 수도 없이 악마를 만들어 내고는, 이 악마의 유혹에 빠지지 말라고 훈계한다. 그러나 사람들이 알지도 못하던 것을 알고 나면 그 종교는 기세가 꺾이고 만다.

어린이에게 종교란 공포의 대상일 뿐이다. 하나님은 눈꺼풀에 구멍이 난 무서운 남자이다. '그는 네가 어디에 있더라도 지켜보고 있다' 라는 말은 어린이들에게는 이불 속에서의 행동까지도 다 지켜본다고 들릴 때가 많다. 어린이의 생활에 불안을 가져다 주는 것은 가장 큰 죄악이다. 그렇게 되면 어린이는 영원히 인생을 부정하고, 항상 열등감을 느끼게 되며, 비겁해질 것이다.

어려서부터 지옥에 떨어진다고 위협받은 사람은 평생 자기의 안정에 대한 강박관념에서 벗어나는 날이 하루도 없을 것이다. 이런 사람은 천국과 지옥이 유아기의 환상일 뿐이며, 이것은 인간의 희망과 불안이 원인이라는 것을 이해하게 되더라도 결과는 마찬가지일 것이다.

어린 시절의 강한 인상은 평생 남아있게 마련이다. 하프로써 상을 주거나 불로써 벌을 주는 엄격한 하나님은, 인간이 자신의 모습에 따라 만들어 낸 것이다. 이 하나님은 초월적인 영상이다. 하나님은 소원을 성취시켜 주고 사탄은 불안을 심어준다.

그리하여 향락은 악이 되며, 카드놀이나 춤 등도 악마의 짓이다. 종교적인 것들은 거의 전부가 기쁨이 없는 것들을 일컫는다. 교회음악은 대개 구슬프다. 많은 사람들에게는 교회에 가는 것이 고역이고 지겨운 의

무이며, 종교적이라는 것은 슬퍼 보이며 또 슬퍼해야 하는 것으로 생각된다.

새로운 종교는 자아를 깨닫고 그것을 긍정함으로써 형성될 것이다. 남을 사랑하는 것은 자신을 진정으로 사랑할 때라야만 가능하다. 이것은 자신을 미워하고 따라서 남들도 미워하게 하는 원죄의 낙인을 찍는 교육과는 판이하다.

'기도를 잘 하는 자란 크고 작은 모든 것들을 사랑하는 사람이다.' 시인 콜러리지는 새로운 종교를 이렇게 표현했다. 따라서 새로운 종교에서는 대소를 막론하고 자신을 포함한 모든 것을 사랑하는 사람이 기도를 가장 잘 하는 사람이 된다.

도 덕 적 훈 계

대부분의 부모들은 자녀에게 도덕적인 가치와 선악을 계속 깨우쳐 주지 않는다면 악에 빠질 것이라고 믿는다. 그들은 어린이의 실제적인 욕구는 무시한 채 도덕 주입에만 힘쓴다. 이들은 어린이가 도덕을 배우지 않으면 짐승처럼 되고 방탕한 행동을 하며, 남은 조금도 배려하지 않게 되리라고 불안해한다. 그래서 대부분의 사람들은 인간이 원죄를 갖고 태어나며, 본성이 악하기 때문에 착해지도록 교육하지 않으면 도둑질이나 살인을 하리라는 것을 수동적으로나마 받아들이고 있다.

교회는 이런 것을 공언하면서 '우리는 불쌍한 죄인들이다.' 하고 말한다. 주교나 교장은 어린이는 빛으로 인도되어야 한다고 믿고 있다.

교회나 학교가 다 같이 어린이의 원죄에 대해 의견이 일치하기 때문에, 부모들이 이 거대한 권위에 대항하여 달리 생각하기를 기대하기란 어렵다. 교회는 "죄를 지으면 지옥에 떨어질 것이다!"하고 말한다. 부모들은 이 말을 본따서 "다시 한번 그런 짓을 하면 벌을 주겠다."고 말한다. 둘 다 겁을 줌으로써 잘못을 고치려고 한다. '하나님을 두려워하는 것이 지혜의 시작이다.' 라고 성서에 기록되어 있다. 이 공포가 심리적인 장애의 시초가 되는 경우가 많다. 왜냐하면 어떤 두려움이건 간에 두려움은 해롭기 때문이다.

이런 말을 하는 부모들이 많이 있다.

"아들의 행실이 나빠진 이유를 모르겠어요. 나는 그 아이를 엄하게 교육시켰고, 또 가정에서 나쁜 본보기를 보인 적도 없는데 말이죠."

나는 하나님에 대한 공포와 매질로 잘 되라고 강요받은 어린이를 다룬 적이 많다. 끊임없는 금지와 벌을 주겠다는 경고가 어린이에게 얼마나 많은 악영향을 끼치는지 부모들은 모르고 있다. 또 어린이는 자기가 이해할 수 없는 완전한 도덕을 강요받으면 얼마나 괴로워하는지 조차도 모르고 있다.

산만한 문제아의 부모들은 자신들의 도덕관은 조금도 의심하지 않으며, 자신들은 옳고 그른 것을 정확히 알고 있다고 확신한다. 그리고 도덕규범은 영원한 권위를 갖는 성서에 확정되어 있다고 믿는다. 또 그들은 자신들의 부모와 학교의 가르침과 사회의 규범을 의심하지도 않는다. 그들은 문화를 숙고해 보거나 분석해 보지도 않고 그대로 받아들인다.

이런 것을 의심해 보는 것은 그들에게는 커다란 충격이 될 것이다. 그리하여 부모들은 아들이 비정상어며 일부러 삐뚤어진다고 생각한다. 아무런 영향도 없이 스스로 삐뚤어지는 어린이는 없다고 나는 확신한다. 내가 경험한 문제아들은 모두 어린 시절에 잘못 인도되거나 잘못된 교육을 받은 아이들이었다. 심리학의 기초적인 원리마저도 어린이가 태어나자마자 무용지물이 되어버리고 마는 것이다.

대부분의 사람들은 인간은 의지를 가진 피조물이라고 믿고 있다. 그러나 이 의견에 수긍하는 심리학자는 아마 한 명도 없을 것이다. 인간의 행위는 대체적으로 무의식적인 것에 의해 결정된다는 것이 이미 증명되었다.

형법은 모든 사람들이 자신의 의지에 따라 선악을 선택할 수 있고, 따라서 그에 따른 책임도 자신에게 있다는 가정에 뿌리를 둔다. 런던에서는 한 남자가 부인들의 옷에 잉크를 뿌렸다는 이유로 징역형을 선고받은 일이 있었다. 사회의 판단으로는 그가 원하기만 하면 정상인이 될 수 있는 건달이었던 것이다. 그러나 심리학자들에게는 자신도 의식하지 못하는 상징적인 행동을 한 병적인 환자로 보일 것이다. 이상적인 사회라면 이런 사람을 정신과 의사에게 보낼 것이다.

무의식의 심리학은 행위의 대부분은 오랜 기간을 두고 분석해야 밝혀지는 드러나지 않는 원인을 가지고 있다고 지적한다. 그런데 정신분석학도 아직 무의식의 근원까지 파헤치지는 못한다. 우리는 행위를 하고도 왜 그렇게 하는지 그 이유를 모르고 있다.

얼마 전 나는 심리학 공부는 제쳐두고 타일을 깐 적이 있었다. 왜 그렇게 했는지 나도 모른다. 내가 남의 옷에 잉크를 뿌렸더라도 역시 그 원인을 몰랐을 것이다. 타일을 까는 것은 허용된 일이므로 나는 별 제재를 받지 않는다. 그러나 남의 옷에 잉크를 뿌리는 것은 반사회적인 행동이므로 경멸받는 범죄자가 된다. 잉크를 뿌린 사람과 나 사이에는 한 가지의 차이밖에 없다. 즉 나는 내가 하는 일을 좋아한다는 것을 의식하고 있었지만, 그는 잉크 뿌리기를 좋아한다는 것을 깨닫지 못했던 것이다. 내 행위에서는 의식과 무의식이 함께 있었지만, 그의 경우 의식과 무의식이 서로 다투고 있었던 것이다. 반사회적인 행위는 이런 다툼의 결과이다.

몇 해 전에 서머힐에는 활발하고 지성적이며 사랑스런 열한 살짜리 남학생이 있었다. 그는 조용히 앉아 책을 읽곤 했다. 그러던 그가 갑자기 벌떡 일어나 밖으로 뛰쳐나가더니 불을 지르려고 했다. 자제할 수 없는 충동이 그를 엄습했던 것이다. 전에 그를 가르쳤던 선생들이 충고도 하고 매질도 해 봤지만, 무의식적인 방화의 충동은 그가 자제하기에는 너무나 강했다. 그는 나쁜 아이가 아니라 환자였다. 무엇이 그를 병들게 했을까? 어떤 영향이 어린이들을 병들게 하고 범죄자가 되게 하는가? 여기에 대해 알아보도록 하자.

젖먹이들을 들여다보면 그들에게는 악기(惡氣)가 없음을 알 수 있다. 아기는 나면서부터 생명력과 의지와 살고자 하는 무의식적인 욕구를 가지고 있다. 이것이 아기로 하여금 젖을 빨게 하고 자기의 욕구를 만족시키도록 한다. 아기는 본능대로 행동하지만 그가 갖고 있는 자연의 의지는 어른들에 의해 악마의 의지로도 변하게 된다.

실제로 어른들은 어린이의 본성은 개선되어야 한다고 생각한다. 그래서 모든 부모들은 어린 자녀에게 살아가는 법을 주입시키기 시작한다. '이것은 버릇없는 짓이고, 저것은 더러우며, 그것은 이기적이다.'

어린이는 자신이 온갖 금지 속에 갇혀 있다는 것을 깨닫게 되며, 자연스러운 생명력이 규율에 부딪친다. 또 교회는 본능적인 것은 악마의 소리라고 설교하고, 도덕적 훈계는 하나님의 소리라고 말한다. 이러한 말들은 뒤집어져야 한다고 나는 굳게 믿고 있다.

도덕적인 규범이야말로 어린이를 악하게 만든다고 생각한다. 나쁜 어린이도 그를 억압하는 규범들을 제거해 버리면 착한 어린이가 된다고 확신한다.

어린이에게 도덕교육을 하는 데는 이유가 있을 것이다. 그러나 도덕교육은 어린이에게 적당하지 않다. 그것은 심리학적으로 잘못된 것이다. 어린이에게 자기를 억제하라고 요구하는 것은 잘못이다. 모든 어린이는 이기적이며, 모든 것은 그들 '자신의 것'이다. 어린이가 사과를 가지고 있을 때 그의 유일한 소망은 그것을 먹는 것이다. 그 사과를 동생과 나누어 먹으라고 강요한다면, 그는 동생을 미워하게 될 것이다.

당연한 일이지만 어린이가 자기를 억제하라고 교육받지 않는다면 애타주의는 늦게 발달한다. 그러나 애타주의를 강요받는 어린이는 절대 이기주의를 버리지 못할 것이다. 어머니가 아이의 이기주의를 나무라면, 이기주의가 완전히 고착되고 말 것이다.

그 이유는 무엇인가? 정신병리학에 따르면 충족되지 못한 욕망은 무의식 속에 계속 남아 있게 된다. 따라서 자기를 억제하도록 교육받은 어린이는 어머니를 만족시켜 주기 위해 요구를 들어 줄 것이다. 그 대신 무의식에 감춰둔 이기적인 욕망은 평생 간직하게 될 것이다.

성에 있어서도 마찬가지이다. 어린 시절의 도덕적인 금기는 성에 대한 어린이의 관심을 고착시켜 버리고 만다. 어릴 때 여학생들에게 저속한 사진을 보여주었거나 남이 보는 데서 성기를 만지고 놀았다거나 해서 체포된 불쌍한 청년들에게는 지나치게 도덕적인 어머니가 있다. 어린 시절의 자연스러운 관심이 중죄로 다루어진다. 어린이는 유아기의 욕망을 억제하지만 무의식 속에 계속 남아 있으며 성장하면 원래의 형태로 다시 나타나는데, 이때는 상징적인 형태로 나타나는 경우가 많다. 그래서 백화점에서 물건을 훔치는 부인의 행동에는 어린 시절에 억압을 받았던 도덕적인 규범에 그 원인이 있는 것이다. 그녀는 금지되었던 아동기의 성욕을 이러한 행위로 만족시키는 것이다.

이들은 모두 불행하다. 누군가 도둑질을 하면 동료들은 그를 배척한다. 그렇지만 동료들과 어울리고 싶은 것이 인간의 본능이다. 반사회적인 행동은 인간의 본성이 아니다. 이기주의만이 인간을 사회적인 존재로 만들어 준다. 그러나 이기주의보다 더 강한 요인이 인간을 반사회적이게 한다. 그것은 무엇인가? 자연적인 자아와 도덕적인 자아 사이의 갈등이 심해지면, 자연적인 자아는 유아기로 후퇴해 버린다. 그러면 다른 사람의 의견은 예속적인 위치를 차지하게 된다.

도벽이 있는 사람은 법정에 서고 신문에도 실리는 수치심을 의식하게 된다. 그러나 대중들에 대한 불안은 자신의 유아기적 욕망만큼 강하지 못하다. 근본적으로 도벽의 이면에는 행복해지려는 욕망이 도사리고 있다. 그러나 상징적인 충족은 본래의 욕망을 만족시켜 주지 못한다. 그래서 이런 희생자는 그러한 시도를 항상 되풀이하게 된다.

한 예로 일곱 살짜리 빌리가 서머힐에 왔을 때 부모는 그를 도둑놈이라고 했다. 일주일 후에 한 선생님이 책상 위에 두었던 시계를 잃어버렸다. 나는 가정부에게 이것에 대해 아는 것이 있냐고 물었다.

그녀는 이렇게 말했다.

"빌리가 시계를 가지고 노는 것을 보았어요. 어디서 난 거냐고 물었더니, 자기 집의 정원에 있는 굴 속에서 주웠다고 했어요."

나는 빌리가 자신의 소지품을 모두 트렁크 안에 넣고 잠궈 둔다는 것을 알고 있었다. 트렁크 속에는 망치로 때려부순 금시계 조각들이 들어 있었다. 나는 트렁크를 잠그고 빌리를 불렀다.

"앤더슨 선생의 시계를 본 적이 있니?"

그는 눈을 동그랗게 뜨더니 대답했다.

"아뇨, 무슨 시계를 말이에요?"

나는 한동안 그를 쳐다보다가 물었다.

"빌리야, 너 아기가 어디서 나오는지 아니?"

그는 귀가 솔깃해져서 나를 쳐다보며 대답했다.

"그럼요. 하늘에서 내려와요."

"아니야, 너는 엄마 뱃속에서 자라서 밖으로 나온 거야."

그는 아무 말 없이 자기 트렁크에서 부서진 시계를 가져왔고, 그 후로 도둑질을 하지 않았다. 왜냐하면 그는 진리만을 훔쳐왔었기 때문이다. 그의 표정에서는 당혹과 불안이 사라지고 행복해졌다. 여러분은 빌리가 치유된 것이 기적이라고 할지 모른다. 그러나 그것은 기적이 아니다. 빌리가 말한 자기 집의 깊은 굴은 아마 자신의 생명이 시작된 그 굴을 의미했을 것이다.

빌리의 아버지는 여러 마리의 개를 기르고 있었다. 빌리는 강아지가 어떻게 태어나는지 알고 있었고, 나중에는 아기가 어떻게 태어나는지 추측할 수 있었을 것이다. 엄마의 거짓말은 자기의 생각을 억누르게 했고, 진실을 밝히겠다는 욕망을 상징적인 행동으로 충족시키고자 했던 것이다. 그래서 엄마 안에 무엇이 들어 있는지 확인하기 위해 물건을 훔쳐다가 망가뜨린 후 열어 보았던 것이다. 같은 이유로 항상 서랍을 열어 보는 학생도 있었다.

부모들은 어린이에게 감당하기 힘든 상황을 부여해서는 안 된다. 기는 단계에서 걷는 단계로 자연스럽게 발전하도록 내버려 두지 않고, 일찍 어린이를 세우려는 사람은 자식을 안짱다리로 만들 뿐이다. 어린이의 하체는 자신의 무게를 지탱하지 못하기 때문에 이런 행동은 성급하며, 그 결과는 엄청나다. 어린이가 스스로 걸을 때까지 기다렸다면, 그는 온전히 혼자서 걸을 수 있었을 것이다. 너무 일찍 청결교육을 시작하는 것도 이와 비슷한 나쁜 결과를 초래한다.

이런 것은 도덕교육에도 해당된다. 어린이에게 현재의 심리 상태에서는 도저히 감당하기 힘든 개념을 강요하면, 이 개념을 팽개쳐 버릴 뿐만 아니라 노이로제에 걸리게 될 것이다. 만약 여섯 살짜리에게 네 가지의 기계체조를 한꺼번에 하라고 강요한다면 그것은 지나친 요구이다. 그러나 자연스럽게 배워갈 수 있도록 해 주면 열여덟 살에는 아주 수월하게 해낼 것이다. 마찬가지로 우리는 어린이들에게 지나친 도덕심을 요구해서는 안 된다. 부모들은 어린이는 본래 착하며, 자연적인 발달을 방해받지 않는다면 마침내는 착한 사람으로 성장하리라는 것을 믿으면서 기다려야 한다.

오랜 세월에 걸친 서머힐의 경험은 나로 하여금 어린이들에게 행실을 가르칠 필요가 없다는 것을 확신케 했다. 어린이는 시간이 경과함에 따라 선악을 판단하는 능력을 배우게 된다. 다만 그가 억압을 받지 않는다는 전제 하에서 말이다.

배움이란 어린이가 자라면서 주위의 환경으로부터 가치를 받아들이는 과정이다. 부모가 정직하고 올바르게 생활한다면 자녀들도 시간이 지남에 따라 부모의 행실을 본받게 되어 있다.

강요된 감동

부모와 교사들은 어린이에게 감동을 주려고 애쓴다. 그들은 어린이가 갖추어야 할 것, 배워야 할 것 등을 전부 알고 있다고 믿기 때문이다. 나는 어린이들에게 나의 의견이나 선입관을 주입시키려고 한 적이 없다. 나는 무신론자이지만 종교를 비난하는 말을 한 적도 없다. 또한 우리 사회의 야만적인 형법이나, 반유태주의, 제국주의에 반대하도록 가르치지도 않았다.

어린이들에게 평화주의자나 채식주의자, 개혁가나 기타 어떤 정해진 인간이 되라고 의식적으로 감동을 준 일도 없다. 나는 설교가 어린이에게 아무런 감동도 주지 못한다는 것을 잘 안다. 나는 자유의 힘을 믿는다. 이 자유의 힘은 청소년들로 하여금 허식과 광신에 대한 무장을 튼튼히 하도록 해 준다. 어린이들을 억압하는 모든 견해들은 죄악이다. 어린이는 조그만 어른이 아니다. 따라서 그들은 어른들의 입장을 고려하지도 않으며, 이해할 수도 없다.

어느 날 저녁 나는 7~11세의 소년 다섯 명에게 말했다.

"Y부인은 몸살이 나서 아프니 침실에 가거든 조용히 하렴."

그들은 조용히 하겠다고 약속하고 돌아간지 5분도 채 안 되어 떠들며 베개를 던지는 장난을 했다. 나는 그들이 의식적으로 Y부인에게 불편을 주려고 한 것이 아니라 어리기 때문이라고 생각했다. 근엄한 목소리와 체벌은 분명 Y부인에게 평안을 주었겠지만 어린이들에게는 불안을 주었을 것이다. 어린이로 하여금 어른의 욕구에 따르도록 강요하는 것이 어린이를 다루는 일반적인 관례로 되어 있다.

어린이를 심하게 꾸짖는 것은 시간낭비일 뿐이라는 것을 아는 부모와 교사는 많지 않다. 고양이 귀를 잡아당긴 어린이에게 '남이 네 귀를 당기면 너는 어떻겠니?' 하는 따위의 꾸지람은 아무 소용이 없다.

"네가 바늘로 아기를 찔렀지? 그게 얼마나 아픈지 너도 한번 당해봐 (엄마가 찌른다). 이제 다시는 그런 짓을 않겠지?"

엄마가 이렇게 말할 때 아이는 이해하지 못한다. 이 아이는 그런 짓을 하지 않겠지만 결과적으로는 정신병원을 만원으로 만들게 된다.

나는 부모에게 어린이는 원인과 결과를 연결 지어 이해하지 못한다는 것을 깨우쳐 주고 싶다. 만약 어떤 사람이 '너는 버릇이 없어. 이번 일요일엔 용돈을 주지 않을 거야.' 하고 말한다면 이것은 잘못이다. 그 아이는 일요일이 되면 자신의 잘못과 벌을 생각하면서 실망하게 될 것이다. 즉 일요일의 일은 오래도록 잊혀지지 않아서 매우 큰 죄책감을 갖게 하고, 자신의 용돈을 몰수한 권위를 미워하게 된다.

부모들은 자기들의 권력욕 때문에 명령하는 것은 아닌지 자문해 보아야 한다. 모든 사람은 다른 사람에게 잘 보이려고 안간힘을 쏟는다. 어떤 어린이에게 비사회적인 행동을 하도록 억압하지 않는다면 그는 완전히 독자적으로 자연스럽게 행동할 것이다. 그러나 남에게 잘 보이고 싶은 욕망은 일정한 연령에 도달해야만 비로소 나타나게 된다. 부모와 교사가 이러한 욕망을 재촉하려고 성급히 서두르는 것은 어린이에게 돌이킬 수 없는 해를 끼친다.

언젠가 나는 어떤 학교를 방문했는데, 이 학교에서는 백 명이 넘는 학생들이 매일 아침 신부의 강론을 들으려고 모였다. 신부는 그들에게 그리스도의 부르심을 지나쳐 버리지 말라고 열성적으로 충고했다. 교장이 나에게 이 강론을 어떻게 생각하느냐고 묻기에 '이런 것은 죄악이라고 생각한다'고 말했다. 그 곳의 많은 학생들은 성문제와 여러 가지 다른 문제들 때문에 양심의 가책을 받고 있었다. 이 설교는 단지 어린이들의 죄의식을 조장하는 것에 지나지 않았다.

다른 학교에서는 식전에 30분 동안 강제로 바하의 음악을 듣게 했다. 음악으로 어린이들을 개선시키려는 시도는 심리학적으로 볼 때 지옥불로써 위협하는 것과 같은 낡은 캘빈주의적인 결과를 초래할 뿐이다. 왜냐하면 어린이들은 악취미라고 지칭되는 것들은 모두 억누르고 있어야만 하기 때문이다.

어떤 학교의 교장이 자기 학교의 학생들은 베토벤을 좋아하고 재즈는 싫어한다고 말하면, 나는 그가 학생들을 간섭한다는 것을 알 수 있다. 개인적으로 시끄러운 소리를 싫어하지만 대부분의 학생들은 재즈를 좋아한다. 나는 이 교장이 틀렸다고 확신한다.

엄마가 자녀에게 착해지기를 요구하는 것은 자연적인 본성을 억압하는 것이다. 그녀는 자녀에게 '너의 행동은 틀렸어' 하고 말한다. 이것은 어린이에게 자신을 미워하라고 가르치는 것과 같다.

대수롭지 않은 성적 장난에 대해 자식을 벌하는 어머니는 성을 더럽다고 생각하는 사람이다. 법관석에 앉아 있는 착취자는 지갑을 훔친 사람에게 불호령을 내린다. 우리는 도덕가들이어서 서로 솔직한 영혼으로 대결할 용기가 없다.

우리는 우리가 생활하는 그대로를 아이에게 가르치며, 의식적으로 우리를 자녀와 동일시한다. 자신이 가장 미워하는 아이가 자신을 많이 닮아 있는 법이다. 부모나 선생이나 법관이 어떤 나쁜 짓을 다뤄야만 할 때에는 자신들이 갖고 있는 콤플렉스를 제거하지 않으면 안 된다. 누구도 정서적으로 자유롭지 못하다. 우리는 이미 요람 속에 있을 때부터 타인의 의지를 강제적으로 받아들여왔기 때문이다.

욕 설

　서머힐의 어린이들은 욕을 한다고 곧잘 비난을 받는다. 사실 그렇다. 서머힐의 어린이들은 정말로 욕을 잘한다. 고어(古語)를 사용하는 것이 욕이라면 말이다. 새로 전학 온 학생들이 필요 이상으로 욕을 하는 것도 사실이다.

　수녀원학교에서 전학 온 열세 살의 소녀는 수영하러 가서도 '개새끼'라고 소리 지른다고 학교총회에서 여러 번 비난을 받았다. 우리는 그녀가 사람들이 많은 해안에서만 욕을 한다는 사실을 깨우쳐 주었다. 어떤 소년은 말했다.

　"간단히 말해서 너는 바보야! 어리석은 계집애야. 너는 타인의 눈에 띄기 위해 고의적으로 욕을 하는 거야. 너는 서머힐은 자유로운 학교라고 자랑하고 싶겠지. 그러나 너는 정반대로 행동하고 있어. 너는 남들이 우리 학교를 깔보도록 만들고 있단 말이야!"

　나는 그녀가 학교를 싫어하기 때문에 학교에 해를 끼치려고 한다고 타일렀다. 그러자 그녀는 소리쳤다.

　"서머힐을 싫어하지 않아요. 서머힐은 멋진 학교라고 생각해요."

　"그래, 서머힐은 정말 멋진 학교야. 그러나 너는 아직 우리 학교의 학생이 아니라 수녀원학교에 있는 거야. 너는 수녀원학교와 수녀에 대한 미움을 여전히 가지고 있는 거야. 너는 아직도 수녀원학교와 서머힐을 동일시하고 있어. 너는 서머힐에 해를 끼치려는 것이 아니라 그 수녀원 학교에 해를 끼치려는 거야!"

그럼에도 그녀는 서머힐이 그녀에게 하나의 현실이 될 때까지는 계속해서 욕을 했다.

욕설에는 세 종류가 있다. 성적인 것, 종교적인 것, 그리고 배설물에 관한 것들이 그것이다. 서머힐의 어린이들은 종교 교육을 받지 않았기 때문에 종교적인 욕설은 문제가 되지 않는다. 대부분의 사람들은 욕을 하며, 대부분의 학생들은 성과 항문에 관한 이상한 말들을 지껄인다. 서머힐과 다른 학교와의 차이는 서머힐은 공개적으로 욕을 하지만 다른 학교에서는 숨어서 욕을 한다는 것이다.

서머힐에서 욕설이 문제되는 것은 항상 새로 온 학생들에 의해서이다. 이것은 서머힐의 학생들이 천사와 같은 말을 한다는 뜻이 아니라, 욕을 하더라도 적당한 때 한다는 뜻이다. 오래된 학생들은 의식적으로 자제하면서 외부인들에게는 모욕을 주지 않으려고 한다.

우리 학교의 어린 학생들은 배설물에 관한 고어(古語)에 호기심을 가지고 그 말을 자주 사용하는데, 좋은 집안의 어린이들이 더 심하다. 좋은 가정이란 넘버 투(No. 2)니 에이에이(Aa)니 하는 말들을 사용하는 가정이라고 생각한다. 어떤 어린이가 나에게 왜 남들 앞에서는 똥이라고 해서는 안 되고 대변이나 배설물이라고 해야 하는지 여러 차례 물었다. 나도 그 이유를 알고 싶다.

유치원 어린이들이 감시를 받지 않는다면 아마 가장 시적인 말을 사용할 것이다. 서머힐의 4~7세까지의 어린이들에게는 똥이니 오줌이니 하는 말이 기쁨을 준다. 나는 이들 중 대부분이 아기 때 엄격한 청결교육을 받았다는 것을 알고 있다. 이로 인하여 그들은 신체의 기능에 대한 콤플렉스를 가지게 되었을 것이다.

그런데 한두 명의 어린이들은 자유롭게 자라, 그들의 가정에서는 청결교육을 시키지 않았고 예의 없다느니 더럽다니 하는 말도 없었다. 어른들이 옷을 벗은 채로 그들 앞에서 돌아다녔고 배설에 대한 과장된 말도 없었다. 이런 어린이들도 부자유스럽게 자란 어린이와 똑같이 이런 말들을 사용하는 것 같았다.

그러니 욕을 허용하면 추잡한 단어들이 자동적으로 매력을 잃게 된다는 주장은 꼭 들어맞는 것은 아니다. 우리 학교의 어린 학생들은 뜻을 모르면서 욕을 한다. 반대로 큰 학생들은 꼭 어른같이 욕을 한다. 즉 의미에 합당하게 욕을 한다.

성에 관한 욕들은 항문에 관한 것보다 훨씬 많다. 우리 학교의 학생들에게는 화장실이 색다른 장소가 아니다. 항문에 관하여 억압을 받지 않았기 때문에 배설물에 대해서는 흥미가 없다. 그러나 성의 경우는 다르다. 성은 삶의 중요한 부분이기 때문에 성에 관한 용어들은 생활 전반에 있다. 실제로 노래나 춤에서 '붉고 뜨거운 여자' 나 '오늘밤 너를 가질 수 있다면' 등으로 표현된 성을 볼 수 있다.

어린이들에게는 욕이 하나의 자연스러운 언어이다. 어른들은 자신들의 외설이 어린이들보다 심하기 때문에 어린이들의 욕을 꾸짖는다. 외설스러운 사람만이 외설을 나쁘다고 한다. 부모가 자식에게 코라는 신체의 한 부분이 더럽고 나쁜 것이라고 가르쳐 주면, 그가 한쪽 구석에서 코라는 말을 중얼거리는 것을 상상할 수 있다.

어떤 아이가 소에에게 법으로 금지되어서 이 책에도 쓰지 못하는 욕을 가르쳐 주었다. 우리가 서머힐에 딸을 입학시키고자 와 있던 사람과 상담하고 있었을 때, 소에는 장난감 쌓기를 하고 있었는데, 그것이 잘되지 않을 때마다 "아이, 빌어먹을!"하고 중얼거렸다. 나중에 우리는 그녀에게 많은 사람들은 그 말을 좋아하지 않고, 또 손님 앞에서는 그런 말을 해서는 안 된다고 말해 주었다(지금 생각하니 이것은 잘못한 것이었다). "알았어."하고 그녀는 말했다.

일주일 후에 그녀가 또 다른 어려움에 당하게 되자 그녀는 여선생을 쳐다보며 "넌 방문객이니?"하고 물었다. 그 여선생은 "아니란다."하고 대답했다. 소에는 안도의 한숨을 내쉬며 "아이, 빌어먹을!"하고 소리쳤다.

나는 집에서는 마음대로 말할 수 있는 어린이들이 다른 집에 가서는 그렇게 하지 못한다는 것을 체험했다. 따돌림을 당하는 것은 고통스러운 벌이다. 그래서 외부와의 관계도 존중하는 교육을 시켜야만 한다. 그러나 이런 교육은 벌이나 욕 없이 이루어져야만 한다.

☀ 검열

우리는 어린이들이 읽은 책을 어느 정도까지 검열해야 하는가? 내 사무실에는 심리학과 성에 관한 다양한 책들이 꽂혀 있다. 이 책은 누구든지 마음대로 빌려볼 수 있으나 한두 명의 학생 이외에는 관심을 보이지 않았다. 《채털리 부인의 사랑》이나 《율리시즈》, 크라프트 어빙의 《성의 정신병학》을 빌려 가는 학생은 없었다. 나이 많은 학생 한두 명이 《성지식 백과사전》을 빌려갔을 뿐이다.

그런데 새로 전학 온 열네 살 난 여학생이 프로이드가 서문을 쓴 《어린 소녀의 일기장》을 가져갔다. 나는 그녀가 그 책을 읽으며 낄낄대는 것을 보았다. 반 년 후에 그녀는 그 책을 한번 더 읽고는 내용이 따분하다고 했다. 무지한 소녀에게는 자극적인 읽을거리였던 그 책이, 교육받은 후에는 지루해지고 말았다.

금서는 어린이들이 숨어서 읽는다. 우리가 어렸을 때에는 읽을거리를 검열 받았다. 그래서 우리는 《테스》나 라블레의 책들이나 표지가 노란 프랑스 책들의 번역본을 구하려고 했다. 검열은 재미있는 책의 척도였던 것이다.

검열은 아무도 보호해 주지 못하기 때문에 소용이 없는 것이다. 제임스 조이스의 《율리시즈》도 영국과 미국에서는 금서였지만, 파리와 빈에서는 구할 수 있었다. 이 책에는 외설이라 칭하는 단어들이 나온다. 순진한 독자들은 이 단어들을 이해하지 못할 것이고, 그 단어들을 알고 있는 사람들은 그 단어들 때문에 타락하지는 않을 것이다.

《센다의 죄수》를 도서관에 비치해 두었다고 나를 비난한 교장을 기억하고 있다. 내가 깜짝 놀라 비난하는 이유를 물어 보자 그는 첫 장에 사생아문제가 나온다고 했다. 나는 그 책을 두 번이나 읽었지만 그런 내용은 조금도 발견할 수 없었다.

어른보다 어린이가 더 순수하고 깨끗한 생각을 가지고 있는 것 같다. 《톰 존스》를 읽으면서 외설스러운 곳은 읽지 않고 건너뛰는 소년도 있을 것이다. 만약 우리가 어린이들을 성의 무지에서 해방시켜 준다면 모든 책에서 위험한 요소는 다 제거해 버리는 셈이 된다. 나는 어린이의 나이에 관계없이 책에 대한 일체의 검열을 단호히 반대한다.

검열문제는 성에 관한 책들보다 공포를 주는 책에 관한 것이 더 어렵다. 브램스토커의 《드라큘라》 같은 책은 노이로제적인 어린이에게 나쁜 영향을 미친다. 나는 이런 책은 일부러 어린이들의 손이 닿지 않는 곳에 둘 것이다. 그러나 나는 불안의 원인을 분석하고자 하기 때문에 이 책 역시 금지하지 않을 것이다.

내가 어렸을 때, 성경에 나오는 곰이 어린이들을 잡아먹는 이야기에 불안해 했었다. 그러나 성경을 검열하는 사람은 없었다. 많은 어린이들은 성경의 외설스러운 곳을 찾아 읽는다. 나도 어렸을 때 그런 장과 절을 정확히 외고 있었다.

내가 곰을 두려워했던 것은 양심의 가책 때문이었는지 모른다. 그런데 이 양심의 가책은 성경을 읽음으로 하여 생겼던 것이다.

우리는 어린이들에게 잔인한 이야기를 과장해서 들려주기 쉽다. 대개의 어린이들은 잔인한 이야기를 좋아한다. 내가 일요일 저녁에 학생들에게, 마지막 순간에 그들이 식인종의 소굴에서 탈출하는 모험담을 들려주면 그들은 좋아서 야단법석을 떤다.

가장 큰 불안을 조성하는 것은 초자연적인 이야기들이다. 어린이들은 유령을 무서워하는데, 특히 종교적인 가정에서 자란 어린이들이 더 심하다. 이런 경우 책을 검열하는 대신 불안의 근본적인 원인을 파헤쳐야 한다. 나도 어린이의 영혼에서 유령을 내쫓는 것이 어렵다는 것을 시인하지만 선생이나 의사는 그렇게 해야만 한다. 어린이의 영혼 속에 유령이 자리잡지 못하도록 주의하는 것은 부모의 의무다.

부모는 아이들에게 무서운 거인이나 악한 마귀할멈에 관한 이야기를 절대로 해서는 안 된다. 사람들은 《신데렐라》가 그릇된 도덕을 담고 있다고 해서 이야기해 주기를 꺼린다. 그러나 이 이야기가 건전한 어린이에게 어떤 악영향을 끼쳤단 말인가?

역내 서점에는 범죄소설이 더 많다. 만약 열여섯 살 난 소년이 경찰을 쏘아 죽인다면 수많은 독자들은 그저 소설로 재미있게 읽기만 할 것을 어린이는 실제의 행동으로 옮길 수 있다. 대중이 즐겨 읽는 책은 놀이와 생각과 창조력이 부족하다는 것을 단적으로 보여준다. 이러한 책들은 남을 해치고 죽이고자 하는 우리의 억압된 미움과 욕망을 대리만족 시켜 주는 것이다.

영화도 독서와 같은 범주에 속한다. 읽는 것은 보고 듣는 것만큼 무섭지는 않다. 대개의 영화는 무서운 장면이 언제 어디서 나타날지 알 수가 없어서 아이들이 많이 놀란다. 영화에는 남자들이 격투를 하거나 여자를 때리는 잔인한 장면들이 많고, 뉴스도 마찬가지이다.

성적 요소가 전혀 없는 영화는 관객이 많지 않을 것이다. 섹스 영화가 책이나 음반보다 더 많이 팔린다. 또 화장품이 음악회 입장권보다 많이 팔린다. 그러나 우리는 성의 이면에는 언제나 말할 수 없는 것이 숨겨져 있다는 것을 생각해야 한다. 결혼식 마차와 낡은 신발과 볍씨의 배후에는 이것들이 상징하는 것이 감춰져 있다.

우리는 얼마 전에 자기의 영혼을 악마에게 팔아먹은 사나이가 나오는 영화를 보았다. 학생들은 모두 그 악마가 나와 비슷해 보였다고 했다. 성적인 범죄는 하나님에 대한 죄라고 배운 이들에게는 내가 악마로 보였던 것이다. 내가 그들에게 신체에는 죄될 것이 없다고 말하면 마치 자신을 유혹하는 악마를 보듯 나를 노려보곤 했다. 나는 노이로제적인 어린이에게는 하나님인 동시에 악마이다. 어떤 소년은 이 악마를 죽이려고 망치를 든 일이 있기 때문에 환자를 돕는 것은 가끔 위험하기도 하다.

어린이가 좋은 친구를 사귀기란 어렵다. 나는 이웃의 어린이가 잔인

하거나 강압적일 때에만 간섭을 해야 한다고 생각한다. 다행히 어린이
들은 스스로 잘 선택하며 금방 좋은 친구를 발견하게 된다.

제 5 장 어린이의 문제

 ## 잔인성과 사디즘

잔인성은 변태적인 사랑이다. 이런 이유로 사디즘은 항상 변태적인 성행위인 것이다. 잔인한 사람은 타인에게 아무것도 주지 않는다. 준다는 것은 일종의 사랑이기 때문이다.

잔인해지려는 본능은 없다. 동물은 잔인하지 않다. 고양이가 쥐를 잡아먹는 것은 잔인해서가 아니라 단순한 본능이다. 인간의 잔인성은 대개 무의식적인 동기에 의해 생긴다.

나는 서머힐에 있는 동안에 동물을 괴롭히는 어린이를 본 적이 거의 없다. 그러나 몇 년 전에 뜻밖의 경우를 당했다. 열세 살 난 존이 생일 선물로 강아지를 받았다. 그의 어머니는 '존은 동물을 좋아합니다' 라는 편지도 함께 보냈다. 그런데 존이 그 강아지를 이리저리 끌고 다니며 학대했는데, 그는 강아지를 어머니의 귀염둥이인 동생 짐과 동일시 했다.

어느 날 존이 강아지를 때리고 있었다. 나는 어린 강아지를 쓰다듬어 주며 말했다.

"짐, 안녕!"

나는 존이 동생에 대한 미움을 개에게 발산하고 있다는 사실을 깨닫게 해 주었다. 이후로 그는 개를 잔인하게 다루지 않았다. 그러나 나는 그를 혼란시켰을 뿐 사디즘을 고쳐 주지는 못했다.

자유롭고 행복한 어린이들은 잔인할 수가 없다. 어린이들의 잔인성은 어른들이 그들을 잔인하게 다룬 결과이다. 사람이란 얻어맞게 되면 때리고자 하는 법이다. 이때 그들은 신체적으로 약한 사람을 택하게 마련이다. 엄격한 학교에서 학생들 간의 잔인함은 서머힐에서보다 훨씬 더하다.

어른들은 언제나 맞는 너보다 때리는 내가 더 아프다는 변명으로 잔인성을 합리화한다. 사디스트들이 '나는 쾌감을 얻기 위해 사람을 때린다.'고 시인하는 경우는 정말 드물다. 그들은 도덕의 배후에 사디즘을 감추고는 이렇게 말한다. '나는 내 자식이 나약한 사람이 되기를 원치 않는다. 나는 자식놈이 모진 매를 감당해야만 세상에 적응할 수 있다고 생각한다. 나도 어렸을 때 많이 맞았는데 그것이 지금의 나에게 약이 되었다.'

어린이를 때리는 부모들은 언제나 이런 변명을 내뱉는다. 나는 솔직하게 다음과 같이 말하는 부모는 아직 보지 못했다. '나는 아이를 미워하고, 나와 아내는 일가 친척들을 미워하기 때문에, 다시 말해서 삶 자체를 싫어하기 때문에 아이를 때린다. 아이는 약해서 덤벼들지 않기 때문에 아이를 때린다. 나는 상사에 대한 공포증 때문에 아이를 때린다. 상사가 나를 괴롭히면 집에 돌아와 아이에게 화풀이를 한다.'

만약 부모들이 이렇게 시인할 정도로 정직하다면 자녀들에게 잔인하게 할 필요가 없을 것이다. 잔인성은 무지와 자신에 대한 미움 때문에 생긴다. 잔인성은 사디스트들로 하여금 자신의 본성이 변태적이라는 것을 알지 못하게 한다.

히틀러 치하의 독일은 율리우스 슈트라이허와 같은 변태성욕자에 의해서 시달림을 받았다. 슈트라이허의 잡지 《습격자》는 강제수용소가 생기기 훨씬 이전에 이미 변태성욕으로 가득 차 있었다. 그러나 수용소의 사디스트들의 변태성욕을 완강하게 거부하는 사람들마저도 자신들이 가지고 있는 약간의 사디즘은 그것과는 다르다고 생각한다. 가정이나 학교에서 어린이들을 때리는 것은 벨젠에서 유태인들을 고문하는 것과 근본적으로 같다. 벨젠의 사디즘이 성적인 것이었다면 학교나 가정에서의 사디즘도 역시 성적인 것이다.

어떤 어머니는 이렇게 항의하곤 했다.

"쓸데없는 소리 마세요. 당신은 할머니의 꽃병을 건드린 지미의 뺨을 때렸다고 나를 변태성욕자라고 하겠지요?"

"당연하죠. 정도는 미미하지만 분명 그렇습니다. 만약 결혼 생활이 행복하고 성생활이 만족스럽다면 당신은 지미를 때리지 않았을 것입니다. 구타란 말 그대로 욕망과 충동으로 이글거리는 육체에 대한 미움입니다. 만약 당신이 자신의 육체를 사랑한다면 지미의 육체에 고통을 주지는 않을 것입니다."

부모들은 법정에서 증거가 되는 상처의 흔적만 생기지 않는다면 마음대로 자녀들을 때릴 것이다. 우리의 형법은 잔인한 행동을 나열한 목록인데 이것은 정의라는 허울을 쓰고 있다.

정신적인 잔인성을 제거하는 것이 육체적인 잔인성을 제거하는 것보다 더 어렵다. 정신적인 잔인성을 행사한 사람을 처벌하는 법률은 없다. 부모의 저속하고 야비한 말들이 어린이에게 많은 악영향을 끼친다

자식들을 조롱하고 무시하는 아버지들이 있다. '이 바보 녀석! 네 손만 닿으면 모두 엉망이 되는구나!' 이런 사람들은 계속해서 비난을 함으로써 아내에 대한 미움을 발산시킨다. 또 남편과 자녀에게 거짓말을 하고 욕을 하며 부려먹는 아내도 있다. 남편이 아내에 대한 미움을 아이에게 터트릴 때 특별한 형태의 정신적인 잔인성이 나타나게 된다. 선생들도 잔인할 때가 있다. 이들은 기가 꺾인 어린이에게는 고통을 주면서도, 다른 학생들은 웃기를 기대한다.

어린이들은 절대로 잔인하지 않다. 어린이들은 거친 감정을 다 발산시키기 때문이다. 자유로운 어린이들은 자신에 대한 미움을 발산하는 일이 없다. 그들은 남들을 미워하지도 않고 잔인하지도 않다.

어린 독재자는 어떤 형태로든 억압받은 결과이다. 이들은 사람들이 자기에게 한 것과 똑같이 남들에게 한다. 매를 맞을 때마다 그 어린이는 육체적으로나 정신적으로 사디즘적으로 된다.

억압받은 어린이는 농담할 때조차 잔인하다. 서머힐에는 남에게 장난을 거는 아이가 없다. 내가 본 몇몇 사건들은 항상 사립학교에서 처음 온 학생들이 벌인 것이었다. 방학이 막 끝나고 어린이들이 가정의 억압에서 풀려나 학교로 되돌아온 직후에는 친구들에게 장난을 치기도 한다. 그러나 일주일 이상 계속되지는 않는다. 전반적으로 볼 때 서머힐의 유머는 따뜻하다. 어린이들은 선생들이 그들을 인정해 주고 사랑해 주는 것을 매우 기뻐한다. 어린이는 미움을 품지 않고, 불안해하지 않아도 될 때에는 착한 것이다.

☀ 범죄 성향

심리학자들은 어린이가 선하지도 악하지도 않으며, 착해지려는 성향과 범죄의 성향을 함께 지니고 태어난다고 생각한다. 나는 어린이에게는 범죄의 본능과 나쁜 놈이 되려는 성향이 없다고 믿는다. 어린이에게 있어서의 범죄는 변태적인 사랑으로 나타난다. 이것은 잔인성을 과격하게 드러내는 것이며 그 원인은 사랑의 부족에 있다.

어느 날 아이가 혼자서 놀면서 '엄마를 죽이고 싶어!' 라는 노래를 부르고 있었다. 그의 행동은 무의식적이었다. 왜냐하면 그는 보트를 만들었으며, 관심이 그것에 집중되고 있었기 때문이다.

엄마는 자신의 직업에만 충실했기 때문에 그가 엄마를 볼 수 있는 시간은 적었다. 그의 엄마는 아이를 사랑하지 않았고, 아이는 이런 사실을 무의식적으로 알고 있었던 것이다. 그러나 이 소년은 범죄를 저지르겠다는 생각으로 삶을 시작했던 것은 아니다. 사랑을 받지 못할 바엔 차라리 미움이라도 받고자 하는 것이 사람의 마음이다. 어린이들이 범죄를 저지르는 것은 사랑의 부족 때문이다.

아홉 살의 다른 학생은 독약공포증에 시달리고 있었다. 어머니가 자기를 독살할 것이라며 불안해하고 있었다. 그는 엄마의 움직임을 자세히 관찰하고는 말했다.

"나는 엄마가 무얼 하려는지 알고 있어. 내 음식에 넣을 독약을 가지러 가는 거지?"

아마 일종의 반사작용이었을 것이다. 엄마가 동생을 더 사랑한다는 생각으로 노이로제에 걸린 이 소년은 엄마와 동생을 함께 독살하는 백일몽을 꾸었을 것이다. 그의 불안은 아마 벌을 받으리라는 불안이었을 것이다.

‘엄마와 동생을 독살해 버려야 하는데, 미리 알고 그들이 나를 독살해 버릴지도 몰라.’

범죄는 미움의 표현이다. 소년 범죄를 연구하려면 우선 어린이에게 미움을 품게 한 원인을 연구해야 한다. 이런 연구는 상처받은 ‘나’에 관한 문제들이다.

우리는 먼저 어린이들이 이기주의자라는 사실을 잊어서는 안 된다. 이보다 더 중요한 것은 없다. ‘자아’가 충족될 때 비로소 우리는 선을 추구하게 된다. 이 ‘자아’가 위축되면 범죄의 가능성을 지니게 된다. 범죄자는 사회에 대해서 복수를 하는데, 그 이유는 사회가 그에게 사랑을 주지 않았을 뿐만 아니라 그의 ‘자아’에 상처를 입혔기 때문이다.

인간의 범죄 성향이 선천적이라면 빈민굴에서와 마찬가지로 중산층의 가정에서도 많은 범죄자들이 생겨났을 것이다. 그러나 부유한 사람들은 그들의 ‘자아’를 보다 잘 충족시킬 수 있다. 돈으로 살 수 있는 오락, 풍요로운 환경, 문화 및 자긍심 등은 ‘자아’의 충족에 큰 도움이 된다. 가난한 사람들에게는 ‘자아’가 허물어져 버리고 만다. 그들 중에서 오직 극소수만이 뛰어날 수 있으며 범죄자로서 뛰어날 수도 있는 것이다.

많은 사람들은 나쁜 영화가 사람들을 범죄자로 만든다고 생각한다.

이런 생각은 편협한 것이다. 나는 영화가 사람들을 타락시킨다고는 생각하지 않는다. 물론 영화는 청소년들이 모방할 수 있는 방법을 제시해 줄 수도 있다. 그러나 그들에게는 영화를 보기 전에 이미 그런 행동을 할 동기는 주어져 있는 것이다.

영화는 범죄를 예술적으로 다룬다. 그러나 범죄를 저지를 마음이 없는 사람이 영화를 본다고 해서 범죄를 저지르는 것은 아니다. 범죄를 저지르게 되는 원인은 첫 번째는 가정적인 것이고, 그 다음은 사회적인 것이다. 우리 중 대부분은 솔직하게 말해서 환상 속에서 가족을 죽여버린 적이 있을 것이다. 나는 환상 속에서 친척들, 특히 자기의 어머니를 가장 잔인하게 죽게 한 여학생을 데리고 있었다.

권위와 질투가 살인 충동의 원인이 되는 수가 많다. 어떤 어린이도 권위를 참아내지 않는다. 네 살부터 열네 살 사이의 많은 어린이들이 심하게 혹사당하는데도 불구하고 이 세상에 더 많은 살인자들이 없는 것이 이상하다.

어린이들에게는 권력욕과 칭찬과 사랑을 받고 싶어하는 욕망 등이 있다. 그들은 칭찬 받고 남들의 주목을 끌려고 노력한다. 그래서 내성적이고 수줍어하며 남들과 잘 어울리지 않는 어린이들에게는 범죄 욕구가 있는 것이다. 아직 철부지인 어린 소녀도 자신의 여동생이 손님들 앞에서 예쁘게 춤을 추면, 갑자기 죽여버리고 싶다는 생각이 든다.

외향적인 어린이는 남을 미워할 필요가 없다. 이런 어린이는 웃고, 춤추고, 재잘거린다. 그리고 이런 행동이 남들로부터 인정을 받으면 칭찬 받고자 하는 욕구는 충족된다.

내성적인 어린이는 한쪽 구석에 처박힌 채 어떻게 할 것인가를 상상한다. 우리 학교에서 가장 내성적인 소년은 저녁의 사교 파티에 참석하지 않는다. 그는 춤도 추지 않고 노래도 부르지 않는다. 그리고 다른 친구들과 어울려 뛰어다니지도 않는다. 면담시간에 그는 자기에게 시중을 드는 훌륭한 마술사에 관한 이야기를 해 주었다. 그가 주문을 외면 마술사가 그에게 롤스로이스를 가져다 준다고 했다.

어느 날 나는 그에게 서머힐의 모든 어린이들이 배를 타고 가다가 어떤 섬에서 난파당하는 이야기를 해 주었다. 그가 이 이야기를 별로 흡족해 하지 않자 나는 그에게 이야기를 고쳐보라고 했다. 그랬더니 그는 "나만은 구출되는 이야기로 고쳐요."라고 했다.

우리 모두 이런 사고에 빠져 있다. 즉 다른 사람들을 제치고 혼자서만 높이 기어올라가는 것이다. 고자질하는 것도 심리적으로 보자면 여기에 속한다. '있잖아요. 토미가 욕을 했어요.' 하고 일러바치는 것은 '나는 욕하지 않아요. 착한 어린이예요.' 라는 것을 의미한다.

환상 속에서 경쟁자를 죽여 버리는 사람과 실제로 죽이는 범죄자 사이에는 오직 정도의 차이만 있을 뿐이다. 우리 모두는 사랑에 굶주린 정도에 따라 잠재적인 범죄성을 갖고 있다. 예전에는 어린이의 범죄에 대한 환상을 심리학적인 방법으로 고칠 수 있다고 믿었지만 이제는 사랑으로 바뀌었다. 내가 새로 온 학생을 사랑한다고 말할 수는 없지만, 어린이의 '자아'를 존중해 주기 때문에 어린이는 사랑 받는다고 느낀다.

모든 어린이들에게 완전한 자기 자신이 될 수 있는 자유를 주는 것이 범죄를 방지하는 최선의 방법이다. 나는 몇 년 전에 호머 레인의 소공화국을 방문했을 때 이것을 배웠다. 레인은 범죄성이 있는 어린이들에게 자기 자신이 될 수 있는 자유를 주었더니 그들이 착해졌다고 했다.

빈민굴에서는 젊은 범죄자들이 반사회적인 행동을 함으로써 그들의 '자아'를 만족시킬 수 있다. 그런데 이러한 행동은 남들의 이목을 끌기 위한 것이다. 이때 많은 청소년 범죄자들이 법정에서 뽐내듯이 주위를 둘러본다고 레인은 설명해 주었다. 호머 레인의 공동 농장에서는 이런 소년들이 새로운 가치, 즉 사회적인 가치를 발견했다. 그런데 이것은 바람직한 가치인 것이다. 도르세트 농장은 인간의 본성에는 범죄심리가 없다는 것에 대한 나의 신념을 더욱 확고히 해 주었다.

나는 그 농장에서 도착하자마자 도망치던 소년을 보았다. 레인이 뒤쫓아가서 그를 데려왔다. 싸움질하던 습관에 젖어버린 그는 방어를 하기 위하여 손을 치켜들었다. 레인은 웃으면서 그의 손에다 돈을 쥐어 주었다.

"뭘 하라고요?"

그는 말을 더듬었다.

"집에 갈 차비야. 걸어가서야 되겠니?"

레인이 말했다. 그 소년은 그 날 저녁에 소공화국으로 되돌아왔다.

나는 이런 온건한 방법과 아울러 교도소의 엄격한 방법을 생각해 보지 않을 수 없다. 법률이 범죄자를 만들어 낸다. 아버지의 위협적인 명령으로 표명되는 가정의 규율 역시 설득력이 없다. 그리고 이런 장애는 어린이를 나쁘게 만들어 버린다. 국가의 법률은 가정에서의 감독에 대한 무의식적인 기억을 일깨워줄 뿐이다.

억압은 반항심을 낳게 되고, 반항심은 복수를 매우 당연한 것이라고 여기게 한다. 범죄는 복수다. 이 세상에서 범죄를 몰아 내려면 어린이들에게 복수심을 불러일으키는 모든 것들을 제거해 버려야만 한다. 어린이들에게는 사랑과 존경만을 주어야 하는 것이다.

도 둑 질

도둑질에는 두 종류가 있는데, 정상적인 어린이의 도둑질과 노이로제적인 어린이의 도둑질이 그것이다. 자연스럽고 정상적인 어린이도 도둑질을 한다. 이런 도둑질은 무엇을 사고 싶은 충동 때문이거나, 또는 친구들과의 모험적인 행위일 수가 있다.

어린이들은 내 것과 네 것을 잘 구별하지 못한다. 서머힐에서도 이런 식의 도둑질은 어린이들이 일정한 나이에 도달하기까지는 많이 발생한다. 이런 것은 허용이 된다.

다른 학교의 여러 선생님들과 과수원에 대하여 이야기를 나눌 기회가 있었는데, 그들은 학생들이 과일을 다 따간다고 했다. 서머힐에도 커다란 과수원이 있지만 우리 학교의 학생들은 과일을 훔치지 않는다. 얼마 전에 두 남학생이 과일을 훔쳤다고 학교총회에서 비난받은 일이 있었다. 그런데 이들은 새로 온 학생들이었다. 이들은 양심의 가책을 받자 더 이상 과일을 훔치지 않았다.

학교에서는 대개 무리를 지어 도둑질을 하게 마련이다. 이것은 도둑질에는 모험심이 필요함을 암시한다. 그러나 모험심뿐만 아니라 자만심, 용기를 과시하는 것 및 리더십 등도 큰 역할을 한다.

혼자서 도둑질하는 경우는 드물다. 얼굴만 보고서는 절대로 꼬마도둑을 찾아 낼 수가 없다. 예컨대 우리 학교에 있던 한 어린이는 천진난만하게 웃으며, 너무나도 티 없이 맑은 눈을 가지고 있었기에, 나는 그가 전날 저녁 식당에서 사라져 버린 과일상자의 행방에 관해서 알고 있으리라고 의심했다. 그러나 어린 시절의 도둑질과는 상관없이 정직한 시민으로 성장하는 어린이들이 많다. 인간이 성장하는 데는 생각보다 훨씬 많은 시간을 필요로 하는 것 같다.

어린이는 이기주의자이다. 일반적으로 사춘기 전까지는 남의 입장을 고려하지 않는다. '우리' 라는 개념은 어른에게만 있을 뿐이다. 어린이는 완전히 성장한 후라야 이런 개념을 이해하게 된다.

어린이들이 사랑을 받으면서 자유롭게 성장하면 적당한 시기에 착하고 정직해진다. 이것은 매우 간단하게 들릴지 모르지만 실제로는 많은 어려움이 뒤따른다.

서머힐에서도 냉장고나 금고는 잠근다. 남의 트렁크를 연 학생들은 학교총회에서 비난을 받는다. 한 명의 도둑 때문에 공동체 전체가 자물쇠와 열쇠가 필요하게 된다. 청소년 사회가 완전히 정직하게 유지되기는 힘들다. 55년 전에 나는 대학의 학생 휴게실에서는 외투 주머니에 책을 넣어 두지 않았다. 그리고 많은 국회의원들도 값비싼 물건을 외투 주머니나 사무용 가방에 넣어 두기를 꺼려한다고 들었다.

정직이란 인간의 발전과정에 사유재산의 발생과 함께 비로소 생긴 후천적인 성격일 것이다. 아마 두려움이 정직해지는 데 가장 큰 공헌을 했을 것이다. 내가 절대적으로 정직하다고 하더라도, 취득세를 속여먹는 짓을 막지는 못한다. 이런 짓을 못하게 하는 것은 부정이 탄로나면 명성과 일자리와 가정을 망치게 되리라는 공포다.

법률은 그것을 위반하려는 경향에 대비해서 제정된 것이다. 완전한 금주(禁酒) 국가에서는 음주 운전에 대한 법률이 없을 것이다. 도둑질이나 강도나 사기 등에 관한 법률들은 사람들이 가능한 그런 짓을 하리라는 가정에 근거를 두고 있다. 그리고 이것은 옳은 말이다.

여하튼 어른들은 모두 다소 부정직하다. 세관을 지날 때 무엇이건 밀수를 하지 않는 사람은 드물며, 소득세를 속이지 않는 사람은 더욱 더 적다. 그러나 아들이 동전 하나를 훔쳐도 화내지 않는 부모는 거의 없다.

한편 사람들은 타인과의 관계에 있어서는 비교적 정직하다. 남의 집에 초대되어 갔을 때 마음만 먹는다면 은수저 하나쯤 호주머니에 집어 넣는 것은 간단하다. 그러나 그럴 생각들은 하지 않는다. 그러나 귀가길에서는, 검사도 하지 않고 회수도 당하지 않은 차표는 한번 더 써먹으려고 한다.

어른들은 개인과 단체를 구별한다. 보험금을 사기치는 것은 아무렇지 않으나 구두쇠를 골탕먹이면 욕을 먹는다. 어린이들은 이런 것을 구별하지 않는다. 그들은 친구 것이나 선생 것이나 마구 훔친다. 모든 어린이들이 도둑질을 하는 것은 아니다. 그러나 많은 어린이들은 훔친 물건을 나누어주면 거부하지 않고 받는다. 이런 정직하지 못한 점은 중산층의 자유롭고 행복한 어린이나 빈민굴의 어린이나 마찬가지이다.

나는 어린이들은 기회만 주어지면 훔친다고 생각한다. 나는 어렸을 때 철저하게 훈련을 받았기 때문에 도둑질을 한 적은 없다. 도둑질은 발각되면 늘씬하게 얻어맞아야 하는 것이었으며 영원한 지옥불을 뜻하기도 했다. 그러나 사랑 속에서 자라난 어린이는 시간이 흐름에 따라 도둑질을 하는 시기를 벗어나 정직한 인간으로 성숙하게 된다.

강박증에 의한 습관적인 도둑질은 어린이가 노이로제에 걸려 있다는 증거이다. 노이로제에 걸린 어린이는 대개 사랑의 결핍으로 도둑질을 하게 된다. 그 동기는 무의식적이다. 한 어린이가 습관적으로 도둑질을 할 때에는 대개 그 어린이가 사랑을 받지 못하고 있다고 느낄 때이다.

그의 도둑질은 어떤 값진 것을 얻으려는 상징적인 노력이다. 돈을 훔치건, 장신구를 훔치건 간에 근본적인 것은 항상 사랑을 훔치려는 무의식적인 소망이다.

우리는 사랑을 베풀어줌으로써 이런 도둑질을 고칠 수 있다. 담배를 훔친 소년에게 돈을 주면서 내가 바라는 것은 그의 무의식적인 느낌이지 그의 의식적인 생각이 아니다. 그가 나를 바보로 생각하는 것 따위는 조금도 중요하지 않다. 그가 무엇을 느꼈는가가 중요하다. 그는 내가 친구요, 자신을 인정해 주고, 미움 대신에 사랑을 준다는 느낌을 갖게 된다. 조금만 지나면 그는 도둑질을 하지 않게 된다. 그가 돈이나 물건이라는 형태로 상징적으로 훔치던 사랑을 받고 있으므로 더 이상 훔칠 필요가 없어지기 때문이다.

항상 몰래 남의 자전거를 훔쳐 타던 한 소년의 이야기를 해 보자. 그는 학교총회에서 고소당했다. 판결은 '유죄'였다. 그런데 처벌은 '모두 돈을 모아서 그에게 자전거를 한 대 사주라'는 것이었다. 그리고 우리 모두가 돈을 모금했다.

도둑에게 상금을 주는 것에는 약간의 제한이 필요하다. 만약 그 도둑의 정신적인 수준이 낮거나 정신적인 장애를 받았을 때는 상이 성과를 거두지 못한다. 또 어린이가 지나치게 우쭐댈 때도 상이 아무런 효과가 없다. 어린 도둑들의 경우 그들에게 상을 주면 매우 좋은 결과를 얻을 수 있다는 것을 나는 경험으로 깨달았다. 치료나 상으로 고칠 수 없었던 학생들의 수는 매우 적다.

도둑질이 부모의 사랑 결핍이나 지나친 성적인 금기 때문에 생겼을 경우 치료는 훨씬 어렵다. 이런 경우에는 도벽, 즉 어떤 금지된 것에 대해서 자제를 하지 못하고 손을 대거나 자위행위를 하게 된다. 이런 도둑질은 부모가 자신들의 잘못을 깨닫고 어린이에게 자신들이 금지했던 것이 잘못이었다는 것을 말해주는 것이 가장 좋은 치료방법이다. 부모의 도움 없이는 이런 도벽을 고쳐줄 수가 없다.

언젠가 열여섯 살 된 소녀가 못된 도둑질을 했다고 하여 서머힐에 보내졌다. 그녀는 역에 도착해서 아버지가 사준 기차표를 나에게 보여 주었다. 그 차표는 어린이용 할인 차표였다. 아버지는 딸의 나이를 낮추어 말했던 것이다. 나는 정직하지 못한 어린이의 부모들에게 우선 자신을 잘 살펴보고, 어린이를 다루는 자신의 방법에서 무엇이 그를 부정직하게 만들었는가를 찾아 보라고 요구하고 싶다.

부모들은 자녀들이 정직하지 못한 것은 나쁜 사회, 갱 영화 및 전쟁으로부터 어린이를 충분히 보호하지 못했다는 것 등에 책임을 전가시키려고 한다. 이런 요인들은 성적으로 자유롭게 성장하고 사랑과 인정 속에 자라나는 어린이들에게는 아무런 영향을 미치지 못한다.

부모들이 매일 또는 매주 어린이 상담소를 찾는 것이 어린 도둑에게 어떤 도움을 주는지 모르겠다. 나는 다만 이런 상담소의 방법이 엄격하거나 나쁘지 않으며 상담소에 종사하는 사람들이 어린이를 이해하고 어린 도둑들에게 훈계를 하지 않고 치료해 보려고 많은 애를 쓴다는 것은 알고 있다.

그러나 아동심리학자들과 아동보호 보조원들은 정신적으로 건전하지 못한 가정이 그들의 노력에 해를 끼치고 있다는 것을 잘 안다. 심리학자나 보조원들이 부모에게 어린이의 교육 방법을 개선하라고 한 다음에야 성과가 있을 것이다.

왜냐하면 소년 도둑들은 그들에게 돋아난 하나의 곁가지와 같으며 건전하지 못한 육체, 즉 병든 우리 사회의 외적 징후와 같은 것이기 때문이다. 어떠한 치료 방법도 나쁜 가정환경이나 곤궁한 사회의 악을 제거할 수는 없다.

5~15세까지의 대부분의 어린이들은 두뇌 중심적인 교육을 받고 있다. 그러나 노이로제에 걸린 어린이에게 도둑질을 시키는 것은 정서적인 장애이다. 수업시간에 배운 지식을 모두 알거나 전혀 모르거나 하는 것은 도둑질을 하는 데에 아무런 상관이 없다.

행복한 인간은 강박관념에 의한 도둑질이나 상습적인 도둑질을 하지 않는다는 것도 사실이다. 상습적인 도둑에 대해서는 많은 것을 알아보아야 한다. 그의 과거는 어떠했는가? 그의 가정은 행복했는가? 그의 부모들이 항상 그에게 진실을 말해 주었는가? 왜 그가 부모들을 존경하지 않는가? 부모가 그를 사랑하지 않는다고 느끼고 있는 것일까? 그를 도둑이 되도록 내버려둔 속마음은 일종의 지옥일 것이 분명하다. 그가 가게 될 감옥은 그의 마음속에 있는 이런 지옥에 대항하지는 못할 것이다.

정신병리학적인 치료로 한 소년 도둑이 완치된다고 단정하기는 어렵다. 물론 치료는 큰 도움이 되고, 많은 불안과 증오로부터 해방시켜 주며, 자존심을 일깨워 줄 수도 있을 것이다. 그러나 그의 환경에 근본적인 증오의 요소가 남아 있는 한, 다시 도둑질을 하게 될 것이다. 따라서 부모의 사랑만이 완전한 치료제가 될 수 있는 것이다.

정신 연령이 서너 살밖에 되지 않는 한 비만아를 데리고 있은 적이 있었는데 그는 가게에서 물건을 훔쳤다. 나는 그와 함께 가게에 가서 그가 보는 앞에서 물건을 훔치기로(물론 미리 주인의 양해를 얻었다) 작정을 했다. 이 소년에게는 내가 구세주였다.

나는 아버지가 그를 인정해 주지 않는 것이 그의 도둑질과 깊은 관계가 있다고 생각했다. 자기의 구세주인 내가 도둑질을 하는 것을 봄으로써 그가 양심의 가책에서 벗어나기를 기대했다. 나는 그가 맹렬히 반항해 주기를 바랐다.

나는 노이로제에 걸린 어린이의 도벽을 고치는 데는, 그를 인정해 주는 것보다 더 효과적인 방법은 없다고 생각한다. 노이로제는 소망과 금지 사이의 갈등에서 생긴다. 나는 올바르지 못한 양심에서 벗어나게 해주는 것이 어린이를 행복하게 하고 개선시키는 것이라고 생각한다. 어린이를 양심의 가책에서 해방시켜라! 그러면 그는 도둑질을 하지 않게 될 것이다.

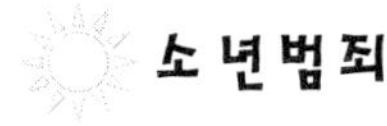 **소년범죄**

　오늘날 청소년 범죄는 매우 포악해지고 있다. 이에 관계 당국은 당황하여 모든 수단과 방법을 총동원하고 있다. 신문에서 이에 대처해 나갈 새로운 방법을 보도하기에 이르렀는데, 그것은 참으로 가혹했다. 청소년을 교육기관에 집어넣어 스파르타식 훈련을 시키고, 잘못하면 엄한 벌을 주어야 한다는 것이었다. 나는 어깨에 통나무를 메고 고행을 하는 청소년들의 사진을 본 적이 있었다. 이러한 억압은 어떠한 경우에도 바람직하지 않다.

　나쁜 짓을 할 가능성이 있는 소년들이 이런 지옥에 몇 달만 있으면 겁을 집어먹게 될 것이다. 어린이들을 이렇게 다루는 것은 피상적으로는 어느 정도 성과가 있겠지만 근본적인 뿌리에는 조금도 미치지 못할 것이다. 더구나 이런 방법은 청소년들에 대한 미움이므로, 방법이 가혹하면 그들로 하여금 평생 사회를 미워하게 할 뿐이다.

　호머 레인은 그가 소공화국이라고 일컫는 교도소에서 일하면서 이미 30여 년 전에 소년 범죄자들을 사랑함으로써 그들이 교화될 수 있음을 증명했다. 레인은 런던에서 재판을 받고, 불량배·도둑 및 갱이라는 명성을 자랑스럽게 생각하던 고질적인 청소년들을 소공화국에 데리고 왔다.

　'도저히 교정할 수 없는 자들'은 여기서 스스로 통치하고 사람들이 그들을 사랑해 주고 인정해 주는 사회를 발견했던 것이다. 그러다가 그들은 점차 정직하고 정상적인 사람으로 되었는데, 이들 중에는 나의 친구도 있다.

레인은 범죄 청소년들을 다루는 데 타고난 소질이 있었다. 그는 그들에게 끊임없는 사랑을 주고 이해함으로써 그들을 고칠 수 있었다. 레인은 항상 그들이 범죄를 저지르게 된 동기를 찾아냈다. 그는 모든 범죄는 원래는 순수했던 하나의 소망이 원인이 된다고 확신했다. 그는 대화만으로는 아무 소용이 없으며, 오직 행동만이 중요하다고 생각했다. 레인은 어린이의 마음속에 남아있는 걱정거리는 모두 풀어야만 반사회적인 성향에서 해방된다는 생각을 가지고 있었다.

레인이 보호하고 있던 어린이들 중 제베츠는 어느 날 화가 나서 식탁 위의 찻잔과 받침 접시를 모두 깨버리고 싶다고 말했다. 레인은 그에게 막대기를 주면서 그렇게 하라고 했다. 제베츠는 정말로 그렇게 했다.

그 다음날 그는 레인에게 와서, 더 힘들고 보수가 많은 일자리를 달라고 요청했다. 레인이 그 이유를 묻자 그는 "내가 깬 찻잔과 받침 접시의 값을 치루어야죠."하는 것이었다. 레인은 제베츠가 이런 파괴 행위를 통해서 내적인 갈등과 억압이라는 무거운 짐에서 풀려났다고 설명했다. 제베츠가 평생 처음으로 권위를 쥐고 있는 사람으로부터 무엇을 부수고, 이런 방법으로 자기의 분노를 풀라고 권유받았다는 사실은 틀림없이 그에게 심리적으로 긍정적인 영향을 미쳤을 것이다.

호머 레인의 소공화국에 있는 청소년 범죄자들은 모두 대도시의 빈민

굴 출신들이었다. 그러나 이들 중에 다시 갱의 소굴로 되돌아간 사람은 하나도 없었다고 한다. 레인의 방법은 사랑의 방법이다. '나쁜 짓을 한 놈은 어려서부터 따끔하게 바로 잡아야 한다' 는 식의 방법은 미움의 방법이다. 아직까지 미움이 그 어떤 것을 고친 적은 한번도 없었다.

그러나 최근에는 교정 보조자들이 소년범들을 이해하려고 많은 애를 쓰고 있다. 정신병리학자들도 법률가들의 반대를 무릅쓰고 대중들로 하여금 소년범죄는 불량성과는 아무런 상관도 없고 오히려 병적인 것이며 우리의 동정과 이해가 필요하다는 생각을 갖게 하는 데 성공했다.

이제는 미움의 방향, 즉 맹목적인 도덕으로부터 사랑의 방향으로 바뀌어가고 있다. 발전은 서서히 완성되는 법이다. 그러나 천천히 불어나는 밀물은 쓰레기를 씻어가고 시간이 흐름에 따라 더욱 거세지는 법이다.

서머힐에서 자란 어린이들은 학교를 졸업한 후 범죄를 저지르지 않는데, 그 이유는 그들이 갖고 있는 범죄적 성향을 체벌이나 문책에 대한 두려움이 없이 마음껏 발산시킬 수 있었기 때문이다. 우리는 어린이들이 하나의 발전단계에서 다음의 단계로 자연스럽게 넘어가게 해 준다.

성인 범죄자에게 상을 주거나 감옥에 집어넣거나 한다고 해서 그가 교정되리라고는 믿지 않는다. 이것은 오직 어린이들에게 한해서만 적용될 수 있을 뿐이다.

열세 살 난 토미는 우리를 아주 힘들게 했다. 그는 도둑질을 하고 파괴욕에 시달리고 있었다. 언젠가 한번은 방학 동안에도 집에 갈 수가 없었다. 우리가 그를 잡아 두었던 것이다. 그는 두 달 동안 유일하게 서머힐에 남아 있는 아이였다. 그는 아주 협조적이었다. 음식이든 돈이든 손을 대지 않았다. 그런데 개학이 되어 동료들이 돌아오자 당장 애들을 몰고 와서 식당을 습격했다. 이것은 어린이가 그룹 속에 있을 때와 혼자 있을 때는 완전히 다른 사람이 된다는 것을 보여 주었다.

교도소의 교사들은 반사회적인 청소년들은 지능이 낮다고 말하기도 한다. 여기에 그들은 심리적으로도 미숙하다는 말을 덧붙이고 싶다. 옛날에는 나도 소년범들이 특별히 지능적이라고 생각했다. 그래서 그들의 창조적인 에너지가 긍정적인 발산 기회를 찾지 못하여 반사회적인 행동 속에서 발산되는 것이라고 생각했다. 나는 이런 어린이를 억압과 강박 관념에서 풀어 주기만 하면, 똑똑하고 창조적이고 지성적으로 되리라고 생각했었다. 유감스럽게도 이런 생각은 아주 틀린 것이었다.

내가 청소년 범죄자들에 대해 여러 해 동안 일하면서 함께 살아오는 동안 그들의 지능은 대개 평균 이하 수준이라는 것을 알게 되었다. 대부분의 소년들은 반사회적인 경향과 정직하지 못한 성격을 고치고 난 뒤에는 노동에 종사한다. 이런 고집 센 어린이들은 대개 그들이 반사회적인 경향을 교정했다 하더라도 명예욕이 없고 무관심하기 일쑤다.

청소년범죄는 사회가 도덕적인 의무를 망각하지 않고, 이와 관련된 비도덕적인 무관심에서 벗어나게 될 때라야 제거될 것이다. 우리는 우리 앞에 놓여 있는 두 가지의 가능성 중에서 한 가지를 택하지 않으면 안 된다. 즉 지옥과 같은 미움의 방법으로 청소년 범죄자를 다룰 것인가, 아니면 사랑의 방법으로 다룰 것인가 중에서 선택해야 하는 것이다.

만약에 내가 내무장관이며, 교육부문에서 무제한의 권력을 가졌다면, 나는 학교를 위한 '5개년 계획'을 세울 것이다. 나는 장관으로서 당장 모든 교도소를 철폐하고 사회교육 시설로 대체할 것이다. 특수학교를 세워 이에 필요한 교사와 인력을 양성할 것이다. 그리고 사회교육 시설은 완전히 자율적으로 운영토록 할 것이다.

교사의 특권을 인정하지 않을 것이다. 학생들이 학교 공동체를 위해 한 노동은 모두 임금으로 지불할 것이다. 이런 기관의 교표는 '자유'일 것이다. 여기서는 종교, 위엄을 세우는 자, 도덕적인 설교 따위는 발붙일 곳이 없을 것이다.

나는 종교가 설교하고 수련을 시키고 억압하기 때문에 종교를 배척한다. 종교는 죄가 없는 곳에서는 죄를 청한다. 종교는 어린이들이 내적인 강압에 억눌려 자유로운 의지를 가지고 있지 않음에도 불구하고 의지의 자유를 신봉한다. 나는 종교적인 설교 대신에 사랑으로써 영향을 미치게 할 것이며, 모든 잔인하고 의롭지 못한 짓을 배척할 것이다. 이런 이상은 젊은이들이 자아를 찾고 외적인 강압과 미움과 처벌 등을 벗어날 때에야 비로소 실현될 것이다.

선생들은 자기가 어린이보다 우월하다고 생각하지 않고 어린이들과 같은 단계에 있다고 생각하도록 교육되어야 할 것이다. 선생들은 모든 거짓된 위선과 조롱이나 조소 등을 떨쳐버려야 한다. 그들이 불안을 조성해서는 안 된다. 선생이란 미래를 바라보면서 그들의 노력이 결실을 거둘 것을 확신하는 무한한 인내심을 갖춘 사람들이어야 한다.

교사는 어린이들의 신임도와 어린이들을 존중하여 도둑이나 갱으로 취급하지 않는 능력에 따라 평가될 것이다. 모든 교사는 현실적인 사고를 가져야 하며, 한 개인에게 능력 이상의 것을 기대해서는 안 된다. 도둑에게 사회교육 기관의 크리스마스 회계를 맡기는 것은 무리다.

교사들은 행동이 말보다 훨씬 더 중요하다는 것을 알고 있어야만 할 것이다. 그리고 도덕적인 설교는 무용하다는 것도 알고 있어야 할 것이다. 또 선생들은 청소년 범죄자들의 개인 생활사(生活史)도 정확하게 알고 있어야만 할 것이다.

나는 호머 레인이 런던의 소년법원에서 데리고 온 한 소년한테서 체험한 욕심이 없는 사나이의 이야기를 상기하고 싶다. 레인은 그에게 집에 돌아갈 경비를 상당히 많이 주었다. 레인은 그가 나머지 돈을 한 푼도 어김없이 돌려주리라는 것을 알고 있었다. 그는 정말로 그렇게 했다.

미국의 어떤 형무소장이 종신형의 죄수를 감옥의 신발공장에 필요한 기계를 사러 뉴욕까지 보냈었다. 그 죄수는 구입한 기계의 목록까지 정확하게 가지고 돌아왔다. 형무소장이 그에게 물어보았다.

"당신은 왜 절호의 탈출 기회를 포기했습니까?"

죄수는 머리를 긁적이며 대답했다.

"잘 모르긴 해도 소장님이 저를 신임하고 계신 것 같아서요."

인간 내부의 이러한 신임은 감옥이나 형벌과도 바꿀 수 없다. 고통을 당하는 사람은 누군가 자기를 미워하지 않고 사랑해 줄 경우 그 사실을 당장 알게 되는 법이다.

치료 요법

병의 치유는 의사보다 환자 자신에게 달려 있다. 정신병의 치료는 거의 성과가 없는데, 그것은 환자가 대부분 가족이나 친지 또는 기타 관계자들에 의해 강제로 끌려오기 때문이다. 정신분석을 받지 않으려는 아내를 남편이 정신병원까지 데려올 수는 있지만 그의 아내는 억지로 온 것에 불과하다. '나는 좋은 아내가 될 수 없어. 그는 나를 치료하려고 하지만 그것은 나에겐 맞지가 않아.'

이런 어려움은 정신병의 치료를 위해 억지로 붙잡아둔 청소년 범죄자에게 있어서도 마찬가지다. 아이건 어른이건 간에 치료의 효과를 거두려면 환자 스스로 치료받기를 원해야 한다.

소년 시절의 범법자들은 대개 어떤 특별한 치료 없이도 자유만 부여하면 쉽게 치유된다. 자유는 방종이나 감상(感傷)이 아니다. 이와 반대로 병원체를 지니고 있는 환자는 자유만으로 고칠 수가 없다. 발육이 저지된 경우에도 자유만으로는 치유되지 않는다. 그러나 기숙사학교에서는 계속적으로 자유를 준다면 자유가 커다란 영향을 미치게 된다.

몇 해 전 서머힐에는 상습적이고 능숙한 도둑이 있었다. 그가 서머힐에 도착한 지 일주일만에 리버풀에서 전화가 걸려왔다.

"나는 X(유명인)라는 사람입니다. 내 조카가 당신 학교에 다니고 있습니다. 그가 며칠 동안 리버풀에 오고 싶다고 편지를 내게 보내왔는데 그렇게 해도 괜찮을까요?"

"물론입니다. 누가 여비를 대지요? 당신이 그의 부모님께 연락을 할 수 있겠습니까?"

다음날 그의 어머니가 전화를 걸어서, 디크 아저씨가 리버풀에서 전화를 했는데, 그녀와 남편은 아르투르가 리버풀에 가는 것을 찬성한다고 했다. 그녀는 차비를 알려 주었는데, 28실링이었다. 나는 아르투르에게 50실링을 주었다. 그런데 이 두 전화는 모두 아르투르가 직접 공중전화로 내게 건 것이었다. 그가 늙은 아저씨와 어머니의 목소리를 너무나도 잘 흉내내는 바람에 나는 속고 말았다. 돈을 준 뒤에야 비로소 내가 속임수에 빠졌다는 것을 깨달았다. 나는 이 문제를 아내와 의논했다. 우리는 아르투르에게서 돈을 빼앗는 것은 잘못이라고 생각했다. 왜냐하면 아르투르는 오래 전부터 그런 방식으로 다뤄져 왔기 때문이었다. 아내가 그에게 상금을 주자고 제의했고 나는 찬성했다. 나는 그의 방에 가서 웃으면서 말했다.

"너, 오늘 참 재수가 좋았구나."

"무슨 말씀이세요?"

"너는 네가 생각했던 것보다 더 재수가 좋아."

"어째서죠?"

나는 태연하게 말했다.

"너의 어머니가 방금 전화를 했는데 차비를 잘못 계산했다고 하더구나. 차비는 28실링이 아니라 38실링이라고 했어. 너희 엄마는 10실링을 더 주라고 하더라."

나는 넌지시 10실링 짜리 지폐를 침대 위에 던져 주고, 그가 무슨 말을 하기도 전에 나와 버렸다.

다음날 아침 그는 리버풀로 떠나면서 나에게 편지 한 장을 남겨 두었다. '니일, 너는 나보다 더 훌륭한 배우야!' 라는 말로 시작되는 편지였다. 몇 주 동안 나는 내가 왜 10실링이나 더 주었는지 생각해 보았다.

어느 날 나는 그에게 '내가 너에게 돈을 주었을 때, 도대체 너는 무슨 생각을 했었냐?' 고 물어보았다. 그는 곰곰이 생각하더니 이렇게 말했다.

"그것은 내 생애에서 제일 큰 충격이었어요. 나는 자신에게 '너는 생애 처음으로 남으로부터 대접을 받는구나!' 하고 말했어요."

이 소년은 자기가 사랑과 인정을 받고 있다는 것을 깨달았던 것이다.

보통 어린이들이 이런 것을 깨닫는데는 긴 시간이 필요하다. 어린이들은 대개 처음에는 치료의 효과를 희미하게 느끼다가 몇 달이 지나야 똑똑하게 깨닫게 된다. 내가 많은 범죄 소년들을 다루던 시절에는 항상 도둑질을 한 어린이들에게 상금을 주었다. 그러나 그는 치유된 후 수년이 지나서야 비로소 나의 칭찬이 치료에 큰 도움이 되었다는 것을 깨닫는 것이었다.

어린이를 다루는 사람은 심층심리학을 연구해야 한다. 어린이의 행동에서 감추어진 동기를 찾아내는 것이 중요하다. 어떤 어린이가 반사회적인 행동을 할 때 그 증상들을 무심코 지나쳐서는 안 된다. 왜냐하면 이 증상들이 남을 괴롭히기 때문이다. 어린이는 폭군이 될 수도 있고, 도둑질을 할지도 모르고, 사디스트가 될지도 모른다.

어떤 부부가 딸을 서머힐에 데리고 온 적이 있었다. 이 소녀는 거짓말과 도둑질을 하며 참을성이 없는 아이였다. 부모는 딸의 모든 결점들을 상세하게 일러 주었다. 내가 이 소녀에게 부모가 나에게 이야기한 것을 말해 준다면 그녀는 영영 고칠 수 없게 되어 버리고 말았을 것이다. 나는 이 소녀가 자기의 행동을 통해서 이 모든 것을 나타낼 때까지 기다려야만 했다.

몇 해 전 우리 학교에는 정말로 다루기 힘든 어린이가 하나 있었는데 그의 부모는 이 어린이를 정신과 의사에게 데려가야 한다고 완강하게 주장했다. 그래서 나는 이 소년을 데리고 런던의 유명한 전문의에게 갔다. 나는 30분 동안 의사와 마주 앉아서 이 어린이의 증상을 일일이 말해 주었다. 그 뒤 어린이가 들어왔다. 의사는 퉁명스럽게 말했다.

"니일 씨가 그러는데, 너는 아주 나쁜 놈이라는구나!"

이것이 이 의사의 심리학적인 견해였다.

나는 이런 식의 잘못되고 몰이해한 행동을 어린이에게 보여주는 사람들을 많이 보아왔다. 한 방문객은 작은 키로 열등감을 가지고 있는 소년에게 "얘, 너는 나이에 비해 키가 너무 작구나."하고 말한 적도 있었다. 또 어떤 사람은 "네 동생은 무척 똑똑해! 너도 그렇게 생각지 않니?"라고 했다. 어린이와 친해지는 기술은 해서는 안 될 말을 아는 기술이라고 할 수 있다.

한편으로 어린이에게 어른들이 쉽게 속아넘어가지 않는다는 사실을 깨닫게 해야만 한다. 어린이가 항상 우표를 훔쳐가도록 묵인하는 것은 무의미하다. 우리가 그 사실을 알고 있다는 것을 어린이가 알아차리도록 해 주어야만 한다. 그렇다고 해서 '네 엄마가 그러는데 네가 우표를 훔쳐간다며?' 하고 말하는 것도 용납할 수 없다. 반대로 '난 네가 우표를 훔쳐간다는 것을 알고 있어.' 하고 말하는 것은 완전히 다른 것이다.

어린이 문제로 부모에게 편지를 보내야 할 때는 항상 망설여진다. 즉 나는 어린이가 방학 때 집에 가서 이 편지를 발견하게 되지나 않을까 걱정이 된다. 더욱 염려되는 것은 부모가 어린이에게 편지를 쓸 때, '니일이 편지를 보냈는데 너는 수업도 받지 않고 바보짓만 한다며?' 라고 하지나 않을까 걱정된다. 만약 이런 일이 생기면 그 어린이는 다시는 나를 신임하지 않을 것이다. 그렇다고 내가 부모들에게 이런 설명을 늘어놓는 일도 거의 없는데, 그것은 내가 부모들을 믿기 때문이다.

내가 어린이를 다루면서 실수를 한 적은 거의 없었는데 그것은 오랜 경험을 통하여 어린이를 사귀는 법을 잘 배웠기 때문이다. 이런 것은 숙련이나 특별한 재능이 필요한 것이 아니라 연습과 사소한 것을 무시할 수 있는 능력이 필요하다.

우리에게 온 지 얼마 되지 않는 빌이 다른 소년의 돈을 훔쳤다. 그 희생자는 나에게 물었다.

"이것을 다음 학교총회에 발표할까요?"

나는 오래 생각지도 않고 말했다.

"안 돼, 나한테 맡겨!"

빌은 아직 자유가 익숙하지 않았다. 그는 새로운 환경의 포근함을 느끼지 못하고 있었다. 그는 다른 학생들의 사랑과 인정을 받으려고 가끔 으시대고 있었다. 만약 우리가 빌이 도둑질을 한 사실을 학교 전체에 알리게 되면 그는 불안과 부끄러움 때문에 반항심과 비사회적인 행동으로 반항하게 될 것이다.

그러나 그의 반응은 다르게 나타날 수도 있다. 만약 빌이 이전 학교에서 통솔자였고 선생들에게 반항하는 것을 자랑스럽게 생각하고 있었다면 그는 대중 앞에 고발당함으로써 기고만장해져서 마치 살인범이나 되는 듯이 뽐내게 될 것이다.

열세 살짜리 소년이 서머힐에 새로 왔다. 그는 일체의 수업을 싫어해서 일주일 동안 게으름만 피웠다. 그러다가 그것도 싫증이 나서 수업에 참가해도 되느냐고 물었다. 이 물음에 대하여 나는 이렇게 대답했다.

"그런 것은 나하고 아무런 상관이 없는 문제야."

그 소년은 자기 스스로 하고싶은 것을 찾아내야 한다. 다른 소년이 같은 질문을 하였다면 나는 아마 "그래, 참 좋은 생각인데?"하고 대답했을지도 모른다. 그 소년은 가정이나 학교에서 시간표에 따라 생활했으며 따라서 스스로 결정을 내리는 능력을 잃어버렸다. 이런 어린이는 차츰 다시 자신감을 갖게 될 때까지 기다려야 한다. 그러나 나는 이런 개별적 문제들을 의식적으로 생각한 후 대답하지는 않는다.

사랑이란 한 인간을 보살펴 주는 것이다. 사랑이란 인정해 주는 것이다. 어린이들은 자유와 방종의 차이를 서서히 알게 된다. 그리고 시간이 흐르면 그들은 그 차이를 이해하게 된다.

행복으로 가는 길

프로이드는 모든 노이로제는 성적인 억압 때문에 생긴다고 지적했다. 그래서 나는 '성적인 억압이 전혀 없는 학교'를 세우겠다고 결심했다. 프로이드는 무의식이 의식보다 훨씬 더 중요하다고 말했다. 그래서 나는 다음과 같이 마음먹었다.

'우리의 학교에는 비난이나 처벌, 도덕적인 설교가 없을 것이다. 우리는 모든 어린이로 하여금 자기의 무의식적인 본능을 추구해 가도록 내

버려 둘 것이다.'

나는 서서히 대부분의 프로이드 주의자들이 자유가 어린이들에게 주는 의미를 모르거나 혹은 자유를 중요시하지 않는다는 것을 알게 되었다. 그들은 자유와 방종을 혼동하고 있었다. 나는 프로이드 주의자들의 아동심리학이 정신적으로 부자유스러운 어린이들에 대한 경험을 출발점으로 삼고 있다고 믿고 있다.

프로이드 주의자들은 유아기에는 항문의 성욕이 크게 작용한다고 믿는다. 그러나 나는 자유롭게 자란 어린이들에게 있어서는 이런 것을 발견할 수가 없었다. 또 프로이드 주의자들이 진단을 내렸던 사회에 적대하는 공격성도 자유로운 어린이들에게는 없었다.

시간이 지남에 따라 나의 교육 방법이 치료가 아니라 예방이라는 것을 확신하게 되었다. 서머힐의 자유로운 분위기는 치료를 위한 것이 아니라, 문제아들을 예방하고 있다는 것을 파악하기까지는 많은 시간이 걸렸다.

나의 주된 임무는 어린이들이 자신에 대해 품고있는 불만을 칭찬해 주는 것이다. 이때 나는 그들의 비뚤어진 양심과 자신에 대한 미움을 제거해 주려고 노력한다. 우리 학교에 새로 온 어린이들은 욕을 잘한다. 나는 웃으며 말한다.

"괜찮아. 더 해봐. 욕은 조금도 나쁜 게 아니야."

자위행위 · 거짓말 · 도둑질 및 사회적으로 비난받는 다른 모든 습관들에 대해서도 마찬가지이다.

얼마 전에 한 소년이 나에게 질문을 퍼부었다.

"그 시계 얼마죠? 지금 몇이죠? 수업이 언제 끝나죠?"

그는 불안 때문에 나의 대답은 조금도 듣지 않았고 그가 원래 묻고 싶었던 커다란 문제는 따로 있다는 것을 나는 알고 있었다.

어느 날 그가 또 내 방에 와서 질문을 늘어놓았지만 나는 계속해서 책만 읽었다. 실컷 묻게 한 뒤, 나는 슬그머니 고개를 들어 말했다.

"방금 뭐라고 했지? 아기가 어디서 태어나느냐고?"

그는 얼굴이 새빨개져서 벌떡 일어서며 "나는 어린애가 어디서 나오는지 조금도 알고 싶지 않아요."라고 말하고는 방을 뛰쳐나가 문을 쾅하고 닫았다. 10분쯤 지나자 그가 다시 나타났다.

"당신 타자기는 어디서 만든 거야? 이번 주에는 무슨 영화가 상영되나요? ...... 에이, 그런데 도대체 어린애는 어디서 나오는 거야?"

나는 그에게 정확하게 설명해 주었고 그는 다시는 사소한 질문들로 나를 찾지 않았다.

어려운 물음들을 풀어 주는 데는 항상 많은 노력이 필요하다. 이런 수고는 불행한 어린이가 행복하고 자유롭게 되는 것을 보는 기쁨으로 보상된다.

반대로, 뚜렷한 성과 없이 오랫동안 한 어린이에게 정성을 쏟았지만 아무런 결실이 없는 경우도 있다. 도둑질을 한 어린이에게 일 년 내내 매달린 끝에 연말쯤 되어 겨우 고쳐졌다고 기뻐한다. 그러다가 갑자기

다시 그 버릇이 나타나면 우리는 실망한다. 내가 안도의 한숨을 쉰 지 채 5분도 못 되어서, 한 선생이 와서 다음과 같이 말하기도 했다.

"토미가 다시 도둑질을 했어요."

심리학은 골프와 같다. 어떤 날은 한 바퀴 도는 데 2백 번이나 채를 휘두른다. 그리곤 욕을 하며 골프채를 걷어찬다. 그랬다가도 다음날 아침 날씨가 좋으면 기대에 넘쳐 골프를 치러 간다.

우리가 어린이에게 중요한 진리를 가르쳐 주거나, 또는 그 어린이가 타인에게 자기의 근심을 털어놓게 되면 감염을 시키게 된다. 내가 출생과 자위행위에 관해서 한 어린이를 계몽시키면, 그는 특별한 감명을 받곤 했다.

특별한 시기에는 이런 감염이 부정적인 형태를 취하게 되어, 되려 미움을 감염시킨다. 그러나 정상적인 어린이에게 있어서는 부정적인 감염은 오래 지속되지 않고 곧 긍정적인 시기가 오게 마련이다. 어린이는 자기를 매우 빨리 잊어버리고 자기의 기분을 다른 어린이들과 사물에 잘 옮긴다. 나는 아버지의 상징이기 때문에 소녀에 대한 감염이 소년의 경우보다 훨씬 더 강하다.

나는 오랫동안 서머힐에서 선생인 동시에 심리학자였다. 그러나 한 인간이 두 역할을 하기에는 벅차다는 것을 차츰 깨닫게 되었고, 심리요법가의 역할을 포기하지 않을 수 없었다. 대부분의 학생들이 고해성사를 맡는 선생을 신뢰하지 않았기 때문이다.

어린이들은 화를 내기도 하고, 나의 비판을 두려워했다. 내가 한 어린이의 그림을 칭찬하면, 다른 학생들은 질투를 하게 된다. 영혼을 치료하는 의사는 학교 안에 살아서는 안 되는 법이다. 그래야만 어린이들의 생활과 아무런 관계도 갖지 않을 수가 있는 것이다.

심리학의 모든 분야가 무의식을 인정한다. 즉 모든 사람들은 자신은 의식하지 못하는 감추어진 소망과 비밀스러운 사랑, 미움 등을 가지고 있다는 것이다. 성격이란 의식과 무의식이 결합되어 나타나는 것이다.

청소년 범죄자도 훔치고자 하는 물건이나 돈을 의식으로 결정한다. 그러나 그는 자신이 도둑질을 하는 동기는 모른다. 이 동기는 감춰져 있다. 도덕적인 설교나 처벌로는 절대로 이런 소년을 고칠 수가 없다. 꾸지람은 잔소리에 불과하고, 처벌은 육체적 상처일 뿐이다. 무의식적인 동기는 설교나 처벌에 의해 밖으로 드러나지 않는다.

종교도 설교를 통하여 무의식을 밝혀 낼 수는 없다. 만약 신부가 그 소년과 함께 밤에 도둑질을 하는 데 가본다면 이 소년의 반사회적인 행동의 원인이 되고 있는 자신에 대한 미움은 사라져 버릴 것이다. 만약 신부가 그 소년과 함께 일을 하게 된다면, 그 소년은 천천히 자신의 생각을 바꾸게 될 것이다.

서머힐에서 도둑질한 어린이를 고치려고 할 때에는 내가 직접 그 아이와 함께 이웃집 닭을 훔치거나 학교의 금고를 약탈하는 것부터 시작한다. 이런 행동은 말로써는 할 수 없는 무의식적인 것을 파헤치게 해 준다.

어린이의 문제는 사랑과 인정으로 해결되는 경우가 많다. 나는 사랑이 충동적인 우울증이나 심한 사디즘을 고칠 수 있다고 주장하지는 않는다. 그러나 대부분의 꼬마 도둑이나 거짓말쟁이나 무례한 어린이들은 사랑으로 교화시킬 수 있다.

자유는 영혼으로 불어와서 자신과 타인에 대한 미움을 깨끗하게 씻어 주는 미풍과 같다. 청소년을 위한 투쟁은 냉혹하다. 이 투쟁에서 아무도 중립적이어서는 안 된다. 둘 가운데 하나를 선택해야만 한다. 즉 강제냐 자유냐, 혹은 훈련이냐 자율이냐를 결정하지 않으면 안 된다. 그래서 상황이 심각한 것이다.

부모와 교사는 어린이를 자신의 일에 만족하며 친구로서도 애인으로서도 행복하고 자유로운 사람으로 성장시킬 수도 있고, 또 자기와 세계에 대해 반항을 일삼는 불만투성이의 비참한 사람으로 만들 수도 있다.

어떻게 하면 어린이들을 행복하게 해 줄 수 있을까? 내 대답은 다음과 같다.

"모든 강제를 철폐하고 어린이에게 자아를 찾을 수 있는 기회를 주십시오. 어린이를 궁지로 몰지 마십시오. 무리하게 높은 곳으로 끌어올리지도 마십시오. 그 무엇도 강요하지 마십시오."

여러분들은 나의 의견에 난색을 표할지도 모른다. 그러나 여러분이 나의 의견을 거부한다면, 보다 더 바람직한 대답을 제시해야만 할 것이다.

제 6 장 부모의 문제

☀ 사랑과 미움

어린이는 어머니나 아버지, 교사, 신부 등 주변 사람들로부터 양심을 배우게 된다. 만약 어린이가 행복하지 않다면, 그것은 양심과 인간성 사이의 갈등이거나 프로이드가 말한 것처럼 초자아와 제3자 사이의 갈등 때문이다.

청년의 양심이 승리하여 수도자처럼 세상과 육신을 완전히 초월할 수도 있다. 그러나 대개의 경우에는 이와 반대로 '평일에는 악마를 섬기고, 주일에는 하나님을 섬긴다' 는 속담처럼 타협을 한다.

사랑과 미움은 반대의 개념이 아니다. 사랑의 반대는 무관심이다. 미움은 사랑의 뒷면으로 충족되지 못한 사랑이다. 미움은 공포를 내포하고 있다. 이것은 동생을 미워하는 어린이에게서 잘 나타난다. 그의 미움은 어머니의 사랑을 빼앗길지도 모른다는 공포가 원인이며, 동시에 동생에 대한 복수심 때문에 생긴 공포도 원인이 된다.

반항적인 스웨덴 소녀 안시는 열네 살에 우리 학교에 와서는 나를 화나게 하기 위해 내 뒤를 졸졸 따라 다녔다. 그녀는 내가 자신이 미워하고 두려워하던 아버지처럼 보였던 것이다. 안시는 아버지 앞에서는 자유롭게 앉을 수조차 없었고, 아버지는 그녀에게 조금의 사랑도 베풀지 않았다. 아버지의 사랑을 전혀 기대할 수 없게 되자 사랑이 미움으로 변하고 말았던 것이다.

안시는 서머힐에서 새로운 아버지를 발견하게 되었는데, 그 아버지는 엄하지도 무섭지도 않았다. 그래서 그녀의 미움이 폭발하게 되었다. 얼마 후 그녀는 나에게 아주 사랑스럽고 상냥하게 굴었는데, 이것은 그녀의 미움은 사랑의 반대쪽이었다는 것을 증명해 준다.

어린이의 미움은 알아내기가 쉽지 않다. 그리고 어린이에게 벌을 주면 사랑이 미움으로 변한다는 것을 아는 부모는 많지 않다. 실컷 맞은 뒤에 고분고분해지는 어린이의 어머니는, 그 어린이가 일시적으로 미움을 억누르고 있다는 사실을 모른다. 그러나 억눌린 감정은 잠자고 있을 뿐, 결코 죽은 것이 아니다.

마르쿠스가 쓴 《젊은이의 도덕》에서 몇 구절을 어린이에게 읽어 주면서 시험을 하곤 했다.

'토미의 집에 불이 나서, 엄마는 타죽고 아빠는 발코니에 치어 죽었다. 토미는 웃음을 참을 수가 없었다.'

이 대목에서 어린이들은 언제나 입이 찢어지도록 웃어댔다. 심지어 부모를 사랑하는 어린이들마저도 그랬다. 어린이는 자신을 비난하고, 벌주고, 때리는 부모에 대한 미움을 억누르고 있기 때문에 웃어대는 것이다.

이런 미움은 부모와는 아무런 상관이 없는 환상 속에서 나타나는 것이 보통이다. 어느 날 아침, 학생 한 사람 한 사람에게 내가 죽게 되는 이야기를 해 주었다. 내가 장례식 장면을 묘사할 때마다 어린 청중들의 얼굴은 밝아졌다. 이들은 그 날 하루 종일 기분이 좋았다. 거인을 죽이는 이야기도 어린이들은 좋아한다. 그것은 아마 어린이들이 거인을 아버지와 동일시하기 때문일 것이다.

어린이가 부모를 미워한다고 해서 걱정할 필요는 없다. 이런 미움의 원인은 어린이가 이기주의적인 시기에 있기 때문이다. 어린이는 사랑과 힘을 갈망한다. 화가 나서 내뱉는 말, 뺨을 때리는 것, 모욕을 주는 것 등은 사랑과 힘을 빼앗아 가는 것이다. 어머니가 욕을 하면 '엄마는 너를 사랑하지 않는다' 하고 말하는 것처럼 들린다. 아버지가 '그건 만지면 안 돼!' 하고 말하면 '아버지는 방해꾼이구나. 나도 어른이 되기만 해봐라!' 하는 생각을 하게 된다.

그렇다! 어린이는 부모를 미워한다. 그러나 이런 미움은 부모가 어린이를 미워하는 것만큼 위험하지는 않다. 책망하는 것, 분노를 터뜨리는 것, 매질하는 것, 도덕적인 설교를 하는 것 따위는 미움에서 생기는 반작용이다. 부부 사이에 사랑이 없으면 자녀가 건전하게 성장할 전망은 거의 없다. 왜냐하면 이런 부모는 분노나 실망을 언제나 자식에게 폭발시키기 때문이다.

어린이는 사랑을 받지 못하면 사랑 대신 미움을 찾는다. '엄마는 나를 쳐다보지 않아. 엄마는 내가 싫은 거야. 엄마는 동생만 좋아해. 엄마가 내게도 관심을 갖도록 해야겠어.' 이런 어린이는 가구를 부순다. 어린이에게 발생하는 모든 바람직하지 못한 행동의 근원은 사랑의 부족에 있다. 벌이나 설교는 미움만 더할 뿐, 문제 해결에는 아무런 도움이 못 된다.

부모가 자녀를 소유물처럼 다룰 때에도 미움이 생긴다. 어린이들은 이런 속박을 싫어하면서도 동시에 이것을 원하기도 한다. 그런데 이런 갈등이 잔인한 행동으로 나타나는 일도 가끔 있다. 어린이는 온갖 수단을 동원해서 자신을 얽어매려는 어머니에 대한 미움을 억누르고 있다. 그러나 감정에도 쉴 곳이 필요한 법이다. 그래서 어린이는 고양이를 차거나 동생을 때린다. 왜냐하면 이렇게 하는 것이 어머니에게 반항하는 것보다 간단하기 때문이다.

미워할 줄 모르는 자는 사랑할 수 없다는 말이 있다. 그럴지도 모른다. 그러나 나는 어린이를 미워할 수 없을 것이다. 나는 어린이들을 개인적으로나 감상적으로 사랑한 적은 없다. 감상적이란 말은 정의하기 어렵다. 감상적인 사랑이란 한 마리의 백조를 거위로 만들어 버리는 그런 무분별한 사랑이다.

로버트는 방화범이고 도둑이며, 살인할 가능성이 있는 어린이였다. 내가 그를 맡았을 때, 그는 아버지에 대한 미움과 사랑을 나에게 옮겨 놓았다. 어느 날 그는 나와 이야기를 나눈 뒤, 밖으로 뛰쳐나가 달팽이 한 마리를 밟아 죽였다. 나는 그에게 달팽이에 대해서 설명해 보라고 했다. 그는 '길고 보기 싫은 끈적끈적한 괴물'이라고 했다.

나는 그에게 종이를 한 장 주면서 달팽이라는 단어(Snail)를 써 보라고 했다. 그는 'A Snail'이라고 썼다.

"자, 네가 쓴 것 좀 보렴!"

그는 크게 웃으며 그 밑에 더 써내려 갔는데, 나중에는 A Snail이 A. S. Neill처럼 보였다. 나는 웃으면서 말했다.

"넌 그 보기 싫고 끈적끈적한 괴물이 나라고 생각하지? 그렇지?"

여기까지는 위험하지 않다. 그가 나를 미워하고 있음을 깨닫게 한 것은 그에게 좋은 일이었다. 그러나 만약 내가 '너는 사실은 너 자신을 미워하고 있어. 너는 그 끈적끈적한 괴물이야. 너는 자살하려는 마음을 갖고 있어.'라고 했다면 그것은 위험한 정신요법이었을 것이다. 로버트의 '과제'는 그저 장난감 말을 타고 돌아다니거나 용을 타고 노는 것이다. 나와 다른 선생님들과 의사만이 로버트를 괴롭히는 갈등을 제거해 줄 권리를 갖고 있는 것이다.

자녀가 고마워해 주기를 바라는 부모는 어린이의 본성에 대해 아무것도 모르고 있다. 어린이들은 남의 신세를 지는 것을 싫어한다. 어린이들에게 수업료를 면제해 주거나 할인해 줄 때, 그들이 싫어하는 것을 느낀 적이 한두 번이 아니다.

"우리는 남을 미워하지 않고서는 남을 위해 희생할 수 없다."고 버나드 쇼는 말했다. 이것은 옳은 말이다. 이 말은 다음과 같이 바꾸어 말 할 수도 있을 것이다. 즉 우리는 우리를 미워하지 않는 사람을 위해서는 자신을 희생할 수 없다고. 정말 기쁜 마음으로 남에게 무엇을 주는 사람은 보답을 바라지 않는다. 자녀에게서 무엇을 기대하는 부모는 실망만 하게 될 것이다.

이제 결론을 내려보자. 모든 어린이들은 벌을 미움이라고 생각하는데 이것은 옳다. 그리고 언제나 벌은 어린이로 하여금 점점 더 자신을 미워하게 한다. '체벌만이 옳은 벌이라고 생각한다' 는 사람들은 마음속에 미움이 가득한 사람이다. 미움은 미움을 낳고, 사랑은 사랑을 낳는다는 말은 아무리 강조해도 지나치지 않다. 어린이를 미움에서 해방시키는 것은 사랑 이외에는 없다.

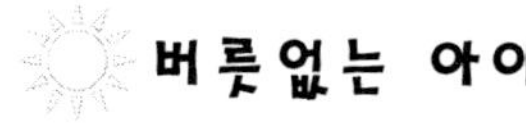

버릇없는 아이

응석을 부리고 속임을 당하여 잘못된 어린이는 부패한 사회의 산물이다. 이런 부패한 사회에서는 어린이의 삶에 대한 애착은 어렵다. 어린이에게는 자유가 아니라 방종이 주어져 있다. 어린이는 진정한 자유, 즉 삶을 사랑하는 것이 어떤 것인지 모른다.

버릇없는 어린이는 기만당해 왔기 때문에 자신과 환경이 귀찮다. 기차를 타 보면 이런 사실을 알게 된다. 어떤 어린이는 남의 발을 밟고, 복도에서 떠들며, 조용히 하라는 엄마의 꾸지람에도 아랑곳하지 않는다. 그 어린이에게는 꾸지람쯤은 이미 만성이 되었기 때문이다.

이런 응석받이가 성장을 하면 엄격한 훈련을 받은 어린이보다 더 나빠진다. 버릇없는 어린이는 자기중심적으로 된다. 이런 어린이는 함께 놀고 서로 경쟁할 또래 친구가 없기 때문에 자기가 부모와 같다고 억지 생각을 하게 된다. 즉 부모가 하는 것은 모두 다 하고 싶어한다. 부모는 이런 어린이를 천재나 되듯이 생각하고, 그가 하고 싶어하는 것을 금지하면 그의 사랑을 받지 못할까봐 두려워한 나머지 점점 더 어린이의 조숙함을 조장하게 된다.

교사도 이렇게 생각하는 경우가 많다. 학생들의 신임을 잃을까봐 두려워한 나머지 겁쟁이 교사들은 학생들이 응석을 부리도록 내버려둔다. 이것은 어린이들을 그릇되게 만드는 첩경이다. 좋은 선생과 좋은 부모라면 객관적인 태도를 취해야 한다. 선생과 부모가 어린이를 대할 때에는 자신들의 콤플렉스를 제거하지 않으면 안 된다. 그런데 이런 일은 쉽지 않다. 우리가 자신의 콤플렉스를 모르는 경우가 너무나 많기 때문이다.

버릇없는 소년은 태산같은 일거리를 우리에게 안겨 준다. 아내는 이런 어린이들의 어머니 역할을 하느라 녹초가 되고 만다. 이런 소년은 '언제 수업이 끝납니까? 지금 몇 시입니까? 용돈 좀 주겠어요?' 하는 따위의 질문으로 아내를 괴롭혔다. 그는 자기 어머니를 심하게 미워하고 있었고, 화나게 하려고 했다.

한 버릇없는 소녀는 항상 나를 괴롭히려고 했는데, 내가 그녀의 아버지를 대신하는 사람이었기 때문이다. 그녀는 나에게서 사랑이 아닌 미움을 불러일으키려고 했다. 그녀는 만년필을 훔치거나 다른 소녀에게 '니일이 오래.' 하고 말하곤 했다. 그러나 사실은 그녀가 나에게 오고 싶었던 것이다.

어린이가 갖고 싶어하는 것을 전부 다 주어서는 안 된다. 오늘날의 어린이들은 지나치게 많은 용돈을 받는다. 따라서 누가 선물을 해도 그것의 소중함을 모른다. 자녀에게 선물 세례를 주는 부모가 자녀를 사랑하는 것은 아니다. 이런 부모들은 자신들의 사랑을 시위함으로써 결함을 보상하려고 한다. 이렇게 하는 것은 아내를 속이는 남편이 자신의 능력으로는 도저히 불가능한 밍크 코트를 선뜻 아내에게 선물하는 것과 똑같다. 나는 딸에게 매번 런던에 다녀올 때마다 선물하지는 않는다. 그래서 소에도 언제나 선물을 기대하지는 않는다.

속도 조절기가 달린 자전거를 선물 받은 아이가 3주도 채 되지 않아 자전거를 빗속에 내버려둔다면 틀림없이 버릇없는 아이이다. 이런 어린이의 부모는 대개 자식에게서 자신들의 제2의 삶을 보려고 한다.

'나는 성공하지 못했다. 그러나 내 아들만은 내가 성취하지 못했던 것을 이룰 수 있도록 기회를 주어야겠다.' 이런 동기에서 악기를 다루지 못했던 아버지는 아들에게 피아노 레슨을 받게 한다. 결혼 때문에 전공을 포기해야만 했던 어머니는 딸의 적성도 고려하지 않고 딸을 발레 학교에 보낸다. 어린이 스스로 선택하게 하면 절대로 택하지 않을 학문이나 직업을 강요하는 부모가 있다. 이런 허황된 부모들을 어떻게 하면 좋을까?

자식의 성장을 원치 않는 엄마 때문에 버릇이 나빠져 버린 어린이도 있다. 어머니가 된다는 것은 하나의 과제임에 틀림없다. 그러나 그것이 평생의 과제는 아니다. 대부분의 어머니들은 이런 것을 잘 알고 있다. 그럼에도 불구하고 '애는 너무 빨리 커!' 하고 말하는 어머니들이 있는 것이다.

우리는 어린이들이 타인의 개인적인 권리를 침범하도록 내버려둬서는 안 된다. 버릇없는 아이를 원치 않는 부모라면 자유와 방종을 구별하지 않으면 안 된다.

☼ 힘과 권위

심리학이 무의식을 발견하기 이전까지는 어린이들이 선악을 판별할 수 있는 능력을 지닌 이성적인 존재라고 생각되었다. 동시에 어린이의 오성은 백지 상태이기 때문에, 그 위에다 양심적인 교사가 써넣기만 하면 된다고 생각했다.

이제 우리는 어린이에게는 정지되어 있는 것이란 아무것도 없으며, 오히려 움직이는 에너지로 가득 차 있다는 사실을 안다. 어린이는 자기의 소원을 행동으로 옮기려고 애쓴다. 그의 본질은 자기 중심적이며, 계속해서 자신의 힘을 시험해 본다. 모든 것에 성이 내포되어 있는 것과 같이, 모든 것에는 힘을 얻으려는 갈망이 깃들어 있다.

유아는 시끄러운 소리를 냄으로써 환경을 지배하는 자신들의 힘을 표현하고자 하지만, 그것은 제재를 받는다. 청결 교육을 통해서 다른 것도 억압되고 있다. 그런데 우리는 배설 작용이 어린이에게 일종의 권력의식을 주고 있다고 추측할 수도 있다. 이런 행동은 어린이에게는 하나의 커다란 뜻이 있을 것만 같다. 왜냐하면 이 배설물은 어린이의 첫 번째 창조물이기 때문이다.

나는 모든 것을 추측할 뿐이라고 말하는데, 아무도 한 살이나 두 살짜리 어린이가 느끼고 생각하는 바를 알지 못하기 때문이다. 물론 7~8세 된 어린이들이 배설을 할 때에는 강한 권력의식이 작용하고 있다는 것은 잘 알려져 있다.

사자를 무서워하는 여자는 정상이지만 생쥐를 무서워하는 여자는 노이로제에 걸려 있다. 사자는 위험한 동물이다. 그러나 생쥐는 그 여자가 깨닫는 것을 두려워하는 억압된 소망을 대변한다. 어린이의 소망도 억압을 하면 불안으로 바뀔 수 있다.

많은 어린이들은 밤이 되면 유령이나 도둑이나 또는 새까만 사람들을 무서워한다. 무지한 부모들은 동화가 이러한 불안의 원인이 된다고 생각한다. 그러나 동화는 어린이의 불안에 형태만 부여할 뿐이다. 이런 불안은 부모가 어린이의 성적인 관심을 억압한 것에 원인이 있다. 생쥐를 무서워하는 여자와 같이 어린이도 자신의 비밀스런 소망에 대해서 불안해한다.

성적인 억압만이 불안을 조장하는 것은 아니다. 아버지가 '시끄러운 소리 좀 내지마!' 하고 고함을 칠 때에는, 시끄러운 소리를 내는 데 쏠려 있던 어린이의 관심이 아버지에 대한 두려움으로 바뀔 수 있다.

어린이는 소원이 무시당하면 미움을 품게 된다. 만약 내가 똑똑한 세 살짜리 어린이에게서 장난감을 빼앗아 버린다면 그 어린이는 할 수만 있다면 나를 죽이고 싶을 것이다.

어느 땐가 나는 안경을 낀 채, 바깥의 의자에 앉아 있었다. 내가 안경을 끼고 있으면 아버지의 모습으로 되어 버린다.

"옛날 이야기 하나 해 주세요!"

빌이 말했다.

"먼저 네가 나한테 해 줘."

그는 나에게 해 줄 이야기가 없다며 이야기를 해 달라고 졸랐다.

나는 말했다.

"그럼 우리 같이 이야기를 만들어 보자. 내가 시작할 테니, 중단하면
네가 이어서 계속하는 거야. 옛날 옛날에……"

빌은 내가 앉아 있는 얼룩덜룩한 의자를 '호랑이'라고 했다. 나는 당
장 내가 얼룩덜룩한 호랑이라는 것을 알아 차렸다.

"우리 학교 앞의 바닷가에 그 호랑이가 있었는데, 어느 날 어떤 아이
가 그 호랑이를 봤어. 그 아이의 이름은……"

"도날드."

빌은 덧붙였다. 도날드는 그와 가장 친한 친구였다.

"그 때 호랑이가 벌떡 뛰어올라서……"

"도날드를 잡아먹었어."

빌이 재빨리 말했다.

"그 때 데리크가 '난 호랑이가 내 형제를 잡아먹도록 내버려두지 않
을 거야!' 하고 말했어. 그러면서 그는 권총을 차고 거기로 갔지. 호랑이
가 공격자세를 취했어……"

"호랑이는 그를 잡아먹어 버렸다."

이렇게 말하는 빌의 얼굴은 기쁨에 넘치고 있었다.

“그러자 니일이 화가 나서 말했어. ‘나는 이 호랑이가 모든 학생을 잡아먹도록 내버려두지 않겠어!’ 하면서 쌍권총을 차고 나갔어. 그 호랑이는 훌쩍 뛰어올라……”

“물론 그도 잡아먹었지!”

“그런데 이제는 빌이 ‘그렇게 두었다간 정말 큰 일 나겠어.’ 라고 말하고는 쌍권총과 장검과 단도와 기관총으로 무장하고 길을 떠났어. 그런데 호랑이가 훌쩍 뛰어올랐는데……”

“빌은 호랑이를 죽였어.”

빌은 똑똑히 말했다.

“훌륭해! 그는 죽은 호랑이를 대문 앞까지 끌고 와서, 학교총회를 소집했어. 총회 때 한 선생이 ‘니일이 호랑이 뱃속에 있기 때문에, 우린 새 교장을 뽑아야 돼. 내가 추천하는데’ ……”

빌은 눈을 내리뜨고 아무 말도 하지 않았다.

“내가 추천하는데……”

나는 다음 이야기를 재촉했다.

“너는 그 선생이 나를 추천했다는 것을 아직 잘 모르고 있잖아!”

빌이 화가 나서 말했다.

“이렇게 해서 빌은 서머힐의 교장이 되었다. 그런데 그가 제일 먼저 한 일은 무엇일까?”

“그는 네 방에 들어가서 너의 선반기와 타자기를 가지고 간다.”

언젠가는 빌이 나에게 말했다.

"난 이제 알았어. 내가 아버지의 개보다 더 큰 개를 어디서 얻을 수 있는지를 알았단 말야."

그의 아버지는 스카이테리어(사냥개의 일종) 두 마리를 가지고 있었다.

"어디서?"

내가 물어보았더니, 그는 고개를 저으며 말을 하려고 하지 않았다.

"그 개에게 어떤 이름을 지어줄래?"

"물 주는 호스!"

빌이 말했다.

나는 종이에 그 호스를 그려보라고 했다. 그는 거대한 남자 성기를 그렸다. 갑자기 나는 구석에 둔 헌 자전거 펌프가 생각났다. 나는 그것을 가져다 빌에게 주고 그것을 물뿌리개로 사용하는 방법을 가르쳐 주었다.

"이제 넌 아버지보다 더 큰 물주는 호스를 가졌어."

그렇게 말했더니 그는 큰 소리로 웃었다. 빌은 이틀 동안 여기저기에 물을 뿌리며 재미있게 지냈다. 그리고는 호스에 대한 흥미를 잃어버리고 말았다.

빌의 경우는 성적인 것과 지배력 중에 지배력이 문제가 되는 경우라고 생각한다. 그가 호랑이(나)를 죽이려고 했던 욕망은 그가 아버지의 성기를 처음 보았을 때 느꼈던 것과 같은 소망이다. 이런 소망은 성적인 것과는 직접적인 관련이 없다. 그리고 아버지보다 더 큰 성기를 갖고자 하는 빌의 소망은 그가 힘을 얻으려는 그의 노력과 일치한다.

빌의 환상은 힘에 대한 것이다. 그는 친구들에게 자기가 한꺼번에 여러 대의 비행기를 조종할 수 있다고 허풍을 떨곤 했다. 이런 것들에는 자기 중심주의가 드러난다.

실현되지 못한 소망은 백일몽의 시발점이 된다. 모든 어린이들은 키가 좀 더 컸으면 하고 바란다. 주위의 모든 환경들이 어린이로 하여금 자신이 작다는 것을 깨우치게 한다. 어린이는 환상으로 도피함으로써 환경을 지배한다. 그는 꿈나라에서 날개를 자라게 한다. 기차의 기관사가 되고자 하는 것은 힘에 대한 동기가 원인이 된다. 질풍같이 달리는 열차를 지배하는 것은 힘에 대한 어린이의 욕망을 충족시키기에 충분하다.

피터팬이 어린이에게 사랑을 받는 이유는, 그가 어른으로 되지 않기 때문이 아니라 날아다닐 수 있고 해적들을 쳐부수기 때문이다. 어른이 피터팬들을 좋아하는 이유는 그들이 다시 어린이가 되고 싶고, 걱정거리를 잊어버리고, 어떠한 책임도 지고 싶지 않기 때문이다. 그러나 어린이로 남아 있고자 원하는 어린이는 없다.

힘에 대한 욕망은 계속해서 어린이를 충동질한다. 만약 어린이의 호기심과 시끄러운 소리를 내면서 느끼는 즐거움이 억압을 받게되면, 어린이의 힘에 대한 자연스러운 사랑이 잘못 형성되게 된다. 잦은 영화관 출입 때문에 벌을 받는 소년들은, 그들의 힘에 대한 억눌린 욕구를 만족시키려고 할 것이다.

안시는 이전에 다니던 학교에서 나쁜 조직의 두목이었기 때문에 퇴학을 당했다. 그녀는 서머힐에 도착한 지 이틀만에 나와 다투기 시작했는데, 처음에는 농담이었고 나중에는 진담이었다. 그녀는 약 3시간 동안이나 나를 물고 차면서, 내 인내심이 견뎌내지 못할 때까지 그렇게 하겠다고 거듭 말했다. 그러나 나는 평정을 잃지 않고 약간의 수고를 하기는 했지만 끝까지 참아냈다.

마침내 한 선생이 와서 평화로운 음악을 들려주자 안시는 진정했다. 그녀의 공격성은 부분적으로는 성적인 것이었지만, 힘을 쟁취하기 위한 투쟁이 훨씬 더 큰 원인이었다. 마침내 나는 다시 학교장으로 법과 질서를 대표할 수 있게 되었다.

안시에게는 서머힐의 생활이 기이하고 생소한 것으로 느껴졌다. 여기에는 그녀가 깨뜨릴 법칙들이 없었기 때문에, 그녀는 마치 지상에 올라온 물고기 같은 생각이 들었던 것이다. 그녀는 동료 학생들을 꾀어 나쁜 짓을 하도록 했지만 오직 어린 학생들에게만 성과가 있었다. 그녀는 과거에 누렸던 힘을 되찾기 위해서 조직의 우두머리가 되려고 했다.

그녀도 법과 질서를 사랑했다. 다만 어른들이 지배하고 있는 법률과 공공질서에는 안시가 권력을 얻을 수가 없었다. 그래서 그녀는 차선책으로 법률과 질서에 반항하게 되었던 것이다.

안시가 우리 학교에 온 지 일주일 후 학교총회에서 이전의 학교에서 생긴 일들을 비웃어댔다.

“나는 법률에 찬성합니다. 그것은 바로 법을 위반할 수 있기 때문입니다.”

안시가 말했다.

가정부가 일어서서 말했다.

“안시는 다른 사람들은 다 지키는 법률을 지키지 않는다는 것이 증명됐어. 그래서 나는 모든 법률을 다 집어치우고 무정부 상태가 되기를 제안한다.”

안시는 “만세”를 외쳤다. 그녀의 지휘 아래 모든 학생들이 당장 나가서 행진을 했다. 그녀가 다른 학생들을 감동시키는 것은 어렵지 않았다. 왜냐하면 모든 어린이들이 비교적 어렸고, 비사회적인 의식을 아직 가지지 않았기 때문이었다.

안시는 모든 어린이들을 공장에 끌고 들어가 톱으로 무장을 하고 과일나무를 다 베어 버리기로 했다. 나는 평상시와 같이 일하기 위해 정원으로 나갔다. 10분 후에 안시가 내게 와서 조용히 물었다.

“무정부 상태를 없애고 다시 법률을 세우려면 어떻게 하면 되나요?”

“나는 도움이 될 만한 말을 해 줄 수가 없어.”

“다시 학교총회를 소집할 수 있어요?”

“물론 그렇게 할 수 있지. 그러나 나는 거기에 참석하지 않을 거야. 우린 무정부를 하기로 결정하지 않았니?”

그녀는 되돌아갔고 나는 정원 일을 계속했다. 그녀는 잠시 후에 다시 와서 말했다.

"정식 학교총회를 소집하기로 결정했어요. 당신도 오시겠죠?"

"정식 학교총회라고? 그래, 갈께."

학교총회에서 안시는 매우 진지했으며, 평화스럽게 우리의 법률을 통과시킬 수 있었다. 두 시간의 무정부 상태에서 입은 피해는 탈의장의 옷걸이 하나가 톱으로 잘린 것이 전부였다.

안시는 일 년 내내 동료 여학생들로 하여금 권위에 대항해서 궐기하도록 선동하는 데서 보람을 찾았다. 그러나 이러한 반항이 그녀를 만족시킨 것은 아니었다. 그녀는 무질서를 싫어했지만 힘을 가지려는 강한 욕구를 품고 있었다. 그녀는 남을 통솔할 때에만 행복했다. 그녀가 선생들에게 대항한 것도 선생보다 자기를 더 중요한 인물로 만들기 위해서였다.

그녀는 여러 가지 규정들을 싫어했는데, 그것은 그녀가 규정을 만든 권력을 싫어했기 때문이다. 그녀는 자신을 자기에게 벌을 주는 어머니와 동일시했으며, 남들에게는 사디스트적으로 대했다. 그녀가 싫어하는 모든 권위는, 객관적으로는 어머니의 권위를 뜻하는 것이었지만, 주관적으로는 자신의 내부에서 자신을 지배하는 어머니의 권위를 뜻한다는 것을 알 수 있었다. 이런 권력욕을 치료하는 것은 성적인 경우보다 훨씬 더 어렵다.

내가 도움이 되지 못했던 마로슬라바라는 한 소녀가 생각난다. 그녀는 열세 살 난 유고슬라비아 태생으로 아버지를 몹시 미워했다. 그녀는 반 년 동안 나를 괴롭혔다. 그녀는 자주 학교총회에서 나를 공격했다. 한번은 내가 무능하기 때문에 해고시켜야 한다는 제의까지 했다. 그녀가 이겨서 3일 동안 한가하게 내가 쓴 책을 읽으면서 막 재미를 들이기 시작했는데, 유감스럽게도 다음 학교총회가 열려 복직시키기로 결정해버렸다(물론 한 표는 반대였다).

마로슬로바는 항상 말했다.

"누군가가 힘센 체하는 것은 견디기 힘들어."

그녀는 복수심에 불타는 힘에 굶주린 인간이었다. 그녀가 학교를 떠나게 되어(나는 그녀의 어머니에게 내가 아무런 도움도 주지 못한다고 말하지 않을 수 없었다) 서로 작별인사를 할 때 다정하게 물었다.

"나는 너에게 조금도 도움을 주지 못했어, 그렇지?"

"왜 도움이 안 되었는지는 당신도 알고 있지요? 내가 여기에 온 첫날 나무상자를 만들고 있었는데, 당신은 내가 못을 너무 많이 쓴다고 했어요. 그 순간부터 나는 당신도 다른 모든 선생들, 즉 권위를 내세우는 사람들과 같다는 것을 알았어요. 그때부터 당신은 나에게 아무런 도움도 줄 수 없었던 거예요."

"네가 옳다. 잘 가거라."

미움은 충족되지 못한 사랑의 결과라기보다는 억압당한 힘의 결과일 때가 더 많을지도 모른다.

8세 이하의 어린이들은 독립적이지 않고 이기적일 뿐이다. 아버지가 자신을 내세우지 못하도록 교육을 시키고, 이기적인 행동을 하면 매를 맞아야 하는 어린 소년은 매우 양심적이다. 아버지가 계실 때에는 사탕을 남과 나누어 먹는다. 그 후에는 자기를 아버지와 동일시하는 과정에 접어들게 된다. 이 소년은 아버지만큼 힘이 세어지고자 한다. 이것이 힘을 가지려는 동기다. 그는 아버지와 똑같이 엄마한테서 무엇을 얻으려고 한다. 그는 자기를 아버지와 동일시한다.

이런 과정이 진행되는 동안에 그는 아버지의 의견에도 일치하게 된다. 그는 어린 보수주의자나 자유주의자가 된다. 그는 아버지를 자기 마음의 한 부분으로 만들어 버린다. 처음에는 밖에서 들려오는 아버지의 목소리였던 양심이 이제는 자기 마음속에서 들려오는 아버지의 목소리로 된다. 이렇게 해서 많은 사람들이 침례교도나 청교도나 또는 공산주의자가 되어 버린다.

매를 맞고 자란 소녀는 엄마가 되면 자식들을 때린다. 어린이의 학교 놀이는 그런 엄마에게 도움이 된다. 선생들은 계속해서 매질을 하기 때문이다.

어른이 되고 싶은 어린이의 소망은 힘을 가지려는 욕망이다. 어른들은 몸집이 크기 때문에 어린이들은 처음부터 열등의식을 갖게 된다. 왜 어른들은 밤늦도록 잠을 자지 않아도 된단 말인가? 어떻게 어른들은 타

자기·자동차·좋은 도구 및 시계 등 값비싼 물건들을 가질 수 있을까?

우리 학교의 어린이들은 내가 면도할 때, 자신들도 거품을 칠하며 재미있어 한다. 담배를 피우고자 하는 욕망도 대개 어른이 되고 싶어하는 욕망의 한 형태이다. 무엇보다도 외아들이 힘을 얻기란 정말 어렵다. 그래서 외아들은 학교에서 다루기가 특히 어렵다.

한번은 내가 큰 실수를 한 적이 있었는데 그것은 학기가 시작되기 열흘 전에, 다른 학생들은 아직도 방학인데도 한 어린이를 받아들인 것이었다. 이 소년은 매우 좋아했다. 그는 선생들 곁에 붙어서 교무실에 함께 있을 수도 있었고, 침실도 독방을 썼다. 그런데 개학이 되어 다른 학생들이 돌아오자 그는 반사회적으로 되어 버렸다. 물건을 고칠 때 도와주곤 하던 그 아이가 이제는 물건을 부수기만 했다.

갑자기 그는 아주 버릇없는 아이가 되어 버린 것이었다. 그는 한 침실에서 다른 네 명의 학생과 함께 잠을 자야했고, 일찍 자야 했다. 기득권을 빼앗겼다고 맹렬히 반항을 한 그 소년을 겪고 나서, 어린이에게 어른과 동일시할 수 있는 기회를 다시는 주지 않기로 결심했다.

힘을 얻고자 하는 노력을 억누르는 것만이 나쁠 뿐이다. 인간은 착하다. 인간은 사랑하고 사랑 받기를 원한다. 미움과 반항은 억압당한 사랑과 억압당한 힘일 뿐이다.

질투

　질투란 소유욕의 결과다. 성적인 사랑이 '나'의 한계를 벗어났을 때, 자기의 애인이 다른 남자와 키스하는 것을 본 남자는 틀림없이 기뻐할 것이다. 왜냐하면 자기의 애인이 행복할 것이기 때문이다. 그러나 성적인 사랑은 다른 사람을 소유하려고 한다. 질투의 비극은 참가자 중 한 사람이 특별히 강한 소유욕을 가졌을 때 연출된다.

　남태평양의 원시인 트로브리안더 족에게는 눈에 띄는 성적인 질투가 없다. 따라서 질투란 복잡한 문화의 부산물이라고 할 수 있을 것이다. 질투란 사랑과 소유욕의 헝클어진 결합이다. 질투심이 강한 남자는 아내와 놀아난 연적을 죽이는 것이 아니라 오히려 아내를 쏘아 죽인다는 사실은 이미 알려져 있다. 이렇게 함으로써 자기의 소유물에는 아무도 손을 대지 못하게 하려는 것인지도 모른다.

　이것은 손을 지나치게 많이 탄 새끼를 잡아먹는 어미토끼한테서도 발견할 수 있다. 발달하지 못한 '나'는 모든 것을 원하거나 아무것도 원하지 않는다. 이러한 '나'는 남들과 나누어 가질 것이 없다.

　질투는 성욕보다 권력욕과 관계가 깊다. 질투는 모욕당한 '나'의 반작용이다. '나는 주인공이 아니다. 나는 귀염받는 자가 못 된다. 나는 다른 모든 사람들보다 뒤쳐져 있다.' 두 가지의 예를 들어보자면, 적어도 가수나 희극배우에게 있어서는 질투를 심리학적으로 해명할 수가 있다.

나는 학생 시절에 희극배우들과 사귄 적이 있는데 그러기 위해서는 어느 배우와 어느 배우는 아주 형편없는 배우라고 말하는 것으로 충분했다.

질투는 항상 어떤 것을 잃지 않을까하는 불안과 공포를 내포하고 있다. 오페라 여가수는 자신의 인기가 떨어지지나 않을까 두려워하기 때문에, 다른 프리마돈나를 미워한다. 얼굴이 못생겨 보이지나 않을까 하는 불안이 일으키는 질투가, 이 세상의 모든 연적들 때문에 생기는 질투보다 훨씬 더 많을 수도 있다.

그래서 아이들이 여럿인 가정에서는, 맏이가 인정을 받고 대접을 받는다고 느끼는가 그렇지 않은가 하는 점이 중대한 문제가 된다. 늘 어머니에게 의존하고 따라서 결코 완전히 독립을 하지 못하는 그런 부자유스러운 맏이들만이 남동생이나 여동생을 시샘할 뿐, 만약 스스로의 결정에 따라 독립하여 부모의 인정을 받으려고 애쓸 필요가 없는 맏이들은 동생들을 시샘하지는 않을 것이다.

그러나 이 말은 부모들이 맏이가 동생들에게 어떤 관심을 나타내는지 그저 지켜보고, 기다리고만 있어야 한다는 뜻은 아니다. 오히려 부모들은 처음부터 맏이의 질투심이 더 강해지지 않도록 가능한 미리 예방해야만 한다. 예컨대 갓난아기를 손님들에게 자랑하는 것은 좋지 않다. 어린이들은 모두 각자의 연령에 따라 발달된 정의감, 혹은 부정의감을 가지고 있다. 예민한 부모는 어린아이에게 특전을 주지 않도록, 물론 항상 그럴 수는 없겠지만, 조심하지 않으면 안 된다.

어머니가 동생에게 젖을 먹이는 것이 형에게는 공평하지 못한 일로 보일 수도 있다. 그러나 그가 자연스럽게 침묵을 지킬 나이에 이르렀을 때는 그렇지 않을 것이다. 이런 문제를 자연스럽게 해결하기 위해서는 아직도 더 많은 자료들이 필요하다.

나는 자유롭게 자란 어린이가 다른 아이가 새로 왔을 때 어떤 반응을 보이는가에 대해서는 많이 경험했다. 질투는 인간 본성 중 지속되는 구성요소가 아닐지도 모른다는 점에서는 나도 확실하게 말할 수 없다.

나는 그 동안 살아오면서, 많은 사람들이 어른이 되어서도 그들이 공평한 대우를 받지 못했다고 생각하는 어린 시절의 사건들에 대하여 분개하고 있다는 것을 알게 되었다. 어른들은 그들이 어렸을 때, 동생의 잘못인데도 불구하고 벌을 받았던 일을 특별히 더 잘 기억한다. 많은 어른들이 자신들의 어린 시절을 회상하면서 "책임은 항상 나에게만 뒤집어 씌워졌어."하고 말한다. 둘이 싸우다 동생이 울게 되면 집안 일에 쫓기고 있던 엄마는 항상 형만 나무란다.

여덟 살짜리 짐은 사람들을 만나자 마자 바로 키스를 하는 버릇이 있었다. 이때 그는 심하게 빨아댔다. 그것을 보고 나는 짐이 유아기 시절 빨고자 하는 욕구를 충족시키지 못했다는 결론을 내렸다. 그래서 나는 그에게 젖병을 하나 사 주었다.

그는 매일 잠자리에 들기 전에 우유를 한 병씩 빨아먹었다. 다른 어린이들은 처음에는 조롱하는 듯 웃어대더니(그리고 이렇게 해서 젖병에 대한 자신들의 관심을 감추고 있더니) 얼마 안 되어 샘을 내기 시작했다. 다른 어린이들에게는 짐이 갑자기 엄마의 젖을 빠는 권리를 독점한 동생으로 되어 버리고 말았다. 그 후 나는 모든 어린이들에게 젖병을 하나씩 사 주었다. 어린이들이 젖병을 갖고자 했다는 사실은 그들이 아직도 젖을 빨고자 하는 욕구를 가지고 있다는 증거다.

특히 식사 때 시기와 질투가 생기기 쉽다. 서머힐에 온 손님이 특별식을 들게 되면 선생들부터 시샘을 한다. 식모가 한 학생에게 아스파라거스를 주면, 당장에 가정부에게 잘 보인 아이는 좋은 것을 먹게 된다고 대소동이 벌어진다.

몇 해 전 서머힐의 한 학생이 도구상자를 선물로 받은 적이 있었는데, 아버지가 그런 도구들을 사 줄 형편이 안 되는 학생들은 몹시도 부러워했다. 그들은 3주일 동안이나 반사회적인 행동을 했다. 한 소년이 대패를 빌려가서는 일부러 망치로 두들겨서 대팻날을 뽑아버렸다. 이 소년은 나에게 자기는 대팻날을 뽑는 방법을 잊어버렸다고 했다. 그의 파괴 행동은 의식적이건 무의식적이건 간에 질투심 때문에 생긴 것이었다.

어린이들에게 독방을 줄 수 없을 때가 많다. 그러나 한편으로 어린이들은 자기만이 쓸 수 있는 공간이 있어야만 한다. 서머힐의 교실에는 모든 학생에 대해 각자 하나의 책상과 자신의 취미에 맞게 꾸며진 약간의 공간이 주어져 있다.

개인 면담시간이 질투의 원인이 되기도 한다. '메리는 개인 면담시간이 있는데 나는 왜 없어?' 소녀들은 개인 면담시간을 갖기 위해, 의식적이고도 고의적으로 못된 짓을 하는 경우도 자주 있다. 언젠가는 한 소녀가 유리창을 깨뜨려서 그 이유를 캐물으니 "니일은 나에게도 면담시간을 내 줘야 해!"하고 대답했다. 이런 소녀는 대개 아버지가 자기를 충분히 사랑하지 않는다는 생각을 가지고 있다.

어린이들은 이미 가정에서 시샘하는 버릇을 익혀서 학교에 오기 때문에, 나는 부모가 자녀에게 보내는 편지를 가장 두려워한다. 언젠가 나는 어느 아버지에게 다음과 같은 편지를 보내지 않을 수가 없었다. '제발 아들에게 편지하지 마십시오. 왜냐하면 당신이 편지를 할 때마다 아들의 버릇이 나빠지기 때문입니다.' 아버지는 이 편지에 회신을 하지 않았다. 그리고 아들에게도 더 이상 편지를 하지 않았다.

두 달 후, 그 애는 자기 아버지의 편지를 받았다. 나는 화가 났지만 아무 말도 하지 않았다. 그런데 바로 그 날 밤 자정쯤 되어, 그 아이가 침실에서 무서운 소리를 지르는 것이 들려왔다. 나는 이층으로 뛰어 올라가 우리 고양이가 목 졸려 죽어 가는 것을 간신히 살려 낼 수 있었다. 다음날 아침, 나는 그 아이의 방에 들어가 그 편지를 찾아냈다. 편지의 내용은 다음과 같았다. '톰(학생의 동생)은 월요일에 생일 기념으로 리치 아줌마한테 새끼 고양이를 선물로 받게 될 것이다.'

질투 때문에 생긴 환상은 무분별한 범죄 행위를 초래한다. 질투를 하는 어린이는 자신의 환상 속에서 자기와 경쟁 상대를 다 죽여 버린다. 서머힐에 두 형제가 함께 있은 적이 있었다. 방학이 되어 이들이 집으로 돌아갈 때, 형은 지독한 불안에 빠지고 말았다. 그는 항상 말했다.

"나는 도중에서 프레드(동생)를 잃어버릴까봐 불안해요."

그는 자신의 백일몽이 실현될까 두려웠던 것이다.

언젠가 열한 살 난 소년이 동생에 관한 이야기를 하다가 나에게 이렇게 말했다.

"아니야, 나는 그가 죽기를 원치 않아. 그러나 그가 인도나 혹은 다른 곳으로 오랜 여행을 떠나서 어른이 다 된 후에 돌아왔으면 좋겠어요."

서머힐에 처음으로 온 학생들은 석 달 정도는 동료 학생들로부터 무의식적인 미움을 받는다. 가정에서도 새로 태어난 아기에 대한 어린이의 첫 반응은 미움이다. 어느 정도 자란 어린이들은 엄마가 동생만 사랑한다고 생각하는데, 그 이유는 갓난아기는 엄마 곁에서 자고 언제나 엄마가 돌봐 주기 때문이다.

내가 다루었던 노이로제 중에서 가장 나쁜 경우는 항상 외아들이나 맏아들이었다. 이것을 깨닫지 못하는 부모는 자녀들의 미움을 점점 더 부채질한다.

"얘, 톰! 네 동생이 손가락을 베었다면 너처럼 하지는 않을 거야!"

나는 어릴 때 언제나 한 어린이를 본받으라고 강요받았던 것을 기억하고 있다. 그 아이는 매우 훌륭한 학생이었고, 항상 밝은 인생을 살았

고 항상 수석을 차지했다. 그러다가 그가 죽었는데, 그 때 그의 장례식
이 내게는 매우 기분 좋은 일이었다.

부모와 선생이 경쟁을 할 필요는 없다. 부모가 강제적인 명령이나 금
지만 하여 자식들의 사랑을 미움으로 변하게 하고선 그가 다른 곳에서
사랑을 찾으려고 한다고 놀라워할 필요는 없다. 그렇게 해놓으면 선생
들은 엄마나 아빠의 대용물에 지나지 않게 된다. 어린이들은 선생에게
사랑을 느끼게 되는데 그 이유는 간단하다. 선생을 사랑하는 것이 부모
를 사랑하는 것보다 쉽기 때문이다.

나는 자식을 질투하고 미워하는 아버지를 많이 보았다. 이런 아버지
는 아내한테서 모성애를 바라고 그들의 경쟁자인 자식을 미워하고, 자
주 이 경쟁자를 두들겨 패는 소위 피터팬 아버지들이다. 당신의 아들이
이 세상에 태어나자마자, 당신은 별 쓸모 없는 존재가 되어 버렸다.

대개의 여성들은 출산을 하면 성생활에 흥미를 잃어버린다. 여하튼
아내의 사랑은 더 이상 혼자만의 것이 아니다. 당신은 이런 것을 똑똑히
알고 있어야만 한다. 그렇지 않으면 당신은 친자식을 질투하게 될 것이
기 때문이다.

서머힐에는 부모의 질투 때문에 괴롭힘을 당한 어린이들이 여럿 있었
다. 이들은 대부분 아버지가 아들인 자신을 질투하여 자신을 매우 엄하
고 잔인하게 다루었다. 아버지가 엄마의 사랑을 받기 위해 자식과 시샘
을 하며 경쟁을 하게 되면, 정도의 차이는 있지만 어린이는 노이로제 환

자가 되어 버린다.

이미 지나가 버린 청춘의 아름다움을 딸이 지니고 있다고 해서 딸의 청순함과 아름다움을 미워하는 어머니들도 있다. 이들은 대개 과거에 살며, 과거에 무도회를 휩쓸었던 꿈을 꾸며, 관심이나 목표도 갖지 못한 어머니들이다.

옛날에는 나도 열렬한 사랑을 나누는 젊은이들을 보면 화가 났다. 나는 이러한 분노를 상스럽지 못한 결과를 두려워해서라고 합리화했다. 그러나 훗날 내가 젊은이들을 질투하고 있다는 것을 깨닫게 되었고, 따라서 나의 분노와 두려움은 사라지고 말았다.

젊은이를 질투하는 것은 현실적인 문제다. 열일곱 살 난 소녀는 전에 다니던 기숙사학교의 여선생이 유방을 너무나 싫어하여 끈으로 가슴을 졸라매야 했다고 말했다. 이것은 하나의 극단적인 예에 불과하지만 진실을 말해주고 있다. 즉 늙은이는 불가능한 젊음에 대한 소망 대신 젊은이를 미워하는데, 이것이 바로 질투이다.

이 혼

왜 어린이는 노이로제에 걸리는가? 부모가 서로 사랑하지 않는다는 사실이 노이로제의 원인이 되는 경우가 많다. 노이로제에 걸린 어린이는 사랑을 그리워하지만 자신의 가정에는 사랑이 없다. 어린이는 부모가 애써 감추려고 해도 그들이 서로 사랑하지 않는다는 것을 알아챈다. 어린이는 듣는 것보다 눈치로 모든 것을 더 잘 판단한다. '귀염둥이' 라거나 '귀여운 것' 하는 거짓말에는 절대 속지 않는다.

내가 직접 경험한 경우를 몇 가지 들어보기로 하자.

15세 소녀 – 도둑질, 엄마의 부정, 모든 것을 다 알고 있었다.

14세 소녀 – 불행, 몽상가, 어느 날 아버지가 애인과 함께 있는 것을 보고 노이로제에 걸렸다.

14세 소녀 – 오줌싸개, 부모가 별거.

12세 소녀 – 하나님과 세상을 미워한다. 아버지는 성불능자, 엄마는 짜증만 낸다.

9세 소년 – 환상(항문에 대한 성적인 호기심) 속에 산다. 부모의 심한 싸움, 그것을 숨기려고 함.

9세 소년 – 자제력이 없고 가출하려고 한다. 허황된 꿈속에 산다. 엄마의 결혼 생활이 불행하다.

8세 소년 – 도둑질, 부모들이 자주 싸운다.

사랑이 없는 가정의 어린이를 바로 잡는 것이 얼마나 어려운지 나는 잘 안다. 부모가 나에게 '내 아들을 어떻게 하면 좋겠습니까?' 하고 물을 때, 나는 '당신 자신을 한번 분석해 보십시오.' 하고 대답하곤 한다.

나는 많은 부모가 자식 때문에 이혼하지 못한다고 말하는 것을 자주 들었다. 그러나 부모가 이혼을 하는 것이 자식들에게 더 나은 경우도 있다. 사랑이 없는 결혼 생활은 불행한 가정을 뜻한다. 이런 환경은 어린이의 마음에 큰 상처를 준다.

결혼 생활이 불행한 여자의 아들이 엄마를 미워하는 경우도 있다. 이런 아이들은 사디즘적인 방법으로 엄마를 괴롭힌다. 내가 아는 한 소년은 엄마를 할퀴고 물고 했다. 몇몇 극단적인 경우에는 아들이 계속해서 엄마의 조심성을 요구함으로써 엄마를 괴롭혔다.

오디푸스 콤플렉스에 의하면 그 반대여야 한다. 이런 아들은 아버지를 경쟁자로 본다. 그래서 아버지가 경쟁에서 미리 탈락되면 아들은 승자로서 어머니에게 특별히 친근해지기도 한다고 생각할 수 있다. 반대로 어머니에게 몹시 잔인하게 구는 경우도 더러 있다.

불행한 결혼 생활을 하는 여성은 언제나 편애를 한다. 사랑을 쏟을 곳이 없기 때문에 사랑의 대부분을 애들 중 하나에게만 쏟게 된다. 사랑은 어린이의 생활에 있어 가장 중요한 요인이다. 그러나 결혼 생활이 불행한 부모들은 어린이에게 알맞은 정도의 사랑을 줄 수 없다.

어린이는 지나친 사랑을 받거나 혹은 전혀 사랑을 받지 못한다. 이 두 가지 중 어느 쪽이 더 나쁘다고 말하기는 어렵다. 사랑을 받지 못한 어린이는 증오에 가득 차고 사회에 대해서 적대적인 불평을 늘어놓는 자가 된다. 사랑을 지나치게 받은 어린이는 응석받이로 자라 사나이답지 못한 겁쟁이로 된다.

나는 이혼법에는 관심이 없다. 어른들에게 조언을 하는 것은 내 일이 아니다. 나는 어린이들에게만 열중하고 있다. 그러나 나는 부모들이 가정 분위기를 개선해야만 노이로제에 걸린 어린이를 교정할 수 있다고 말하지 않을 수 없다.

어떤 어머니가 "만약 내가 2년 동안 자식과 떨어져 있게 되면 나는 그 아이를 잃게 될 것입니다."하고 말했을 때, 나는 그녀에게 "당신은 벌써 아들을 잃어버렸소."하고 말해 주었다. 그리고 이 말은 맞는 말이었다. 왜냐하면 그 어린이는 집에서는 불행했기 때문이다.

☀ 불안

자식을 못 미더워해서 불안해하는 부모들은 자식에게 사랑도, 존경심도, 신임도 줄 수 없는 부모들이라고 말할 수 있을 것이다.

언젠가 서머힐에 온 지 얼마 안 된 한 소년의 어머니가 우리를 방문했다. 주말 내내 그녀는 아들의 생활을 챙겼다. 그 소년은 배가 고프지 않았지만 어머니는 먹으라고 강요했고 그가 통나무집을 짓고 나서 온통 먼지투성이가 되자 아들을 끌고 가 깨끗하게 씻겼다. 그가 용돈으로 아이스크림을 사먹자 얼음은 위에 해롭다고 설교를 해댔다.

그녀는 아들이 나를 '니일'이라고 부르자, '니일 씨'라고 부르도록 명령했다.

나는 그녀에게 말했다.

"도대체 왜 이러십니까? 당신이 이런 수선을 피우려면 왜 아들을 서머힐에 보냈습니까?"

그녀는 쌀쌀하게 말했다.

"왜라뇨? 아들이 자유롭고 행복하라고 보냈어요. 나는 그가 독립적인 사람이 되길 바라고 그래야 어떠한 외부적인 영향에도 물들지 않을 것 아녜요?"

이 부인은 자기가 아들을 바보스럽고 잔인하게 다뤘다는 사실과, 자신의 삶에 충족되지 못하는 부분이 생기지나 않을까 하는 불안들을 모두 아들에게 옮겨놓았다는 사실은 전혀 깨닫지 못하고 있었다.

언젠가 한 어머니는 풀이 죽어서 나에게 이런 편지를 보내왔다. '나는 정말 어찌해야 할지를 모르겠습니다. 그는 갑자기 백화점에서 도둑질을 하기 시작했습니다. 제발 내가 어떻게 해야 좋을지 말씀해 주십시오!' 이런 것은 20년 동안 매일같이 위스키를 한 병씩 마시고 간장이 나빠졌다고 하소연하는 사람과 다를 바 없다. 이런 사람에게 술을 마시지 말라고 충고하는 것은 아무런 효과가 없을 것이다. 그래서 나는 어린이 때문에 심각한 어려움을 겪는 어머니에게 아동심리학자를 찾거나 가까운 상담소에 가라고 충고한다.

물론 나도 실의에 빠져 있는 어머니에게 이렇게 충고할 수 있을 것이다. '부인, 댁의 아이는 가정에서 만족을 느끼지 못하고 불행해 합니다. 부인이 그것을 제거해 보려고 노력하시면 어떻겠습니까?' 그러나 이렇게 말하면 그녀는 양심의 가책만 받게될 것이다. 설령 그녀가 착한 마음을 가졌다고 하더라도 어린이의 환경을 개선해 주지는 못할 것이다. 왜냐하면 그녀는 어떻게 해야 할지를 모르며, 알고 있어도 그것을 실천해 나갈 정신력을 가지고 있지 못하기 때문이다.

착한 어머니라면 정신과 의사의 지도를 받을 경우 조금은 개선될 것이다. 의사는 그녀에게 사랑이 식어버린 남편과 헤어지거나 혹은 계모를 내보내라고 충고할지 모른다. 그러나 의사도 부인의 지나친 불안이나 성적 기대감을 고칠 수는 없을 것이다. 외적인 환경만 조금 변경시켜 놓는 것은 조그만 성과밖에 거둘 수가 없다.

불안에 사로잡힌 어머니는 자녀를 자신에게서 해결되지 않은 문제의 대상으로 만들어 버린다. 어떤 어머니는 딸의 건강을 계속해서 걱정했다. 이 어머니는 자기 딸이 무엇을 먹어야 하고, 무엇을 먹어서는 안 되며, 어떤 옷을 입혀야 하는 따위의 장문의 편지를 계속해서 내게 보냈다. 우리 학교의 학생들 중 다수가 이런 불안에 빠진 부모들을 가지고 있었다. 부모들의 이런 불안은 자식들에게 옮겨져 그들을 우울증 환자로 만들어 버리는 일도 가끔 있다.

마르타에게는 동생이 하나 있었다. 부모는 둘 다 지나치게 불안해하는 사람들이었다. 마르타는 동생에게 '젖은 땅으로 가지마, 발이 젖잖아!' 혹은 '모래를 가지고 놀지마, 바지가 더럽혀져!' 하고 소리치곤 했다. 그러나 지금은 동생이 굴뚝청소부처럼 되어도 간섭하지 않는다. 다만 방학이 시작되기 일주일 전쯤에 그녀의 불안감이 되살아나는데, 집에 가면 항상 들어야 하는 걱정을 생각하기 때문이다.

나는 규율이 엄한 학교는 방학 때가 되어 아이들이 집에 돌아가기를 좋아하기 때문에 호평을 받게 된다고 생각하곤 한다. 어린이들의 행복한 얼굴을 보고 부모들은 가정에 대한 어린이들의 사랑을 확인하지만, 이런 밝은 얼굴은 학교에 대한 미움이다. 어린이는 학교에서 엄격한 선생들을 미워하다가 부모들에게 사랑을 쏟는다. 엄마가 '아버지가 돌아올 때까지만 기다려. 아빠는 너를 정말 귀여워할 거야.' 하고 말할 때 어린이들의 이런 심리구조를 이용한다. 그렇게 말함으로써 엄마는 자기에게 집중된 아이들의 미움을 남편에게로 옮겨놓기 때문이다.

의사들이나 학자들은 이런 말을 자주 한다.

"나는 아들을 사립학교에 보내. 그래야 세련된 말을 쓰게 되고, 나중에 자라서 도움이 될 만한 사람들과 친분을 맺게 되는 거야."

이런 사람들은 우리 사회의 가치가 여러 세대에 걸쳐 변하지 않고 한결같으리라고 전제하고 있다. 부모들에게 있어서는 장래에 대한 불안이 현실적인 문제가 된다.

학교의 규율이 엄격할 것을 주장하는 부모들은 집에서도 어린이를 엄하게 기른다. 학교는 어린이의 입을 봉쇄하기 위하여 항상 애 취급하고 어린이를 고분고분하게 하는 그런 가정의 전통을 이어나간다. 그 밖에도 학교는 어린이의 공부에만 치중할 뿐 정서생활과 창조적인 활동의 충동은 무시한다. 학교는 이렇게 함으로써 그들이 자라서 완고한 장관들과 독재자들에게 복종하도록 교육시킨다.

갓난아기 때 받은 불안은 권력을 행사하고 싶어하는 선생들의 엄격한 권위 때문에 점점 더 강화된다. 대부분의 부모들은 어린이들한테서 외적인 것, 즉 교복과 교풍, 축구에 대한 열광 등만 보고서 자기의 아들이 학교에서 좋은 교육을 받는다고 기뻐한다. 훈육이니 교육이니 하는 낡은 제단 위에 젊은이의 삶을 희생으로 바치는 것을 바라보는 것은 하나의 비극이다. 엄격한 학교는 억압하려고만 한다. 그리고 겁쟁이 부모들은 여기에 만족한다.

자기만을 앞세우는 모든 권력과 마찬가지로 선생의 '자아'도 어린이들을 자기에게 얽어매려고 한다. 선생은 우상이다. 이런 우상으로서의 선생이 항상 중심이 된다. 선생은 명령하고 어린이는 복종해야만 한다. 선생은 선악을 결정한다. 거의 언제나 교사 혼자 말을 한다. 자유로운 학교에서는 권력을 소유하려는 노력이 없다.

서머힐에서는 선생이 자기의 '자아'에만 사로잡힐 가능성은 없다. 왜냐하면 선생도 어린이들의 극성스런 이기주의와는 도저히 경쟁할 수 없기 때문이다. 그래서 어린이들은 나를 존경하기는커녕 오히려 나를 얼간이니 어리석은 숫양이라고 조롱한다. 물론 대개 이것은 애칭이다. 자유로운 학교에서는 사랑이 가장 중요하며, 표현은 이차적인 문제이다.

비교적 엄격하지만 정성스런 보살핌을 받은 한 소년이 서머힐에 오게 되었다. 이곳에서는 그가 좋아하는 것을 마음대로 할 수 있는 자유가 있다. 그를 비판하는 자는 아무도 없다. 정숙하라고 명령하는 자도 없다. 용감하라거나 시끄러운 소리를 내지 말라고 요구하는 사람도 없다. 그래서 서머힐은 이 어린이에게는 지상의 천국이다. 그에게 있어서 천국이란 자아를 완전히 펼칠 수 있는 곳이기 때문이다. 그는 자기가 이렇게 발전해 나갈 수 있는 가능성을 가졌다는 기쁨을 곧장 나의 인격과 결부시켰다. 왜냐하면 내가 그에게 자유의 가능성을 부여한 장본인이기 때문이다.

이 어린이에게는 아빠도 그렇게 되어야만 한다. 그러다가 방학이 되어 집으로 돌아가면 그는 아버지의 회중전등을 빌려 쓰고는 아무 생각 없이 피아노 위에 놓아둔다. 아버지가 꾸중을 한다. 이 어린이는 집에는 자유가 없다는 것을 똑똑히 깨닫게 된다.

자유로운 학교에 다니는 어린이는 친척을 두려워하지 않는다. 2년 전에 아홉 살 난 소년의 아저씨가 학교를 방문해 조카를 데리고 산책을 했다. 그 소년이 돌아와서는 식당에서 빵을 마구 집어 던졌다.

"산책이 마음에 들지 않았나 보구나. 그런데 아저씨는 어떤 말씀을 하시던?"

내가 물어보았다.

"말도 마. 그는 계속해서 하나님과 성경 이야기만 했어!"

그는 짧게 말했다.

"우연히도 그가 너의 빵을 물에 떠내려 보내라고 하는 대목을 인용하지 않던?"

내가 물어 보았다. 그러자 그 소년은 울음을 터뜨렸다. 그리고 나서는 빵을 집어 던지지 않았다. 만약 다시 그 아저씨가 서머힐에 온다면 나는 그를 따돌려서 조카를 만나지 못하게 할 것이다.

서머힐을 무조건 신임하지 않는 부모의 자녀들은 방학 때 집에 가기를 싫어한다. 그것은 부모가 어린이에게 지나치게 많은 것을 요구하기 때문이다. 이런 부모는 여덟 살짜리 어린이는 매우 이기적이라는 것을 알지 못한다. 이 또래의 어린이들은 공동체의식이나 의무감이 없다. 서머힐에서는 어린이들이 제 욕심대로 살기 때문에 욕심을 버리게 된다. 그러나 언젠가는 공동체의식이 발달하게 된다.

학교와 가정간의 의견차이는 어린이에게 매우 위험한 결과를 가져오게 된다. 그 이유는 어린이가 '부모가 옳은가 학교가 옳은가' 하고 마음 속에서 갈등을 일으키게 되기 때문이다. 어린이가 건전하게 자라고 행복해지기 위한 가장 기본적인 전제조건은 학교와 가정이 같은 입장에서 똑같은 목적을 추구하는 것이다.

불안과 갈등을 낳게 하는 가정은 나쁜 가정이다. 극성스런 부모들이 어린이가 빨리 성숙하도록 지나치게 자극하면 어린이는 원한을 품게 된다. 이런 어린이는 부모들의 노력을 물리칠 계획을 한다. 이와 반대로 불안과 갈등 없이 자유롭게 자란 어린이는 인생을 두려워하지 않고 적극적으로 맞서 나간다.

☼ 부 모 다 운 이 해

이해하는 것은 선입관, 즉 어린 시절의 관념에서 탈피하는 것이다. 혹은 누가 자신이 어린 시절에 받은 선입관에서 벗어나게 해 줄 수 있을까 하는 불안에서 가능한 많이 벗어난다는 뜻이다. 또 이해하는 것은 사물들의 배후를 들여다본다는 뜻이기도 하다.

부모들에게는 이런 일이 쉽지 않다. 왜냐하면 감정이 함께 작용하고 있기 때문이다. 내가 받은 여러 편지들에는 이런 문장들이 있다. 즉 '나는 자식들을 엉뚱하게 만들어 버렸어요!' 선생과 학생들 사이에는 감정의 유대가 강하지 못하기 때문에 선생들은 부모보다 어린이에게 이해심을 보이고 어린이들을 자유로 인도해 줄 수 있는 가능성을 훨씬 더 많이 가지고 있다.

나는 어린이더러 부모에게 반항하라고 부추긴 적은 한번도 없다. 만약 어떤 어린이가 부모에게 반항을 했다면 그것은 서머힐에서 배운 자유 때문이다. 이해심이 없는 부모가 자유로운 교육 방법을 납득할 리 없고, 자유 속에서 자란 자녀들이 제기하는 문제를 해결할 만큼 성숙되어 있지도 못하다.

나는 몇 가지의 실례를 들어 부모와 자식간의 관계에서 바람직하지 않은 것만 살펴보려고 한다. 이 어린이들은 약간씩은 비정상적이다. 이들은 자신들에게 필요한 것이 무엇인지를 모르는 가정 환경의 희생물이다.

밀드레드는 개학이 되어 학교로 돌아올 때마다 다투고 심술궂고 정직하지 못했다. 그녀는 문을 거칠게 닫았고, 자기 방이나 침대에 대하여 불평을 늘어놓기도 했다. 우리가 그녀와 다시 사이가 좋아지기까지는 반 학기 이상이 소요되었다. 바람직하지 못한 결혼을 한 그녀의 어머니는 방학 내내 그녀를 괴롭혔다. 그러자 그녀도 그만큼 엄마를 괴롭혔던 것이다.

이런 어린이는 지속적으로 만족스러운 상태를 유지할 수가 없다. 학교에서의 자유가 크면 클수록 더욱 그렇다. 그녀는 방학을 잘못 보내면 도둑질도 했다. 이런 소녀는 문제점을 일깨워 주어도, 이해심이 없고 미움과 감시로 가득 찬 가정 환경에서는 어쩔 도리가 없다.

여덟 살짜리 조니가 방학이 끝나고 돌아왔을 때, 우리는 그가 나쁜 짓을 모의하고 있다는 것을 당장 알 수 있었다. 그는 화를 내고 폭군처럼 약한 동료를 괴롭혔다. 조니의 엄마는 서머힐을 신임하고 있었으나, 아버지는 반대로 옹졸하고 엄격한 못난이였다. 아버지가 명령을 내리면 이 소년은 벌떡 일어서지 않으면 안 되었다. 조니는 나에게 아버지는 걸핏하면 뺨을 때린다고 했다. 이럴 때 우리는 어떻게 하면 좋을까? 나는 정말 어떻게 할지를 모른다.

한 학생의 경우, 아버지에게 나는 편지를 썼다. '만약 당신이 어떤 방법으로든 아들을 비판한다면 그것은 무서운 결과를 초래할 것입니다. 당신 아들에게 편지도 쓰지 마시고, 특히 벌을 주는 일은 절대로 없도록 해 주십시오.'

이 소년이 방학이 되어 집에 갔을 때, 아버지가 마중을 나왔다. 그런데 아버지가 한 첫마디는 "이 자식아, 고개 좀 똑바로 들어!"였다.

피터의 엄마는 그가 밤에 침대에 오줌을 싸지 않으면 매일 1페니씩 주겠다고 약속했다. 이와 반대로 나는 피터가 오줌을 싸면 매일 3펜스를 주었다. 그런데 피터는 학교에서보다 집에서 오줌을 싸는 일이 더 많았다. 그의 노이로제는 부분적으로 자기가 동생을 질투하여 갓난아기처럼 되었으면 하는 데 원인이 있었다.

그는 엄마가 어떻게 해서건 자기를 고치려고 한다는 것을 짐작하고 있었다. 그래서 나는 반대로 그가 침대에 오줌을 싸는 것이 별 문제가 아니라는 것을 알려주려고 했던 것이다. 이런 습관을 고치기 위해 폭력을 쓰거나 뇌물을 주는 것은 어린이에게 죄의식과 엉뚱한 도덕을 조장해 줄 것이다. 자기만족만 하는 도덕군자를 만들기보다는 오히려 오줌을 싸게 내버려두는 것이 더 낫다.

꼬마 지미는 방학이 끝난 후 학교에 돌아와서는 말했다.

"이번 학기에는 한 시간도 빠지지 않을래요."

부모가 상급학교 입학시험에 합격하도록 자극을 주었던 것이다. 지미는 일주일간은 꼬박꼬박 수업에 참석했다. 그리고는 한 달 내내 그림자도 보이지 않았다. 이것은 단순한 설득은 아무런 소용이 없다는 것을 증명해 준다. 오히려 해로울지도 모른다.

이미 말한 대로 이런 경우는 어린이들이 문제가 아니다. 이런 어린이들도 만약 적당한 환경 속에서 생활하고 좀 더 이해심이 많은 부모 밑에서 자랐더라면 완전히 정상적이었을 것이다.

언젠가 잘못된 교육 방법으로 인해 교육하기 어렵게 된 한 어린이를 다룬 적이 있었다. 그의 어머니에게 당신이 독을 제거해 주지 않으면 안된다고 말해주었다. 그녀도 그렇게 하겠다고 약속했다. 여름방학이 끝나 그녀가 아들을 학교로 데려왔을 때 나는 "그 금지령을 해제해 주었습니까?"하고 물어보았다. "예."하고 그녀가 대답했다

"좋습니다. 그런데 애에게 어떻게 말을 했습니까?"

"'네가 고추를 만지고 놀아도 괜찮아. 그러나 그것은 어리석은 짓이야!' 라고 했습니다."

이 어머니는 그 말로 하나의 금지는 풀어주었지만 다른 하나의 금지를 내린 것이다. 물론 이 어린이는 계속해서 사회에 대해서 적대적이었고, 정직하지 못하고 불안감과 증오감으로 가득 차 있었다.

아이들은 내가 어떤 일에도 간섭하지 않기 때문에 나를 사랑한다. 나

는 순종도 요구하지 않고, 존경도 요구하지 않고, 경건하기를 요구하지도 않는다. 간단히 말해서 나는 어른들이 어린이들에게 요구하는 존경심으로 어린이들을 대한다.

마지막으로 아버지와 나 사이에는 경쟁이란 있을 수 없다. 아버지의 의무는 가족들을 부양하는 것이고, 내 의무는 어린이들의 심리를 연구하고 그들을 위하여 시간과 관심을 가지는 것이다. 자녀들의 발전을 보다 더 잘 이해하기 위해서 부모가 아동심리를 철저히 파악하지 않으면, 아무런 성과도 거두지 못한다는 것을 알고 있어야만 한다. 그러나 대부분은 아무런 성과도 거두지 못한다.

어린이에 대한 태도를 개선하고자 하는 부모는 몇 가지 냉정한 물음을 제기해 보아야 할 것이다. 나는 오늘 아침 남편과(또는 아내와) 싸웠기 때문에 아이들에게 화를 내지나 않았는지? 혹은 어제 밤 우리의 성행위가 만족스럽지 못했기 때문에 그런 것은 아닐까? 이웃 부인이 내가 아이를 응석받이로 키운다고 말했기 때문은 아닐까? 상사한테서 받은 스트레스 때문은 아닐까?

교육에 의해 잘못 형성된 의식은 한 사람의 평생 동안 잠재의식 속에 있으면서 심각한 문제들과 부딪히게 한다. 화가 난 아버지가 꼭 참고서 이렇게 자문해 보면 어떨까? 내가 아들이 욕을 좀 했다고 이렇게 화를 내는 것은, 내가 받은 교육이 엄해서 그런 것은 아닐까? 남이 나를 때렸기 때문이거나 나에게 도덕적인 설교를 했기 때문이 아닐까? 또는 사람들이 나에게 하나님에 대한 불안과 아무런 가치도 없는 사회적인 제도에 대한 불안을 심어주고, 나의 성적인 욕망을 억눌렀기 때문이 아닐까?

이런 물음에 대답을 할 수 있으려면 보통의 수준을 넘는 자기 분석의 척도를 가지고 있어야만 한다. 누구나 이런 척도를 가지고 있지 못하다는 것은 매우 유감스럽다. 왜냐하면 이런 물음에 대한 대답은 어린이들을 노이로제와 불행에서 건져줄 수 있기 때문이다.

아버지의 죄가 자녀에게 유전된다는 성경의 말씀은 오래 전부터 그저 심리적인 죄라고만 이해되고 있다. 배우지 못한 사람들도 아버지의 매독 때문에 자손들이 멸망하게 되는 입센의 희곡 《유령》의 도덕을 이해한다. 그러나 아버지의 심리적인 죄로 인해 아들이 파멸하는 경우가 흔하다는 것은 알지 못한다. 어린이가 대대로 이어져오고 있는 이런 파멸의 소굴에서 벗어나는 유일한 길은, 부모가 처음부터 어린이에게 자유를 허용하는 것이다.

확고부동한 교육 방법보다도 부모 스스로 결정을 내리는 것이 훨씬 더 시급하다는 것이 강조되어야 할 것이다. 적어도 아이가 태어난 후 2년 동안은 부모가 더 많은 시간을 아이에게 할애해야만 하고, 자신들을 위한 것들은 단념해야만 한다. 부모 스스로 결정한다는 것은 자기를 내세우지 않는다는 뜻이다. 내가 이 말을 강조하는 이유는 스스로의 결정에 따라서 아이를 키운다고 믿으면서, 실제로는 자신들이 편리하도록 어린이를 기르는 젊은 부부를 보아왔기 때문이다. 그들은 자기들이 저녁 때 영화관에 갈 수 있도록 어린이를 일정한 시간에 자도록 길들이거나, 또는 어린이가 어느 정도 자라자 소리나지 않는 장난감을 주었는데, 이것도 아버지가 소음에 시달리지 않기 위해서 그렇게 했던 것이다.

많은 사람들은 '그건 말도 안 돼! 우리도 살아야할 권리가 있어!' 라고 할지도 모른다. 나의 대답은 이렇다. '어린아이가 태어나서 한 살 또는 두 살이 될 때까지는 그럴 수 없소.' 아이가 한 살일 때는 아이를 항상 지키고 있어야 한다. 왜냐하면 환경이 자유롭지 못하므로 의식적, 집중적으로 어린이를 위해 힘써주어야 하기 때문이다.

젖먹이를 유모차에 태워 정원에 둔 채 한 시간이 지나도록 혼자 내버려두는 것은 위험하다. 만약 젖먹이가 잠에서 깨어 혼자라는 것을 알고 자기가 어디에 있는지 알지 못하면, 치명적인 불안과 고독을 견뎌내야만 하는 것이다. 이럴 때 아이가 우는 소리를 듣는다면, 그런 행위가 얼마나 잔인한 것인지 웬만큼은 상상할 수 있을 것이다.

만약 당신의 자녀가 노이로제에 걸리지 않고 자라기를 원한다면 어떤 경우에도 어린이와 당신 사이에 벽을 두어서는 안 된다. 당신은 어린이들과 함께 놀아 주어야 하는데, 이때 함께 논다는 것은 당신 자신이 어린이가 되고, 그의 생활의 일부가 되고, 또 그와 똑같은 흥미를 가져야 함을 뜻한다. 만약 그렇게 하는 것이 잘못을 저지르는 것처럼 생각된다면 당신은 당신이 원하는 바를 얻을 수 없을 것이다.

조부모가 손자들과 함께 사는 것을 나쁘다고 할 수는 없지만, 그들을 조부모한테서 떼어놓는 것은 언제나 좋은 일이다. 조부모들은 어린이들을 어떻게 길러야 하는지를 결정하려 하고 어린이들의 나쁜 측면이든 좋은 측면이든 한 면만 봄으로써 어린이를 그르쳐 버리기 때문이다.

둘이 아닌 넷이 어린이를 지배하는 가정은 결코 바람직하지 않다. 아주 합리적인 가정에서조차 조부모들은 고민거리인데, 이들이 자신들의 케케묵은 생각들을 어린이에게 강요하려고 들기 때문이다. 조부모들의 사랑은 지나친 소유욕으로 나타나기 때문에 어린이를 망쳐 버린다. 특히 자신의 자녀들을 다 키워 버린 할머니는, 어린이를 키우는데 진정한 관심이 없기 때문에 더욱 그렇다.

손자들은 할머니에게 자기의 일을 다시 한번 할 수 있는 기회를 준다. 할머니는 자기의 딸이나 며느리가 손자에게 좋지 못한 어머니라고 생각하여 명령권을 스스로 움켜잡는데, 이렇게 되면 어린이는 어머니와 할머니 사이에서 시달리다가 곧 이 두 사람을 멀리해 버리고 만다. 어머니와 할머니 사이의 충돌이나 아버지와 어머니 사이의 다툼은 어린이에게 사랑이 없는 가정이라고 생각하게 만든다. 이런 사소한 싸움들이 어린이가 모르는 곳에서 일어나더라도 어린이는 속지 않는다. 어린이는 머리로 알지는 못하지만 가슴으로 느끼는 것이다.

어린이를 어느 학교에 보낼 것인가도 큰 문제다. 아내는 남녀공학의 진보적인 학교에 보내려고 하고, 남편은 일반적인 초등학교에 보내려고 한다. 이런 것이 싸움의 화근이 될 수도 있다. 부모 중 한 사람이 카톨릭

일 때는 큰 어려움이 닥칠 수도 있다.

우리는 항상 부모와 선생들 사이에는 약간의 충돌을 염두에 두어야 한다. 선생들은 이런 것을 의식하고 있다. 그래서 여러 학교는 학부모 면담 시간이나 자모회를 통해 부모들과 선생들이 유대관계를 갖도록 노력한다. 이것은 매우 바람직한 일이며, 모든 학교가 그렇게 해야만 할 것이다. 그러나 선생들은 자신들이 부모들만큼 어린이에게 큰 영향을 줄 수는 없다는 사실을 똑똑히 알고 있어야만 한다. 그래서 문제아를 만든 가정 환경이 지속되는 한 그 아이를 고치기를 바랄 수는 없는 것이다.

부모들은 자녀가 빠른 시일에 자립하는 것을 기뻐해야만 한다. 어린이들이 집을 나와 다시는 부모를 만나서는 안 된다는 뜻은 아니라 정신적인 자립을 말하는 것이다. 부모가 늙으면 부양하기 위해 평생 부모 곁에서 희생하는 자녀도 있다. 이들 가정의 대부분은 행복하지 못하다. 어떤 여자들은 심리적으로 갈등을 겪는다. 자신의 독립된 생활과 부모에 대한 의무감 사이의 갈등이다. 이런 갈등이 계속되면, 보통은 화를 내기 쉬운 성격이 형성된다.

오늘날 수많은 주부들은 해도해도 끝이 없는 지겨운 일들, 즉 밥하기·빨래하기·청소하기·다림질하기 등등의 일을 한다. 그들은 월급을 받지 않는 가정부며 단조로운 생활을 한다. 어린이들의 자립은 어머니로서의 위치를 상실하게 만들고 일거리를 잃게 만든다. 그녀는 고독해 진다. 이때 어머니들은 설령 자녀들이 뜻하지 않은 해를 입게 될지라도 자녀를 곁에 붙들어 두고자 한다. 이런 어머니들은 아기가 자란 후 돌아갈 직장이 있어야 할 것이다.

부모는 질투심이 강한 하나님과 같다. 그들은 "자식을 이렇게 기르지, 달리는 기르지 않겠다."고 말할 법적으로 보장된 권리를 가지고 있다. 그들은 자녀를 때려도 되고, 어린이의 삶을 지옥으로 만들어도 괜찮다. 법률은 오직 심한 육체적인 상처를 냈을 경우에만 관여한다. 법률은 어린이가 입은 정신적인 피해에 대해서는 조금도 관여하지 않는다. 비극적인 것은 부모가 자신의 어떤 행동도 어린이에게 다 이롭다고 믿는 것이다.

인류의 희망은 부모의 손에 달려 있다. 부모는 자녀를 이해하고, 자녀의 입장에서 행동해야 한다. 그래야 어린이는 일과 지식, 그리고 사랑에 있어서 자유로운 인간으로 성장하게 된다. 어린이에게 부모의 영향이 얼마나 지대한지 한 사람의 아버지나 어머니만이라도 깨달을 수 있다면 이 책이 쓰여진 목적을 이루었다고 할 수 있겠다.

오늘날 교육에 대한 관심은 그 어느 때보다도 과열되어 있다. 하지만 이러한 교육이 무엇을 향해 나아가고 있는지는 분명하지 않은 것 같다. 출세와 성공이 반드시 인간의 행복을 보장해 주는 것도 아니다.

청소년의 탈선과 방황, 대학생들의 기성세대에 대한 극렬한 반항, 우리가 생산해 내는 수많은 무기 등, 이 모든 것들은 우리의 인간 교육에 대한 목표의 혼란을 증명하는 것이라고 할 수 있다.

《서머힐》은 아동심리학자이며 아동교육의 실천가인 A. S. 니일의 대표적인 저서다. 그는 통제와 억압이 주를 이루는 권위주의적인 교육에 반대하여 철저한 자유교육을 주장하면서, 1921년에 '서머힐'이라는 학교를 세워 그의 교육사상을 실천하였다. 이 책은 니일의 사상이 집약된, 서머힐 학교의 역사와 생활을 있는 그대로 보여 주는 교육 실천서다.

그의 교육사상은 인간의 본성은 선하고, 교육의 목표는 행복에 있으며, 지적인 능력 못지 않게 정서적인 능력도 중요하다는 것이다. 그는 우리 시대의 모순된 문제를 해결하기 위한 유일한 길은 어린이를 억압하기보다는 자유를 줘야 한다고 주장한다. 이러한 자유는 행동이나 학습의 자유뿐만 아니라 성적인 자유도 포함되어야 한다고 역설한다.

이러한 니일의 교육사상은 격렬한 논란을 불러일으켰고, 《서머힐》은 1970년대 미국과 독일에서 베스트셀러가 되었다. 특히 미국에서는 약 600개 대학에서 필독서로 지정되었을 정도로 인기가 대단하였다.

대부분의 사람들은 경제 문제가 해결되고 나면 지금 인류가 겪고 있는 악이 없어질 것이라고 생각한다. 그러나 경제적인 자유는 물질적으로 편리한 생활을 제공해 주겠지만, 얼마 지나지 않아 다른 심리적인 문제를 낳아 사람들을 불행하게 할 것이다.

이 책은 행복을 원하는 어른에게, 자녀의 행복을 바라는 부모에게, 자신의 콤플렉스로부터 벗어나고자 하는 청소년에게, 무엇보다 인류의 미래를 걱정하는 사람들에게 갈증을 해소해 주는 지침이 될 것이다.

옮긴이